汽车常见故障诊断·排除·维修

QICHE CHANGJIAN GUZHANG ZHENDUAN PAICHU WEIXIU

宋移海 主编

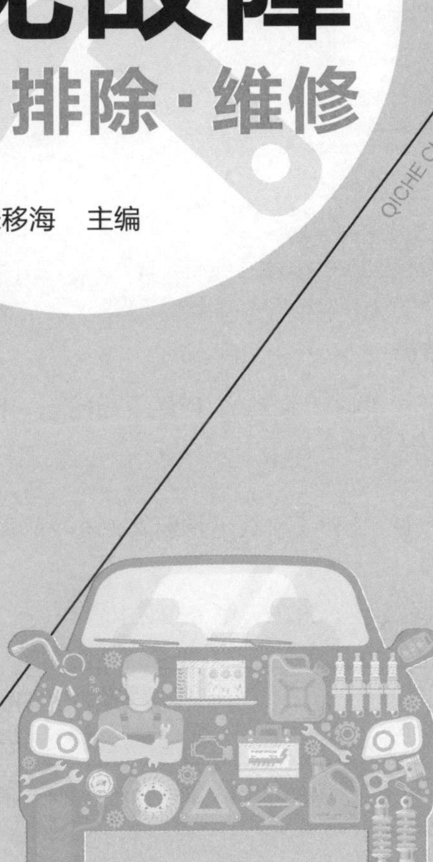

化学工业出版社
·北京·

本书系统介绍了汽车常见故障诊断、排除和维修技术，内容共分为五章，主要包括汽车故障诊断与维修基本知识，汽车总线系统故障诊断、排除与维修，汽车发动机故障诊断、排除与维修，汽车底盘故障诊断、排除与维修，汽车电气系统故障诊断、排除与维修。本书内容丰富，图文并茂，配有大量的诊断流程图，力求突出实用性与可操作性。

本书可供广大汽车维修技术人员、汽车技术检测人员、汽车驾驶人员及汽车爱好者阅读，也可供相关职业技术院校汽车运用与维修专业的师生参考。

图书在版编目（CIP）数据

汽车常见故障诊断·排除·维修 / 宋移海主编. —北京：化学工业出版社，2019.4（2023.1重印）
ISBN 978-7-122-33935-5

Ⅰ.①汽…　Ⅱ.①宋…　Ⅲ.①汽车-故障诊断②汽车-故障修复　Ⅳ.①U472.4

中国版本图书馆CIP数据核字（2019）第029494号

责任编辑：陈景薇　　文字编辑：冯国庆
责任校对：边　涛　　装帧设计：王晓宇

出版发行：化学工业出版社（北京市东城区青年湖南街13号　邮政编码100011）
印　　刷：北京云浩印刷有限责任公司
装　　订：三河市振勇印装有限公司
710mm×1000mm　1/16　印张16¾　字数321千字　2023年1月北京第1版第2次印刷

购书咨询：010-64518888　　售后服务：010-64518899
网　　址：http://www.cip.com.cn
凡购买本书，如有缺损质量问题，本社销售中心负责调换。

定　　价：68.00元　

前言

PREFACE

汽车作为一种重要的交通工具和生产工具，已经进入了人们的生活。近年来，随着汽车生产量和销售量的与日俱增，汽车拥有量大幅度上升，我国汽车工业的发展速度惊人，已成为世界第一汽车生产和销售大国。汽车拥有量的急剧增长和汽车技术的快速更新，推动了汽车运用和汽车维修行业的迅猛发展，社会对汽车维修技术人员的需要也在与日俱增。汽车科技在发展，汽车结构在创新，汽车装备技术也日新月异，随着汽车数量和品牌的增多，汽车因故障而抛锚的现象也越来越多，如不能及时排除故障，不仅经济损失重大，而且还存在一定的安全隐患，这就要求驾驶人员要懂得一定的故障诊断知识，更加要求汽车维修人员要不断地学习新知识，掌握新技能，以适应汽车科技的发展。现代汽车车型多样化、装备水平高、技术含量高，在故障诊断时，如果没有诊断数据、技术流程、电路图等，仅凭个人经验已无法面对复杂的故障诊断。为了帮助广大汽车维修人员及汽车驾驶人员了解和掌握汽车常见故障的原因、诊断方法、维修排除方法，提高汽车维修操作本领，我们围绕当代汽车维修产业和维修技术人员的技术需要，组织编写了本书。

本书内容丰富，图文并茂，配有大量的诊断流程图，力求突出实用性与可操作性。本书结合现代汽车故障诊断维修的特点和发展趋势，将汽车故障诊断、维护和维修技能融为一体，同时增加了汽车故障案例，以提高实际故障诊断维修技能。本书可供广大汽车维修技术人员、汽车技术检测人员、汽车驾驶人员及汽车爱好者阅读使用，也可供相关职业技术院校汽车运用与维修专业的师生阅读和参考。

本书由宋移海主编，由刘冬梅、方丽娟、孙石春、高允、李瑞、何萍、王媛媛、张家翾、孙艳、李雪、刘静、罗瑞霞、白雅君等共同协助完成。

由于笔者的经验和学识有限，尽管尽心尽力编写，但内容难免有不足之处，敬请广大读者批评指正。

编　者

CONTENTS
目录

Chapter 1 第 1 章 汽车故障诊断与维修基本知识

Chapter 2 第 2 章 汽车总线系统故障诊断、排除与维修

Chapter 3 第 3 章 汽车发动机故障诊断、排除与维修

Chapter 4 第 4 章 汽车底盘故障诊断、排除与维修

Chapter 5 第 5 章 汽车电气系统故障诊断、排除与维修

参考文献

第 1 章 汽车故障诊断与维修基本知识

Chapter 1

1.1 汽车故障诊断流程

1.1.1 汽车故障概述

在汽车运行过程中，由于汽车的内部零部件之间、零件与工作介质和工作产物之间、汽车与外部环境之间均存在着相互作用，其结果会引起零部件发热、磨损及腐蚀等一系列物理、化学变化，使得汽车在整个使用寿命期内，技术状况由好变坏，进而出现汽车故障。汽车故障是指汽车在工作过程中，因某种原因“丧失规定功能”或危害安全的现象。如果这些现象出现，应该及时采用正确的方法诊断并给予排除，无论是什么车系或车型，分析故障、制定诊断流程、确定维修程序的方法都是一样的。

汽车故障通常可以分为机械故障和电子电气故障两个方面。机械故障主要表现为零件的磨损、变形、断裂、腐蚀，除此之外，老化、失调、烧蚀和沉积等，也属于汽车某些零部件发生故障的重要原因。电子电气故障大多是用电器烧毁（比如前照灯），插接件处接触不良、短路、断路（断线）等。汽车故障并不全会导致车辆无法运行，比如发动机运行不稳，或是制动片磨损严重，汽车还是可以行驶的，如果这种故障现象或是隐患不排除，可能导致汽车处于危险之中。因此，及早发现并排除故障，既可以保证行车安全，也可以保证汽车的使用寿命。

当汽车发生故障时，会通过一些症状表现出来。可根据各种故障症状的不同，来判断导致故障的具体原因，以便排除故障。汽车故障的症状多种多样，归纳起来，大致可以分为表 1-1 所示几种情况。

表 1-1　汽车故障的常见症状

<table>
<tr><th>症状名称</th><th colspan="3">症状表现</th></tr>
<tr><td rowspan="2">响声异常</td><td rowspan="2">当汽车的某些部位出现断裂、变形、缺少润滑、配合过松或者过紧时，就会伴随着异常响声的出现</td><td>有些异常响声可能会带来严重的机械损伤后果</td><td>例如曲轴主轴承响、活塞销响、驱动桥响</td></tr>
<tr><td>有些异常响声还会影响到汽车的安全性能</td><td>例如传动轴振动响、转向系统发响</td></tr>
<tr><td>外观异常</td><td colspan="2">迎面观察，汽车左右方向高度不一致；侧面观察，汽车的车身底板或车架与地面高度不匀称，或汽车中部下沉。汽车外观异常有可能导致行驶阻力的增大、行驶跑偏、轮胎磨损加剧、车门开关困难等故障。造成汽车外观异常的原因主要与车身、行驶系统有关</td><td>例如车身、车架、悬架变形，同一辆汽车上安装的轮胎规格型号不同、磨损程度不同、充气压力不等</td></tr>
<tr><td>工况异常</td><td colspan="2">汽车在使用过程中工作情况出现异常</td><td>例如发动机运转不稳或容易熄火、转向跑偏、制动不灵等</td></tr>
<tr><td rowspan="2">油液消耗异常</td><td colspan="2">油液消耗过快</td><td>例如燃油、润滑油、电解液、冷却液、制动液等消耗过快</td></tr>
<tr><td colspan="2">油液有增无减</td><td>例如发动机润滑油有增无减，很可能是冷却液中渗入了油底壳</td></tr>
<tr><td>气味异常</td><td colspan="3">存在发动机曲轴箱通风不良、混合气过浓或喷油器雾化不良、燃油箱及其油管漏油、导线短路使绝缘层烧焦、离合器打滑等情况时，往往会散发出一些异常的气味</td></tr>
<tr><td>尾气异常</td><td colspan="2">正常的汽车尾气应当无明显烟雾，如果尾气变蓝、变黑、变白，则表明尾气颜色不正常</td><td>例如发动机严重烧机油时，尾气呈蓝色；混合气过浓或燃烧不完全时，尾气呈黑色；气缸渗水时，尾气呈白色</td></tr>
<tr><td rowspan="2">温度异常</td><td colspan="2">温度异常一般表现为汽车局部温度过高</td><td>例如发动机、变速器、驱动桥、制动鼓或轮毂温度过高</td></tr>
<tr><td colspan="2">有些故障则表现为汽车局部温度过低</td><td>例如节温器主阀门不能关闭，在寒冷季节会使发动机始终处于大循环的低温状态下工作</td></tr>
<tr><td>油液渗漏</td><td colspan="3">因种种原因所引起的燃油、润滑油、电解液、冷却液、制动液的外漏</td></tr>
</table>

1.1.2　汽车故障诊断流程

当客户将汽车送至维修店维修时，维修店人员通常会按照一定的流程进行维修作业，维修技师会按照图 1-1 操作流程和表 1-2 操作要求，通过问询客户、诊断故障、确定故障、排除故障等流程排除汽车故障，然后将汽车交还给总检人员或客户。

问询客户，即诊断性提问，如图 1-2 所示。

诊断故障如图 1-3 所示。

确定故障如图 1-4 所示。

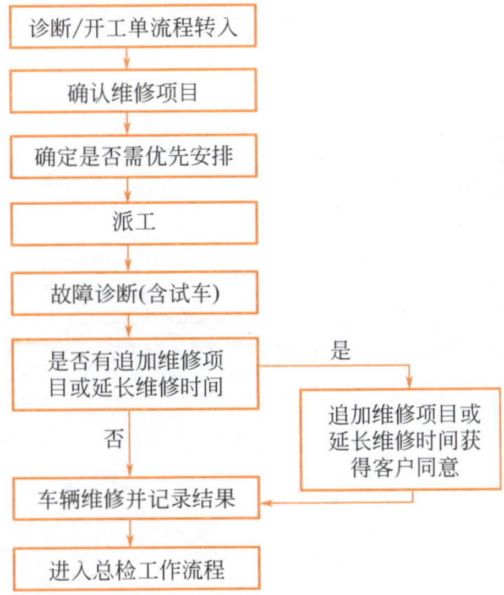

图 1-1　操作流程

表 1-2　操作要求

要求	责任人
○接待客户，受理客户提出的预约维修请求或向客户提出预约维修建议，经过客户同意后，办理预约手续 ○了解客户关心的问题，询问客户来意，仔细倾听客户的要求及对车辆故障的描述 ○获得、核实客户、车辆的基本信息，进行环车检查 ○查询备品库存，确定是否有所需备品，估算备品及工时费用 ○填写《接车登记表》《任务委托书》	维修顾问
○根据《任务委托书》确认维修项目 ○了解需要从仓库领料的配件 ○初步确认维修工作时间 ○预约客户、特别维修活动、返修车辆给予优先安排 ○判断工作难度，分析维修班组的技术水平和工作负荷，结合客户需求确定维修班组 ○在《维修派工单》上登记维修班组	调度人员
○确认车辆故障 ○如果需分拆总成才能判断故障，则应提前通知客户	技师
○确认是否有追加的维修项目或需延长维修时间 ○在维修工单上详细注明需要追加的维修项目内容、需更换的配件、维修费用（估价）及承诺交车时间等内容	技师、维修顾问
○将需要追加的维修项目或需延长维修时间向客户说明，并签字确认。如客户已离开，维修顾问应打电话确认，并在《任务委托书》上注明打电话的内容、通话时间等	维修顾问
○如果维修需要打开发动机罩，则必须提前安装发动机舱保护垫（翼子板套） ○按派工单项目，依据维修手册的技术标准进行维修，并将维修结果记录在派工单上 ○将旧件整理、打包后，放置在副驾驶室前部	技师

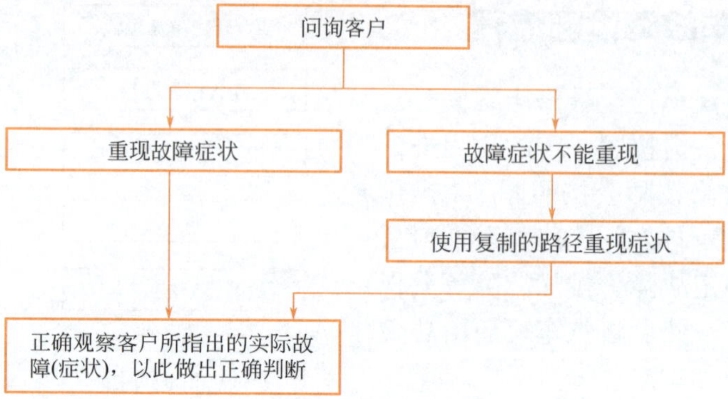

图 1-2　问询客户

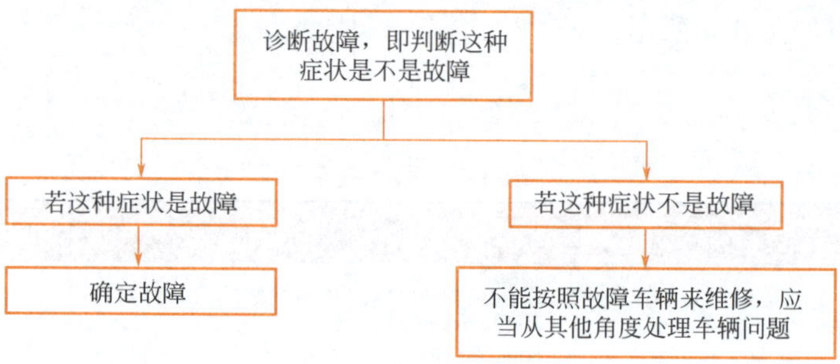

图 1-3　诊断故障

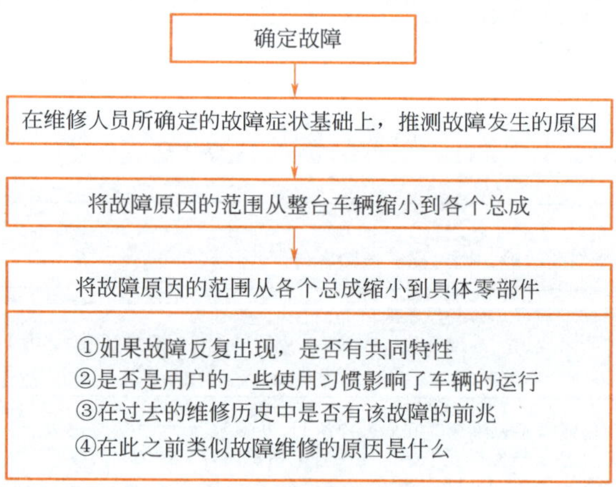

图 1-4　确定故障

排除故障如图 1-5 所示。

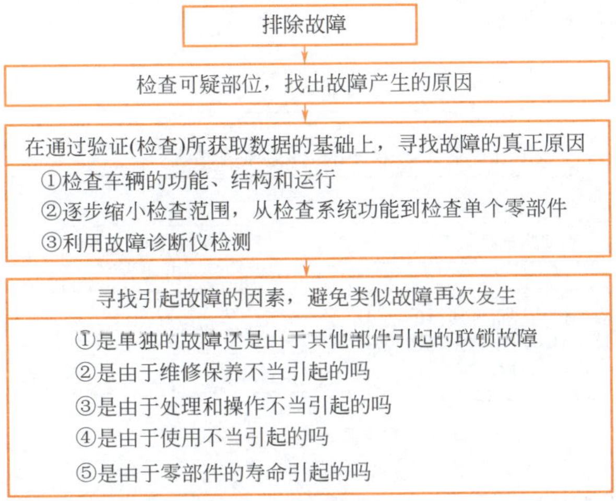

图 1-5　排除故障

1.2 汽车故障诊断技术

1.2.1　汽车故障诊断的基本技能

诊断性提问是为了重现故障症状，维修人员应该询问客户这种症状在什么条件下出现，如图 1-6 所示。在进行诊断性提问时，最重要的是维修人员要完全理解和再现客户所指出的症状所需要的条件。

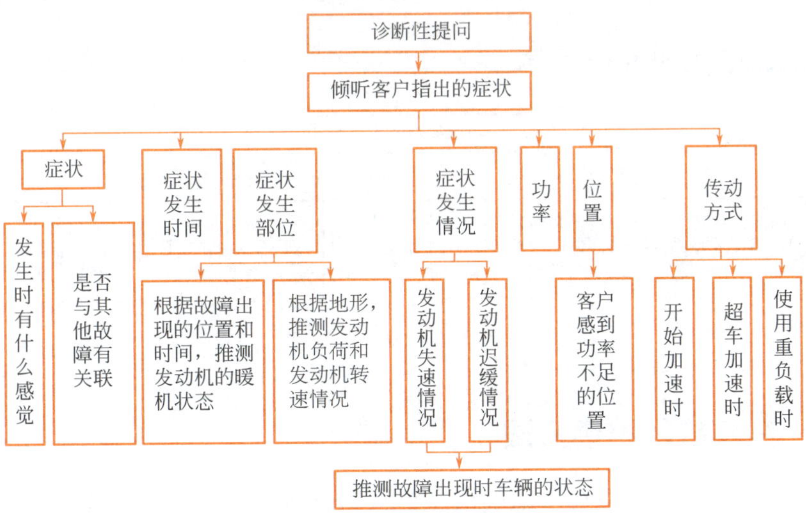

图 1-6　诊断性提问

再现故障如图 1-7 所示。

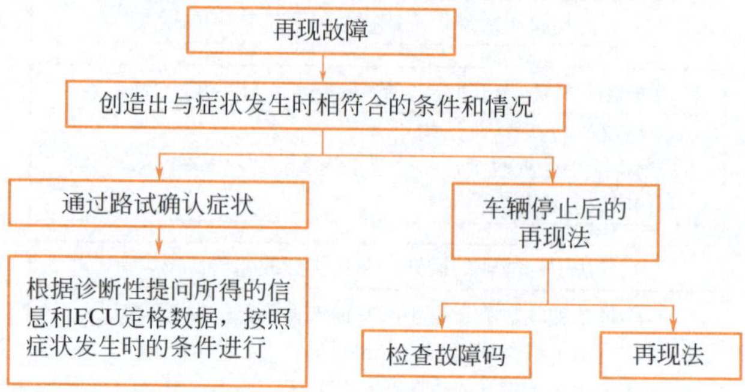

图 1-7　再现故障

故障排除如图 1-8 所示。

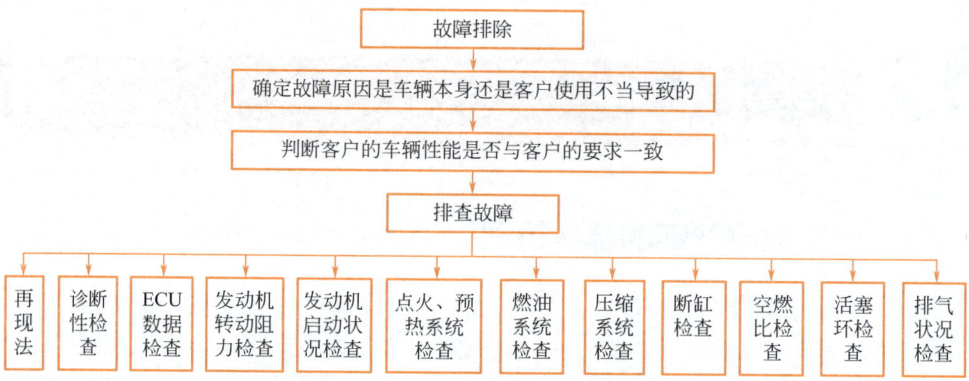

图 1-8　故障排除

防止故障复发如图 1-9 所示。

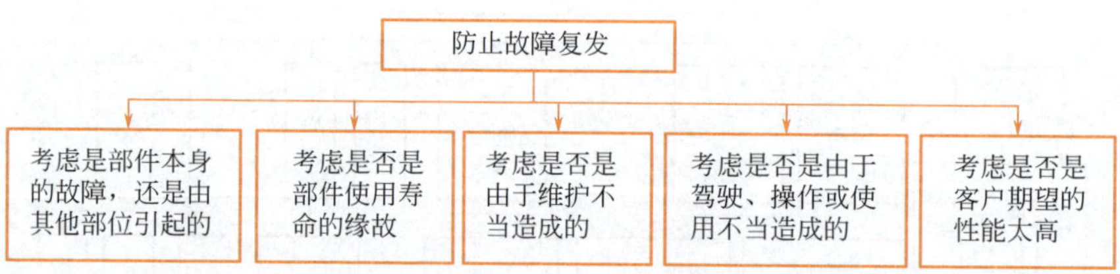

图 1-9　防止故障复发

1.2.2　汽车故障排查方法

汽车故障中较大一部分故障为电子电气方面的故障。检修汽车电子电气故障的方法较多，本小节介绍一些常用的故障排查方法。

1.2.2.1　直观检查法

直观检查法就是不借助仪器和仪表，仅凭眼睛或者其他感觉器官以及应用必要的工具，对汽车电器进行外表检查，如图 1-10 所示。在观察汽车电器故障现象前，要首先解决某些外观上的问题。例如，打开点火开关后某元件冒烟，此时已经来不及观察其他故障现象了。又如，打开点火开关后熔丝烧断，也会妨碍进一步观察。在直观检查后，应当对出现的问题进行处理，为进一步观察扫除障碍。

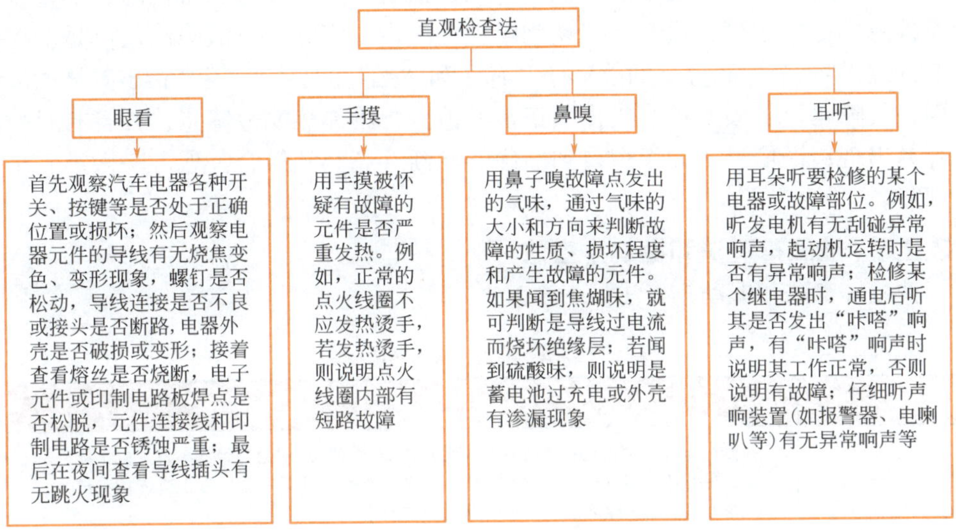

图 1-10　直观检查法

1.2.2.2　ECU 故障码提示法

为了提高现代汽车的使用性能，车上配备的传感器、执行器日渐增多，电控系统在提高汽车性能的同时，也使得汽车的故障诊断与排除变得复杂起来。为了帮助维修技师快速判断故障，现代汽车电控系统的 ECU 具备故障自诊断功能，通过故障码向维修技师提供故障信息，如果不拆蓄电池，电控系统出现的故障会一直保存在 ECU 里，维修技师可以按特定的方法获取故障码。

（1）故障码获取方法　获取故障码的方法有两种。其中一种是人工读码，就是将发动机熄火，将故障检测插座内特定的两个插座用一根导线短接后，通过观察仪表板上的故障指示灯的闪亮频率和次数（或 LED 灯闪亮的次数）来读取故障码。需要注意的是，不同车型的故障检测插座形状及插孔位置各不相同，并且读取故障码前发动机应满足必要的条件。由此可见人工读取故障码的正确率受人为因素影响，通常在没有专业检测仪器的情况下运用。而另一种方法则是采用专业检测仪器读码，首先把选好的相关车型的软件测试卡插到检测仪器上，连接各插头，并且将装好的检测仪器接到车上专用的故障检测插座上，依照检测仪器提供的操作程序进行操作，进而读取故障码。

（2）利用专用解码仪读取故障码　不同汽车制造厂都为自己生产的各种型号汽车设计了专用的解码仪，但为了方便维修技师操作，目前美国、日本、欧洲等汽车制造厂家广泛采用 OBD-Ⅱ诊断模式和统一的接口，使用通用的解码仪即可读码。正常的故障码由几位数字组成，各车型的故障码含义是不同的，有的同一车型不同年份的产品，其故障码的含义也不同。所以读取故障码后，应该查阅制造商提供的维修手册来确定故障码的含义。而且在对汽车进行维修时，如果仅仅依靠故障码寻找故障，通常会出现判断上的失误。实际上，故障码仅仅是电控汽车 ECU 对某一个控制分支的故障作“有”和“无”的界定，不会指出具体的故障原因，故障码只是表明系统工作不正常的范围，不能表明故障点，并且有时故障码容易出现错误信息，如果想得到准确的诊断，还必须结合其他方法做进一步分析判断。

1.2.2.3　抽线排查法和振动排查法

抽线排查法和振动排查法见表 1-3。

表 1-3　抽线排查法和振动排查法

方法	内容
抽线排查法	部分汽车故障会出现在不容易看见的地方，故障严重时会导致汽车发动机不能启动，有时好、有时坏，遇到这种状况，可使用一个小夹钳将线束一根一根地慢慢抽动试车，一旦任何地方有线路断路之处，就很容易把它抽出来
振动排查法	大部分汽车在行驶振动时才会出现毛病，此时，可采用振动法来进行试验。受振动的地方主要有连接器、配线、传感器、执行器等。对于连接器，可在其垂直和水平方向轻轻振动；对于配线，可在其垂直或水平方向轻轻摆动，连接器的接头、支架和穿过开口的连接器体等位置都应仔细查看；对于传感器，可用手轻拍，但一定不可用力拍打；对于执行器，部分执行器可能会因内部问题而不工作，有时受外力的振动后反而会正常工作

1.2.2.4　试灯检测法

用于检查系统电源电路是否给电气部件供电的试灯有两种，即 12V 测试灯和自带电源测试灯，如图 1-11 所示。用一个汽车灯泡做试灯（一端有搭铁夹和连线；另一端可以接一个表笔），用来检查某个电气部件或线路有无故障。这种方法既实用又简单，特别适用于不允许直接短路的部位和装有电子元器件的电路。如测试交流发电机是否发电，可以采用试灯法，即试灯的一端搭铁，另一端接发电机电枢接线柱，如果试灯亮，说明发电机工作正常；若试灯不亮，说明发电机有故障。再如检查汽车电路的某一个电气配件连接导线有无断路故障等均可用此法。

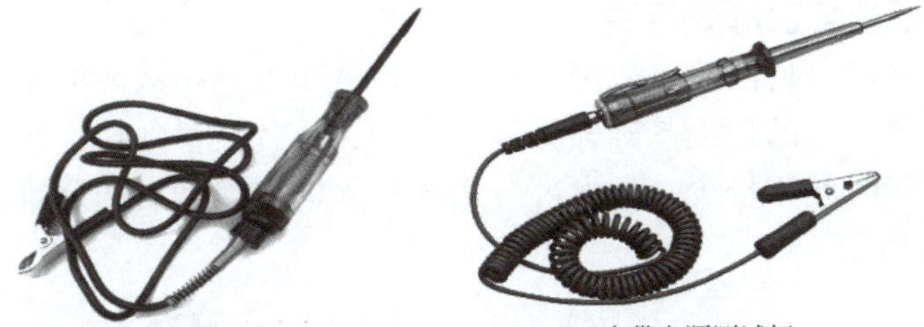

(a) 12V测试灯　　(b) 自带电源测试灯

图 1-11　12V 测试灯和自带电源测试灯

1.2.2.5　高压试火法

采用高压试火法可以有效地判断点火电路工作是否正常，如图 1-12 所示。

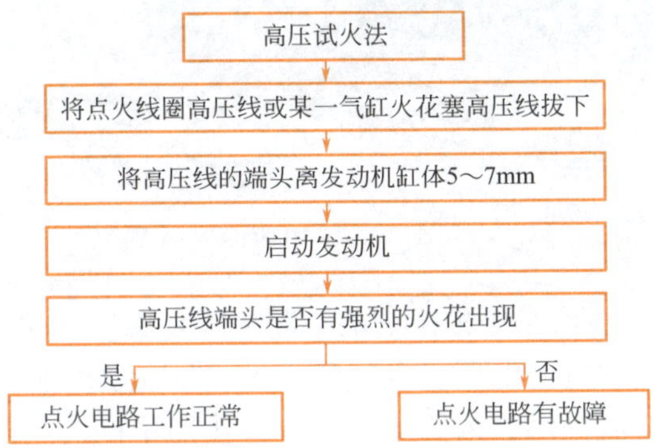

图 1-12　高压试火法

1.2.2.6　测量电阻法

测量电阻法如图 1-13 所示。

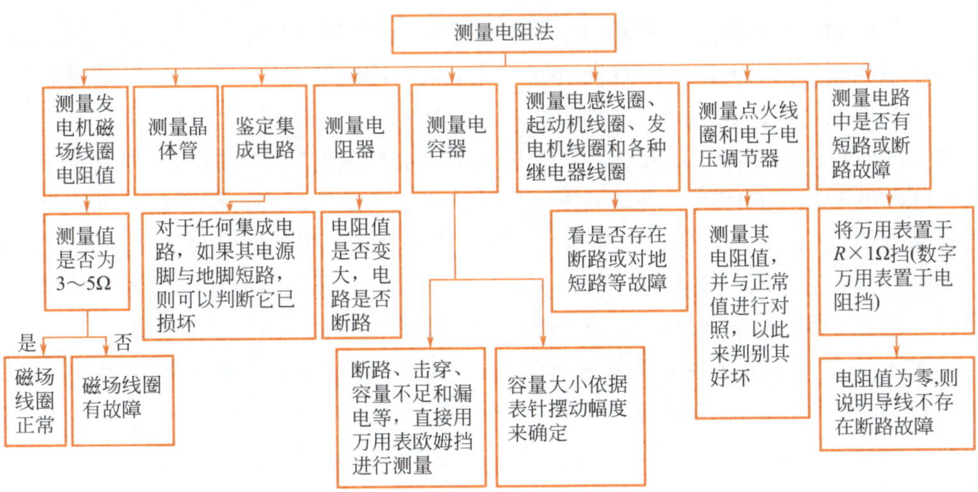

图 1-13　测量电阻法

1.2.2.7 数据流与波形分析法

数据流与波形分析法检查故障是排除电控汽车发动机故障的基本方法之一。因这种方法需要一定的理论基础知识以及一些必要的技术数据，所以在排除一般电控发动机故障时使用较少，而大部分用在排除电控发动机的疑难故障方面。示波器如图 1-14 所示。

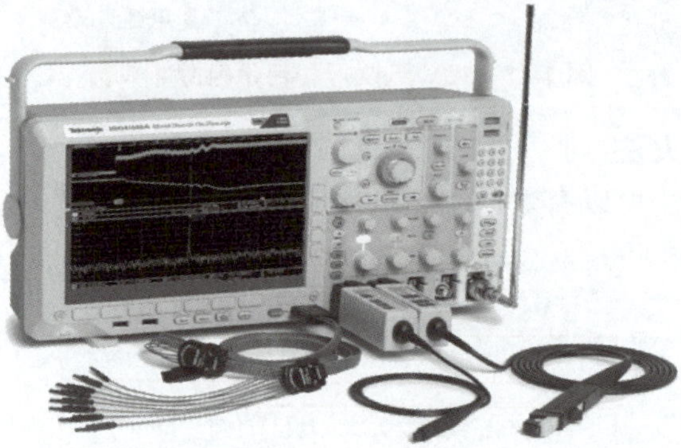

图 1-14 示波器

（1）数据流法 将汽车电控系统的一些主要传感器和执行器正常工作时的技术参数（例如转速、蓄电池电压、空气流量、喷油脉宽、节气门开度、点火提前角及冷却液温度等）值提供给维修工作者，并按照不同的要求进行组合，形成数据组，称为数据流。这些数据资料可以通过专用故障检测仪，将不同传感器和执行器输入 / 输出信号的瞬时值以数据方式在显示屏上显示出来，从而根据电控汽车工作过程中各种数据的变化（有故障时的数据）与正常行驶时数据或标准数据流对比，即可速查出电控系统故障的原因。

（2）波形分析法 电控发动机发生的故障，偶尔属于间歇性、时有时无的故障，很难用数据流分析、判断，并且在电控系统中大多传感器和执行器的信号采用电压、频率或其他数字形式表示。在发动机实际运行过程中，因为信号变化很快，不容易从这些不断变化的数字中发现问题所在。但用示波器显示的波形却能捕捉到故障中微小的、间断的变化。其中的原理是利用电控发动机正常工作时各种传感器（包括曲轴位置传感器信号、凸轮轴位置传感器信号、氧传感器信号与某些型号的空气流量计信号、喷油器信号、怠速电动机控制信号等）信号所描述的波形图与有故障时的波形图相比较，如果有异常之处，即表明该信号的控制元件或线路自身出现了故障。

波形法在汽车电子控制系统故障诊断与维修中，一方面是确定整个系统的运行情况；另一方面是确定在整个状态运行正常情况下，某个电器元件或电路是否存在故障。波形分析应用最多且最有效的是对氧传感器信号进行波形分析。通过对氧传感器信号进行波形分析，可以诊断出点火不良、真空漏气、喷油不平衡等故障。

1.2.2.8　车用仪表检查法

车用仪表检查法主要是利用汽车上的电压表、电流表、油压表、温度表、汽油表和转速表等检查故障，如图 1-15 所示。由于这些仪表均为专用，因此可以比较准确地判断故障。

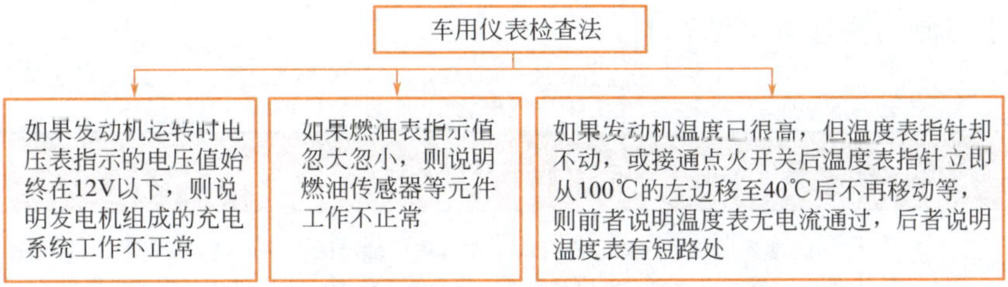

图 1-15　车用仪表检查法

1.2.2.9　专用仪器测量法

专用仪器主要是指检查电喷系统故障的检查仪、检查发动机电控系统故障的微机检查仪器等，如图 1-16 所示。使用专用仪器可以非常准确地知道电子电气是否有故障，汽车微机控制系统均要使用专用仪器进行检查。汽车微机控制系统工作时，各种传感器（如空气流量计、转速传感器、大气压力传感器和氧传感器等）向微机输入各种控制信号，由微机运算并进行综合判断处理后向各种执行元件、喷油器、废气再循环阀和怠速辅助空气控制阀等输出电控信号。用电子示波器测试电控信号的形状和变化频率等，会给维修人员判断故障带来很大方便。

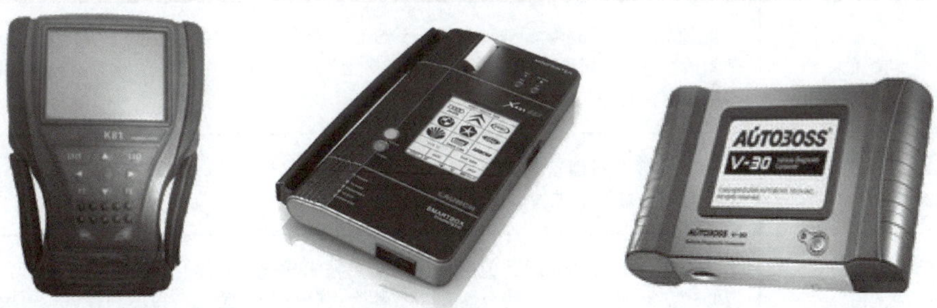

(a) 金德K81　(b) 元征X431　(c) 车博士V30

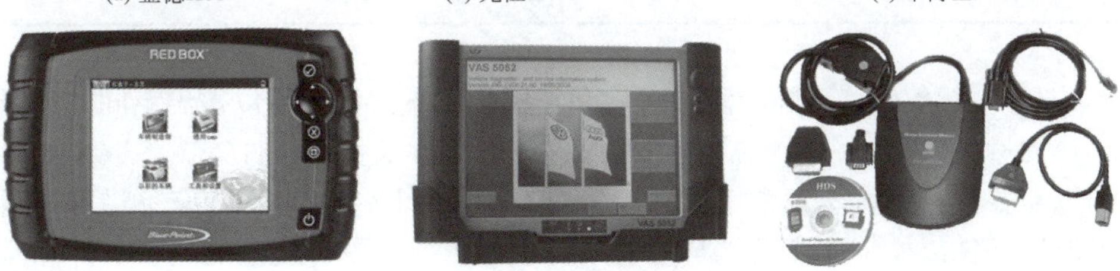

(d) 红盒子MT2500　(e) 大众/奥迪专用VAS5052　(f) 本田专用HDS

图 1-16　专用仪器

1.2.3 汽车诊断参数与诊断标准

汽车故障诊断即确定汽车技术状况的技术，在检测诊断汽车技术状况时，必须选择合适的汽车诊断参数、诊断参数标准和诊断条件。

（1）汽车诊断参数　汽车诊断参数包含工作过程参数、零件结构及功能参数，属于可测的物理量，见表 1-4。

表 1-4　汽车诊断参数

参数	内容
工作过程参数	该参数是汽车、总成或机构工作过程中输出的一些可供测量的物理量。比如，制动距离、发动机转速、电压、电流。汽车不工作时，工作过程参数无法测量
零件结构及功能参数	该参数表示机构中配合零件之间或独立零件的技术状况，也可以是电子元件的功能参数。比如机械零件的配合间隙、自由行程、圆度、圆柱度以及电子元件的电阻值、电容量等

（2）诊断参数标准　诊断参数标准通常由初始值、许用值、极限值三部分组成，见表 1-5。

表 1-5　诊断参数标准

参数	内容
初始值	此值相当于无故障新车和大修车诊断的参数值，通常是最佳值，可作为新车和大修车的诊断标准。当诊断参数测量值处于初始值范围内时，则表示诊断对象技术状况良好，不用维修便可继续运行
许用值	诊断参数测量值若在此值范围内，则诊断对象技术状况虽发生变化，但尚属正常，无需修理，按要求维护即可继续运行
极限值	诊断参数测量值超过此值后，诊断对象技术状况严重恶化，汽车必须立即停驶，进行修理。此时，汽车的动力性及经济性大大降低，行驶安全得不到保证，有关机件磨损严重，甚至可能发生机械事故

（3）诊断条件　不同的测量条件和不同的测量方法，可以得出不同的诊断结果。在测量条件中，一般包括温度条件、速度条件及负荷条件等。多数诊断参数的测得需要汽车运行至正常工作温度，只有少量诊断参数可在冷车下进行测量。除了温度条件以外，速度条件与负荷条件也很重要。没有规范的测量条件和测量方法，无法统一尺度，因而测得的诊断参数值也就无法评价汽车的技术状况。因此，要把诊断参数及其测量条件、测量方法看成是一个不可分割的整体。

1.2.4　汽车故障自诊断系统

1.2.4.1　汽车故障自诊断 ECU 测试

在现代汽车发动机电子控制系统中，正常都设有故障自诊断电子控制单元（ECU）系统。此系统可以监测、诊断发动机电控系统的工作情况和工作中出现的故障。在汽车正常运行情况下，ECU 输入、输出信号的电平都是在规定范围内变化的，在接收到某一电路的信号超出规定范围，或输入信号在一段时间内不发生变化，或输入信号不连续，或在一段时间内收不到某一传感器的信号时，ECU 就判断该电路出现故障，并设定一个故障码。

在电子控制系统工作过程中，自诊断电路随时都在监测各种传感器、控制开关和执行器的工作状况，诊断传感器、控制开关、执行器和其电路是否发生故障。汽车各种电子控制系统是否有故障，可通过自诊断测试进行诊断。自诊断测试是指利用专用故障检测仪与车载 ECU 进行通信，或按照特定的操作方式触发车载 ECU 的控制程序运行，以便读取故障码、清除故障码、读取车载 ECU 内部的控制参数，检测各种传感器及执行器的工作状态和其控制电路是否正常等。在正常情况下，故障自诊断 ECU 系统能够识别出故障类型，比如，无信号（断路）、对地短路（搭铁）、对正极短路等。但因为控制部件的结构、线路连接和故障原因各有不同，故某些类型的故障自诊断 ECU 系统难以区别。发生故障时，仪表板上专设的"发动机故障指示灯"会点亮，来提醒和通知驾驶员发动机出现故障；同时 ECU 将故障信息以代码的形式存入存储器内，方便维修时技术人员将存入存储器的故障码调出，协助其快速准确地判断出故障的类型和部位。

目前，汽车发动机 ECU 控制系统基本都具备自诊断测试功能，是排除汽车电子控制系统故障最有效、最方便、最快捷的方法，它已经成为新车出厂检验和修理厂检修时不可缺少的重要手段。汽车故障自诊断 ECU 测试内容见表 1-6。

表 1-6　汽车故障自诊断 ECU 测试内容

项目	内容
读取故障码	读取故障码是诊断汽车电子控制系统故障最常用的自诊断测试方法。汽车在使用过程中，只要蓄电池正极柱和负极柱上的电缆端子未曾拆下，ECU 中存储的故障码就能长期保存。将故障码从 ECU 中读出，即可知道故障部位或故障原因，为诊断排除故障提供依据。读取故障码的方法有两种：一种是利用故障检测仪读取；另一种是利用特定的操作方法读取
数据传输	当发动机运转时，利用故障检测仪将车载 ECU 内部的控制参数和计算结果等数值以数据表及串行输出方式在检测仪屏幕上一一显示出来的过程，称为数据传输，通常称为"数据通信"或"读取数据流" 通过数据传输，各种传感器输出信号电压的瞬时值、ECU 内部的计算与判断结果、各执行器的控制信号都能一目了然地显示在检测仪屏幕上。根据发动机运转状态和传输数据的变化情况，即可判断控制系统工作是否正常，将特定工况下的传输数据与标准数据进行比较，就能准确判断故障类型和故障部位

续表

项目	内容
监控执行器	在发动机熄火状态下或运转过程中，通过故障检测仪向执行器发出强制驱动或强制停止指令来监测执行器动作情况，用以判定执行器及其控制电路有无故障。例如，在发动机熄火状态下，控制电动燃油泵运转、控制某个电磁阀或继电器（如冷却风扇继电器、空调压缩机继电器等）工作、控制某个喷油器喷油等。当发出相应的控制指令后，如燃油泵不转（听不到运转声音）、电磁阀不工作（用手触摸时没有振动感）、冷却风扇或空调压缩机不转动，说明该执行器或其控制电路有故障 在发动机运转状态下，若发出控制某个喷油器停止喷油的指令后，用手触摸该喷油器仍有振动感或发动机转速不降低，说明其控制电路有故障；当控制模式设定为闭环控制模式时，系统将对空燃比（*A*/*F*）实施闭环控制，氧传感器信号将发挥作用，如检测仪屏幕上表示发动机混合气浓度的红色指示灯（混合气浓）与绿色指示灯（混合气稀）交替闪亮，说明闭环控制系统正常，如红色指示灯常亮不闪或绿色指示灯常亮不闪，说明氧传感器失效

在读取故障码之前，控制系统必须满足的条件如下。

① 蓄电池电压高于 11V。

② 节气门完全关闭（即节气门位置传感器的怠速触点处于闭合状态）。

③ 普通变速器的变速杆处于空挡位置，自动变速器（ECT）的挡位控制开关处于“P（停车）”挡位置。

④ 断开所有用电设备开关，比如空调开关、音响开关、灯光开关等。

⑤ 检查组合仪表盘上的发动机故障指示灯（CHECK）及其线路是否良好，方法是先将点火开关转到 ON 位置但不启动发动机，此时故障指示灯（CHECK）应当点亮。

如果故障指示灯（CHECK）不亮，说明指示灯灯泡或其线路有故障，应予以检修。然后启动发动机，故障指示灯（CHECK）应立即熄灭。若指示灯始终点亮，则说明控制系统有故障。

1.2.4.2 汽车故障自诊断 ECU 代码的读取和清码

汽车故障自诊断 ECU 代码读取注意事项见表 1-7。

表 1-7 汽车故障自诊断 ECU 代码读取注意事项

项目	内容
控制发动机的冷却液达到合适的温度后才可读码	发动机达到正常的工作温度后才可进行自诊断测试，尤其是冷却液温在 85 ～ 95℃时读码最为可靠。否则在读码过程中，可能会出现一串非故障的故障码，比如冷却液温度、废气再循环不良、怠速不良等故障码。一般会使人误以为电子控制系统故障很多或认为自诊断系统出现了故障

续表

项目	内容
读码程序必须正确	对于具有静态读码（只打开点火开关，不启动发动机）和动态读码（需启动发动机）的电子控制系统来说，要注意两者读码的前后顺序和有关的转换程序，否则会造成读取故障码的失败，很多车型对这两种读码转换都有严格的程序要求
	首先，必须先读静态码（即 KOEO 模式），如果静态码读完后，系统未输出代码为“11”的正常故障码，就去读取动态码（即 KOER 模式），则会出现故障失真，并且造成检修时的误判。这时往往会给维修人员造成一种错觉，感觉故障码派不上用场。同时，要注意，在读动态码之前，需要先清除静态码。在进行动态码自诊断之前，应拆下读静态码时在诊断插座上所连接的跨接线，然后清除静态码，再启动发动机并加速到 2000r/min，保持 2min 以上，以便使发动机达到正常的工作温度，进而关闭点火开关，等待 10s 以后再将自诊断接头跨接好，并再次启动发动机，这时所显示的故障码便是动态模式下的故障码
注意读码后的记忆修正	通过对电控汽车进行读码、清码和故障排除之后，若汽车的加速性能有所下降，有时属于正常现象，但需要维修人员对控制电脑（ECU）进行正确的行车状况的记忆修正。也可以说，就是要恢复控制电脑对汽车现行状况的记忆功能。只要汽车车况正常，连续重复启动、行驶、熄火，达到一定次数后，汽车的相关性能便会逐渐得到恢复
善于区分虚假故障码	在读取故障码后，可能会发现故障码所指示的故障与汽车的实际故障完全无关，此时可认为故障码显示有错误，不必太在意。造成这种情况的原因：一种是上次维修时原故障码未能有效地清除；另一种是在发动机再运行中，维修人员有意或无意拔掉了有关传感器的导线连接器，出现的人为性故障
	因为控制电脑所提供的故障码，通常仅与所示故障部位对应的内外线路有关，与其他线路和该部位的机械故障无关，而造成电控汽车故障的原因是多方面的。实际上，故障码仅仅是一个是或否的界定结论，不会指出故障的具体原因，若需要找出具体的故障部位及原因，还需要根据发动机的故障征兆做进一步的分析和检查才可做到准确无误地排除故障
正确清除故障码	在将汽车故障排除后，需要清除故障码。在故障码清除时，要严格按照特定车型所规定的故障码清除方法来进行，一定不可简单随意地用拆除蓄电池负极搭铁线的办法来清除故障码。否则，可能会造成两个方面的麻烦：一是，使部分车型的控制电脑失去“经验记忆”，我们知道，部分车型的控制电脑具有自动记忆功能，拆除蓄电池负极搭铁线后，便会自动清除存储在随机存储器（RAM）中发动机运行的经验数据，从而使汽车在维修后的很长一段时间内性能不好，或行驶一段后，又重现已清除掉的故障码；二是，还会造成某些功能的丧失，例如音响锁止。此时，则需要按照较为烦琐的程序对音响系统进行解密，方能恢复音响系统的正常工作

常见车系故障码的读取和清除方法见表 1-8。

表 1-8　常见车系故障码的读取和清除方法

车系	读取方法	显示方法	故障码清除方法
日产	跨接插座	故障灯	特定程序
	电脑上“TEST”开关	电脑上显示灯	
丰田	跨接连线	故障灯	拆下蓄电池负极
本田	跨接	故障灯	拆下蓄电池负极
	电脑上的灯和专用开关	灯闪烁次数或灯亮的数量	拆下蓄电池负极
马自达	跨接指示灯	灯闪烁次数	特定程序
大宇	跨接导线	故障灯	拆下蓄电池负极
三菱	跨接指示灯	灯闪烁次数	拆下蓄电池负极
五十铃和欧宝	跨接	故障灯	拆下蓄电池负极
大发	跨接	故障灯	拆下蓄电池负极
通用	跨接导线	故障灯	拆下蓄电池负极
	空调控制板按键	显示屏显示	特定程序
克莱斯勒	点火开关通断	故障灯	拆下蓄电池负极
福特	跨接显示灯	闪烁次数	拆下蓄电池负极
宝马	点火开关点火挡	故障灯	拆下蓄电池负极
奔驰	百分比表	摆动状态	特定程序
	跨接显示灯	灯闪烁次数	特定程序
奥迪	跨接导线	故障灯	特定程序
	跨接显示灯	灯闪烁次数	特定程序

Chapter 2

第2章 汽车总线系统故障诊断、排除与维修

2.1 认识汽车总线系统

2.1.1 总线系统的组成

总线系统的信息一般采用多路传输。所谓多路传输也叫时分复用技术（Time Division Multiplexing，TDM），是将不同的信号相互交织在不同的时间段内，沿着同一个信道传输。在接收端再用某种方法，将各个时间段内的信号提取出来还原成原始信号的通信技术。总线系统主要由控制器、数据总线、网络、通信协议和网关等组成，如图 2-1 所示。

按照汽车装配的不同，控制单元对总线系统性能要求的不同，汽车上的总线系统各有不同。如图 2-2 所示为一汽大众迈腾轿车 CAN-BUS 系统，共设定了动力系统总线（驱动系统总线）、舒适系统总线、信息系统总线、仪表系统总线和诊断系统总线 5 个不同的区域。

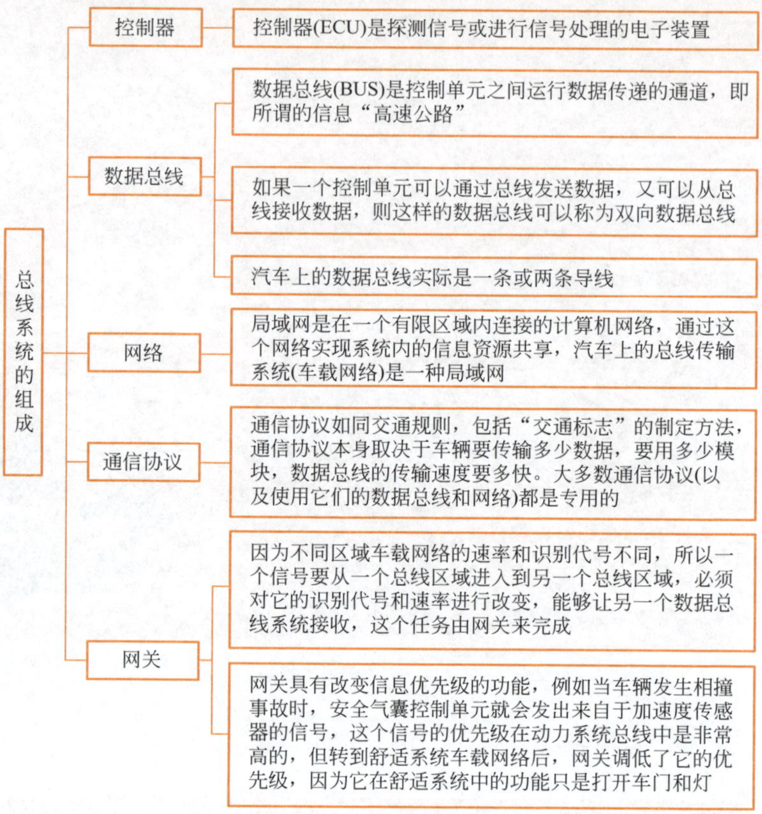

图 2-1　总线系统的组成

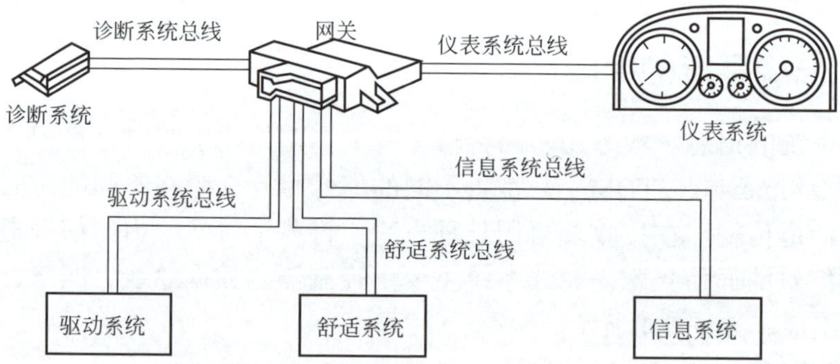

图 2-2　一汽大众迈腾 CAN-BUS 系统

2.1.2　CAN 数据总线

CAN 数据总线由一根双线导线构成，所有信号都通过此双线导线在连接的控制单元之间传递。在汽车中通常使用一根不带屏蔽的对称导线（双绞线）。当两根单根导线相互均匀绞合时，就会产生一根这样的对称导线。数据传输以数字“0”和“1”信号（所谓的位）组成的序列进行。“0”和“1”分别对应于一个在标准或协议中定义的电平，不存在中间值。通过 CAN 传递的信号包含非常广泛且复杂的信息，由“0”和“1”信号排列组成。

在进行 CAN 诊断和系统故障查询时，主要是要检查总线上的信号电平是否对应于额定值和总线上的信号关系是否正常。若不存在故障，则可以认为总线无故障，车辆中出现的故障有其他原因。CAN 数据总线在汽车上的应用如图 2-3 所示。

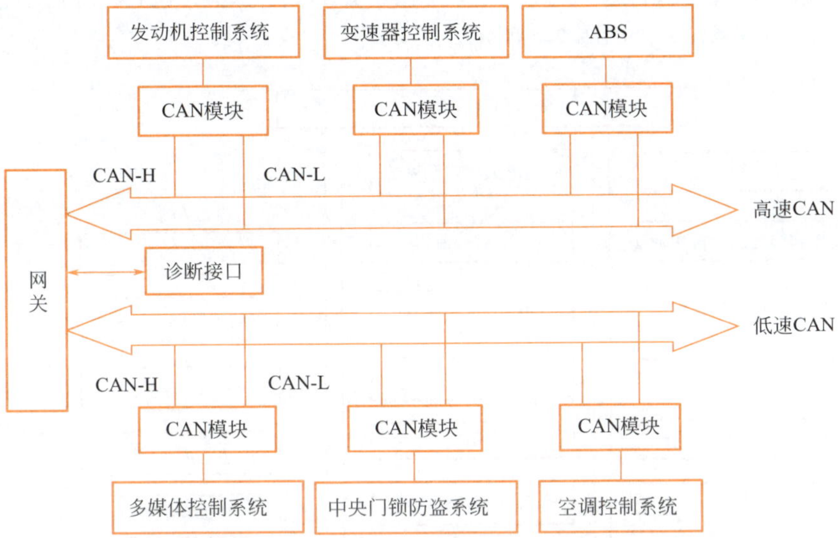

图 2-3　CAN 数据总线在汽车上的应用

汽车 CAN 数据总线故障主要有三类，即汽车电源系统引发的系统故障、多路信息传输系统的节点故障和多路信息传输系统的链路故障。无论是链路故障，还是挂在总线上的任何一个节点出现故障，都可能对其他控制单元产生影响，使其不能正常工作。因此，在排除数据总线 CAN 故障时，不可以局限于提示的故障部位，必须要考虑对总线上其他电控单元的影响。当汽车数据总线 CAN 网络的电阻不正常时，故障点通常在链路上，例如网线断路、短路或搭铁（搭铁的网线与车身上任意一点的电阻为 0）；当 CAN 网络的电阻正常而电位不正常时，通常是因 CAN 上电控单元（包括网关 BSI）的供电不正常所引起的，此时应当重点检查电控单元的供电和搭铁。如对悍马汽车进行自诊断检测，读取故障码，然后进行故障码诊断，确定故障的具体部位，并且排除故障。

2.2 汽车总线系统及故障排查案例

2.2.1 宝马 5 系轿车总线系统故障排查

宝马5系轿车音响不能播放，防盗系统在停车后时常报警，倒车雷达工作异常，以及转向灯与前照灯失控。

在排查故障前，首先要了解宝马 5 系轿车 CAN 总线系统的组成。宝马 5 系轿车 CAN 总线系统是线性总线系统，包含 K-CAN 总线（车身 CAN）和 PT-CAN 总线（传动系统 CAN），如图 2-4 所示。

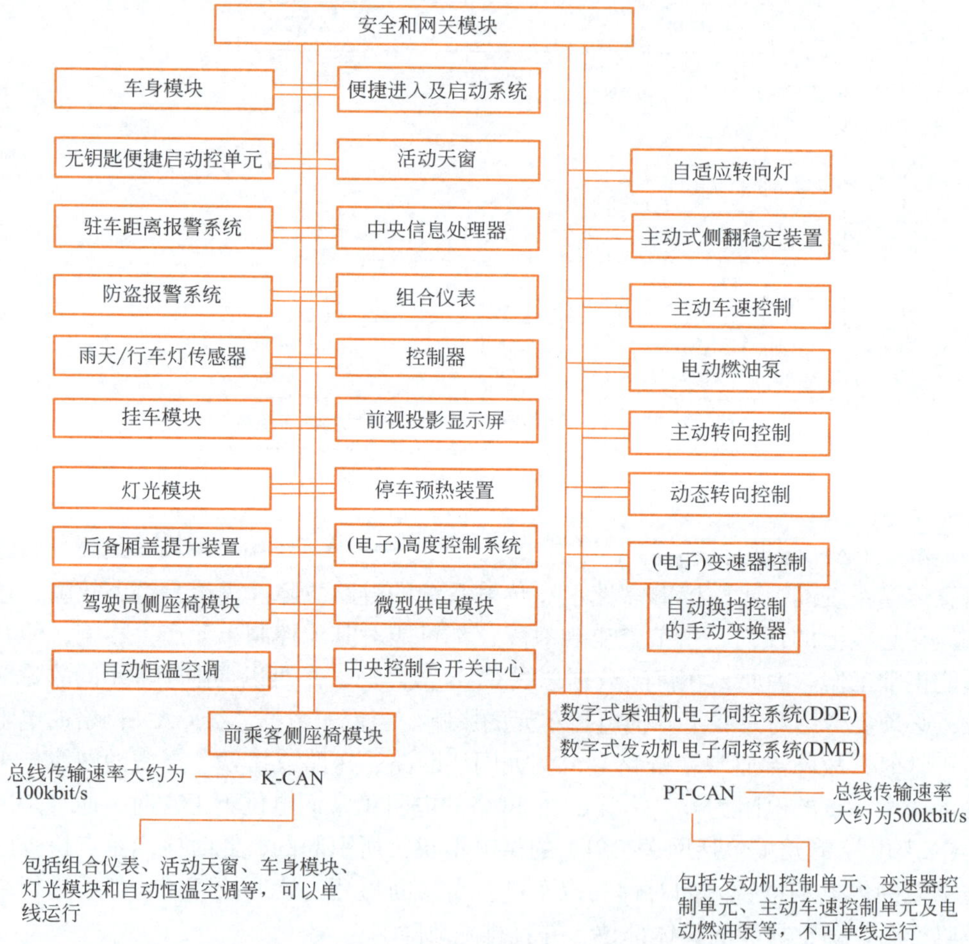

图 2-4 宝马 5 系轿车 CAN 总线系统的组成

宝马 5 系轿车 CAN 总线上常见的通信故障如图 2-5 所示。

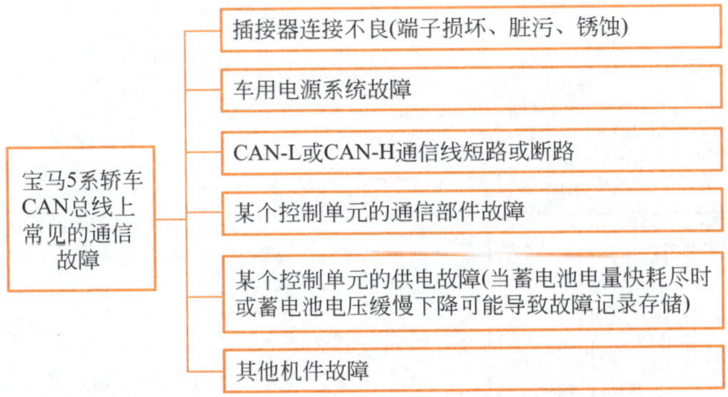

图 2-5　宝马 5 系轿车 CAN 总线上常见的通信故障

在了解宝马 5 系轿车 CAN 总线各部分组成后，通过检测 CAN 总线系统的技术参数来判断 CAN 总线故障部位，如图 2-6 所示。

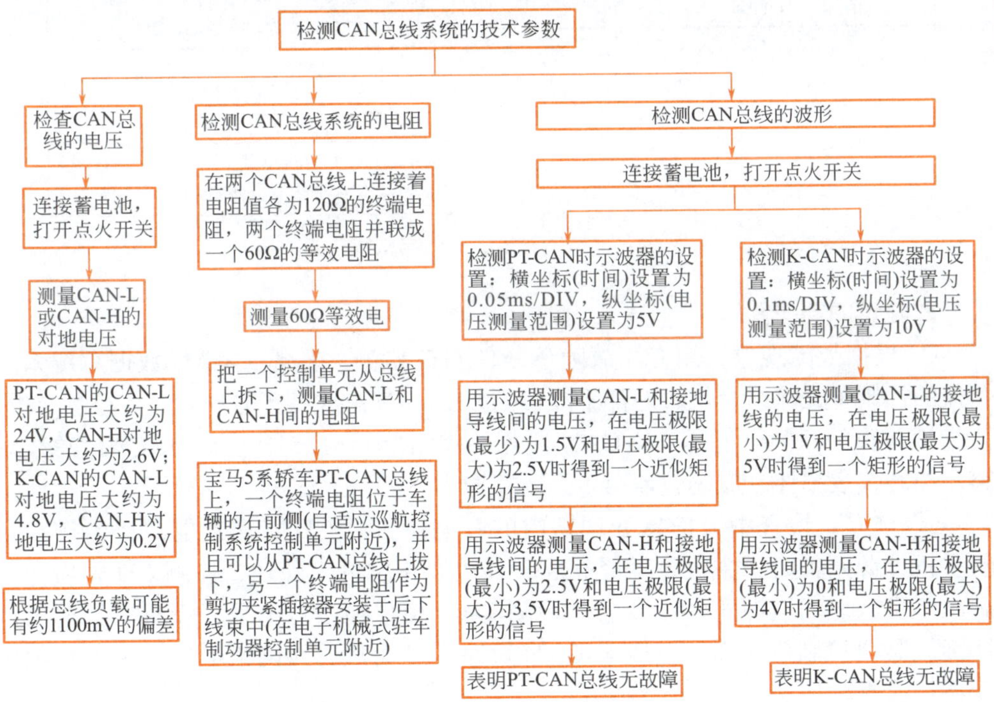

图 2-6　检测 CAN 总线系统的技术参数

CAN 总线的失效与故障排查如图 2-7 所示。

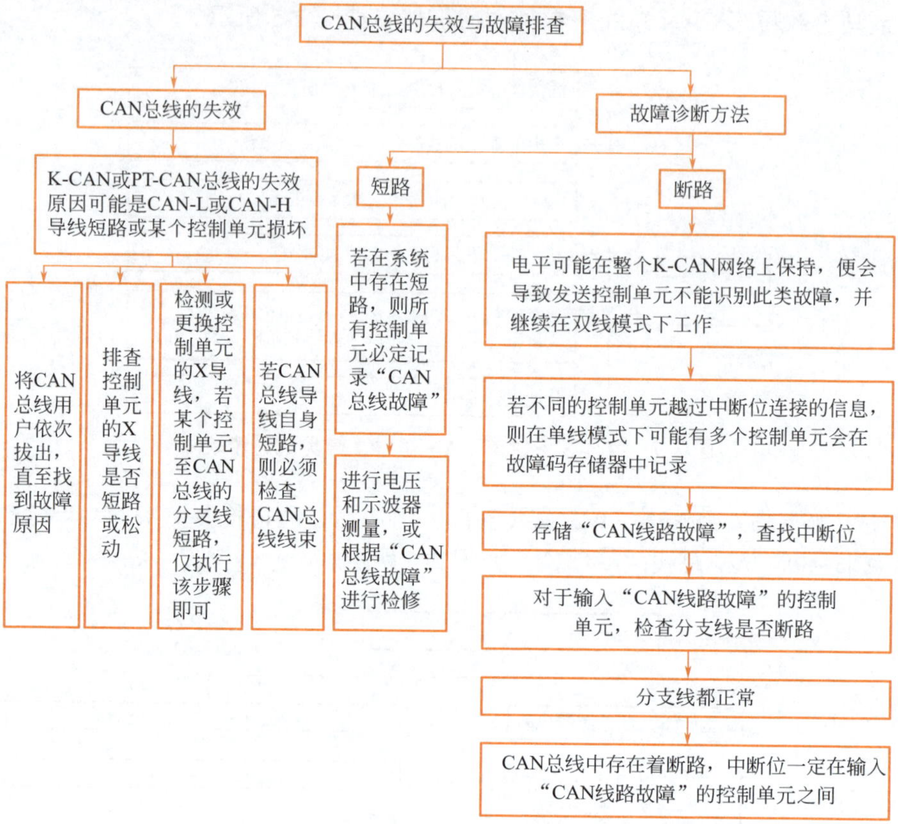

图 2-7　CAN 总线的失效与故障排查

故障诊断与排除

① 根据故障现象，用专用故障诊断仪 GTI 检测，发现 K-CAN 数据总线系统覆盖的控制单元除组合仪表外都不能诊断，K-CAN 总线处于瘫痪状态。经过分析，认为该故障的原因可能是：K-CAN 覆盖的控制单元均失去电源；K-CAN 总线短路；组合仪表损坏。应先验证第 1 个故障原因。

② 首先，检查中央信息处理器内的音响主机及 CD 转换盒电源，当按动音响主机电源开关时，主机显示屏亮起，并可以正常进出碟片，检测 CD 转换盒电源，正常，表明电源正常。然后，检测 K-CAN 传输信号电平，没有信号输出。怀疑因某块控制单元损坏造成 K-CAN 短路，进而从总线网络上逐一脱离控制单元进行检查。

③ 将最易拆卸的音响主机从总线上脱开时 K-CAN 即恢复正常，表明引起 K-CAN 故障的原因是因为音响主机内部网络收发器对地短路。更换音响主机后试车，系统工作正常。

2.2.2　宝来轿车总线系统故障排查

2.2.2.1　宝来 1.6T 自动挡轿车，仪表板上 ABS 故障警告灯经常亮

宝来 1.6T 自动挡轿车，汽车行驶时，仪表板上 ABS 故障警告灯经常亮。

故障诊断与排除

① 根据故障现象，用上海大众故障诊断仪 VAS 5051 进行检测，检查 ABS 控制单元 J104 的故障码，发现该系统无法进入；发动机 ECU 有 1 个故障码 18057——动力系统数据总线丢失（来自 ABS 控制单元信息）。

② 检查自动变速器、安全气囊及网关，都是同一个故障码 01316——ABS 控制单元没有通信。根据故障码分析，认为或许是 ABS 控制单元的两根 CAN 总线断路，因为宝来轿车动力系统包括发动机、ABS，自动变速器的 CAN 总线电路采用公共节点式连接，有一个控制单元断开，其他控制单元可以正常通信，而且不支持单线工作模式。

③ 检查 ABS 控制单元 J104 的 CAN-H 和 CAN-L 是否断路。操作步骤：拆下空调滤清器盖板，拔下自动变速器 ECU 插头，再拔下 ABS 控制单元；用万用表测量两根数据总线，发现数据总线导通正常。查看电路图分析，如图 2-8 所示，ABS 控制单元通过 K 线进行自诊断通信，可能是 ABS 控制单元 J104 到诊断接口的 K 线断路，也可能是 ABS 控制单元的电源或搭铁断路，从而导致控制单元无法正常工作。

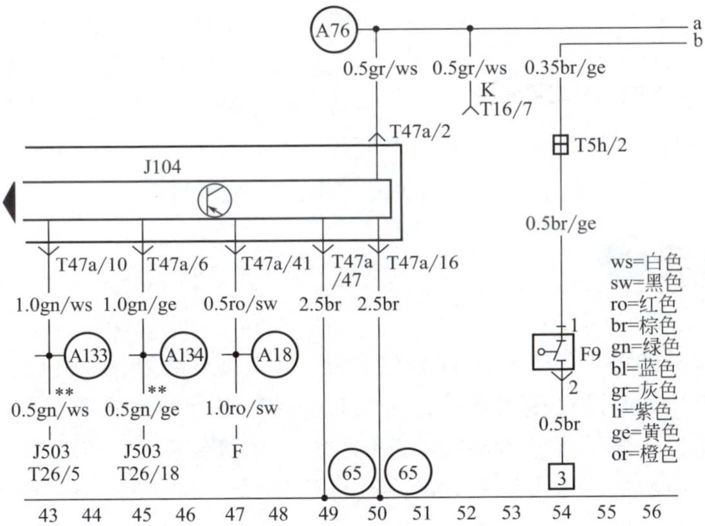

图 2-8　大众宝来轿车带 EDS/ASR 的 ABS 控制部分电路

F—制动灯开关；F9—手制动器指示灯开关；J104—带 EDS/ASR 的 ABS 控制单元，在发动机舱左侧；J503—带显示器的控制单元（用于收音机和导航系统），仅指有导航系统的车辆；T5h—插头，5 针，在左侧 A 柱下部附近，缠在线束内；T16—插头，6 针，在仪表板中后部，自诊断接口；T26—插头，26 针；T47a—插头，47 针；(65)—搭铁点，在左纵梁前部；(A18)—连接 54，在仪表板线束内；(A76)—连接自诊断 K 线，在仪表板线束内；(A133)—连接左 ABS 脉冲，在仪表板线束内；(A134)—连接右 ABS 脉冲，在仪表板线束内

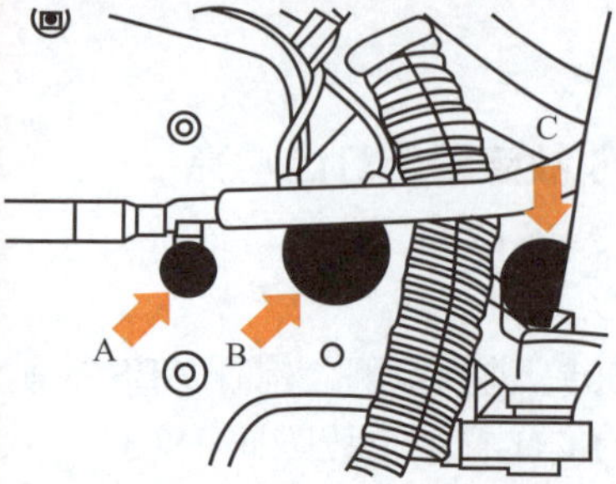

图 2-9　ABS 控制系统电路搭铁点

A—搭铁点 1；B—搭铁点 65；
C—搭铁点 12

④ 检查 K 线，正常；检查控制单元电源熔断器（S179 和 S178），正常；检查左纵梁前部的搭铁点(65)时，发现固定螺栓松动，如图 2-9 所示搭铁点 C，而 ABS 控制单元 J104 只有两根搭铁线，恰好都是在这个搭铁点上固定的，拧紧搭铁线后，故障排除。

2.2.2.2　宝来 1.8T 轿车，仪表板上 ABS 和 ASR 故障警告灯亮，同时制动警告灯也不停地闪亮

宝来 1.8T 轿车，ABS 和 ASR（电控防滑装置）的警告灯亮，同时制动警告灯也不停地闪亮。

故障诊断与排除

① 根据故障现象，用上海大众故障诊断仪 VAS 5052 进行检测，发现该系统内有一个故障码 18057（数据总线 ABS 控制单元的信息异常）。初步分析，造成该故障的主要原因为：ABS 和 ASR 系统电源线或搭铁不良；ABS 和 ASR 控制单元故障。检查熔断器，ABS 制动系统熔断器如图 2-10 所示。

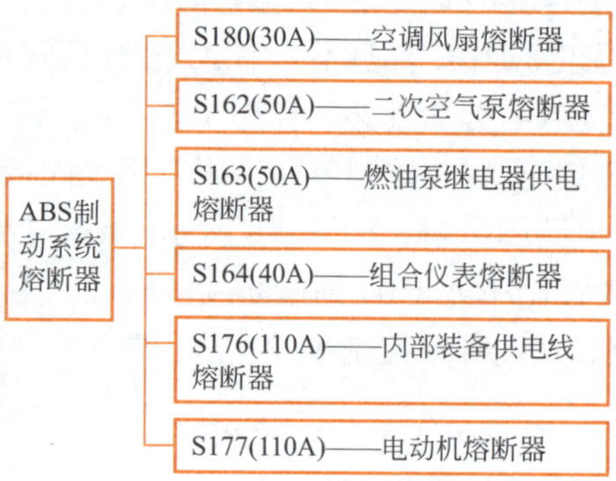

图 2-10　ABS 制动系统熔断器

② 检查发现，蓄电池主熔断器外部的一个插头松动，而 ABS 的电源线正好经此熔断器到 ABS 控制单元，将插头固定牢固，故障排除。

维修提示

宝来轿车的各控制单元之间是通过两根 CAN 总线连接的，该结构与其他车型控制单元之间通过多根电缆连接或某些控制单元间相互连接不同。各控制单元通过两根电缆可以使数据按顺序传给相应的控制单元，控制单元通过总线进行通信交换数据。本案例故障的主要原因是 ABS 和 ASR 控制单元因工作电源中断而无法工作。

2.2.3　奥迪轿车总线系统故障排查

2000 年款奥迪 A6 2.8L 轿车，采用自动变速器，装备有 ABS 和 ASR。该车

ABS 指示灯常亮，且 ASR 指示灯也同时亮起，ABS 不起作用。据报修客户描述，该车进厂维修前，曾因事故更换过 ABS 泵总成。

故障诊断与排除

① 用故障诊断与排除专用检测仪（电脑故障阅读仪）VAG 1552 检测时，发现 ABS 有 3 个故障码，其含义分别为轮速传感器 G45 损坏、CAN 总线故障和 CAN 总线软件监控信号丢失，用专用检测仪无法清除故障码。

② 由于客户已经更换过 ABS 泵总成，并且是一辆事故车，根据以往的维修经验，应当先查线路问题。

③ 经过检测，ABS 线路连接完好，无断路和搭铁短路现象。

④ 检查 CAN 总线。CAN 是一个双绞线的总线系统，数据按顺序通过 CAN 总线传到与系统相连的控制单元：ABS 控制单元、发动机 ECU 及变速器 ECU。经过检查发现，CAN 总线在 ABS 控制单元靠近大梁的位置断路。

⑤ 将总线焊好接上，再用专用检测仪进入 ABS 检查，CAN 总线故障排除。

⑥ 用专用检测仪检测，不能直接对 ABS 编码。查看维修资料，发现之前换上的 ABS 泵型号不正确。检查其零件号，查明换上的 ABS 泵只适用于发动机排量为 1.8L 的奥迪 A6 轿车（装备手动变速器且无 ASR）。

⑦ 重新换上与原车配套的 ABS 泵总成后，用专用检测仪将所有故障码全部清除。

⑧ 经过路试后，发现该车的 ABS 指示灯开始亮。

⑨ 用专用检测仪检测，显示右前轮速传感器仍然有问题。

⑩ 拆下右前轮速传感器，发现传感器触头有严重脏污。

⑪ 经过清洗后安装好，清除故障码，重新路试，ABS 起作用，故障现象消失。

2.2.4　福特林肯轿车车载网络系统故障排查

一辆福特 2008 年款林肯轿车，在使用中仪表盘上行驶稳定控制系统故障指示灯闪亮，操作 4×4 开关，仪表盘上的 4×4 高和 4×4 低指示灯不点亮，仪表信息中心显示行驶稳定控制系统和空气悬架系统有故障。

故障诊断与排除

① 根据该故障现象，先用故障检测仪 WDS 进行检测，得到故障内容为：U1900-20-ABS（ABS 网络通信故障）、U1900-60-IC（仪表网络通信故障）、U0102-FF-TCM（TCM 网络通信故障）、4×4 模块不能通信和空气悬架系统不能通信。

因为上述故障码都与网络有关，因此用 WDS 进行网络测试，测试的结果是网络失效，同时检测到的故障码是上述故障的代码。清除故障码后重新检测，上述故障码依然存在。

② 该轿车的车载网络有 4 种，分别为 CANBAS 高速网络、CANBAS 中速网

络、ISO9141 网络和 SCP 网络。CANBAS 高速网络上的模块包括 PCM、TCM、ABS 和 ICM（仪表模块）。CANBAS 中速网络上的模块包括 DCSM（座椅模块）、VDM（空气悬架模块）、VSM（安全模块）、PLM（动力举升门模块）、DATC（自动空调模块）、PAM（倒车模块）、ICM。

ABS、TCM、ICM、PCM 在 CANBAS 高速网络上，而 4×4 模块集成在 PCM 内部，因此初步怀疑是 CANBAS 高速网络存在故障。

③ 检查 CANBAS 高速网络，用示波器对 CANBAS+ 与 CANBAS- 进行检测，发现都有信号输出，表明该网络在工作，用万用表测量 CANBAS+ 与 CANBAS- 间的电阻，为 60Ω，正常。在 CANBAS 高速网络与 CANBAS 中速网络上分别有 2 个终端电阻，全部是 120Ω，2 个终端电阻都是并联的。

④ 按照正常的检查方法对该车进行检查。检查熔丝盒的熔丝，正常；检查线路，将 CANBAS 高速网络上的模块分别断开，并且检测故障码，但检测到的故障码除了断开的模块不能通信之外，其他故障码均为上述故障码，因此判断并非模块的问题导致上述故障。

⑤ 将 CAN BAS 高速网上的所有模块都断开，分别测量每个模块的 CANBAS+ 与 CANBAS- 两根线及检测插接器上的 CANBAS+ 与 CANBAS- 的通断性，测量结果显示正常。

⑥ 测量 CANBAS+、CANBAS- 与搭铁线的电源线间的电阻，结果均为∞，正常。因此，也排除了网络线路出现故障的可能。

⑦ 对 CANBAS 高速网络上的模块数据进行测试，结果每个模块的数据都可以显示，对有关执行器做主动测试，执行器也能按照命令动作，表明各模块正常。

通过以上检查能够确定 CANBAS 高速网络的线路正常，CANBAS 高速网络上的各模块正常。

⑧ 因为空气悬架模块不能与 WDS 进行通信，进而检查空气悬架模块的线路。

a. 依照线路图检查空气悬架系统的熔丝，正常。

b. 拔下空气悬架模块导线侧插接器，检查空气悬架系统的供电线路，发现各地线正常，点火开关控制的电源线正常，但少了 2 根常电源线。对比该轿车的电路图，发现这 2 根常电源线是由 F1.30 熔丝过来的。

c. 测量 F1.30 熔丝，正常。

d. 检查熔丝后面的线路插接器，发现对应的线路也有 12V 电源电压，在经过该插接器后 2 根常电源线则并到主线束中。

e. 在主线束中有 2 个接点分别是 S152 和 S117，S152 接点将该电源电路分成 3 路，其中 1 路到空气悬架模块，另 2 路都通到 PCM。

f. 测量通向 PCM 相应的 2 根导线，发现其中 1 根有 12V 电源电压，而另 1 根却没有电压。通向空气悬架模块的导线在主线束里由 S117 又分成 2 路，分别接到空气悬架模块的 2 个端子上。因为空气悬架模块缺少电源线，导致空气悬架模块不工作，而且 PCM 所缺少的那根电源线刚好是给其内部的 4×4 模块提供电源的。

⑨ 直接在空气悬架模块的 1 根电源线上跨接 12V 电源，这时空气悬架模块上的另一个电源端子也有了 12V 电源，PCM 上的 4×4 模块供电端子同样也收到了 12V 电源，因此确定为 S152 接点断开。因为不能确定网络故障与该故障是否是同一个原因引起的，所以要先将跨接线接上，并且装复各模块后用 WDS 进行检测，发现没有故障码，网络测试也正常。切开主线束包裹层，重新焊接好 S152 接点后，故障彻底排除。

2.2.5　广州本田雅阁轿车集中多路控制系统故障排查

一辆广州本田雅阁轿车大修后，出现车门主控制开关只能控制驾驶人侧门锁和驾驶人侧的玻璃升降，而对其余 3 个车门的门锁及升降玻璃都失去控制，其他控制开关均可控制其他的车门，用遥控器操作时无效。

故障诊断与排除

广州本田雅阁轿车车身电气采用了集中多路控制系统，共有以下组成部分：主门开关多路控制器、主门侧多路 ECU、副门侧多路 ECU 和门锁，它们之间由数据传输线相连，如图 2-11 所示。

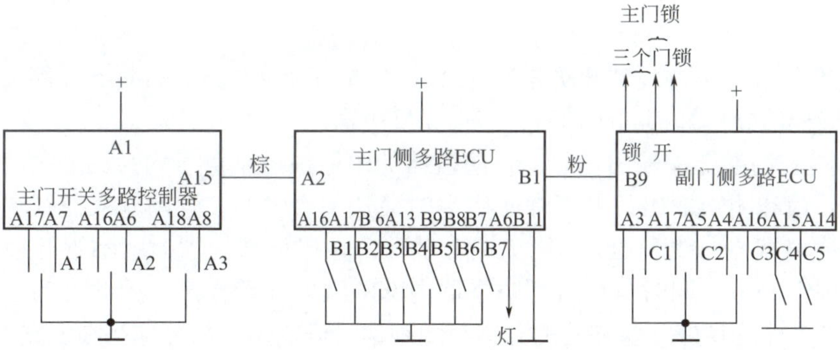

图 2-11　广州本田雅阁轿车多路控制系统局部简图

A1—主门锁按钮；A2—主门钥匙芯开关；A3—主门锁开关；B1—主门开关；B2—主门侧其余三门开关；B3—发动机舱盖开关；B4—点火钥匙开关；B5—其余三门按钮；B6—后备厢盖锁芯开关；B7—后备厢盖钥匙芯开关；C1—副门锁按钮；C2—副门钥匙芯开关；C3—副门锁开关；C4—副门开关；C5—副门侧其余三门开关

① 通过相关电路的分析，可以初步判断是主门开关多路控制器出现故障，或是主门多路控制器与主门侧多路 ECU 之间的传输数据线断路，导致主门开关对其余三门的控制无效。

② 读取故障码。

a. 在主门侧仪表板内找到主门侧多路 ECU，找到诊断插头（2 线），将插头短接。

打开点火开关（“ON”位置），这时钥匙灯亮起，蜂鸣器也响起，表明确有故障存储。

b. 通过灯的闪烁情况，读出 1 号故障码，含义为主门侧多路 ECU 未收到主门主开关内的多路控制器发来的信号，或许是信号传输线出了故障。

③ 拔下主门总开关插头和主门侧多路 ECU 插头，测量此传输线的导通性（主开关 A15 脚与主门多路 ECU A2 脚，棕色线，如图 2-8 所示）。经过测量，该线良好，同时测量两插脚的搭铁电阻，无搭铁短路。

④ 装好插头，打开点火开关，进而测此线的电压，结果为 0.2V，不正常。

⑤ 测量主门侧多路 ECU 与副门侧多路 ECU 的信号传输线（粉色）的电压，结果为 8V 左右。正常电压值应为 3.5 ～ 9.5V，因此可以判断出主门主开关内部的多路控制器无输出工作电压，检查中没发现棕色线搭铁短路，因此一定是主开关内多路控制器有故障。

⑥ 将发光二极管试灯笔接入电路，给传输线送一个 10V 的电压（发光二极管导通压降为 2V 左右）。打开点火开关，试灯笔亮起，表明电压信号已加载到传输线上，这时按动主门锁按钮，结果一切正常。不但主门锁开关可控制其余三门锁的开与关，同时按动主门总开关的其他三门玻璃升降开关时，控制也一切正常。经过分析、检测，可以确定是主门主开关内部多路控制器故障，更换多路控制器，故障排除。

⑦ 门锁及升降玻璃出现故障后，开始排除遥控器失效故障。检查遥控器，是“铁将军”遥控器，问明客户用此种防盗器的遥控器原因，客户反应原车防盗器已坏，所以后装了一套市售的“铁将军”防盗器。

⑧ 在仪表板下方找到此防盗器 ECU，查看外表及线路、熔断器等都没发现问题。用遥控器操作开锁和闭锁时，门锁无反应。

⑨ 检查防盗器的输出信号。该防盗器的中控锁控制信号均为负触发信号，它的两个开锁和闭锁输出信号正常通往主门锁开关或中控装置的输入控制端。在防盗器的输出端（白线和白 / 黑线）接上试灯，在操作遥控器时，不管开锁或闭锁试灯均闪亮一下，同时也可听到防盗器内部的继电器动作声，因此可判定遥控器和防盗器工作均良好，防盗器的开锁与闭锁信号已输出，故障应当在线路上。

⑩ 在主门锁按钮插头上找到后加的控制线，接线正确良好。测量此两线与防盗器的输出线端的导通性，电阻无穷大，表明线路断路，负触发信号没有输入主门多路控制器的 A17 和 A7 脚上。在门轴线束中发现两线均断路，重新接好两线再试遥控器，门锁工作一切正常，故障彻底排除。

2.2.6 别克 GL8 商务车数据总线控制系统故障排查

一辆别克 GL8 商务车在修理厂更换了 4T65-E 自动变速器后，出现了不着车的故障。验证故障现象，打开点火钥匙时仪表中无挡位指示，发动机故障灯微亮，防盗指示灯点亮，起动机没有反应。使用专用 TECH2 诊断仪，无法进入车辆串行数据总线相连的各个模块。

故障诊断与排除

① 根据 CLASS-2 串行数据全部无法通信的现象，确定检查工作首先在 CLASS-2 串行数据线开始。由于该车刚刚换过变速器，检查变速器连接螺栓处的 G113/G117/G119 搭铁线连接情况和蓄电池电压，搭铁线连接正常，蓄电池电压正常。

② 在仪表板左侧找到数据线组合件 SP205，拔下 SP205 插头，测量 M/K/G/F/E/D/B 端子电压。B 端子是动力系统模块，PCM（动力系统控制）模块电压显示 3.3V，E 端子是 ABS 模块，无电压显示，其他端子电压为 0.2 ～ 0.4V。

用连接线分别连接 A-D 端子、A-F 端子、A-G 端子、A-K 端子、A-M 端子，用 TECH2 都可以和相关模块正常通信联络，但不能与 B、E 端子的 PCM 模块、ABS 模块通信。

③ 在 SP205 处测量 PCM 模块有 3.3V 电压，可能是 PCM 模块有故障导致的不正常的电压干扰了串行数据的正常运行。

④ 拆下 PCM 模块，换上一个新的 PCM 模块后依然无法与其通信，测量 B 端子电压，仍然为 3.3V。接着测量 PCM 模块到 SP205 的数据线，重新检查串行数据链接电路图时发现一个重要的线索，无法进行串行通信的 PCM、EBCM 两个模块都经过 C101 插头，于是将重点放在 C101 插头的检查上。插头位置如图 2-12 所示。考虑该商务车的 C101 插头更换了 4T65-E 自动变速器，猜想可能是 C101 插头和变速器插头 C111 互换了，仔细观察后发现确实是两个插头外部一样，C101、C111 插头外部对照如图 2-13 所示。

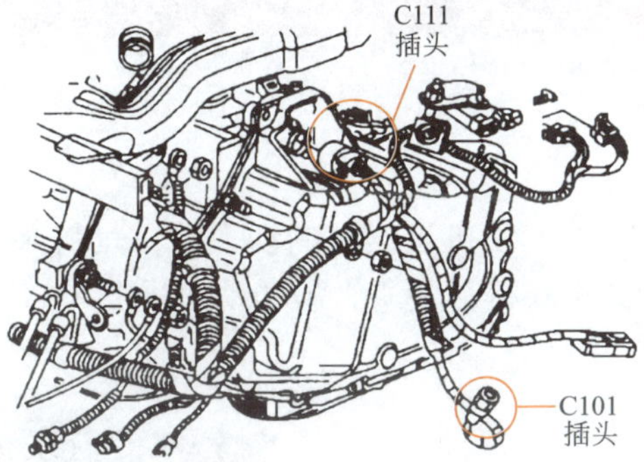

图 2-12　插头位置

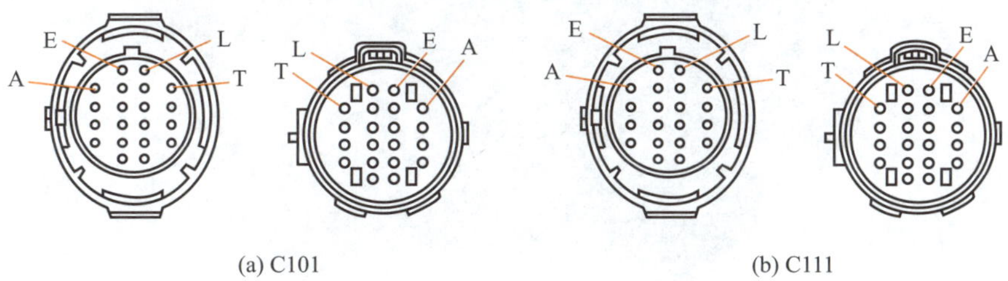

(a) C101　　(b) C111

图 2-13　C101、C111 插头外部对照

⑤ 将插头互换后，故障消失。

Chapter 3

第 3 章 汽车发动机故障诊断、排除与维修

发动机是汽车的动力源，是将某一形式的能量转变成机械能的机器，从而使汽车获得行驶所必需的动力（图 3-1）。

图 3-1　汽车发动机

3.1 发动机异常响声

发动机异常响声（以下简称异响）是发动机产生故障的前奏，机械性的故障都有异响的前兆，所以正确、及时地判断异响，可以预防故障的产生或减小故障的严重性，有利于提高汽车的安全性、可靠性和经济性。

3.1.1 发动机异响的原因

发动机技术状况良好时，怠速运转可以听到的仅是均匀而轻微的排气声音；中速、高速运转时，能够听到平稳的轰鸣声；加速运转时，将发出有力且过渡圆滑的轰鸣声。

如果发动机运转过程中伴随有其他响声，例如间断的金属敲击声、连续的金属敲击声或是金属干摩擦声等，则表明发动机响声不正常，即为发动机异响。

发动机有异响，表明发动机存在某种故障。其中，有些异响可能表示发动机有严重损伤。例如，连杆螺栓松动，使连杆轴承发响，有可能使气缸、活塞、连杆、曲轴等机件报废。如果能够及时通过诊断，排除异响，就可以避免这些机械事故的发生。发动机产生异响的原因很多，大致可分为表3-1所列几方面。

表3-1 引起发动机异响的原因

项目	内容
爆震或早燃	爆震是指火花塞点火后，气缸内的温度和压力急剧上升，导致气缸另一侧的燃油-空气混合物，在火花塞点燃的火花到达之前，就自行发火的自行燃烧现象；早燃是指火花塞还没有发出电火花，被压缩的可燃混合气便提前着火。爆震或早燃所引起的响声，是一种金属敲击声，有时称为点火敲击声
机件配合间隙过大或过小	装配不当，会造成机件配合间隙过大或过小，机件磨损会使配合间隙增大 配合间隙过大时，会产生机件间的冲击震动和异响，例如敲缸响、连杆轴承响、气门脚响等 配合间隙过小时，也会产生异响，例如活塞与活塞销配合过紧，使活塞出现反椭圆形而带来敲缸响
紧固件松动	飞轮固定螺栓松动、连杆螺栓松动、凸轮轴正时齿轮松动等所导致的异响
机件断裂、变形	气门弹簧折断、曲轴断裂、活塞销断裂、连杆弯曲或者扭曲变形等导致的异响

续表

项目	内容
润滑不良	机油压力过低或黏度太小，使机件摩擦表面难以形成油膜，因此加剧了冲击而产生的响声。例如，敲缸响、气门脚响、曲轴轴承响等

此外，当发动机温度过高时，发动机内部有些机件的配合间隙会变小（如活塞与气缸），有些机件的配合间隙会变大（如活塞销与活塞），并且，由于高温时机油黏度下降，润滑条件恶化，发动机将会同时发出多种异响。

3.1.2 发动机响声的分类与异响的特征

3.1.2.1 发动机响声的分类

发动机响声的分类见表 3-2。

表 3-2 发动机响声的分类

类别	内容
正常响声	①响声的大小应该是均匀的。多缸发动机在每一个气缸工作均正常的情况下，各缸产生的响声是一样的 ②声音是比较纯正的，事实上，发动机发出的响声不可能是单一的。但是，如果发动机发出的响声有好几种，则表明发动机可能有故障 ③发动机各缸响声的大小没有明显差别 ④急加速时，响声应变得“敦厚”；怠速时的多个响声逐步变成一个声音的组合，机械响声占主要；中速时，气流的响声占主要，而机械响声占次要 ⑤各种负荷下，其响声的特征一样；各种温度下，发动机的响声基本一样
良性响声	发动机的杂声虽然比较大，但是该响声对发动机的性能、零件的使用寿命在短期内应影响不大，尤其是对一些旧车而言，综合考虑发动机的性能、维修成本以及修后的质量，这一部分响声允许存在
恶性响声	该类响声对发动机的使用寿命影响较大，在使用过程中，出现这类异响必须经维修后才能继续使用，因为这类故障在很短的时间内就可能造成较大的机械损害

3.1.2.2 发动机异响的特征

发动机的各种异响，会因发响机件的形状、大小、材料、工作状况及振动频率的不同而有所不同。即使是同一类型的发动机，同一种故障，也会发出不同声调的响声。例如，连杆轴承松旷的异响，如果是轻度松旷，会发出清脆尖锐的响声；如果是严重松旷，声调会变得沉重钝哑，甚至与曲轴主轴承松旷的响声难以区分。所以，仅凭异响的声调特征，是无法确切诊断出产生异响的原因的。然而，多数异响都与发动机的转速、温度、负荷、缸位、工作循环有着不同的关系，而且有些异响还会伴随有其他特殊现象。例如，个别缸不工作、发动机排气颜色异常等，这些均为诊断异响提供了可靠的依据。表 3-3 列出了发动机异响的几种特征。

表 3-3 发动机异响的几种特征

项目	内容
异响与转速的关系	发动机的大多数异响与发动机的转速有关。有些异响在发动机急加速时明显，例如曲轴主轴承松旷发响、连杆轴承松旷发响、活塞销折断发响等。有些异响在发动机急减速时明显，例如活塞销衬套松旷发响、曲轴折断发响等。有些异响在发动机怠速或是低速时明显，当转速提高后则消失，例如活塞与气缸壁间隙过大发响、活塞销发响、气门挺杆发响等 鉴于异响与转速的这些特殊关系，在进行发动机异响故障诊断时，首先应通过转速试验，找出异响明显的转速，以便于对异响的听诊
异响与温度的关系	有些异响在发动机低温工作时明显，但随着发动机温度的升高会减轻，甚至消失，例如活塞与气缸壁配合间隙过大的敲击声 有些异响会随发动机温度的升高而加重，在发动机低温时异响减轻或消失，例如，由于发动机过热引起的早燃、活塞反椭圆或椭圆度过小、活塞与气缸壁配合间隙过小、活塞销与其座孔配合间隙偏大、活塞环间隙（端隙）过小等引起的响声
异响与缸位的关系	有些异响，当某缸断火时，会减轻或是消失，例如活塞敲缸、连杆轴承松旷、活塞环漏气、活塞销折断等发出的响声 有些异响，当某缸断火时会加重，或是本无异响，断火后反而会出现异响，例如活塞裙部锥形度过大、活塞销窜出、连杆轴承盖固定螺栓松动或连杆轴承配合间隙过大、飞轮固定螺栓松动等发出的异响 有些异响，当相邻双缸断火时减轻或消失，例如曲轴主轴承松旷发响。一般曲柄连杆机构某处不良引起的响声，与缸位有比较明显的关系
异响与发动机工作循环的关系	有些异响，发动机进行 1 个工作循环，曲轴转动 2 周出现 1 次，或火花塞跳火 1 次异响出现 1 次，俗称单响。这种异响多因配气机构的故障所引起 有些异响，发动机进行 1 个工作循环，火花塞跳火 1 次，发出 2 次响声，或是曲轴每转动 1 周发响 1 次，俗称连响。这种异响大多是因曲柄连杆机构的故障所引起的

综上所述，并非每一种异响故障都与发动机的转速、温度、负荷、工作循环

有关，而只是与其中一项或几项有关。例如，活塞敲缸响与转速、温度、负荷、工作循环有关；而连杆轴承发响，则主要与转速、负荷有关，严重时伴有机油压力下降的现象。如果将每一种异响与这些因素的对应关系归纳起来，就构成了诊断该异响的方法或要领。

3.1.3 发动机异响的确定原则与判断方法

3.1.3.1 发动机异响的确定原则

发动机异响的确定有以下原则。

① 响声在低速运转时轻微，在高速运转时平稳均匀，在加速或减速时过渡圆滑，则为正常响声。

② 响声中伴随着沉闷的“镗、镗”声，清脆的“当、当”声，短促的“嗒、嗒”声，细微的“唰、唰”声，尖锐的“喋、喋”声，强烈的“嘎、嘎”声等，则表明发动机存在异响。

③ 响声如果仅在怠速运转时存在，转速提高后就自行消失，在整个过程中无明显的变化，则属于危害不大的响声，可等适当时机再进行修理。

④ 响声如果在突然加速或减速时出现，且在中高速运转期间没有消失，则应立即查明原因，并排除。

3.1.3.2 发动机异响的判断方法

发动机异响的判断方法见表 3-4。

表 3-4　发动机异响的判断方法

项目	内容
去除判断法	将怀疑存在响声的零部件取出，不让它们参与工作或减小其运动程度
比较判断法	例如，利用断火或断油的方法以及按不同部位、气缸的位置响声的特点，比较多缸发动机各个缸响声的差别
虚听与实听判断法	在发动机异响出现后，往往会出现这样的情况：站在不同位置，感觉到的响声部位是不一样的，这种情况称为“虚听”。“实听”就是利用探杆接触被听诊的部位，以确定异响的部位
扩大判断法	在某个响声出现后，可以用改变被怀疑部位的工作条件或尺寸等方法，使响声表现更加明显，从而证实判断。但应注意，不能造成零件损坏
模拟判断法	模拟影响汽车异响的出现环境和条件，如温度、转速、负荷、润滑条件、振动状态、运动状态和工作状态。尤其在不稳定的工作状态情况下，汽车的异响明显

续表

<table>
<tr><th>项目</th><th colspan="2">内容</th></tr>
<tr><td rowspan="5">异响性质的判定</td><td rowspan="2">异响的判定，是指从响声中找出异响</td><td>若响声在发动机低速运转时轻微、单纯，在发动机高速运转时虽发出轰鸣声但却平稳、均匀，在加速和减速时响声过渡圆滑，则为正常响声</td></tr>
<tr><td>若响声中伴随着沉闷的“镗、镗”声，清脆的“当、当”声，短促的“嗒、嗒”声，细微的“喇、喇”声，尖锐的“喋、喋”声，强烈的“嘎、嘎”声等，即表明发动机存在异响</td></tr>
<tr><td rowspan="3">异响是否允许存在，可依据以下情况判断</td><td>响声仅在发动机怠速运转时存在，发动机转速提高后即自行消失，在整个使用过程中响声又无明显变化的，则表明该异响危害不大，允许暂时存在，待适当时机再行修理</td></tr>
<tr><td>响声在突然加速或突然减速时出现，而且在中、高速运转期并不消失，同时又引起机体振抖，则属于不允许继续存在的异响，应立即查明原因，予以排除</td></tr>
<tr><td>如果响声是在运转中突然出现的，且又较猛烈，则不应继续运转或试听诊断，而应立即停机拆检。一般拆检顺序是先拆油底壳，次拆缸盖，再拆气门室盖（罩）</td></tr>
<tr><td rowspan="9">异响程度的诊断</td><td colspan="2">异响的确诊是指对异响进行特性分析，进而认定异响的部位、原因和程度</td></tr>
<tr><td rowspan="3">怠速或低速运转期间：当遇到此种条件下出现的异响，可依以下顺序诊断</td><td>用单缸断火法检查异响与缸位是否有关联。若某缸断火后异响有明显的变化，说明故障即在该缸；若某缸断火后异响并无明显变化，说明异响与该缸没有关系。继而逐缸检查异响与工作循环是否有关联，判定出故障所在部位</td></tr>
<tr><td>逐渐提高发动机转速，听异响有无变化，根据异响随转速的变化，判断运动机件耗损的程度</td></tr>
<tr><td>在诊断过程中，还应注意观察发动机温度的变化对异响的影响</td></tr>
<tr><td colspan="2">通过上述过程的诊断，基本可查明异响与发动机的负荷、工作循环、转速、温度之间的关系。如若异响与某种异响特性相符合，则可得出确诊结论</td></tr>
<tr><td rowspan="4">高速运转期间：如果遇到此种条件下出现的异响，可依以下顺序诊断</td><td>从低速逐渐提高发动机转速，直至高速运转。在此过程中，注意异响出现的时机</td></tr>
<tr><td>当异响出现后，稳定于该转速运转，仔细听异响，利用单缸断火法查明缸位</td></tr>
<tr><td>若难以查明缸位，则应用螺钉旋具（或金属棒）听查法找到异响分布的区域</td></tr>
<tr><td>若在发动机从低速逐渐提高转速的过程中并不出现异响，而在急加速或急减速时出现异响，则用单缸断火法并配以速度的急剧变化，即可判明异响发生在哪个缸位</td></tr>
</table>

3.1.4 发动机异响的诊断方法

（1）人工经验听诊法　人工经验听诊法是指通过改变发动机工况等措施使异响再现，查明异响特征和规律并了解异响出现时发动机的运行状况及故障征兆，接着判断出异响部位。该方法目前应用较普遍，诊断中通常借助于螺钉旋具来查听异响。如图 3-2 所示为发动机异响经验法诊断步骤。

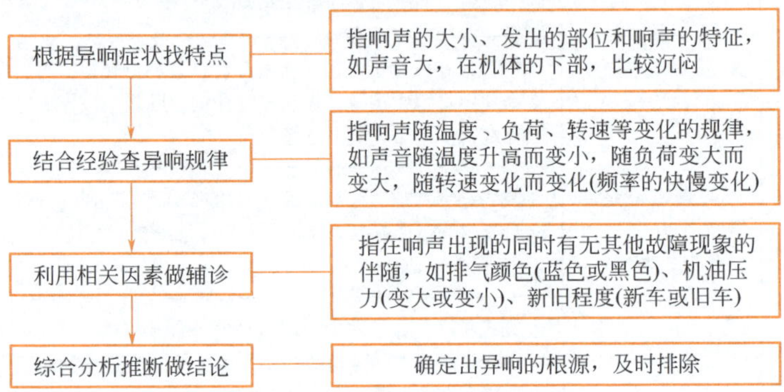

图 3-2　发动机异响经验法诊断步骤

（2）仪器辅助诊断法　常用的诊断仪器有听诊器、噪声器、振动分析仪等。其中，振动分析仪能够观测到异响产生的位置、波形特征、波形幅度等，能够实现快速诊断。其工作原理是利用振动传感器（拾振器）将各种异响对应的振动信号拾取出来，通过选频放大处理后送到示波器显示出波形，将异响进行频率鉴别和幅度鉴别，再辅之以单缸断火或断油、转速变换等手段，能够迅速、准确地判别出异响的种类、部位及严重程度。

3.1.5 发动机典型异响诊断与排除

3.1.5.1 活塞销异响

活塞销异响是一种比较尖锐而清脆的金属敲击声，车辆断火时响声明显增大，当怠速稍高时，响声清晰。活塞销异响，主要是因为活塞销与连杆衬套、活塞座孔磨损，使配合间隙增大，导致活塞连杆组在往复运动中互相撞击而发出响声。

活塞销异响故障诊断与排除如图 3-3 所示。

3.1.5.2 活塞敲缸异响

活塞敲缸异响是一种和做功次数相一致的敲击声，比活塞销异响更重。活塞敲缸异响的故障原因如图 3-6 所示。

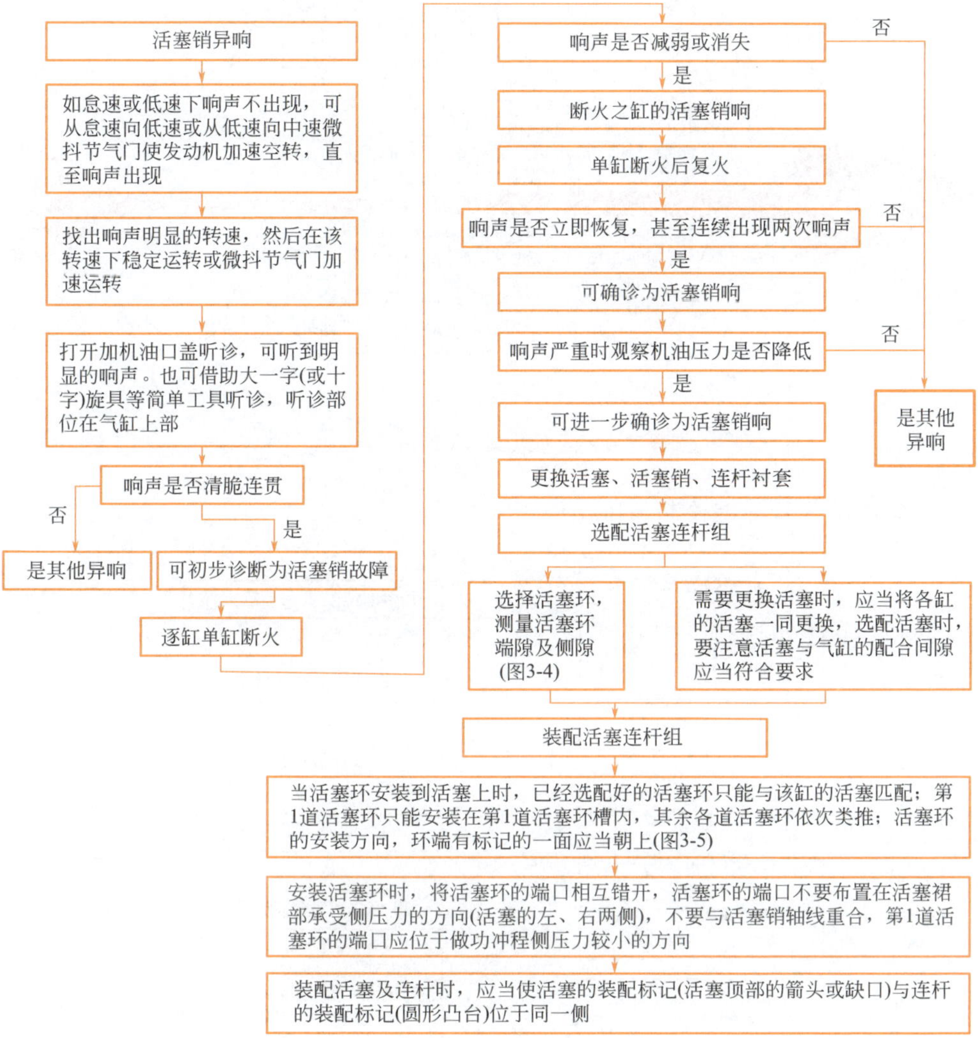

图 3-3　活塞销异响故障诊断与排除

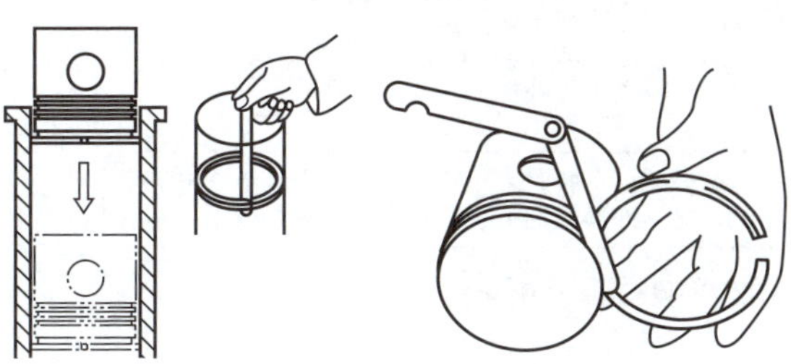

(a) 测量活塞环端隙　　(b) 测量侧隙

图 3-4　测量活塞环端隙及侧隙

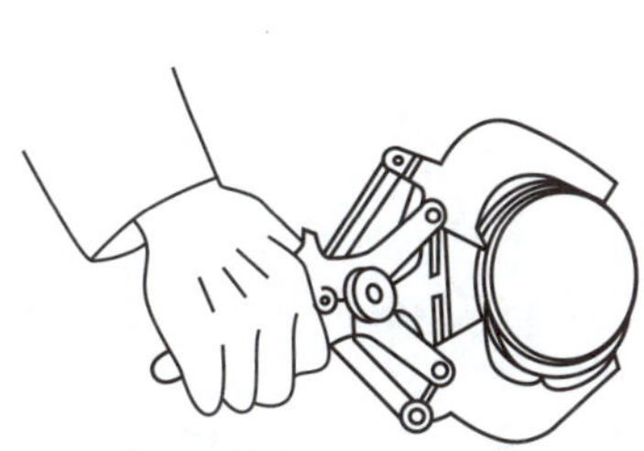

图 3-5　安装活塞环

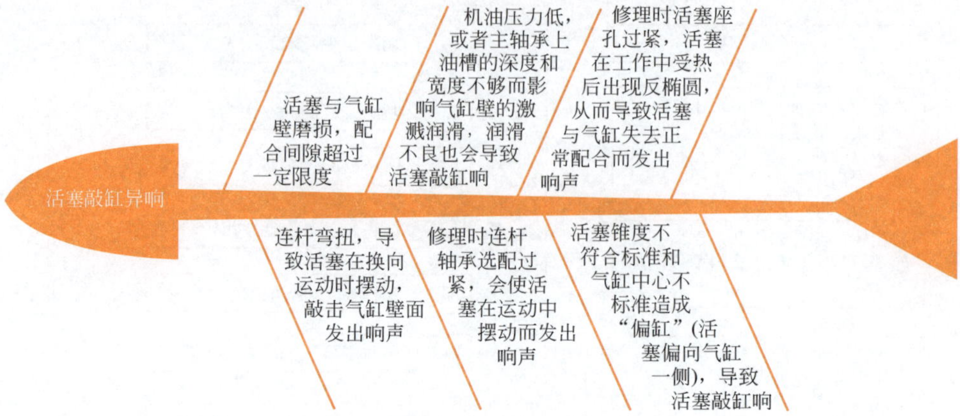

图 3-6　活塞敲缸异响的故障原因

活塞敲缸异响故障诊断与排除如图 3-7 所示。

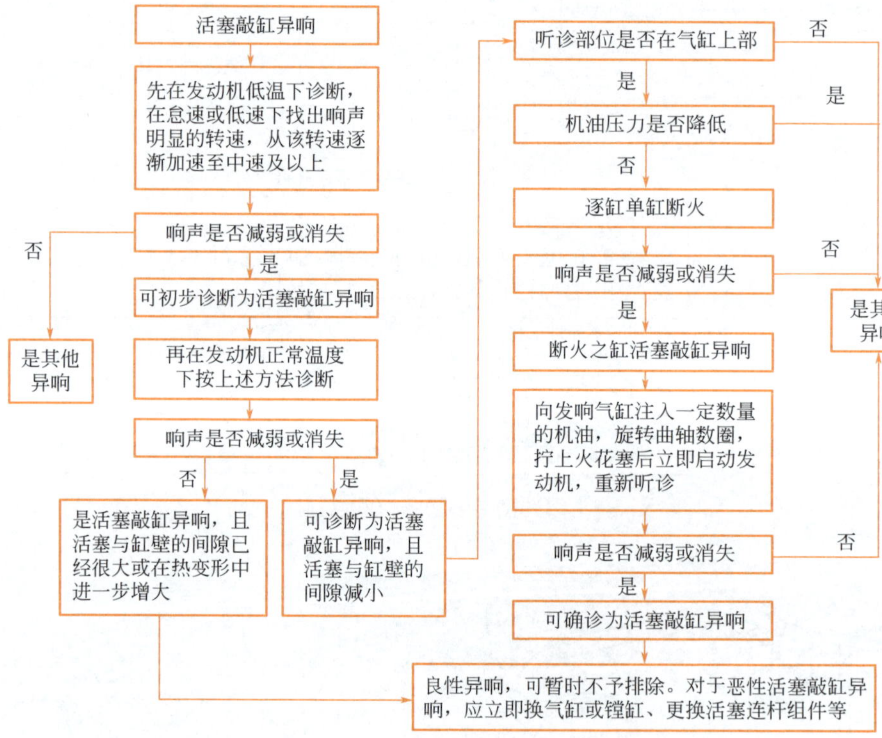

图 3-7　活塞敲缸异响故障诊断与排除

3.1.5.3　连杆轴承异响

连杆轴承异响，是一种较重而短促的金属敲击声。中速时响声明显，高速时因其他杂声干扰等原因而不明显。连杆轴承异响的故障原因如图 3-8 所示。

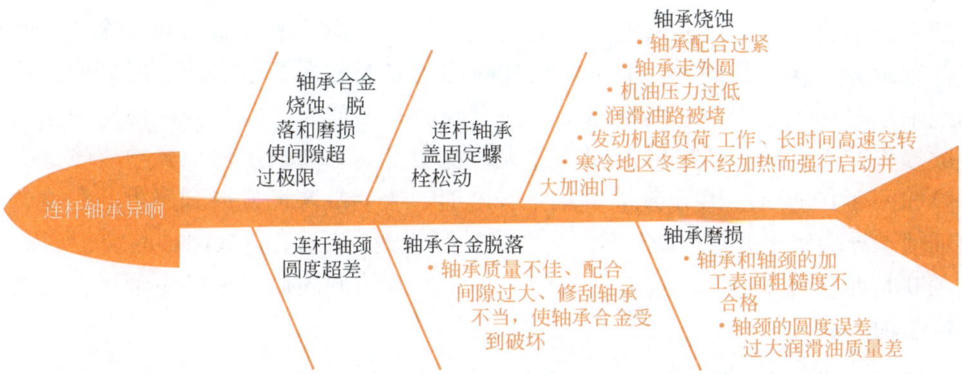

图 3-8　连杆轴承异响的故障原因

连杆轴承异响属于恶性故障，因此，在判明曲轴连杆轴承发响时，应立即停机，查明原因并及时排除。特别当异响发展到在汽车周围能明显听到的程度时，应立即停止发动机运转，诊断时间不可过长，禁止猛踩加速踏板诊断，以防止发生连杆捣缸和轴承、轴颈烧毁等事故。

曲轴连杆轴承异响故障诊断与排除如图 3-9 所示。

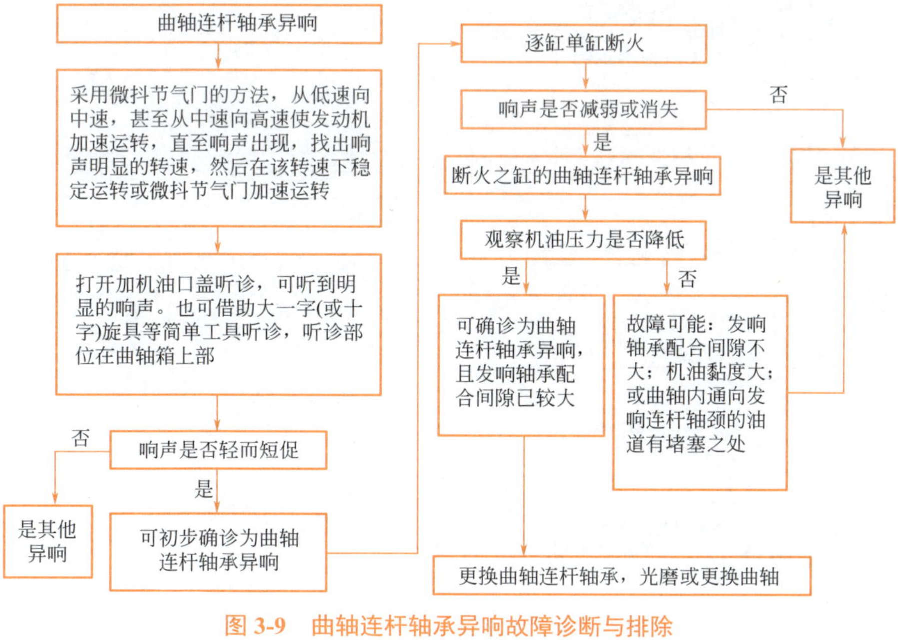

图 3-9　曲轴连杆轴承异响故障诊断与排除

3.1.5.4 曲轴主轴承异响

曲轴主轴承异响的响声较曲轴连杆轴承异响沉重而发闷，且随发动机转速升高而变大，中速向高速过渡时响声最为明显，随着负荷的增大而加剧。除了与曲轴连杆轴承异响基本相同外，曲轴在修理时因为修磨和保管不当会造成弯曲，故在修配轴承时为了获得合适的松紧度，配合间隙必然放大，因此会在使用中早期出现磨损松旷而发响，曲轴轴向间隙过大时也会发响。曲轴主轴承异响故障诊断与排除如图 3-10 所示。在出现曲轴轴承异响时，表明故障已发展到严重的程度，故曲轴轴承异响属于恶性故障，不但会造成轴颈烧毁，甚至会造成曲轴断裂，所以，一经判断是曲轴轴承异响，应及时排除。一定要查明原因后再更换主轴承，光磨或更换曲轴。

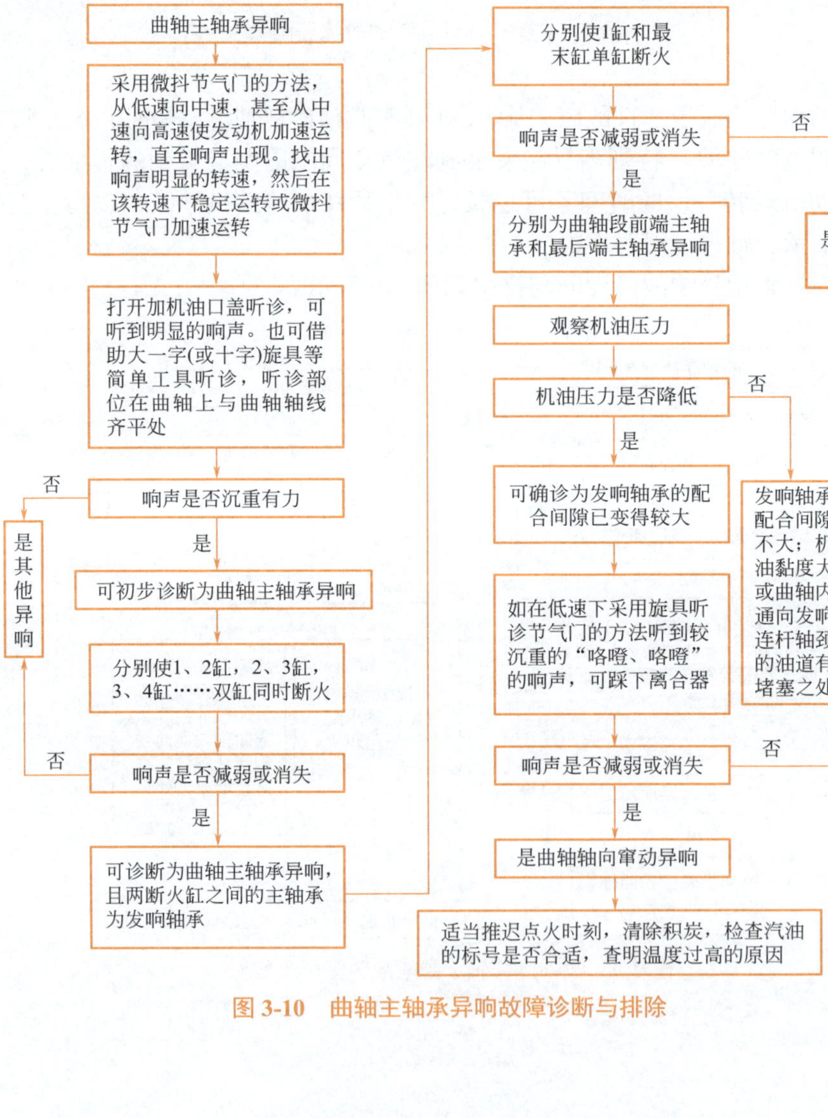

图 3-10 曲轴主轴承异响故障诊断与排除

3.1.5.5　正时齿轮异响

正时齿轮异响响声比较复杂，有的有节奏，有的无节奏，有的间歇响，有的连续响。汽车怠速或转速变化时，当正时齿轮盖处发出杂乱而轻微的噪声，转速提高时噪声消失；汽车急减速时，噪声尾随出现。较严重时怠速运转中发出杂乱的齿轮撞击声；汽车中速时更为明显，严重时正时齿轮盖处有振动。该响声不受温度和单缸断火试验的影响。正时齿轮异响的故障原因如图 3-11 所示。

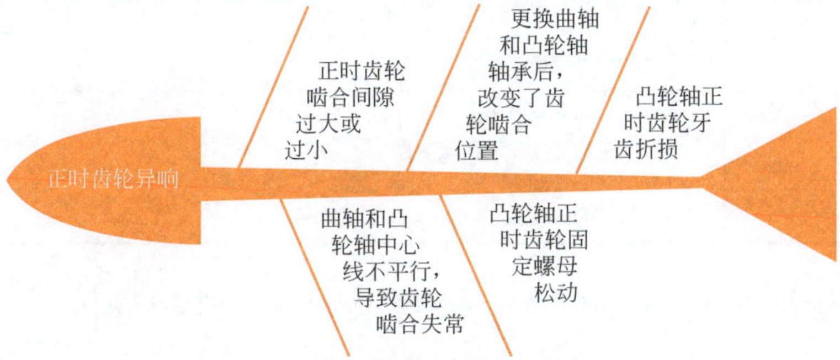

图 3-11　正时齿轮异响的故障原因

正时齿轮异响故障诊断与排除如图 3-12 所示。

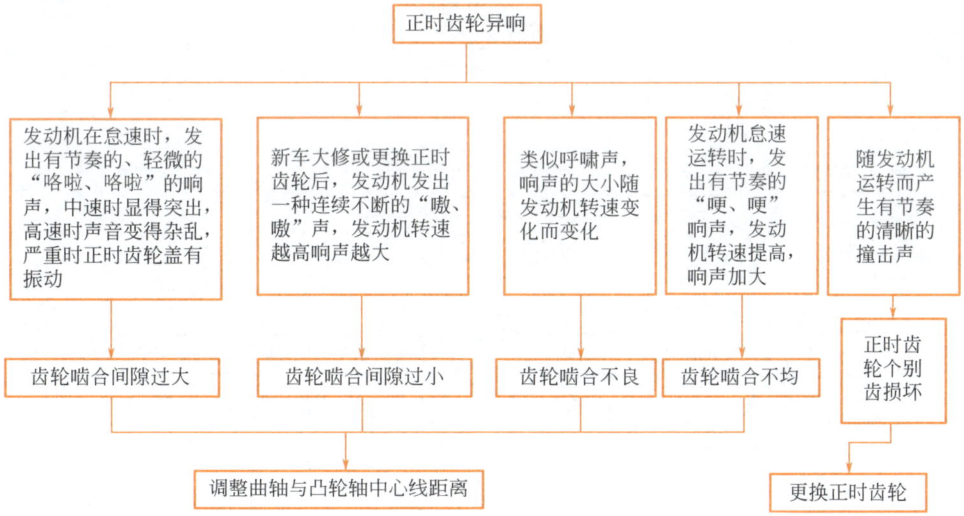

图 3-12　正时齿轮异响故障诊断与排除

3.1.5.6　气门脚异响与气门头（座）异响

气门脚异响与气门头（座）异响是发动机怠速运转时产生连续不断的、有节奏的“嗒、嗒、嗒”（在气门脚处）或“啪、啪、啪”（在气门座处）的金属敲击声，其异响原因见表3-5。

表3-5 气门脚异响与气门头（座）异响原因

原因	内容
气门脚异响	①气门脚间隙太大 ②气门脚间隙调整螺钉松动或该间隙处两接触面不平 ③配气凸轮外形加工不准或磨损严重，造成缓冲段效能下降，加重了挺杆对气门脚的冲击 ④气门脚处润滑不良
气门头（座）异响	①气门杆与其导管配合间隙过大 ②气门头部与其座圈接触不良 ③气门座圈松动 ④气门脚间隙过大

气门脚异响与气门头（座）异响故障诊断与排除如图3-13所示。

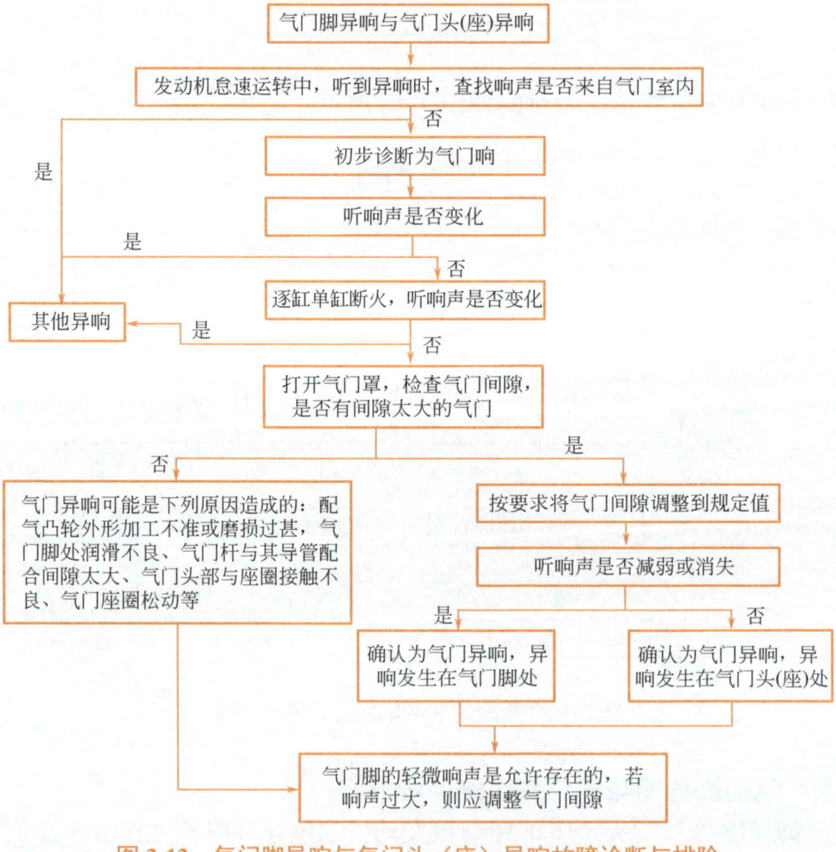

图3-13 气门脚异响与气门头（座）异响故障诊断与排除

3.1.5.7　气门座圈异响

气门座圈异响的特点是发动机冷启动或是温度较低时易出现响声；响声与转速无关，时有时无，较杂乱；响声出现时，伴有个别缸不工作的情况。响声消失时，发动机工作又恢复正常。气门座圈异响的原因是气门座圈外形不规则或呈锥形，与其座孔之间不吻合；气门座圈与其座孔过盈量过小，在高温、冲击震动的作用下松动。

气门座圈异响故障诊断与排除如图 3-14 所示。

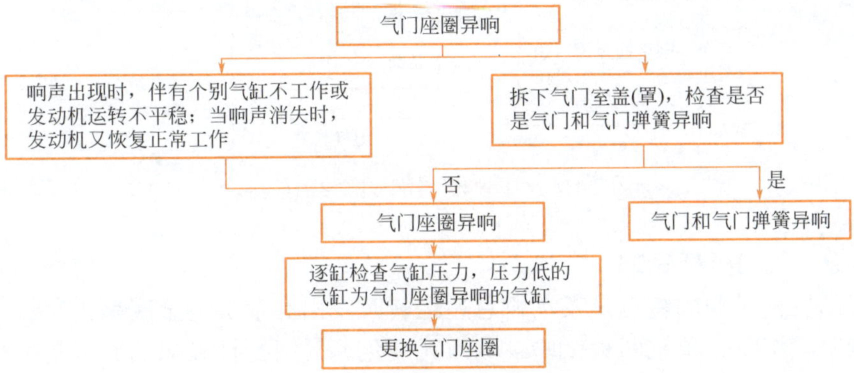

图 3-14　气门座圈异响故障诊断与排除

3.1.5.8　气门弹簧异响

气门弹簧异响与气门脚异响相似，但比其响声大，并有忽大忽小的“嚓、嚓”声；各种转速均有清脆的响声，拆下气门室盖更为明显。中速时响声清晰，高速时响声杂乱；单缸断火，响声不变，有时更明显；发动机低温初发动，响声易出现；数缸不工作，加速困难，机体振抖严重；不同车型的响声是不一致的，部分车型表现出时响时不响。

气门弹簧异响的故障原因如图 3-15 所示，气门弹簧异响故障诊断与排除如图 3-16 所示。

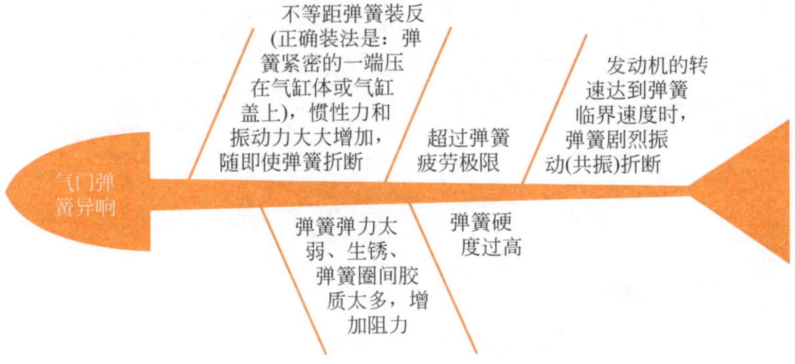

图 3-15　气门弹簧异响的故障原因

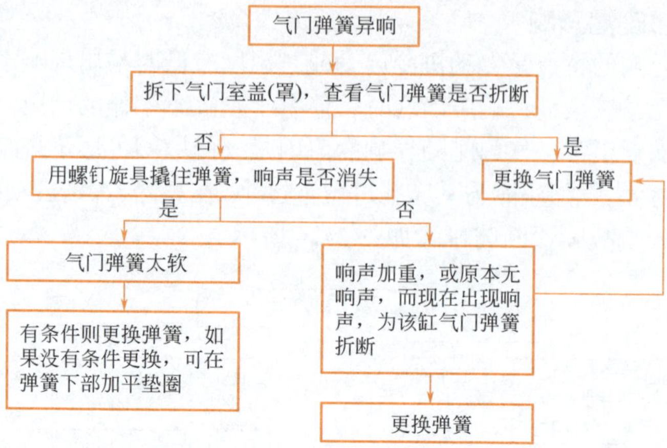

图 3-16　气门弹簧异响故障诊断与排除

3.1.5.9　气门挺杆异响

气门挺杆异响的特点是发动机怠速运转时发出有节奏的金属敲击声，比气门脚异响坚实沉重；单缸断火试验，响声无变化。气门挺杆异响的原因是挺杆与其导孔配合松旷；挺杆底面损伤或存在不正常磨损；挺杆不能自由转动；气门挺杆的接合部位不吻合。

气门挺杆异响故障诊断与排除如图 3-17 所示。

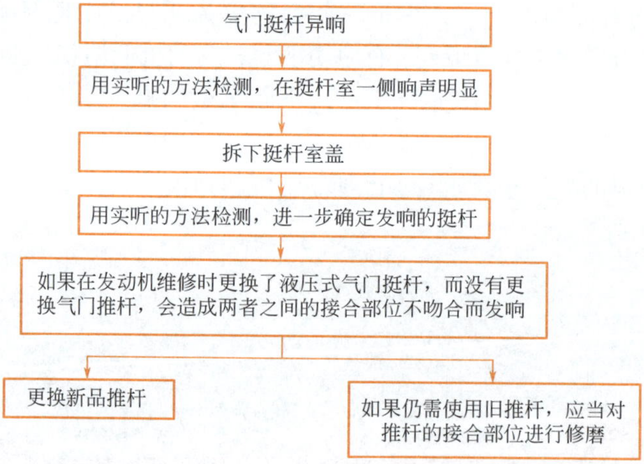

图 3-17　气门挺杆异响故障诊断与排除

3.1.5.10　凸轮轴异响

凸轮轴异响的特点是中速时有钝重的响声；单缸断火响声不变。凸轮轴异响的原因主要有：凸轮轴轴承与轴径之间配合松旷；凸轮轴弯曲；凸轮轴轴向间隙过大。

凸轮轴异响故障诊断与排除如图 3-18 所示。

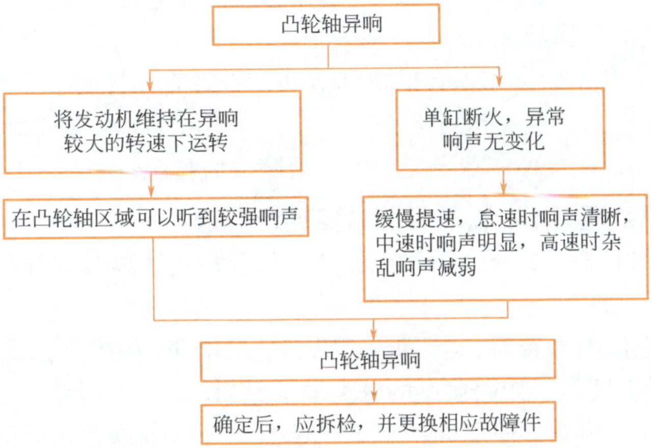

图 3-18　凸轮轴异响故障诊断与排除

3.1.6　发动机异响排查实例

3.1.6.1　2012 年款雪佛兰景程 1.8L 轿车发动机异响

2012 年款雪佛兰景程 1.8L 轿车，装配了 2HO 发动机。该车行驶约 2.1 万千米，车主反映早上冷启动以后，怠速时可以听见发动机内部有清晰的“嗒、嗒”异响。

故障诊断与排除

① 首先拔下各缸喷油器插头进行断缸试验，异响没有明显改变，于是用听诊器检查，发现 3 缸位置声音最大。

② 解体发动机，检查活塞与连杆，未发现异常，活塞和缸筒的间隙在正常范围。

③ 更换 1 缸和 4 缸的活塞与连杆后，试车，无异响，故障排除。

3.1.6.2　2010 年款本田雅阁 2.4L 轿车发动机异响

2010 年款本田雅阁 2.4L 轿车装配了 R20A3 发动机，该车在一次长途行驶中，发动机由于高温而无法工作。在附近的修理厂进行大修后，当车速达到 70km/h 以上时出现“嘎、嘎”异响，响声很轻，但在车内听得非常清晰，且发动机有轻微抖动。

故障诊断与排除

① 首先从汽油着手，使用 97 号燃油，然后检查点火正时，并对火花塞进行检查，再试车，异响未消除，抖动依然存在。

② 拆下平衡轴、驱动轮外壳，转动曲轴使 1 缸活塞位于上止点（TDC）位置，检查平衡轴正时，发现后平衡轴正时错误。用专用工具调校后试车，抖动消除，

但异响依然存在。

③ 为了彻底排除故障，将发动机从车上拆下，解体发动机。对活塞、连杆、曲轴、平衡轴和其他零件进行检测，同时也对缸盖的翘曲度进行测量，为 0.07mm，没有检查出错误和安装不当故障。

④ 经与车主商定后，将一台旧机体清洗、修理后，替换下原车机体，试车，发现发动机加速有力，怠速运转平稳。

⑤ 进行路试，在各种车速下无异响，故障彻底排除。

3.1.6.3 丰田皇冠 3.0L 轿车并非分离轴承异响

丰田皇冠 3.0L 轿车，配置手动变速器，驾驶员报修离合器分离轴承异响。

故障诊断与排除

① 在进厂报修前检查时，确实听到“叽、叽”的响声，在抬离合器踏板的一瞬间，噪声很大，感觉很明显，如同典型的分离轴承异响。因此，维修人员没有太在意，未做更仔细的听诊检查，便立即抬下了变速器。分离轴承竟然完好无损，离合器片及压盘总成也正常，其他相关部件均未发现异常。

② 在装合后，异响依旧。再次听诊时，发现响声来自发动机前端，而且是在发动机转速发生变化时发生的，与踩抬离合器踏板没有关系。

③ 检查风扇传动带惰轮及空调压缩机传动带轮，均正常，检查到曲轴带轮时发现异常现象。

④ 拆下曲轴带轮后发现，阻尼橡胶开裂，是内外圈转动打滑发出的异响。

⑤ 平时怠速时或是平稳的大节气门开度情况下并不发响，只有在急加速或转速发生变化时发出异响。更换新的曲轴带轮后，故障异响消失。

3.1.6.4 2009 年款本田雅阁 2.4L 轿车气门异响

一辆 2009 年款本田雅阁 2.4L 轿车，装配了 K2422 发动机。该车行驶约 5000km 后发动机加速无力，偶尔出现气门响故障。

故障诊断与排除

① 用本田 HDS 诊断仪对系统进行诊断，没有故障码，读取数据流一切正常。

② 使用正时灯检查发动机正时，都在标准范围内。

③ 检测气缸压力，四个气缸的压力均较低，然后往气缸内加入少量机油继续检测气缸压力，压力变化不明显，说明气缸漏气。

④ 拆下气缸盖，检查气门、气门弹簧、凸轮轴等部件，均正常，怀疑液压挺柱出现故障，再查看机油，发现机油很脏，说明液压挺柱可能被堵塞导致无法调节气门间隙，从而使气门关闭不严。更换液压挺柱后，装车，故障彻底消失。

3.1.6.5 2004 年款 1.6L 手动挡别克凯越轿车发动机异响

一辆 2004 年款 1.6L 手动挡别克凯越轿车，累计行驶约 8.7 万千米，发动机工作时有异响。

故障诊断与排除

① 发动机工作时，在距离轿车 1m 处可隐约听见发动机舱内传出断断续续轻微的“哒、哒”声，在打开发动机罩后，这种声音变得模糊不清。用听诊器探查，发现第 4 缸喷油器处有类似于喷油器工作时产生的“哒、哒”声。

② 对此车反复试验，发现在轻微加速或减速时都有此声音，而喷油器在减速断油瞬间是不工作的，因此可以排除喷油器出现故障的可能，初步诊断为配气机构产生的噪声。

③ 查看该车的历史维修记录，发现从购车至行驶约 3.8 万千米期间，此车进行了正常维护，但在 3.8 万～ 7 万千米期间无任何维修记录，且行驶约 7 万千米后维护又趋于正常。当行驶里程约 8 万千米时，因为气缸垫及冷却液泵漏液造成冷却液温度过高，气缸盖受损而更换了气缸盖。

④ 查看机油油位和品质，正常，排除了因为机油量不足或过脏而引起的液压挺柱工作时异响的可能；查看机油压力，在正常范围内。于是，维修技师怀疑是液压挺柱故障，更换 1 组进、排气门液压挺柱后试车，故障依旧。

⑤ 机油、机油压力及液压挺柱出现故障的可能被逐一排除后，就剩下气门导管与气门杆间的间隙值得怀疑。解体气缸盖，测量导管和气门杆间的间隙，间隙在正常范围内。

⑥ 对各气门进行检查，发现第 4 缸进气门杆轻微弯曲，因此维修技师断定异响是进气门关闭时与气门座圈间产生的撞击声。

⑦ 更换正时带、张紧器，并换上 1 组新气门，研磨后装车，试车，故障排除。

维修提示

别克凯越车系规定，在行驶里程为 6 万千米时需要更换正时带和张紧器。因为该车出现“断保”现象，导致正时带超过了正常的使用寿命，引起正时带工作时爬齿等现象，进而造成气门被顶弯的严重后果，弯曲的气门在关闭时与气门座圈之间产生撞击，从而发出了异响。

3.1.6.6　新景程轿车发动机怠速时，有“哒、哒”异响

一辆新景程轿车，装配 2.0L 发动机，发动机怠速时，有“哒、哒”异响。

故障诊断与排除

① 维修技师试车后，发现发动机怠速时有“哒、哒”的异响，用听诊器仔细倾听对比，发现气缸盖内的液压挺柱噪声较大，缸体内部也有“当、当”的异响。

② 查看机油油量，正常；查看机油压力，为 450kPa，正常。

③ 拆下气门室盖检查发现凸轮轴表面呈铁锈色，各缸液压挺柱的油槽两边有宽度各 2mm 的磨损带。

④ 拆下油底壳，发现机油颜色不太正常，发红；拆检各道大小瓦，磨损不严重。

⑤ 该车装配了 2.0L 发动机，该款发动机采用半浮式活塞销，把活塞连杆总成平放在桌面上，活塞销垂直于桌面，用一只手按住活塞，另一只手握住连杆，上下晃动，发现间隙很大。用压床压出活塞销进行检查，发现 4 个缸的活塞销两端和活塞的接合面上都有一半圆周磨损，由此可见压缩行程承压面磨损严重，已形成一个明显的台阶，维修技师用游标卡尺测量，磨损量达 15 ～ 20μm（丝）。

⑥ 将新的活塞销装入活塞孔，用手晃动发现似乎感觉不到间隙的存在，表明活塞孔无明显的磨损。

⑦ 更换活塞销和全部的进排气门液压挺柱后，异响消失，故障排除。

3.2 配气机构故障检修

配气机构可按照发动机的工作循环和工作顺序的要求，适时地开启或关闭各个气缸的进气门和排气门，使可燃混合气（汽油机）或新鲜空气（柴油机）适时进入气缸，并将燃烧后产生的废气及时排出气缸。配气机构主要由气门组（包括气门、气门导管、气门弹簧、气门座等机件）、气门传动组（包括正时齿轮、凸轮轴、挺柱、推杆、摇臂轴等机件）两部分组成，如图 3-19 所示。

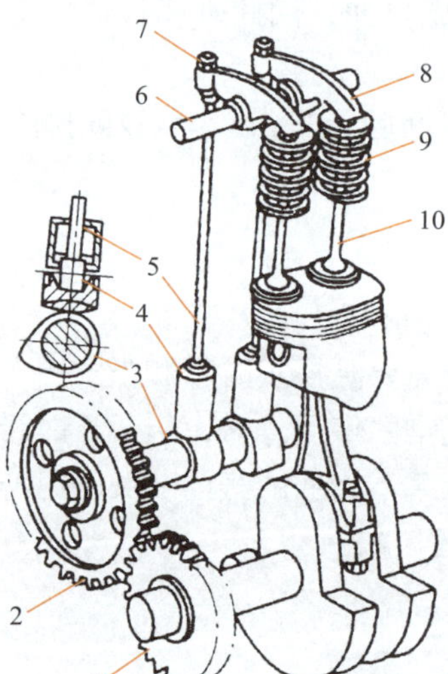

图 3-19 配气机构的结构

1—曲轴正时齿轮；2—凸轮轴正时齿轮；3—凸轮轴；4—挺柱；5—推杆；6—摇臂轴；7—气门间隙调整螺钉；8—摇臂；9—气门弹簧；10—气门

当配气机构出现故障时，将直接影响发动机的动力性和经济性，造成排放超标，污染环境，甚至造成发动机不能启动等严重故障。

3.2.1 气门间隙过大或过小

为了确保气门关闭严密，通常发动机在冷态装配时，在气门杆尾端与气门驱动零件（摇臂、挺柱或凸轮）之间留有适当的间隙，此间隙称为气门间隙。气门间隙大小直接影响发动机的工作性能。气门间隙过小，将会导致气门关闭不严而漏气、功率下降、加速磨损、气门工作面烧蚀等不良缺陷。气门间隙过大，将会造成气门开度减小、进气不足、排气不干净、零件之间发生冲击、加速磨损。气门间隙的检查调整通常是在冷态下进行的，通常内燃机都规定有冷车时的气门间隙，部分内燃机也规定有热车时的气门间隙，一般来说冷车时的气门间隙比热车时的气门间隙要大，排气门间隙比进气门间隙要大。

（1）气门间隙过大　行驶无力，同时伴有“嘭、嘭”的响声，功率明显下降。发动机怠速时，在气门室盖附近可以听到杂乱的“哒、哒”声。拆开空气滤清器能够听到“嘭、嘭”的响声（非金属敲击声），用手捂住空气滤清器进气口，响声明显减弱，但会有“哒、哒”声。路试，车辆行驶无力。断缸检查，无上缸迹象。气门间隙过大故障诊断与排除如图 3-20 所示。

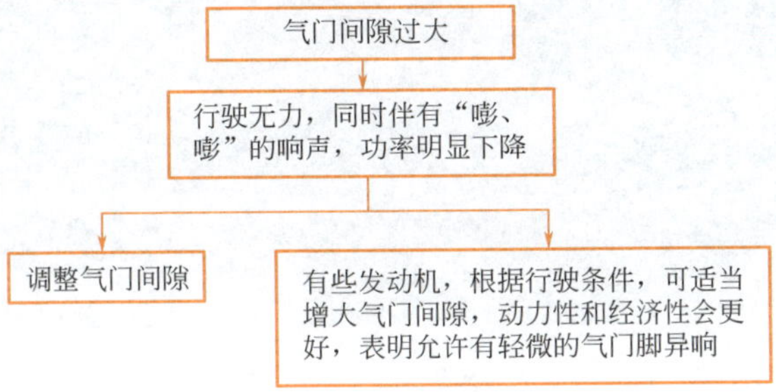

图 3-20　气门间隙过大故障诊断与排除

（2）气门间隙过小　汽车行驶无力，发动机怠速运行平稳，也无杂声，启动性能变差。温度高时会出现不规则的进气回火、排气放炮，甚至会出现活塞撞击气门的响声。

气门间隙过小，可导致气缸密封不良，使功率下降，可根据故障现象进行判断，必要时可在发动机温度高时测量气缸压力，此时的气缸压力明显低于正常值。

调整气门间隙如图 3-21 所示，一般发动机都不允许气门间隙过小。

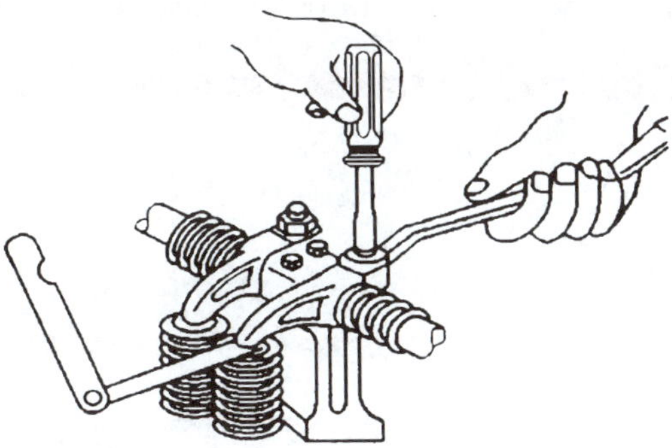

图 3-21　调整气门间隙

3.2.2 进气门积炭和结胶

进气门积炭和结胶是指气门头、气门座圈、气门导管处聚集有不完全燃烧形成的炭渣、胶性物质。如图3-22所示，积炭会导致气门与气门座圈的密封锥面贴合不良，导致气门漏气和传热不良、气门烧蚀等不良现象。结胶严重时会导致气门运动迟滞甚至卡在气门导管内而无法运动。

图3-22 进气门积炭

进气门积炭和结胶通常表现为汽车行驶无力，发动机运转不稳，抖动大，启动性能变差，发动机达到一定温度后进气管发出尖锐的“喋、喋”响声；排气声不均匀；进气歧管有过热烫手现象，严重时进气歧管有回火现象。

进气门产生积炭和结胶的故障原因如图3-23所示。

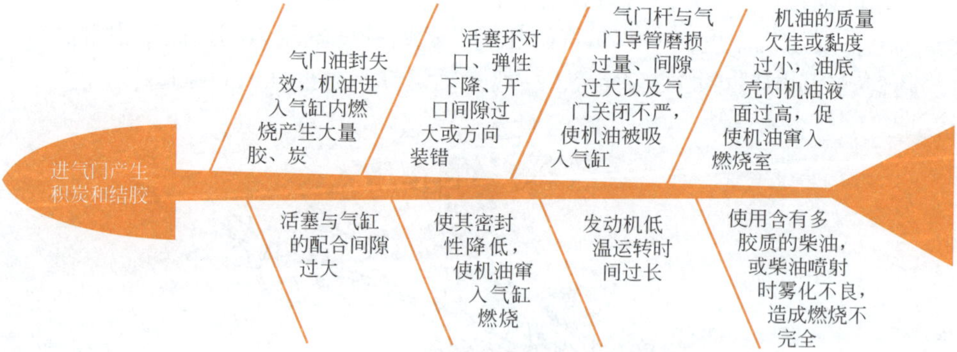

图3-23 进气门产生积炭和结胶的故障原因

根据上述现象，尤其是进气歧管过热烫手现象是故障的特征，再对发动机进行逐缸断缸试验，在某缸断缸后，转速无变化或变化不大，进气管“喋、喋”的响声消失，即为该缸故障。为进一步确定故障，也可对该缸再进行压力测试。

进气门产生积炭和结胶故障诊断与排除如图 3-24 所示。

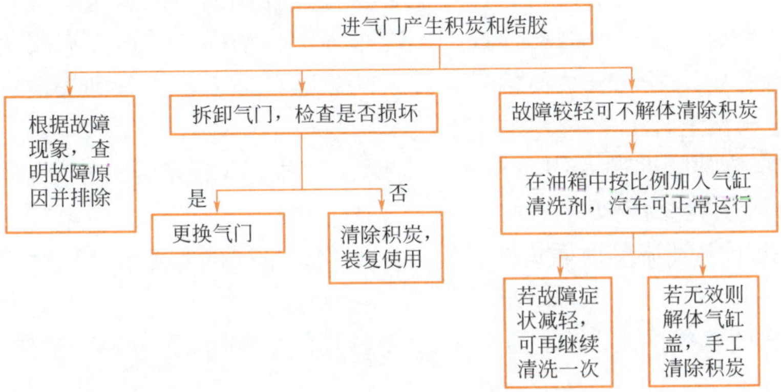

图 3-24 进气门产生积炭和结胶故障诊断与排除

3.2.3 故障诊断与维修案例

3.2.3.1 2011 年款赛欧 1.4L 轿车发动机气门损坏

2011 年款赛欧 1.4L 轿车，装配了 LCU 发动机。该车行驶约 1.2 万千米后发动机怠速抖动明显。

故障诊断与排除

① 首先用诊断仪检测发动机电控系统，系统显示正常，没有故障码，于是建议车主清洗喷油器后车况有所好转，但第二天故障又出现。

② 使用工作正常的火花塞与点火线圈进行替换后，无任何效果。

③ 测量缸压，连续测量了三次，发现第 4 缸的缸压总是比其他缸低得多，只有 800kPa 左右。因为该车是新车，于是向发动机燃烧室内注射机油后再次测量缸压，第 4 缸的缸压仍为 800kPa 左右，初步判断是发动机气门封闭不严造成的故障。

④ 拆解发动机缸盖后发现第 4 缸进气门已经严重损坏，更换进气门，研磨气门座后装车，试车，故障消除。

3.2.3.2 捷达轿车油耗高，冒黑烟

一辆捷达轿车，油耗高，冒黑烟，加速时较正常。

故障诊断与排除

① 读取故障码，无故障码。读数据流，节气门为 4°（标准为 2°～ 4°），进气量为 5g/s（标准为 2 ～ 4g/s），喷油时间为 2.7ms（标准为 2 ～ 2.5ms），氧传感器信号为 0.8V（标准在 0.5V 左右变化）。从该数据分析，冒黑烟、油耗高是由于混合气过浓，喷油量过大所致，其根本原因为进气测量信号过大。从节气

门开度分析其值并不大，可以认为空气流量计信号大有以下原因：有负荷信号；空气流量计信号不准确。正常来讲，怠速控制中有两个控制内容：稳速控制，即在电控单元的目标转速下进行稳速控制；在稳速控制的基础上进行提速控制，即有负荷时（空调、转向、制动、挂挡、冷车等）自动提高转速以克服负荷所带来的影响。查看中未发现有负荷信号，并且从怠速转速上也未看到提速的迹象，可能问题在空气流量计上。

② 维修技师随即用万用表检测，发现怠速时空气流量计的信号高达 2V，比正常值 0.8 ～ 1.4V 高出很多。

③ 用拔下空气流量计插头的方法观察变化，情况确实好转，因此更换空气流量计。

④ 再次读取数据流，显示为 2.4g/s，测量其信号电压，为 0.9V，数值一切正常，故障排除。

3.2.3.3 红旗轿车发动机熄火，顶弯气门

一辆红旗轿车，装配了 CA488 发动机，已经累计行驶约 18 万千米。此车性能一直比较稳定，未出现什么大的问题。在一次正常行驶中，发动机突然熄火，再无法启动，拖到修理厂维修。

故障诊断与排除

① 经过对整车检查，各部分熔丝均正常，蓄电池电压符合要求，最后发现没有高压电。维修技师反复在点火线圈、分电器、电子点火器、高压线、火花塞等处检查，一直未查出问题所在。

② 维修技师考虑到此车已累计行驶约 18 万千米，正时带或许会发生断裂，随即打开分电器盖，让车主用起动机带动发动机运转，发现在发动机曲轴转动的过程中，分火头并不转动。为了查明故障原因，于是维修技师打开气门室罩，用扳手盘转曲轴，发现进、排气门也不动作，表明是曲轴和配气凸轮轴之间的传动件出了问题。卸下正时带罩检查，发现正时带果然已经断裂。

③ 重装一根新的正时带，且调校好点火正时之后试车，发动机可以启动，但必须要猛踩加速踏板才能够稳住，一抬加速踏板就熄火，并且在启动过程中，噪声非常大，发动机前端剧烈抖动，同时还伴有化油器回火现象。

④ 检查发动机地脚螺栓及橡胶垫块，未发现有松动之处；检查化油器，未见异常。

⑤ 根据该现象分析，极有可能是正时带断裂之后，当车主启动发动机过程中，活塞与气门发生机械干涉（活塞照常往复运动，气门因配气凸轮轴不转而固定在某一位置不动）而将气门顶弯。

⑥ 维修技师放掉机油，拆下气缸盖，发现第 1、2 缸气门已严重变形，并且卡在气门导管中，其他缸的气门也有不同程度的弯曲，各缸活塞头部还有压痕（但

问题不大）。

⑦ 查看配气凸轮轴，未发现折断和裂纹，凸轮轴可以继续使用。

⑧ 为了保证不出现气门油封漏油现象，维修人员更换了所有气门油封和进、排气门，并且研磨了进、排气门，装复后试车，发动机运转非常平稳，故障排除。

3.2.3.4 上海别克轿车急加速回火

上海别克轿车（电控V6发动机），路试动力不足、加速不良、怠速抖动、急加速回火。

根据上述故障现象，维修技师初步认为故障原因是供油量不足、混合气过稀、燃烧过晚（即混合气配制有问题）。此车为电脑控制点火，正常点火能量或点火时刻出现问题的可能性相对不大，所以确立了先检查油气系统，后检查点火系统的维修思路。

故障诊断与排除

① 首先清洗空气滤清器，更换火花塞、汽油滤清器，发现此车故障依旧。

② 检测供油系统，进行燃油压力（包括调节压力、残余压力、最大供油压力）测试。在喷油嘴试验机上检测喷油嘴，雾化良好，表明油路正常。

③ 拆下空滤器，用手堵住节气门体的部分进气口滤网，以减少主通道进气面积，使混合气变浓，发现怠速变稳，加速不回火，表明故障的直接原因是混合气过稀。

④ 由于考虑到空气流量计是影响空燃比的重要因素，因此用仪器进行数据流分析，发现其信号电压在怠速和加速时几乎不变，故判定空气流量计信号有问题。

⑤ 拆下空气流量计查看，发现热线未断，但热线上有积垢。积垢导致热线与流入空气的冷却效应减弱，信号电压较弱，电脑无法正确感知空气流量，控制喷油嘴喷以较小油量，因此导致混合气过稀，造成上述故障现象。

⑥ 使用清洁剂直接喷洗，装复后试车，故障排除。

3.2.3.5 2010年款雪佛兰乐风1.4L轿车发动机自动熄火

2010年款雪佛兰乐风1.4L轿车，装配了L95发动机，该车行驶约2.37万千米，车主反映在上立交桥的过程中突然熄火，无法再启动。

故障诊断与排除

① 首先用TECH2检查，发现有两个故障码：P1607——控制模块点火关闭计时器故障；P0341——凸轮轴位置（CMP）传感器故障。启动时检查发动机数据清单，转速信号为240r/min左右，正常。

② 拔下一根高压线之后装上火花塞，在启动时火花正常。

③ 将进气软管拆下，向内喷入一定量的化油器清洗剂，启动，仍无着车的迹象。

④ 拆下2缸火花塞检查，电极较干燥；拆下1缸火花塞检查，电极非常潮湿。

⑤ 测量缸压，1缸和3缸几乎无缸压，2缸缸压为500kPa。

⑥ 用手捂住节气门体，在启动时吸力较弱，说明气缸的配气正时不对，拆下正时带罩进行检查，正时带已断裂。检查曲轴带，也有一部分损坏，碎片散落在曲轴带罩的底部。

⑦ 经过拆检发现1缸与3缸的共6个气门被顶弯，更换3缸的全部气门及导管，更换1缸的两个排气门及导管，更换正时带，故障消除。

3.2.3.6 2004年款别克君威2.5L轿车发动机怠速过高

一辆2004年款别克君威2.5L轿车，行驶里程约12.9万千米。据车主反映，该车发动机怠速过高。

故障诊断与排除

① 维修技师接车后，使发动机在怠速下运转，发现该车发动机怠速转速为1400r/min，属于不正常怠速。

② 用TECH2进行检测，动力控制单元（PCM）内无故障码，读取数据流，发现节气门位置传感器数值不正常，数据显示节气门开度为10%，节气门位置传感器输出电压为1.20V。节气门位置传感器安装在节气门体上，它将节气门开度转换成电压信号送给PCM，方便对发动机进行相应控制。此传感器的线束中有3根导线：5V参考电压线、搭铁线及信号线。

③ 维修技师用探针测量传感器的线束中3根导线的电压，测量结果分别是5V、0和1.23V，这表明TECH2显示的电压值与实际值相符。

④ 断开传感器的插接器，认真观察其插脚，发现有明显的腐蚀痕迹，且密封圈缺失。

⑤ 维修技师观察还发现，此车发动机非常干净，可以认定用水冲洗过，应该因为密封圈缺失而导致水侵入了传感器，使其失效。拆下节气门位置传感器后，发现插头的内部果然还有残留的水迹。

⑥ 维修人员更换节气门位置传感器，并选配合适的密封圈，试车，发动机怠速正常。

⑦ 再次观察数据流，数据显示节气门开度为0，节气门位置传感器输出电压为0.67V，属于正常值，故障排除。

3.3 曲柄连杆机构故障检修

曲柄连杆机构是发动机实现能量转换的核心部分。在做功冲程时，曲柄连杆机构将燃料燃烧后产生的气体压力经过活塞、连杆转变为曲轴旋转的转矩；然后，利用飞轮的惯性来完成进气、压缩、排气三个辅助冲程。曲柄连杆机构由机体组、活塞连杆组和曲轴飞轮组三个部分所组成。如图 3-25 所示，机体组包括气缸体、气缸盖、气缸垫、气缸盖罩和油底壳等，它们是发动机工作的基础部件，如在气缸体和气缸盖内设有润滑油道及冷却水道，并在气缸体上安装有润滑系统的机油泵、机油滤清器和冷却系统的循环水泵。发动机配气机构基本在气缸盖上安装。

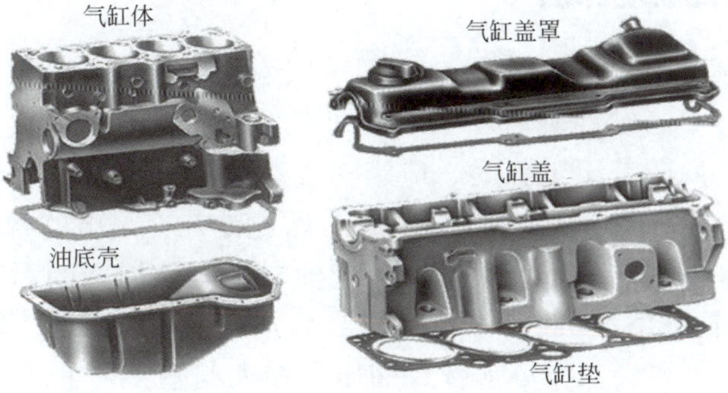

图 3-25　机体组

如图 3-26 所示，活塞连杆组包括活塞、连杆、活塞环、活塞销等，曲轴飞轮组包括曲轴、连杆轴承、主轴承、止推垫、飞轮等。活塞连杆组和曲轴飞轮组把曲轴的旋转运动转变成活塞的往复直线运动。在做功冲程中，活塞带动曲轴做旋转运动，对外输出动力。而在进气、压缩、排气行程中又把曲轴的旋转运动转变成活塞的往复直线运动，为做功冲程做好准备。

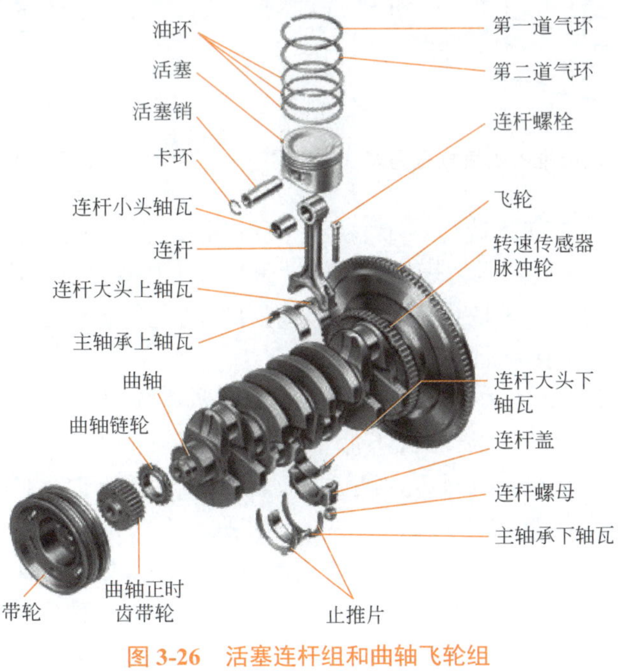

图 3-26　活塞连杆组和曲轴飞轮组

当曲柄连杆机构出现故障时，将直接影响汽车行驶，会使发动机的动力性和经济性下降、噪声增加、运行不平稳，甚至造成发动机不能启动和发动机报废等严重故障。

3.3.1 气缸压力过高

（1）检测发动机气缸压力　活塞到达压缩终了上止点时气缸的压缩压力的大小为气缸压力。当发动机启动困难、动力不足、耗油量增大、运转不平稳、相邻两缸工作不良或是不工作时，应当对发动机的气缸压力进行检测。检测气缸压力，应当使发动机水温在 70 ～ 80℃，蓄电池在充足电的状态下进行。事先应当清除火花塞（汽油机）或喷油器（柴油机）座孔周围的污物，然后拆除火花塞或喷油器。检测汽油机气缸压力时，要将加速踏板踩到底。如图 3-27 所示，选用推入式气缸压力表，将锥形橡胶圈压紧在火花塞座孔上。如图 3-28 所示，检测柴油机气缸压力时，要选用螺纹接口式气缸压力表，将气缸压力表螺纹接口旋入喷油器座孔内。

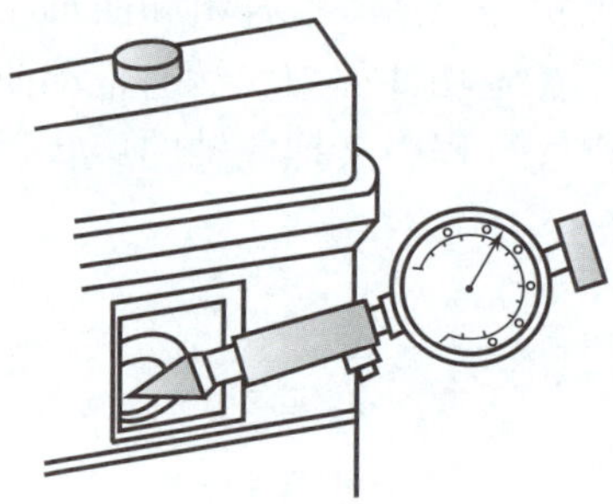

图 3-27　使用推入式气缸压力表

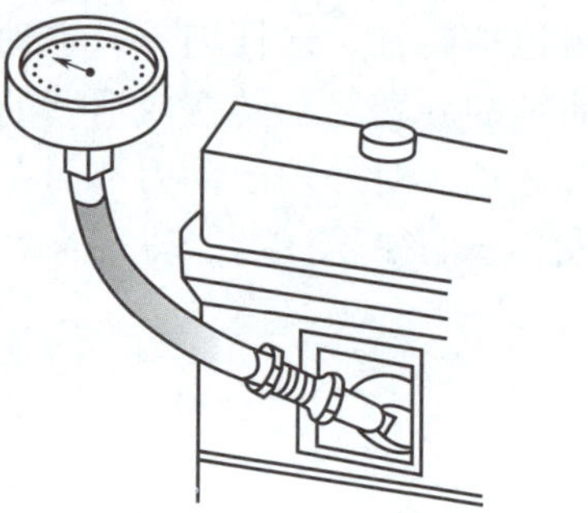

图 3-28　使用螺纹接口式气缸压力表

用起动机带动曲轴运转 3 ～ 5s，记下气缸压力表所示的压力数值。按下气缸压力表的放气阀，使气缸压力表指针回零。重复以上操作 2 ～ 3 次，取其平均值，即为该气缸的压力值。采取上述方法，分别对发动机的各气缸进行压力检测。气缸压力应当达到或是接近原厂规定的数值。

（2）发动机气缸压力值规定　在使用中的汽车发动机气缸压力，汽油机不低于原厂标准值的 85%，柴油机不低于原厂标准值的 90%；各缸压力差，汽油机不应当超过 10%，柴油机不应当超过 8%。如果气缸压力过低，可以从火花塞或喷油器座孔处向气缸内注入 20 ～ 30mL 机油，再次检测气缸压力。若注入机油后气缸压力回升，则表明活塞、气缸或活塞环严重磨损；如果气缸压力不变，则表明气门密封不严或气缸垫破损漏气。表 3-6 列举了几种发动机对气缸压力的要求。

表 3-6 几种发动机对气缸压力的要求 单位：kPa

发动机型号	原厂规定，使用限度	各缸压力差
切诺基	1068 ～ 1274，≥ 855	≤ 206
奥迪 100（4 缸，5 缸）	980 ～ 1274，≥ 784	—
北京福田（4Y）	1229，≥ 981	≤ 98
丰田皇冠（4M，5M）	1078，≥ 882	≤ 98
帕萨特 B5（1.8L）	900 ～ 1400，≥ 750	≤ 300
桑塔纳（JV）	1000 ～ 1300，≥ 750	≤ 300
桑塔纳时代超人、俊杰（AJR）	1000 ～ 1300，≥ 750	≤ 300
桑塔纳世纪新秀（AFE）	937.5，≥ 750	≤ 300
上海别克（V6，3.0L）	984.3，≥ 788	—
赛欧（C16NE，1.6L）	872.5，≥ 698	—
爱丽舍（1.6L）	1187.5，≥ 950	—
奥迪 A6（ANQ，ATX）	900 ～ 1400，≥ 720	—
奥迪 A6（APS）	900 ～ 1200，≥ 720	—
广州本田（2.0L，2.3L）	1230，≥ 930	≤ 200
神龙富康（1.4L，1.6L）	1125，≥ 900	—

（3）气缸压力过高 气缸压力过高主要表现为发动机大负荷或急加速时出现爆震响声，发动机工作粗暴，活塞烧顶和火花塞烧蚀。

气缸压力过高的原因是燃烧室容积减少，导致的原因有：燃烧室内积炭过多；气缸衬垫过薄；气缸体或气缸盖接合平面磨削过度；活塞不合格。

气缸压力过高故障诊断与排除如图 3-29 所示。

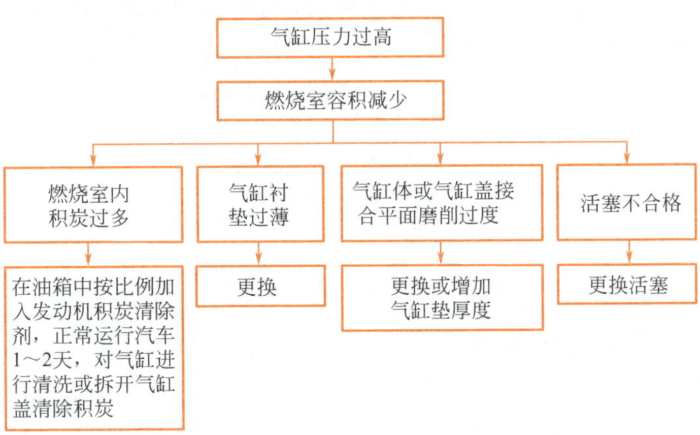

图 3-29 气缸压力过高故障诊断与排除

3.3.2 气缸压力过低

气缸压力过低主要表现为发动机动力不足，怠速不稳；发动机启动困难，油耗超标。

气缸压力过低是气缸漏气导致的，气缸漏气的故障原因如图 3-30 所示。

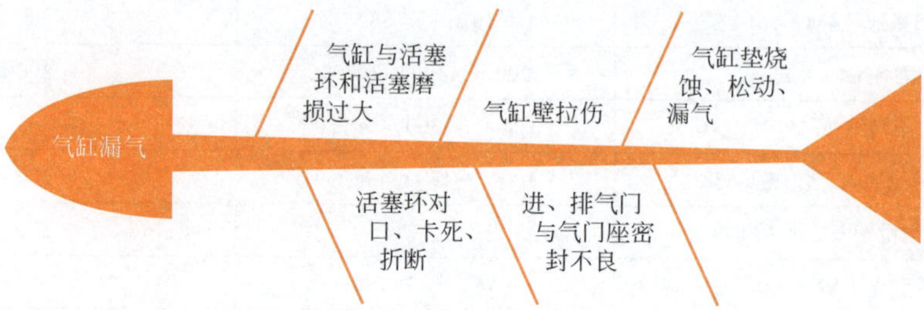

图 3-30　气缸漏气的故障原因

气缸压力过低故障诊断与排除如图 3-31 所示。

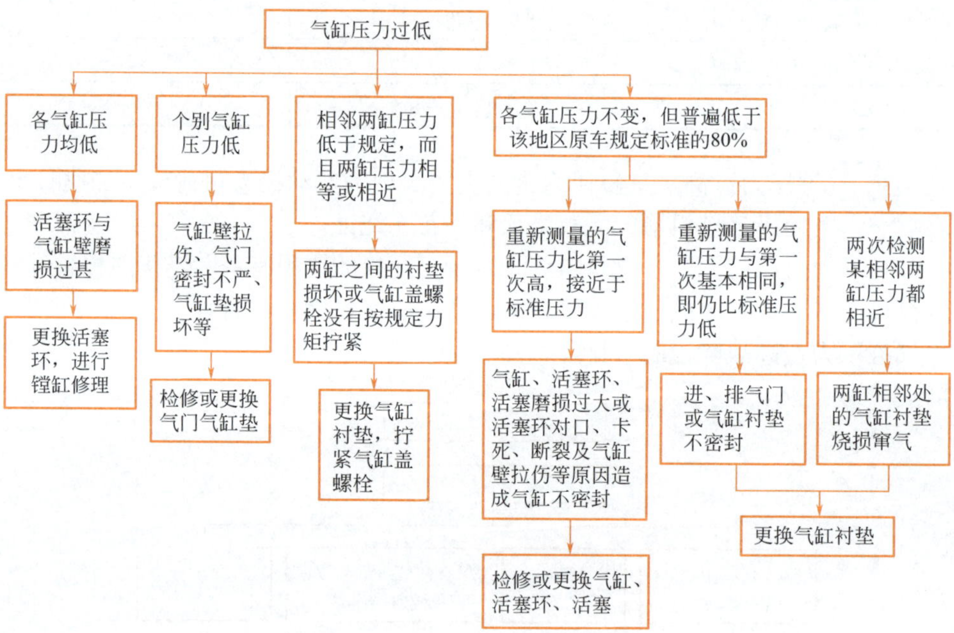

图 3-31　气缸压力过低故障诊断与排除

采用测量气缸压力的方法可粗略地对气缸活塞组不密封部位的故障进行分析与推断，但不能精确地确定具体部位故障。若想精确地确定漏气部位，还需要根据发动机的运行状况进行分析：如果进气管有回火或“冲、冲”的响声，一般是进气门漏气；如果排气管有放炮或“叭、叭”的响声，一般是排气门漏气；如果加机油口有强烈的窜气，一般是气缸和活塞环磨损；如果加机油口有脉冲状窜气，一般是活塞环折断或对口；如果水箱剧烈地沸腾冒泡，一般是气缸垫烧蚀。

3.3.3 气缸垫烧蚀

气缸垫（图3-32）安装于缸盖与缸体之间，通过缸盖螺栓保证气缸的密封，防止燃气、冷却水和润滑油窜漏。它必须严密密封气缸内所产生的高温、高压气体，以及贯穿缸垫的具有一定压力和流速的冷却水与机油，并且能经受住水、气和油的腐蚀。气缸垫烧蚀主要是由于高温、高压燃气冲击气缸垫，烧坏包口、护圈及石棉板，从而导致气缸漏气，润滑油、冷却水窜漏。出现冲蚀气缸垫故障时，发动机动力性能下降，气缸压力不足；严重时会出现排气管放炮现象，应立即更换气缸垫。

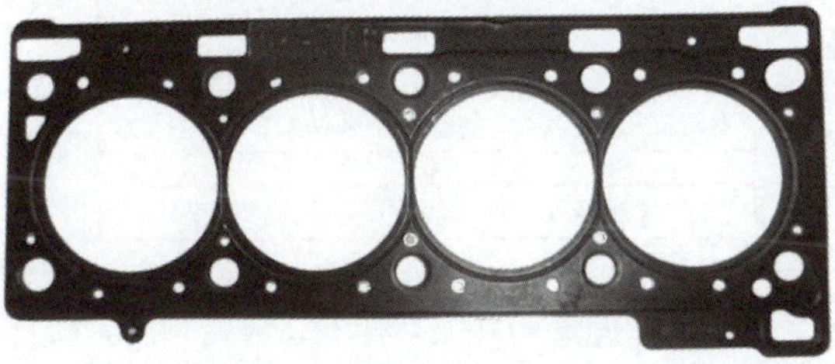

图3-32　气缸垫

气缸垫烧蚀故障现象见表3-7。

表3-7　气缸垫烧蚀故障现象

故障名称	故障现象
气缸垫的两缸缸沿之间烧损	发动机动力不足，汽车行驶无力，加速性差，取下空滤器，发动机怠速时，在进气管口处可听见“啪、啪”声
气缸垫烧损部位与水套孔相通	水箱出现冒气泡、开锅，排气冒白烟
气缸垫烧损部位与油道相通	部分机油会窜入缸内烧蚀掉，排气冒蓝烟
气缸垫烧损部位与外部大气环境相通	发动机动力性能差，经济性恶化，并且从气缸垫的破损处发出激烈的“噼、噼”声

气缸垫烧蚀的故障原因如图3-33所示。

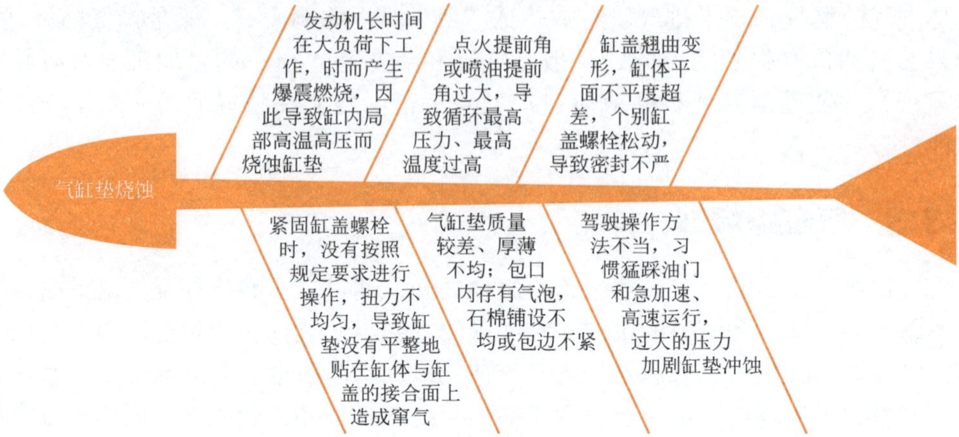

图 3-33　气缸垫烧蚀的故障原因

气缸垫烧蚀故障诊断与排除如图 3-34 所示。

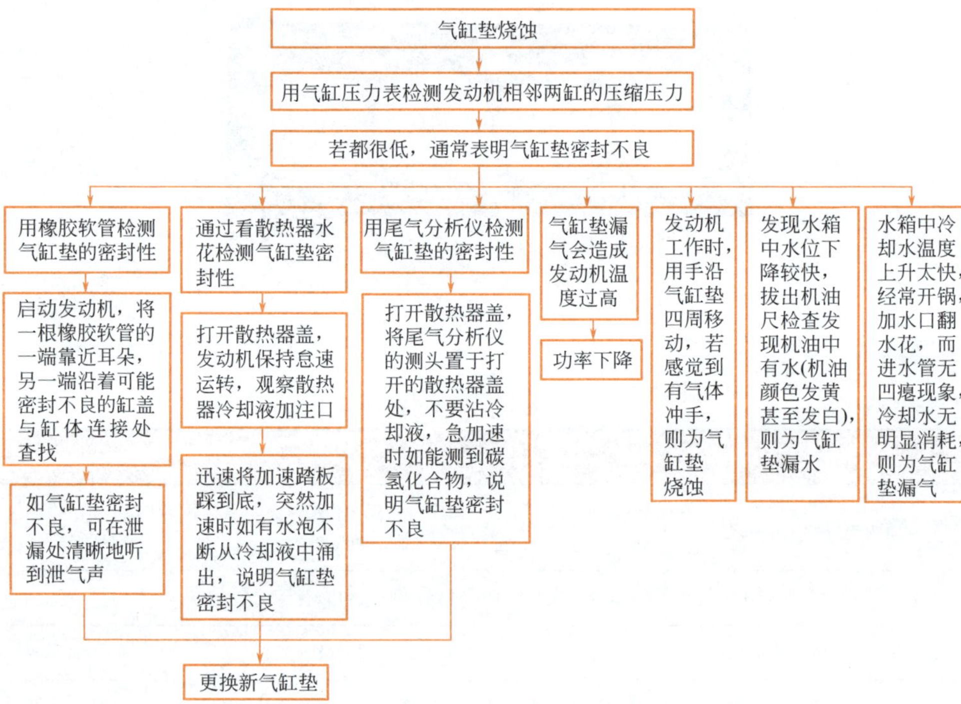

图 3-34　气缸垫烧蚀故障诊断与排除

3.3.4　故障诊断与维修案例

一辆 2012 年款一汽大众宝来 1.4L 轿车，装配了 CFB 型发动机，行驶里程约

3.3 万千米。车主反映热车时每次启动都不易，但冷车时一切正常，甚至放几天也可顺利启动着车。

故障诊断与排除

① 首先检查点火高压电并测量燃油压力，均正常。

② 使用故障诊断仪读取故障码，出现“混合气过浓的故障”的故障信息。在启动着车后，发动机数据流中表示氧传感器在“-20% ～ -10%”之间调节，这说明混合气过浓。

③ 对于热车时混合气过浓造成不好着车的故障，根据维修经验，常见的原因主要是喷油器滴漏燃油、气缸内积炭过多和配气正时错误等。

④ 在测量燃油压力时，保压后的压力正常，表明喷油器不可能存在滴漏故障。车主反映，车辆一个星期前进行了免拆清洗，排除了气缸内积炭过多的可能性。由于热车启动时，每次都是着一下车然后又熄火了，于是决定检测发动机的气缸压力。

⑤ 当测量 3 缸时发现没有缸压，但其他缸的缸压正常。又重新检查 3 缸缸压，发现每次测量的结果均有所差异，说明 3 缸存在故障。

⑥ 拆下气门室罩盖与凸轮轴后发现 3 缸进气门弹簧断裂。

⑦ 重新更换 3 缸气门之后，启动发动机，故障彻底解除。

3.4 冷却系统故障检修

发动机冷却系统（图 3-35）的作用是使发动机在所有工况下都保持在适当的温度范围内工作。冷却系统既要防止发动机过热，也要防止冬季发动机过冷。当发动机冷启动之后，冷却系统还要确保发动机迅速升温，达到正常的工作温度。

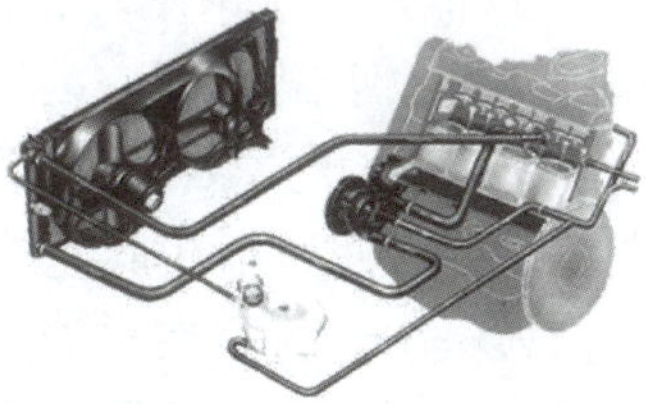

图 3-35　发动机冷却系统

3.4.1 发动机水温过高

发动机水温过高故障现象：水温表指示在高温区域或 100℃ 以上；散热器盖出现喷水的开锅情况；行驶中发动机发出清脆的爆震敲击声；发动机易熄火。

3.4.1.1 发动机冷却系统水温过高的危害

① 发动机冷却系统水温过高，会导致喷入气缸中的燃油提前燃烧，造成发动机的做功压缩不足，功率下降。

② 各运动零件因为高温作用而膨胀过度，致使原来的配合间隙发生变化，导致轴承的工作能力大大降低，破坏了正常的工作状况，严重时会造成烧瓦抱轴、

活塞胀缸、活塞环卡死等故障。

③ 温度过高会导致机油黏度降低，机油烧损，致使发动机各润滑部位油膜破坏，加速机件磨损，严重时会导致烧瓦、拉缸等事故。

④ 温度过高会加速橡胶件老化损坏，造成橡胶件局部变形、裂纹及烧损，导致发动机漏水、漏油等故障。

3.4.1.2 发动机冷却系统水温过高的原因

发动机冷却系统水温过高的原因有很多，一般可归为冷却系统机械故障与冷却系统电控故障两大类。

（1）冷却系统机械故障

① 散热器和发动机水套水垢太多，导致散热不良，水温升高。

② 节温器损坏，致使冷却液不能顺畅进入散热器形成大循环，造成水温很快升高，随即造成开锅。

③ 水泵损坏或传动皮带打滑使水泵工作不良。水泵不能正常工作，故不能产生足够的水压，减少了冷却水的循环流量。

④ 缺少防冻液，冷却不充分。

⑤ 冷却系统内部有空气，导致冷却水不能正常循环。

⑥ 气缸垫损坏，造成气缸中高温、高压气体进入冷却系统而使水温很快升高至开锅。

⑦ 冷却液渗漏，导致发动机温度升高。故障多见在散热器、水泵、气缸体、气缸盖、气缸垫、暖风机散热器、水管、橡胶软管与放水开关处渗漏水。

（2）冷却系统电控故障

① 散热电子扇不转，或者没有高速挡或低速挡，致使电子扇的强制风冷不起作用，导致水温过高。

② 双温开关故障。双温开关内部设有两个开关：一个开关是在水温达到 90℃左右接通，使风扇在低速挡运转，在水温低于 84℃时，开关又断开，风扇停止工作；另一个开关是在水温达到 100℃左右接通，使风扇在高速挡运转，增强风扇散热能力，而在水温降至 90℃时，风扇又回到低速挡运行。如果开关有问题时，检修时必须换用新的开关。

③ 电子扇继电器损坏，电子扇不运转，没有强制风冷而使水温过高。

④ 空调系统故障。打开空调开关，电子扇必须以低速挡运转，在空调系统压力超过一定值时，电子扇则以高速挡运转。若不正常，会加大发动机的负荷，消耗冷却系统的散热性能，致使水温过高。此外，空调制冷剂加注过少或过多，都会降低制冷效果。

⑤ 水温传感器损坏或输送错误的信号，都会导致发动机冷却水水温不正常。

⑥ 水温表显示不正常。可用专用测量工具检测水温表的测量基点和范围，若

不正常，则需要换水温表。

⑦ 供油系统调整不当，致使可燃混合气过稀。混合气过稀会使燃烧速率缓慢，并且燃烧后所产生的热能大多散失于气缸壁，导致发动机冷却水温升高。

⑧ 点火系统调整不当。点火提前角调整过迟，致使混合气不能及时燃烧和充分燃烧，未燃烧的燃料在排气喉内补燃，既影响发动机的动力输出，又会使发动机冷却系统温度升高。

3.4.1.3　发动机水温过高故障诊断与排除

发动机水温过高故障诊断与排除如图 3-36 所示。

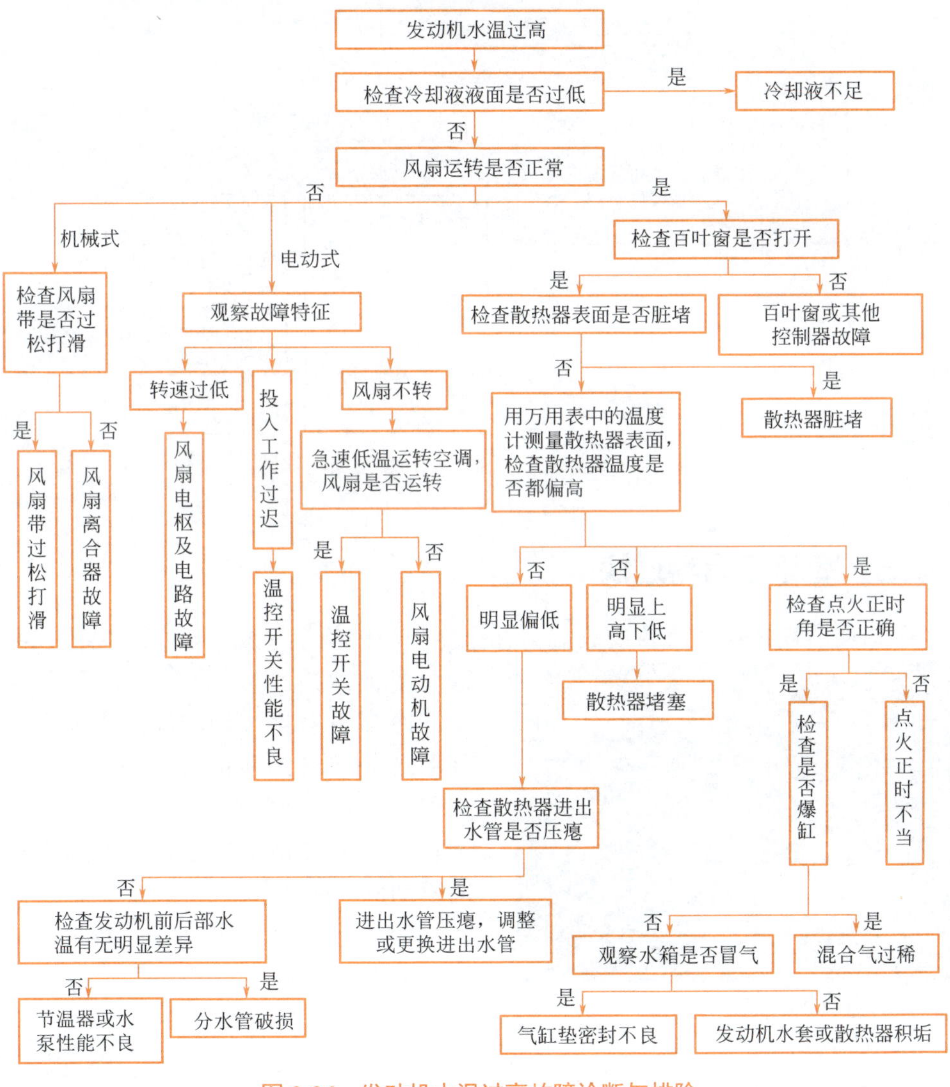

图 3-36　发动机水温过高故障诊断与排除

3.4.2 发动机水温过低

发动机水温过低故障表现为发动机启动后预热升温时间太长；车辆行驶中，发动机水温不到 80℃。

发动机水温过低的原因主要有：节温器主阀门损坏或无法关闭；风扇热敏开关失效，使风扇始终处于高速运转。

发动机水温过低故障诊断与排除如图 3-37 所示。

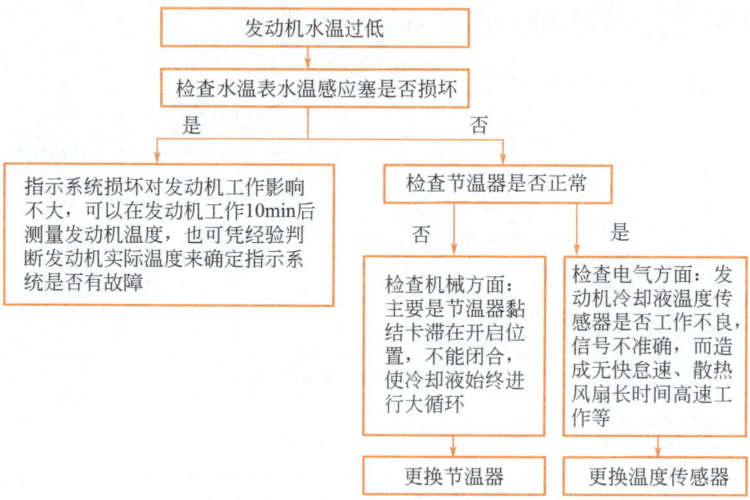

图 3-37　发动机水温过低故障诊断与排除

3.4.3 冷却液消耗过快

冷却液消耗过快故障主要表现为补充冷却液的周期过短，经常需要添加冷却液（图 3-38）。

图 3-38　添加冷却液

冷却液消耗过快的原因主要有：冷却系统外部有渗漏情况，例如胶管、散热器、水泵等处漏水；冷却系统与气缸、燃烧室、曲轴箱等处连通，引起冷却液向发动机内部渗漏。

冷却液消耗过快故障诊断与排除如图 3-39 所示。

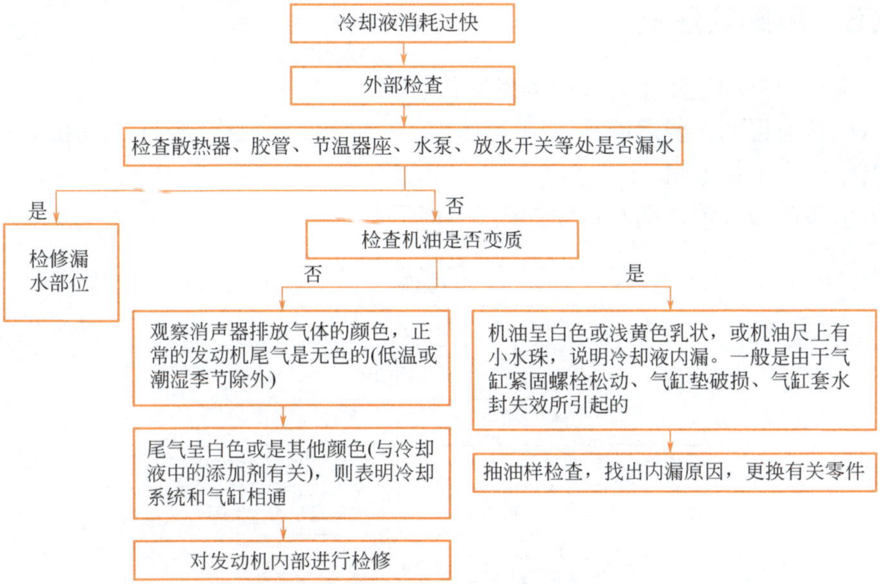

图 3-39　冷却液消耗过快故障诊断与排除

3.4.4　发动机在行驶中突然过热

发动机在行驶中突然过热，或冷启动时发动机水温迅速升高并沸腾，当补足冷却水后才转为正常。

发动机在行驶中突然过热故障诊断与排除，如图 3-40 所示。

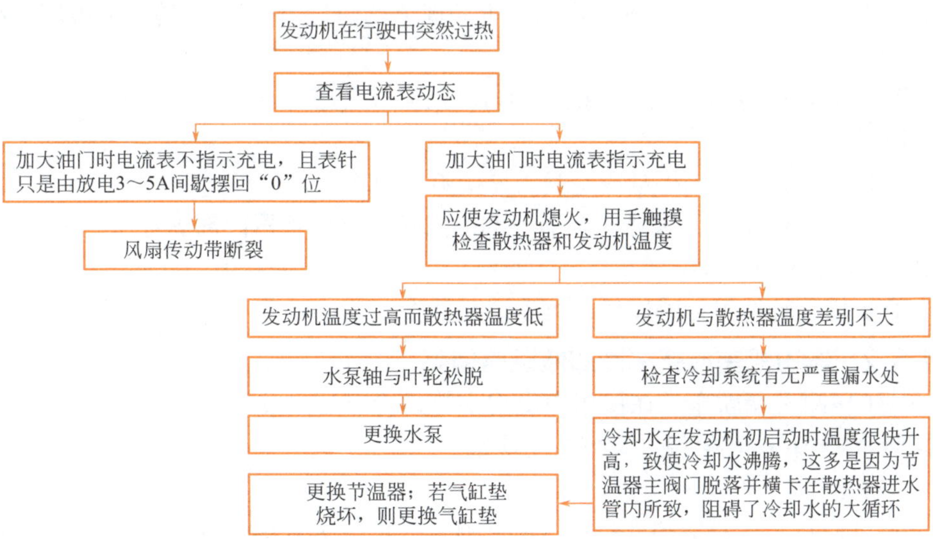

图 3-40　发动机在行驶中突然过热故障诊断与排除

3.4.5 风扇转速慢

风扇转速慢的故障主要表现为发动机过热。

风扇转速慢的主要原因是风扇驱动电动机线圈匝间短路故障（电动机老化）、控制电路产生附加电阻。

风扇转速慢故障诊断与排除如图 3-41 所示。

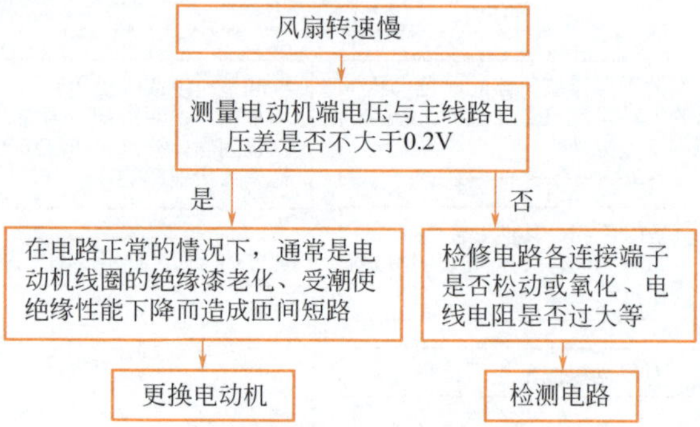

图 3-41 风扇转速慢故障诊断与排除

3.4.6 故障诊断与维修案例

3.4.6.1 2006 年款福特蒙迪欧 2.0L 轿车冷却液温度过高

2006 年款福特蒙迪欧 2.0L 轿车，装配了 CAF488Q1 发动机，行驶 12 万多千米。该车启动发动机时，出现间歇性启动困难的现象，并且运行过程中冷却液温度过高。

故障诊断与排除

① 首先检查冷却系统并更换新的冷却液温度传感器与节温器总成，但故障仍未排除。

② 检查各元件有无松动或是线头连接不良的现象。

③ 经过仔细检查发现处于缸盖下部的曲轴位置传感器内部固定座断裂，造成松动，使点火时间不准。

④ 更换曲轴位置传感器后，故障彻底排除。

3.4.6.2 丰田凯美瑞轿车冷却液温度偏高

某丰田凯美瑞轿车，在使用中出现不管是冷车还是热车风机都运转，但风量却很小，发动机冷却液温度又偏高的现象。

故障诊断与排除

① 维修技师查看冷却液系统无泄漏痕迹，用数字万用表测得的流量调节电磁阀电阻为 8.4Ω，在正常范围内，线路也无错接或断路、短路现象，但 ECU 始终

无输出信号。

② 维修技师拆开 ECU 检查时，发现功率晶体管 B1452 开路。

③ 更换了新的功率晶体管后，冷却风机的风量恢复正常，发动机温也恢复正常，故障排除。

3.4.6.3　2003 年款赛欧乘用车冷却液温度过高

2003 年款赛欧乘用车行驶约 34000km。车主反映车辆行驶约 10min 冷却液温度表指示快速上升，约 90℃，这时电子风扇不工作；然后冷却液温度表指示很快接近红线，电子风扇转速低，高速风扇不起作用，开空调后电子风扇工作正常。

故障诊断与排除

① 首先用 TECH2 故障检测仪经由发动机电脑读取冷却液温度值，在冷却液温度表指示到达红线时，检测仪显示冷却液温度为 87℃ 左右，说明冷却液温度表不准或冷却液温度传感器故障。

② 为了验证冷却液温度的实际温度，对冷却液温度表进行测量：10℃ 时阻值为 5.7kΩ; 80℃ 时阻值为 0.34kΩ，都属于正常范围。于是更换一块新仪表进行试车，故障仍存在。

③ 用红外线测温仪测量发动机缸体温度为 90℃ 左右，对散热器、水管的温度进行观察，结果也是一样的，由此断定冷却液温度表上显示的是一个错误信息，故障存在于电路中。

④ 检查发电机输出端与发动机缸体间的电压为 14.3V，而测量蓄电池两端的电压时只有 12.5V，说明发电机输出的发电量有损耗，于是对接地线进行测量，发现蓄电池负极与车身的阻值过高。

⑤ 拆下蓄电池接地线，检查接触点，发现已严重氧化，使用砂纸进行处理之后装复，故障排除。

3.4.6.4　2006 年款马自达 6　2.3L 轿车发动机冷却液温度异常故障

2006 年款马自达 6　2.3L 轿车，装配了 L3 发动机，行驶约 8.5 万千米。该车怠速和低速下行驶冷却液温度较高，而在高速行驶中冷却液温度忽高忽低。

故障诊断与排除

① 首先了解到该车从未清洗过散热器，而且很少使用发动机冷却液。

② 打开散热器发现里面有很多水锈，于是清理散热器并更换发动机冷却液。

③ 装复后使发动机运转约 1h，冷却液温度正常，但上路低速行驶时故障仍存在，更换节温器、冷却液温度传感器后故障依旧。

④ 拆下水泵检查，发现叶轮都已锈蚀，更换水泵后故障排除。

3.4.6.5　上海帕萨特 B5 型轿车更换发动机冷却液后过热

某上海帕萨特 B5 型轿车，在更换过发动机冷却液后出现温度过高的现象。

故障诊断与排除

① 上海帕萨特 B5 型轿车，装配了 ANQ 发动机，更换冷却液后应进行放气操作，否则冷却液不足会造成发动机冷却系统温度过高。维修技师判断该故障车加冷却液后未进行放气操作。

② 放气操作方法：将取暖器上高处那根冷却系统连接软管（在发动机防火墙处）拔出一些，直到露出小孔，在冷却系统膨胀水箱加液口处接上一个专用工具，其目的是提高水位，加冷却液时直至取暖器处有液体流出即为足量。

③ 进行放气操作后，故障排除。

3.4.6.6 奥迪 A6 轿车冷却液温度传感器故障

2010 年款奥迪 A6 2.0L 轿车，装配了 BPJ 发动机。该车行驶约 4.8 万千米后仪表板上的冷却液温度报警灯闪亮报警。

故障诊断与排除

① 首先检查发动机冷却液，冷却液充足，发动机冷却系统没有泄漏现象。

② 将发动机故障检测仪连入发动机电控系统中，读取冷却液温度，在 96℃左右，随着发动机的运转，几分钟后冷却液温度达到了 106℃，并且很快升到了 120℃，此时发动机储液罐盖处在不停地冒水蒸气。

③ 拆下节温器，进行加温测试，冷却液温度在 100℃以上时，阀门无法打开，说明节温器损坏。

④ 拆下水泵检查，水泵没有损坏现象，于是清洗散热器并更换节温器。

⑤ 开启发动机，发动机冷却液温度在正常范围内，但仪表板冷却液温度报警灯仍然闪烁。

⑥ 查找奥迪报警系统电路图，发现冷却液温度报警显示系统包括两个传感器：一个是储液罐内的发动机冷却液液位开关；另一个是发动机冷却液温度传感器。

⑦ 拔下发动机冷却液液位开关插头，将储液罐加满水检测，开关不导通，将储液罐里的水放尽再测量发动机冷却液液位开关，此时开关导通，说明发动机冷却液液位开关性能良好。判断为发动机电子冷却液温度传感器有故障。

⑧ 更换冷却液温度传感器后，仪表板报警系统恢复正常，冷却液温度报警灯不再闪烁，故障彻底排除。

3.5 润滑系统故障检修

发动机润滑系统有润滑、密封、冷却、清洗、减振及防腐作用。现代汽车的润滑方式可分为压力润滑、飞溅润滑及定期润滑三种。发动机润滑系统主要由机油泵、限压阀、机油滤清器等组成，如图3-42所示。当发动机工作时，机油泵将机油压送到机油滤清器，通过机油滤清器后的机油被输送或者飞溅到发动机内部的各个摩擦表面，之后再回落到油底壳。机油就是这样周而复始地循环流动，以保证对发动机内部摩擦表面的润滑。

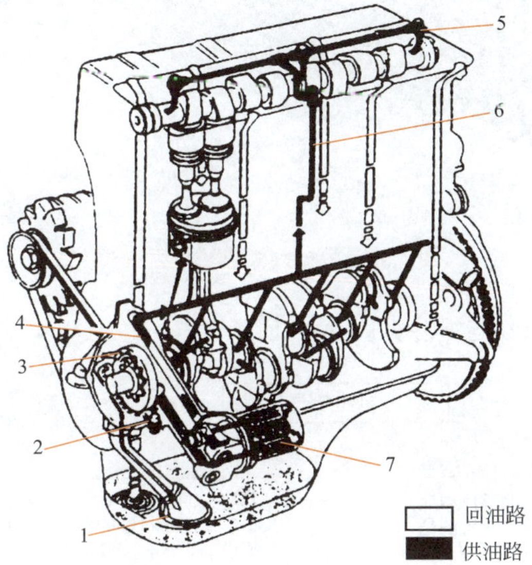

图3-42 汽车发动机润滑系统的组成

1—集滤器；2—限压阀；3—机油泵；4—送至各装置的主油道；5—凸轮轴轴颈润滑管；6—送至气缸盖的输油管道；7—机油滤清器

润滑系统出现故障，将会造成发动机运行阻力增加、磨损增大、噪声增大及使用寿命减少等危害。润滑系统出现严重故障时，会导致发动机报废的严重事故。

3.5.1 机油变质

机油变质故障现象为：将机油滴在白纸上或目测，机油呈黑色，且用手指捻拭，无黏性，并有杂质感（图3-43）；机油油位增加，且呈浑浊乳白色，伴有发动机过热或个别缸不工作的现象；机油变稀，油位增高，且有汽油味，并伴有混合气过稀或不来油现象。

机油变质主要是高温氧化或混入冷却液、汽油及其他杂质所致；加注过不同牌号的机油，且未进行彻底清洗；机油使用时间过长，未定期更换，高温氧化而变质；气缸活塞组漏气，曲轴箱通风不良，机油受燃烧废气污染而变质；燃烧炭渣、金属屑或其他杂质过多，落入油底壳使机油变质；汽油泵膜片破裂，汽油漏入油底壳稀释机油；气缸垫损坏、气缸体或气缸盖破裂，冷却液漏入油底壳使机油变为乳白色；机油散热器不良，发动机过热，使机油温度超过正常工作温度，加速机油高温氧化。

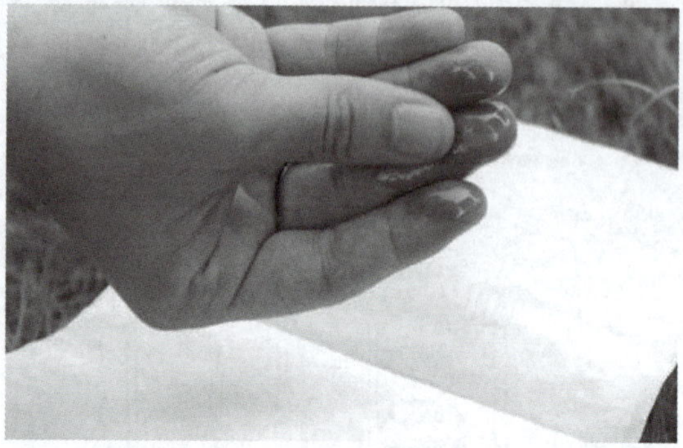

图 3-43　手捻判断机油是否变质

机油变质故障诊断与排除如图 3-44 所示。

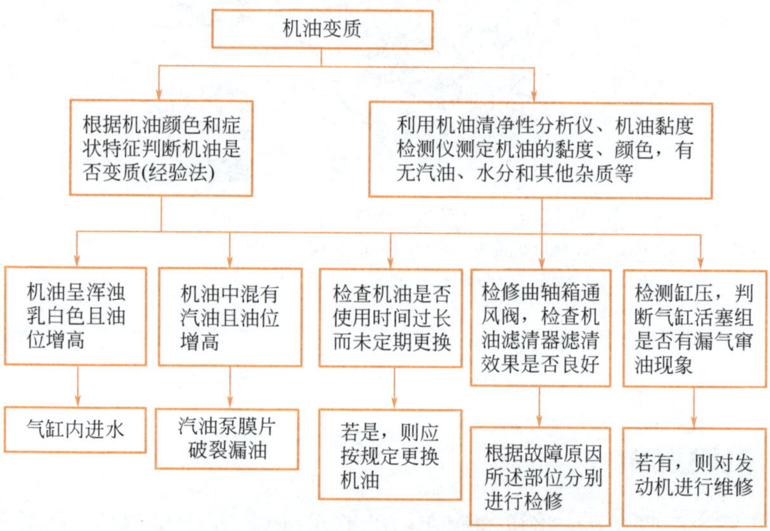

图 3-44　机油变质故障诊断与排除

3.5.2　机油压力过低

机油压力过低故障表现为发动机在正常温度下工作时，机油压力表指示的压力小于规定值；发动机在低速或中速运转时，机油压力报警灯亮；气门发出响声。

机油压力过低的故障原因如图 3-45 所示。

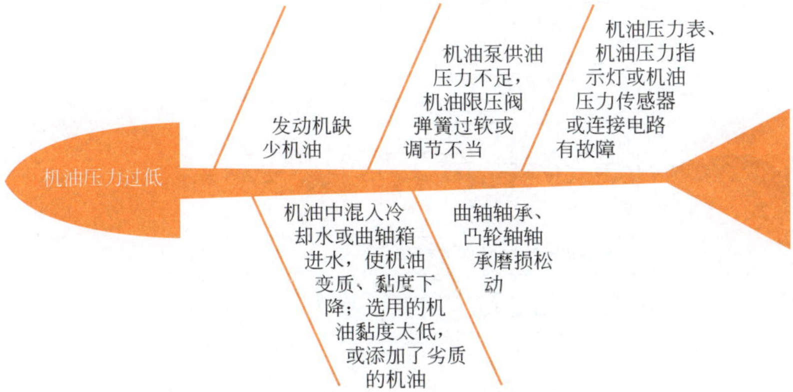

图 3-45　机油压力过低的故障原因

机油压力过低故障诊断与排除如图 3-46 所示。

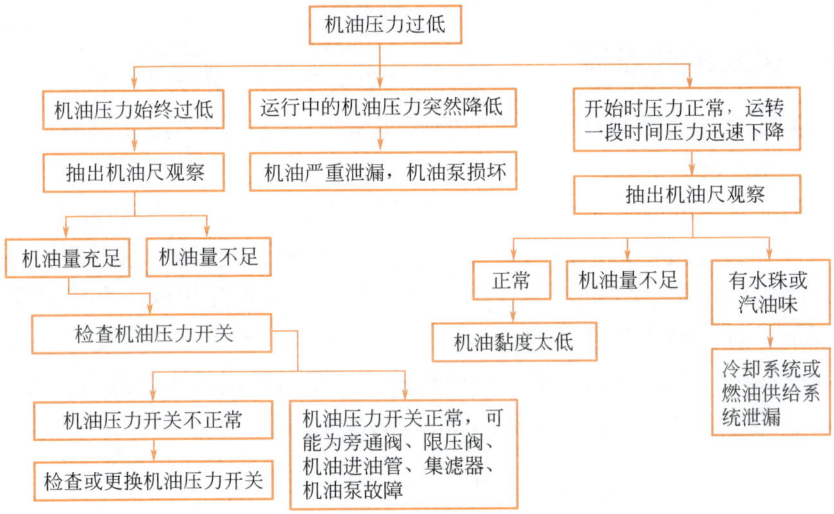

图 3-46　机油压力过低故障诊断与排除

3.5.3　机油压力过高

机油压力过高故障表现为发动机在正常温度下工作时，机油压力表指示的数值大于规定值。

机油压力过高的故障原因主要有：机油限压阀调整有误；机油压力表或传感器失准；机油黏度太大；机油滤清器阻塞且旁通阀弹簧太硬。

机油压力过高故障诊断与排除如图 3-47 所示。

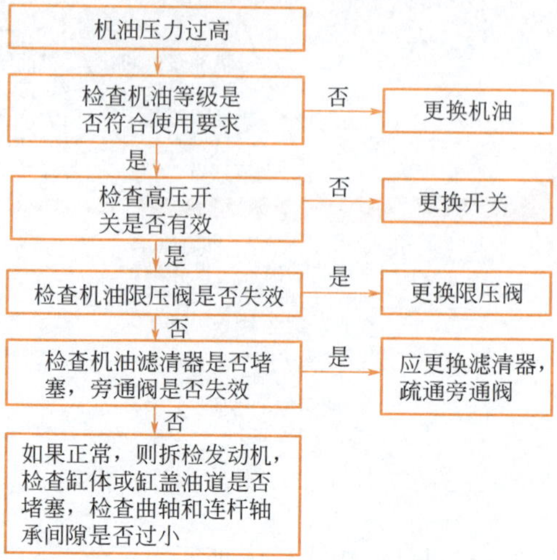

图 3-47　机油压力过高故障诊断与排除

3.5.4　机油消耗过量

机油消耗过量故障表现为加机油的周期缩短，经常需要添加机油；消声器排蓝烟；火花塞经常失效。

机油消耗过量的故障原因主要有：发动机漏机油；发动机烧机油。

诊断机油消耗过量的故障时，应检查发动机是否漏机油，包括曲轴前后端、油底壳、机油滤清器、气缸盖罩、挺杆室侧盖等处是否漏机油。在发动机高速运转的情况下，查看消声器是否排蓝烟。如果消声器排蓝烟，且火花塞经常失灵，表明机油消耗过快是由发动机烧机油导致的，应当对发动机内部进行检修。

机油消耗过量故障诊断与排除如图 3-48 所示。

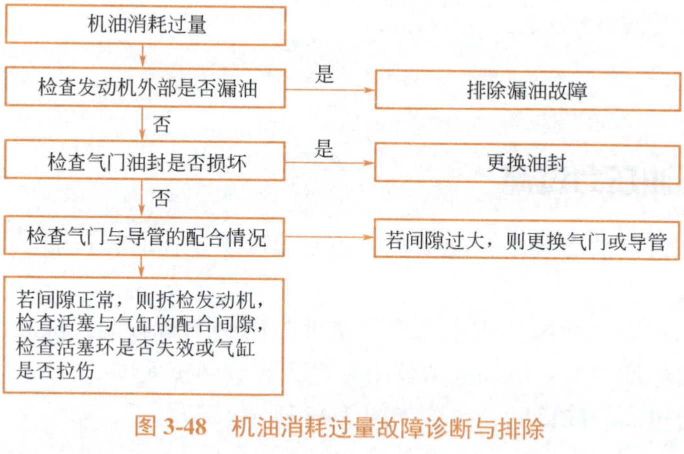

图 3-48　机油消耗过量故障诊断与排除

3.5.5 机油压力突然过低

机油压力突然过低表现为汽车在运行中当仪表盘上的机油压力警告灯亮时，机油压力表指示为“0”。

机油压力突然过低的故障原因如图 3-49 所示。

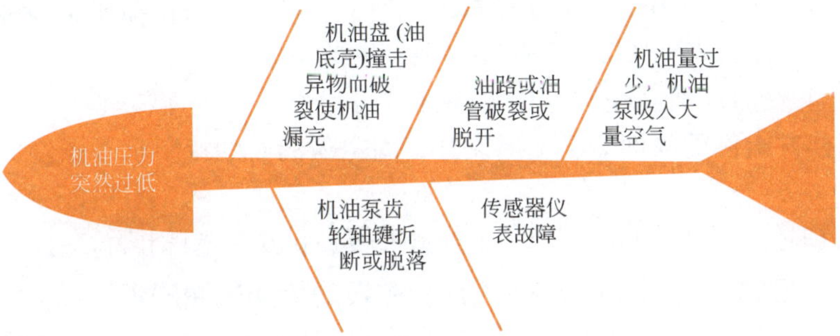

图 3-49 机油压力突然过低的故障原因

机油压力突然过低故障诊断与排除如图 3-50 所示。

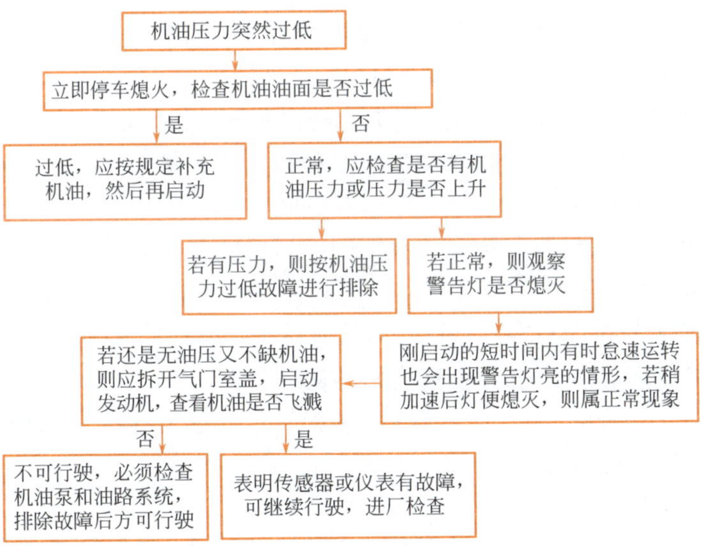

图 3-50 机油压力突然过低故障诊断与排除

3.5.6 故障诊断与维修案例

3.5.6.1 2009 年款帕萨特新领驭 1.8L 轿车机油压力警告器报警

2009 年款帕萨特新领驭 1.8L 轿车，装配了 CED 发动机，行驶里程为约 8

万千米。车主反映该车在一次事故中将油底壳撞变形，在修理厂修复后，高速行驶时机油压力警告器报警。

故障诊断与排除

① 接车后，首先测量机油压力，发现怠速及中速时机油压力正常。

② 继续对发动机进行加速，发现在高速（大于 80km/h）时产生机油压力报警，同时发现机油压力与中速相比没有变化，则说明机油压力在高速时表现不足。因为该车更换过油底壳，怀疑油底壳中的油泵安装不妥。

③ 拆下发动机油底壳，对相关部件进行检查，发现在气缸体下部用于润滑气缸活塞连杆组件的喷油器已变形裂开，固定喷油器的特制空心螺栓也已断开了一半。

④ 将损坏的喷油器和固定螺栓更换并装复后试车，故障排除。

3.5.6.2 2011 年款奇瑞 QQ 1.0L 轿车发动机烧机油严重

2011 年款奇瑞 QQ 1.0L 轿车，装配了 SQR472FB 发动机。该车行驶约 3.5 万千米后发动机烧机油严重，加速时排气管冒蓝烟，同时机油标尺上指示的机油油面高度降低很快。

故障诊断与排除

① 首先检查发动机机油油位，发现机油油位在标尺的第 2 格与第 3 格之间，说明烧机油不是由于机油加注量过大引起的。

② 检查各缸压力都在 1100kPa 以上，则说明发动机活塞和气缸间隙正常。

③ 打开加机油口盖，启动发动机怠速运转，用一张柔软的白纸放在加机油口的上方，发现白纸有规律地上下抖动，说明曲轴箱工作正常。

④ 维修技师经过认真分析，怀疑气门油封可能存在泄漏，于是拆解缸盖，发现拆气门油封没有安装到位。

⑤ 用专用工具将油封安装到位，装复后试车，故障彻底排除。

3.5.6.3 长城赛弗发动机大小瓦烧蚀故障

2006 年款长城赛弗 SUV 2.2L 轿车，装配了 491QE 发动机，行驶约 13000km。车主反映发动机出现敲击声。

故障诊断与排除

① 首先使用听诊器诊断，发现发动机异响来自发动机缸体下部，初步判断为发动机轴瓦异响。

② 对发动机拆解后发现气门室盖内积有 5mm 厚的油泥，放出的机油为黏稠状，第 3 缸曲轴主轴颈、连杆轴颈磨损严重，大小瓦烧蚀。其他几道轴瓦都有不同程度磨损。

③ 询问车主了解到，该车没有根据规定更换机油，于是对发动机进行大修，

试车后，故障排除。

3.6 点火系统故障检修

点火系统的基本功用是在发动机各种工况和使用条件下，在气缸内适时、准确、可靠地产生电火花，以点燃可燃混合气，使发动机做功。

3.6.1 电子点火系统故障诊断

当发动机无法启动或行驶中突然熄火而怀疑点火系统有故障时，可以按如图 3-51 所示的程序进行诊断。

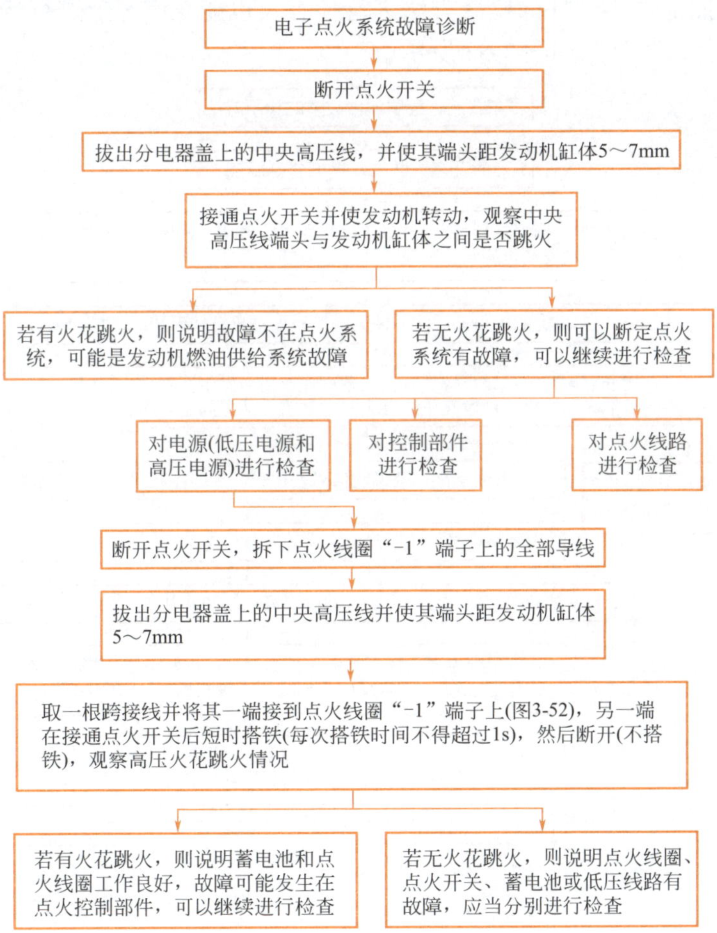

图 3-51　电子点火系统故障诊断

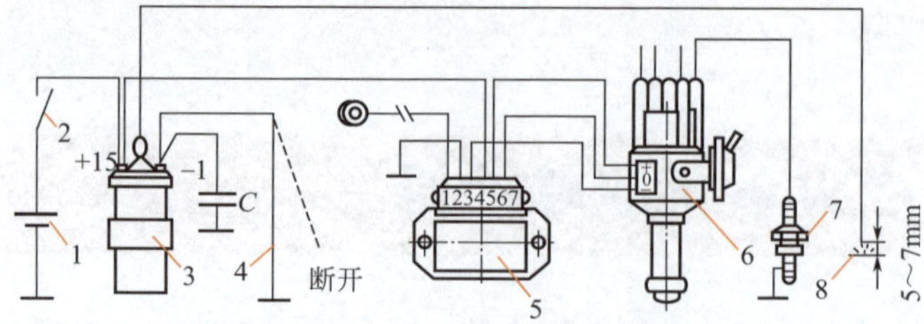

图 3-52　检查电源供电能力

1—蓄电池；2—点火开关；3—点火线圈；4—跨接线；5—电子控制组件；6—内装传感器的分电器；7—火花塞；8—发动机缸体

3.6.2　点火控制部件故障诊断

点火控制部件包含点火信号发生器与点火控制器。其技术状态，既能从车上将其拆下按照前述零部件的检修方法进行检查，也能在汽车上进行诊断。霍尔式点火控制部件故障诊断如图 3-53 所示。

霍尔式点火控制部件故障的诊断方法

↓

断开点火开关，拆下分电器盖

↓

转动曲轴，使触发叶片离开霍尔式信号发生器气隙；如果用起动机拖动发动机旋转，则在叶片位置调好后断开点火开关

↓

拔出分电器盖上的中央高压线并使其端头距发动机缸体5～7mm(图3-54)

↓

接通点火开关，以小螺钉旋具或薄铁片在信号发生器气隙中轻轻插入和拔出，观察高压线端头与发动机缸体之间是否跳火

- 若有跳火，则说明控制部件工作良好
- 若无跳火，则说明信号发生器、点火控制器或线路有故障

↓

用旁路信号发生器确诊点火控制器与霍尔式信号发生器中哪个有故障

↓

断开点火开关，拔下分电器盖上的中央高压线并使其端头距发动机缸体5～7mm

↓

拔出分电器壳体上的线束插头，取一根跨接线，将其一端接在信号电压输出插片(绿白色导线所连接的插片) 上(图3-55)

↓

接通点火开关，将跨接线的另一端短时(不超过1s) 搭铁，观察跨接线搭铁瞬间，高压线端头与发动机缸体之间是否跳火

- 若有跳火，说明点火控制器良好，故障发生在霍尔式传感器
- 若无跳火，说明点火控制器及其线路有故障

图 3-53　霍尔式点火控制部件故障诊断

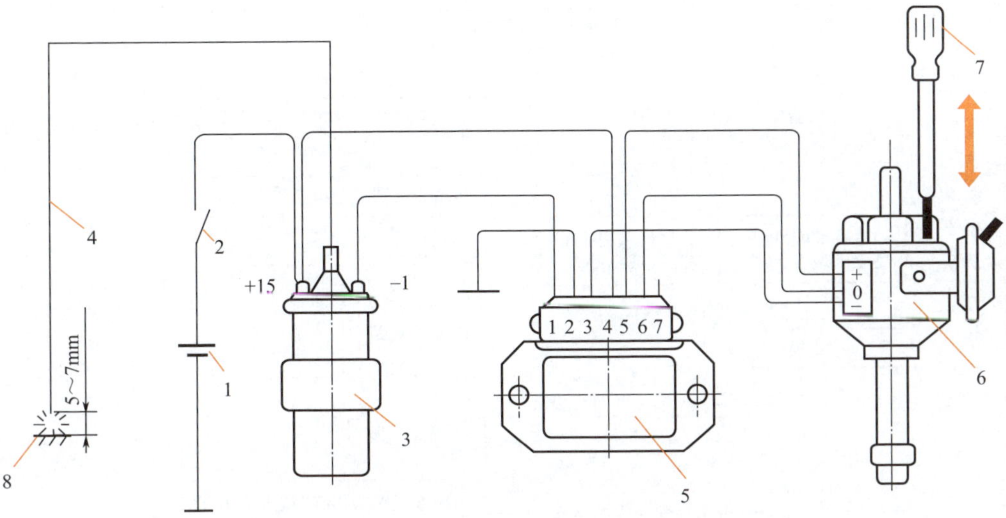

图 3-54　点火控制部件故障的诊断

1—蓄电池；2—点火开关；3—点火线圈；4—中央高压线；5—点火控制器；6—霍尔式分电器；7—小螺钉旋具；8—发动机缸体

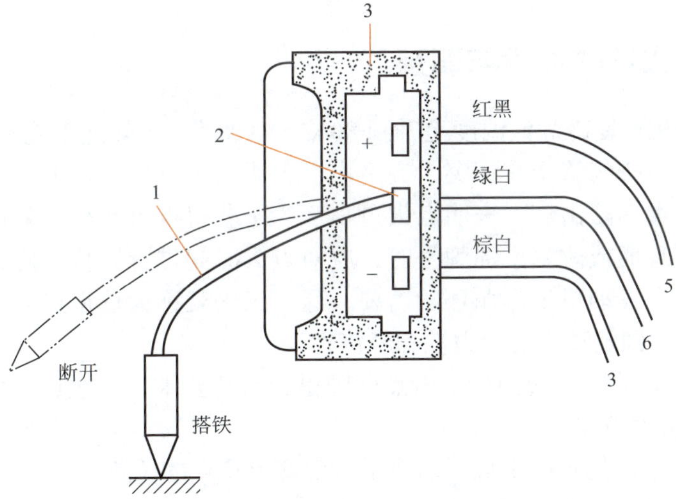

图 3-55　旁路霍尔式传感器的方法

1—跨接线；2—信号电压输出插片；3—分电器线束插头

3.6.3　点火系统故障诊断流程

点火系统故障诊断流程如图 3-56 所示。

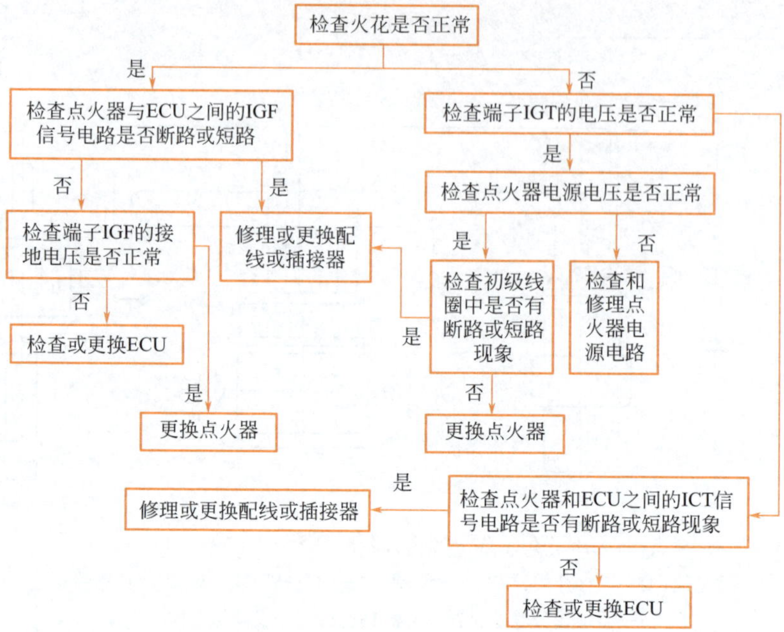

图 3-56　点火系统故障诊断流程

3.6.4　点火正时检查与调整

启动发动机，使冷却液温度上升到 80℃，急加速，若转速不能随之立即增高，感到发闷，或在排气管中有“突、突”声，表明点火过迟；若出现类似钢球跌落到水泥地面的金属敲击声，表明点火过早。为了获得点火系统的最佳点火时间，在安装分电器总成或改变汽油牌号时，应对点火时间进行调整，使火花塞发出电火花的时刻符合发动机工作循环的需要，这一工序就称为校正点火正时。校正点火正时直接关系到发动机的动力性和经济性。

① 有触点式分电器应当检查触点间隙是否符合要求，无触点式分电器应当检查转子与定子的间隙是否正常。

② 转动曲轴，找到第 1 缸压缩终了时活塞上止点的位置

③ 将分电器插入安装孔当中，转动分火头使分电器下轴端进入分电器传动轴上轴端的槽口。如图 3-57 所示，将点火开关开启到点火位置，使中央高压线分电器一端指向气缸盖 5 ～ 7mm 处，逆分火头旋转方向转动分电器外壳，当中央高压线发出电火花时停止转动，然后固定分电器外壳。

④ 记住分火头方向，安上分电器盖，以分火头所对应的旁插孔为第 1 缸，按照点火顺序及分火头旋转方向插好分缸线。点火顺序：四缸发动机，分火头顺时

针旋转的一般为 1-2-3-2，分火头逆时针旋转的一般为 1-2-3-3；六缸发动机，分火头顺时针旋转的一般为 1-4-2-5-2-4，分火头逆时针旋转的一般为 1-3-2-5-3-5；V8 发动机，以红旗汽车为例，点火顺序为 1-7-3-2-5-4-6-2 由车前向后，左侧为 1、3、5、7，右侧为 2、4、6、8。

⑤ 在启动发动机时，如果感到起动机运转吃力，熄火瞬间曲轴有反转现象，则表明点火时间过早，应当旋松分电器固定螺钉，将分电器外壳沿分火头旋转方向转动少许，使点火时间推迟，然后拧紧分电器固定螺钉，重新做启动、熄火试验，直到上述现象消除为止。如果启动发动机后，急加速不灵，发动机响声沉闷，或是汽车行驶时感到动力不足，则表明点火时间过迟，应当旋松分电器固定螺钉，将分电器外壳沿分火头旋转的相反方向转动少许，使点火时间提前，然后拧紧分电器固定螺钉。

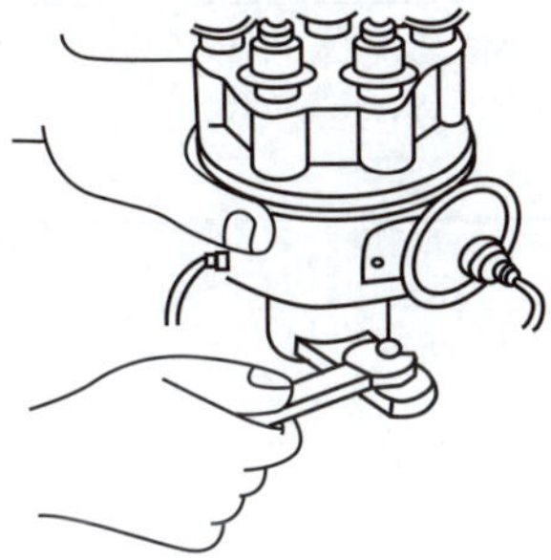

(a) 转动分电器

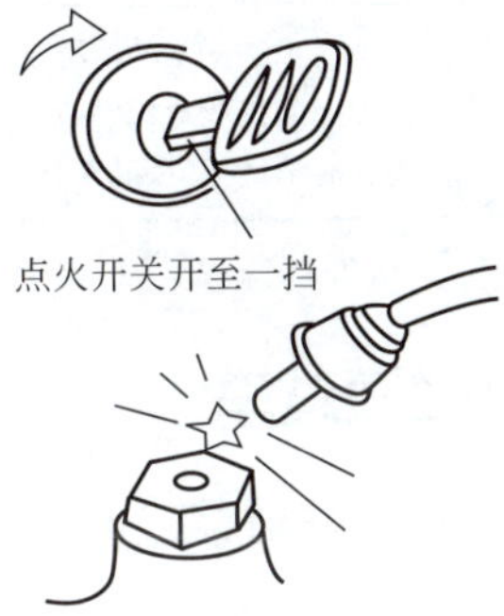

(b) 观察高压线跳火

图 3-57　校正点火正时

因为车型不同，检查调整基本点火正时角度的操作略有不同，几种车型的操作方法见表 3-8。

表 3-8　几种车型检查调整基本点火正时角度的操作方法

车系	操作方法
丰田车系	①启动发动机使其达到正常工作温度 ②发动机熄火后，连接转速表及正时灯到发动机上，变速器置于 N 挡 ③启动发动机并加速到 2500r/min，保持 90s，然后降回怠速 ④检查怠速应为 750r/min ⑤发动机熄火，将诊断座中 TEI 与 E1 端子利用电线跨接 ⑥再启动发动机并保持在（750±25）r/min 怠速运转，查看基本正时，应为 10°，若点不正确，应查看正时带是否跳齿，或检查节气门怠速接点（ID 与 E2）之间是否接通 ⑦若正时带正常、怠速接点良好，则检测曲轴位置传感器、空气流量计、压力传感器和水温传感器。而且要注意发动机是否有漏气，如果一切均正常，则是发动机电脑不正常

续表

车系	操作方法
本田车系	本田轿车的点火正时记号多在曲轴带盘上。查看基本点火正时时，预热发动机，用导线将杂物箱后维修插座（2 孔）跨接；随即用正时灯检查点火正时，曲轴带盘上的红色标记和正时前盖上的标记应对齐。F2281（除 KQ 型）、F2282 和 F2081 发动机应为上止点前 15°［（700±50）r/min 时］
三菱车系	三菱车系在有分电器式的点火系统中，由发动机 ECU 中引出一个端子接在调整接头上，供调整基本点火正时使用。查看时，用跨接线连接调整接头与车身搭铁，这时发动机便在基本点火正时的状态下工作。用正时灯检查点火提前角，在 600 ～ 850r/min 时，基本点火提前角应为 8°，如果不符合，可转动分电器进行调整
奥迪车系	启动发动机，怠速运转至正常工作温度，将发动机转速反复 3 ～ 4 次提升至 2100r/min，之后把水温传感器插头脱开，用正时灯检查基本点火提前角，须为 4°～ 8°，否则可转动分电器进行调整。调整好后将水温传感器装回，然后读取故障码并将其清除
通用车系	在发动机水温正常的情况下，跨接诊断连接器端子 A 和 B，在发动机转速为 700 ～ 800r/min 时，点火提前角为 8°～ 10°（视车型略有不同）。如果数值不符，可转动分电器调整。调整后取下端子 A 和 B 的跨接线，否则会储存故障码

3.6.5 点火时间过早

点火时间过早的故障现象为怠速运转不平稳，启动时起动机发梗；急加速时发动机有爆燃声。

点火时间过早的故障原因主要是点火正时调整失准或点火角度装配失准所致。

点火时间过早故障诊断与排除如图 3-58 所示。

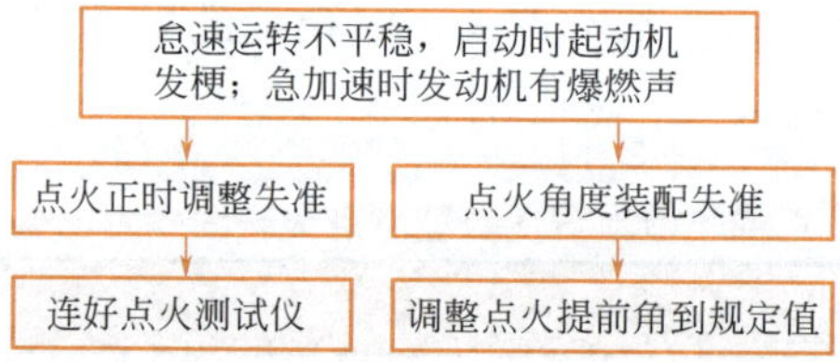

图 3-58 点火时间过早故障诊断与排除

3.6.6 点火时间过迟

点火时间过迟的故障现象表现为消音器响声沉重、急加速进气管回火和加速不灵敏、易熄火；发动机冷却液温度较高、汽车行驶无力。点火时间过迟的主要原因是点火角度不正确，调整点火角度至规定值即可解决故障。

3.6.7　火花塞故障

火花塞故障主要表现为发动机无力，温度高；单缺或少数缸不工作；排气管有明显的“突、突”声；若多个火花塞故障，则启动困难甚至无法启动。

火花塞故障的原因主要有：火花塞间隙过大；火花塞撕裂短路；火花塞间隙过小；火花塞积炭短路；火花塞油污短路；外部绝缘体破裂。

火花塞故障诊断与排除如图 3-59 所示。

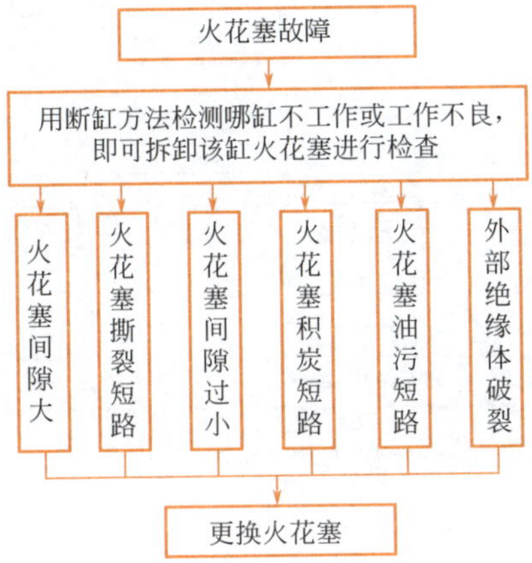

图 3-59　火花塞故障诊断与排除

3.6.8　火花塞间隙太大或太小

火花塞间隙太大，会导致发动机缺火、高速不良、排气管放炮和高压电器击穿等故障。火花塞间隙太小，会导致发动机怠速不稳、加速不良、排放超标并导致电极过早地被烧蚀等故障。

火花塞间隙太大或太小故障诊断与排除如图 3-60 所示。

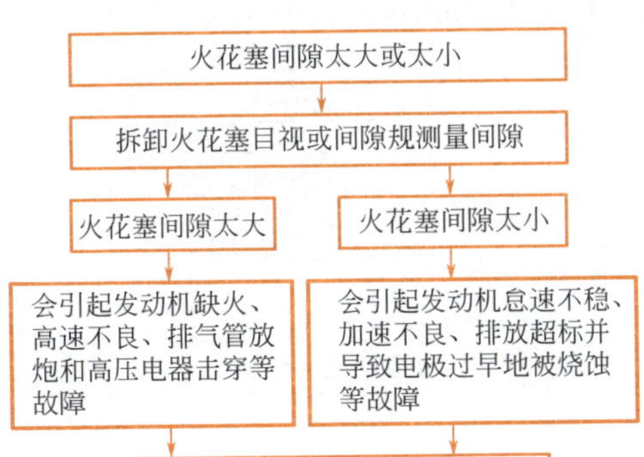

图 3-60　火花塞间隙太大或太小故障诊断与排除

3.6.9 高压线故障

高压线故障的现象为发动机怠速不稳、加速不良、排放超标等故障。

高压线故障的原因主要是高压线导线端子被腐蚀、导线损坏或绝缘性能下降造成点火电压下降。

高压线故障故障诊断与排除如图 3-61 所示。

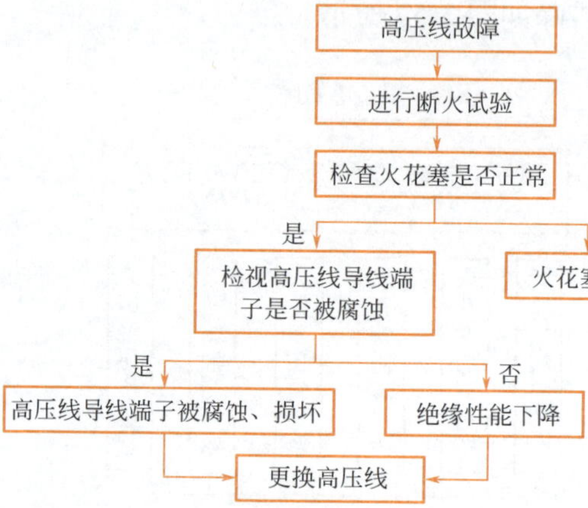

图 3-61 高压线故障故障诊断与排除

3.6.10 排气管放炮

排气管有轻重不一的爆炸声，放炮响声断续发生，似有规律。高速时，放炮更严重。

对于点火系统而言，排气管放炮通常是因为断火引起的，或是分电器盖有裂纹，致使气缸之间窜火引起的。点火提前角偏离正确位置过多时，也会导致回火或排气管放炮，此外闭合角过小是断火的重要原因。

排气管放炮故障诊断与排除如图 3-62 所示。

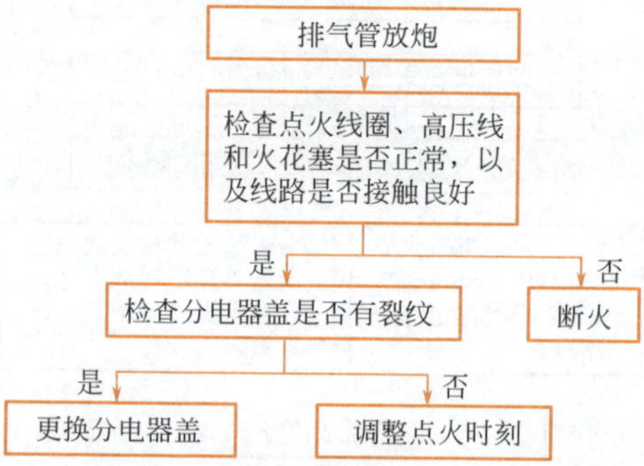

图 3-62 排气管放炮故障诊断与排除

3.6.11　进气管回火

发动机回火会导致十分严重的后果，并且启动困难。对于点火系统故障，进气管回火一般是分缸高压线插错或点火过迟而引起的。进气管回火故障诊断与排除如图 3-63 所示。

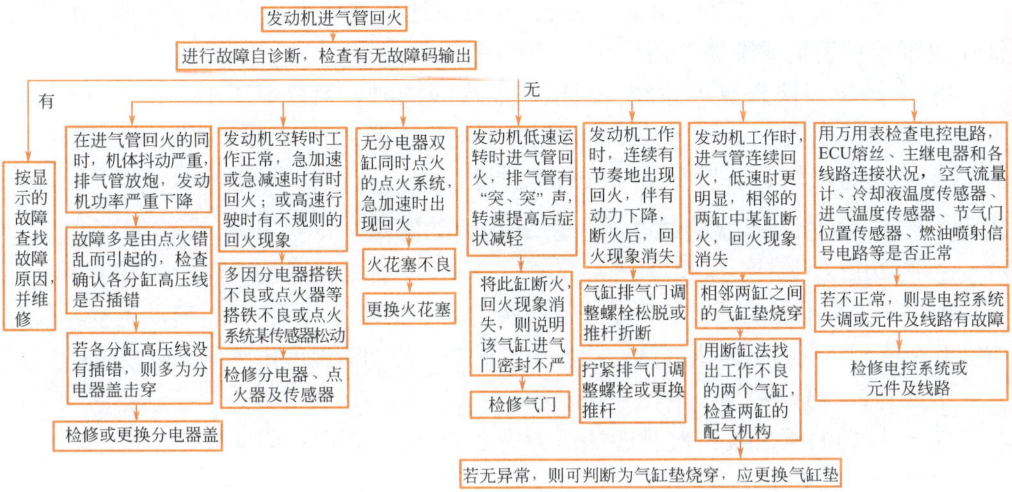

图 3-63　进气管回火故障诊断与排除

3.6.12　故障诊断与维修案例

3.6.12.1　2008 年款飞度 1.3L 轿车发动机点火线圈容易损坏

2008 年款飞度 1.3L 轿车，装配了 L13Z1 发动机，行驶里程约 7.38 万千米。车主反映冷车启动后发动机运转正常，但行驶一段时间之后，发动机无力，随即发现点火线圈被烧毁，但换上一个新的点火线圈后不久，点火线圈又会被烧毁，而且屡换屡坏。

故障诊断与排除

① 由于该车冷车时工作正常，发动机升温后才出现故障，于是判断火花塞可能存在故障。

② 在热态时拆下 4 个火花塞进行检测，发现火花塞的接地绝缘电阻都只有 0.3MΩ 左右，表明火花塞漏电。

③ 更换火花塞后，故障彻底排除。

3.6.12.2　2008 年款本田雅阁 2.4L 轿车发动机抖动

2008 年款本田雅阁 2.4L 轿车，配置了 K24A4 发动机。该车行驶约 4 万千米后出现发动机抖动严重，甚至自动熄火的故障。

故障诊断与排除

① 首先用诊断仪检查电喷系统，无故障码显示。

② 启动发动机，怠速状态下读取发动机数据流，没有发现异常。

③ 再次试车，松加速踏板时、踩制动踏板时、过坑时故障现象出现，此时能够明显感觉到发动机动力不足。

④ 在燃油系统上安装燃油压力表，检查怠速燃油压力，正常，加油、减油时油压也正常，于是清洗喷油器后试车，故障依旧。

⑤ 维修技师检查点火系统，当检查点火线圈时，无意中压了一下进气软管，发动机转速马上有明显的波动，于是拆下进气软管，发现波纹管波谷处裂开。

⑥ 更换进气软管后反复试车，故障排除。

3.6.12.3 2012 年款捷达 1.6L 轿车冷启动困难

一辆 2012 年款捷达 1.6L 轿车，装配了 RSH 发动机，行驶里程约 3 万千米。车主反映该车冷车不易启动，每天早上需多次启动才能着车，而热车时启动正常。车主曾在几个修理厂更换过点火线圈、火花塞、ECU、冷却液温度传感器，但故障仍在。

故障诊断与排除

① 连接燃油压力表，检测燃油压力为 250kPa，在正常范围内。

② 用 VAG5052 对节气门体进行检查，可见节气门体开度稍大（5°），然后对节气门体进行清洗，重新匹配，但故障仍然存在。

③ 连接 VAG5052 读取故障码，无故障码显示，并且技术参数一切正常。

④ 对点火线圈进行检测，其电压为 12V 正常电压。

⑤ 测试点火线圈、霍尔传感器、进气温度传感器和冷却液温度传感器电阻值，均正常。

⑥ 检查喷油器供电电压，为 6V（标准值为 12V），明显下降。于是，维修技师对控制电路进行全面检查，没发现电路有短路、断路等现象。

⑦ 维修技师检查点火开关，发现内部触点接触不良导致电阻增大，使冷车状态下电压下降，启动电压过低，因此该车冷车不易启动。更换点火开关后故障现象排除。

3.6.12.4 2005 年款进口日产风度 3.0L 轿车火花塞故障

一辆 2005 年款进口日产风度 3.0L 轿车，装配了 VQ30DE 发动机，行驶约 8 万千米。车主清洗了节气门体和喷油器，同时更换了火花塞后出现怠速比以前高 100r/min 并且间歇性抖动的故障现象。间歇抖动时间长短不等，有时抖动严重、有时轻微颤抖，严重时甚至熄火。

故障诊断与排除

① 用“车博士”检测，没有故障码存在，怀疑是油压不稳。接上油压表后，油压平稳，怠速时为 200kPa，在正常范围内。

② 因为清洗了节气门体、更换了火花塞，所以告诉车主可能是电脑自学习的自适应过程，过一星期后怠速就会降低，抖动也将消失。

③ 一周后车主把车开到维修厂，抖动现象仍存在，判断故障位于火花塞上。

④ 拆下火花塞进行认真检查，维修技师发现原装车是白金火花塞。于是装上旧火花塞，故障消失。

3.6.12.5 2002年款丰田兰德酷路泽4700发动机抖动

一辆2002年款丰田兰德酷路泽4700，装配了1FZ-FE发动机，行驶里程约11.5万千米。车主反映此车因一次事故修理后，就出现怠速规律性抖动的现象，在此之前无任何故障。

故障诊断与排除

① 用X-431检测仪读取发动机控制系统和数据流，均在正常范围之内，并且无故障码显示。

② 询问车主，了解到该车更换了高压线、火花塞及点火线圈，换完后故障现象反而比以前更严重，说明故障和更换的配件有关。

③ 重新检查时，维修技师发现高压线不是原厂配件，更换原厂高压线后，故障现象有所缓解，但没有完全排除。于是拆下火花塞，发现使用的是铂金火花塞，与原厂要求不同。

④ 全部更换为丰田专用普通型火花塞后，试车，故障现象消失。

3.7 燃油供给系统故障检修

电控汽油发动机供给系统主要由油箱、电动汽油泵、汽油滤清器、燃油压力调节器、喷油器、进回油管及控制系统组成，汽油机燃料供给系统的功用是根据发动机的不同工况要求，配制出一定数量和浓度的可燃混合气，供入气缸，最后把燃烧后的废气排出气缸。燃料供给系统出现故障同样将造成发动机无法启动、启动困难或运行中熄火等现象，同时还会使油耗上升、动力下降、温度上升、进气管回火、排气管放炮等。

3.7.1 油路不供油

油路不供油的故障现象为发动机无法启动或在运转过程中自动熄火，无法再次启动。

油路不供油的故障原因如图3-64所示。

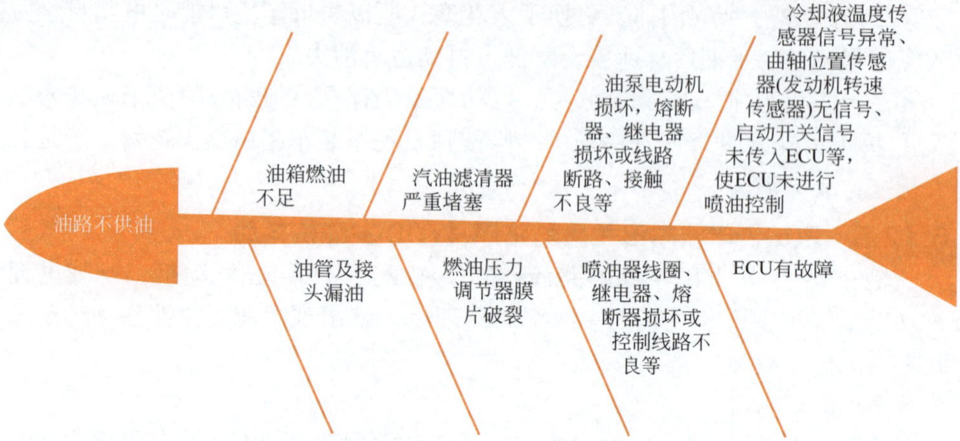

图 3-64　油路不供油的故障原因

油路不供油故障诊断与排除如图 3-65 所示。

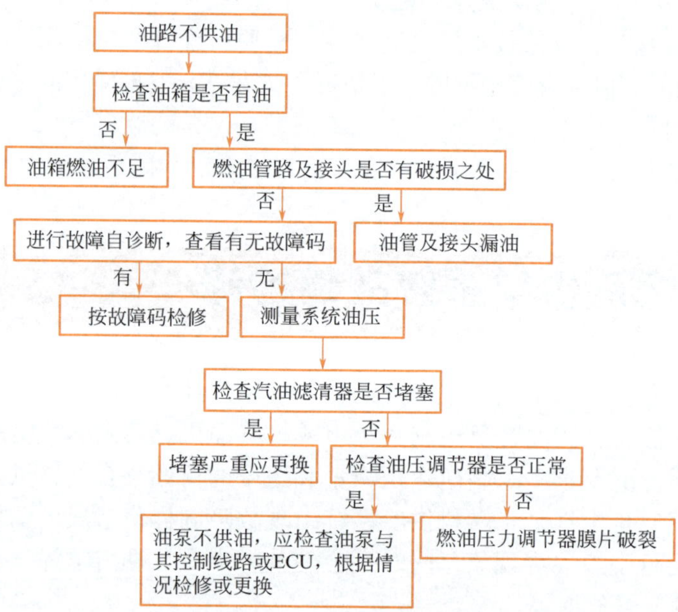

图 3-65　油路不供油故障诊断与排除

3.7.2　油路供油不畅

油路供油不畅的故障现象主要表现为发动机启动困难或无法启动（电路无故障），汽车行驶途中发动机缓慢熄火，进气管回火等。

油路供油不畅的故障原因如图 3-66 所示。

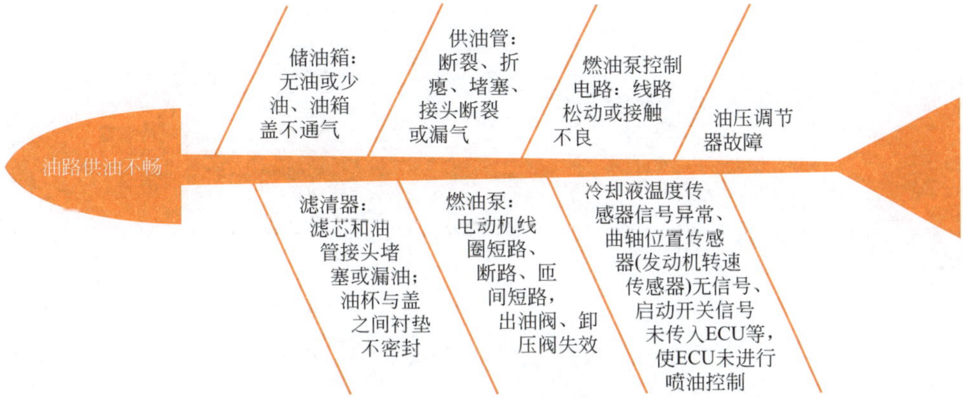

图 3-66　油路供油不畅的故障原因

油路供油不畅故障诊断与排除如图 3-67 所示。

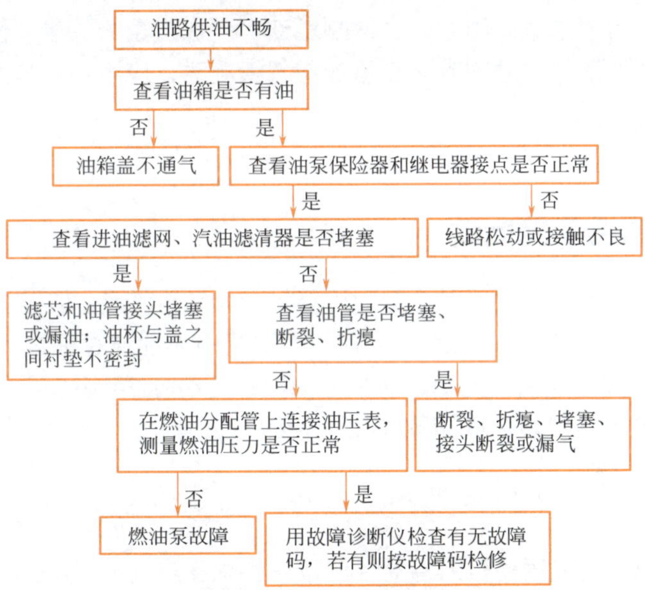

图 3-67　油路供油不畅故障诊断与排除

3.7.3　发动机不易启动

在启动发动机时，起动机能带动发动机正常转动，但启动后随即又熄火，或需要较长时间反复使用起动机才能够完成启动。

发动机不易启动故障原因主要有：点火系统高压火花弱；冷启动阀（冷启动喷油器）不喷油；空气供给装置管漏气；点火时间过早或过迟。

发动机不易启动故障诊断与排除如图 3-68 所示。

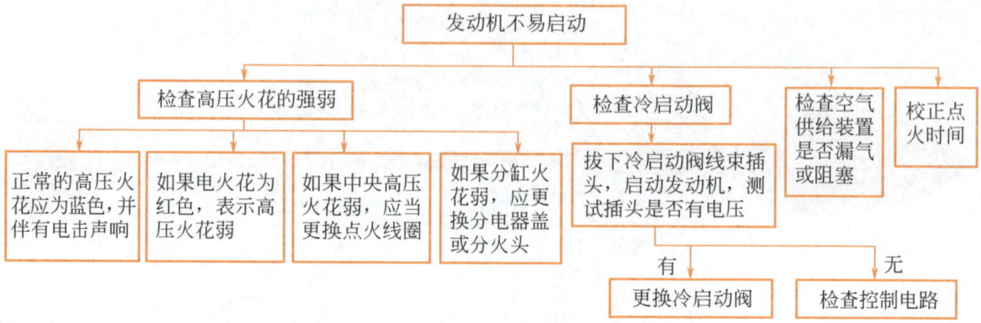

图 3-68　发动机不易启动故障诊断与排除

维修提示

空气供给装置漏气或阻塞，会影响发动机对进气量的计量，使混合气变稀或变浓，导致发动机启动困难。在检查漏气情况时，应当注意与进气系统相连的一些管道是否漏气。

3.7.4　发动机不能启动

将点火开关拧至启动挡位置，起动机能带动发动机转动，但无法启动发动机。

发动机不能启动的故障原因主要有：燃油箱中无油或存油过少；点火系统无高压火；冷启动阀不喷油；电动燃油泵不工作；启动方法不正确。

发动机不能启动故障诊断与排除如图 3-69 所示。

维修提示

通常来说，电喷发动机的启动控制系统要求在启动时不踩加速踏板。如果在启动时将加速踏板完全踩下或反复踩加速踏板以求增加供油量，通常会使控制系统的溢油消除功能起作用，从而导致喷油器不喷油，造成无法启动。如果是自动变速器的汽车，在启动时必须将变速杆置于 P 挡或 N 挡，否则将无法启动发动机。如果变速杆在行驶挡位，例如 D 挡、R 挡、2 挡、3 挡等挡位，发动机是无法启动的。有些汽车的点火开关设有防止二次启动功能，如果第一次启动不成功，在需要重新启动时，必须先将点火开关钥匙转回到关闭位置，然后再进行第二次启动。

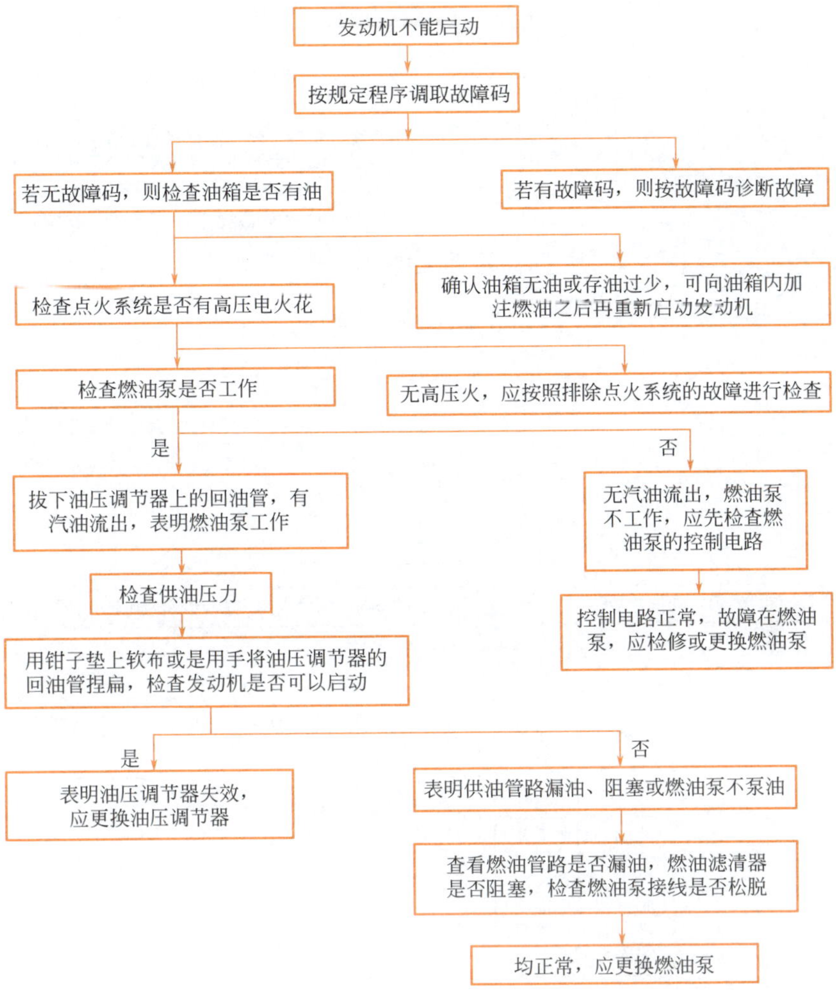

图 3-69 发动机不能启动故障诊断与排除

3.7.5 发动机启动困难

起动机以正常转速带动发动机的情况下，有发动迹象，但不能顺利启动，多次长时间启动才能勉强发动汽车。

良好的空燃混合气、正确的压缩压力及良好点火是发动机正常工作的三个基本因素，若发动机处于不良状态，会容易出现启动困难的故障，表明没有满足这三个因素中的某一个或几个。具体原因如图 3-70 所示。

发动机启动困难故障诊断与排除如图 3-71 所示。

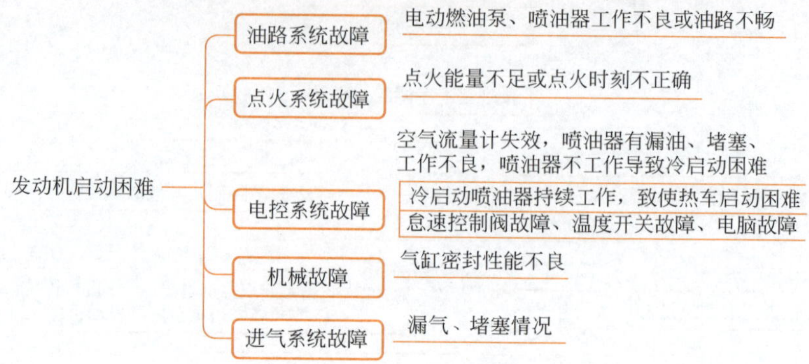

图 3-70　发动机启动困难的原因

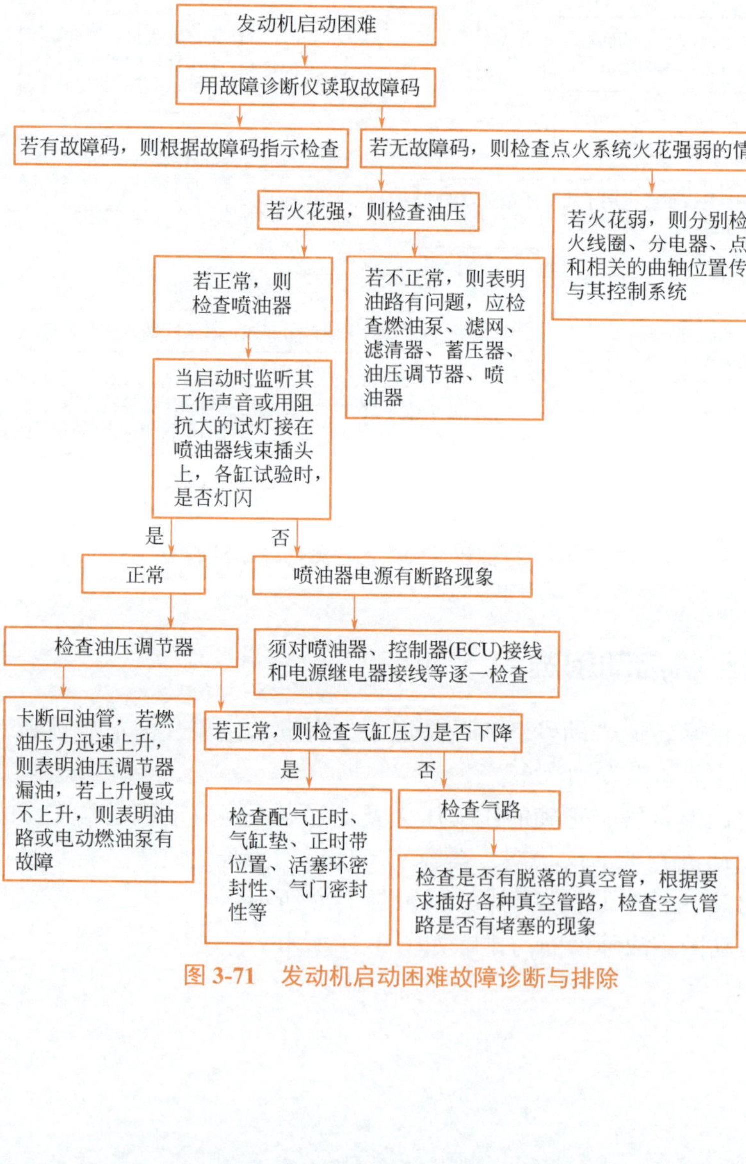

图 3-71　发动机启动困难故障诊断与排除

3.7.6　发动机热启动困难

发动机冷启动正常，但是热启动困难。

发动机热启动困难故障原因主要有：供油系统气阻，燃油泵出油阀泄漏致使系统剩余压力消失，温度高时汽油受热气化而使燃油泵失效，无法供油；点火线圈阻值过大，热车后温度高而致使电阻值更大，导致点火性能不良，而启动困难。

发动机热启动困难故障诊断与排除如图 3-72 所示。

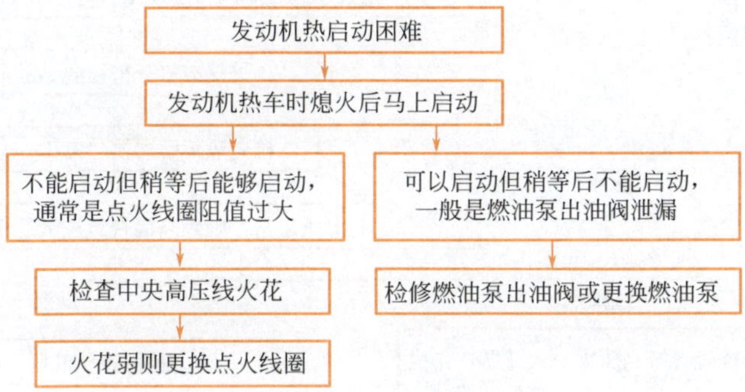

图 3-72　发动机热启动困难故障诊断与排除

3.7.7　发动机怠速不稳

发动机怠速运转时转速忽高忽低，运转不平稳容易熄火；冷车或热车时，怠速运转不平稳。

发动机怠速不稳故障的主要原因如图 3-73 所示。

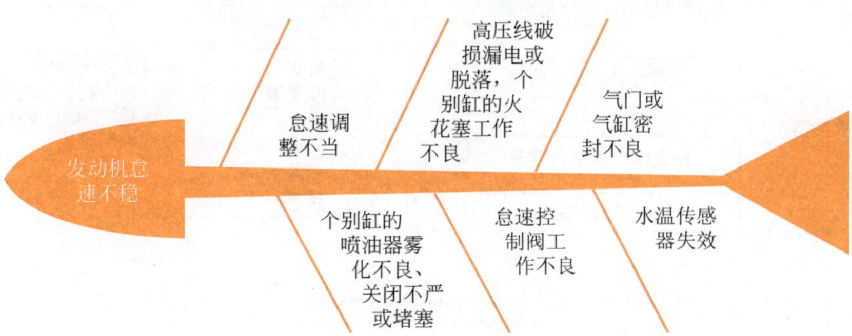

图 3-73　发动机怠速不稳故障的主要原因

发动机怠速不稳故障诊断与排除如图 3-74 所示。

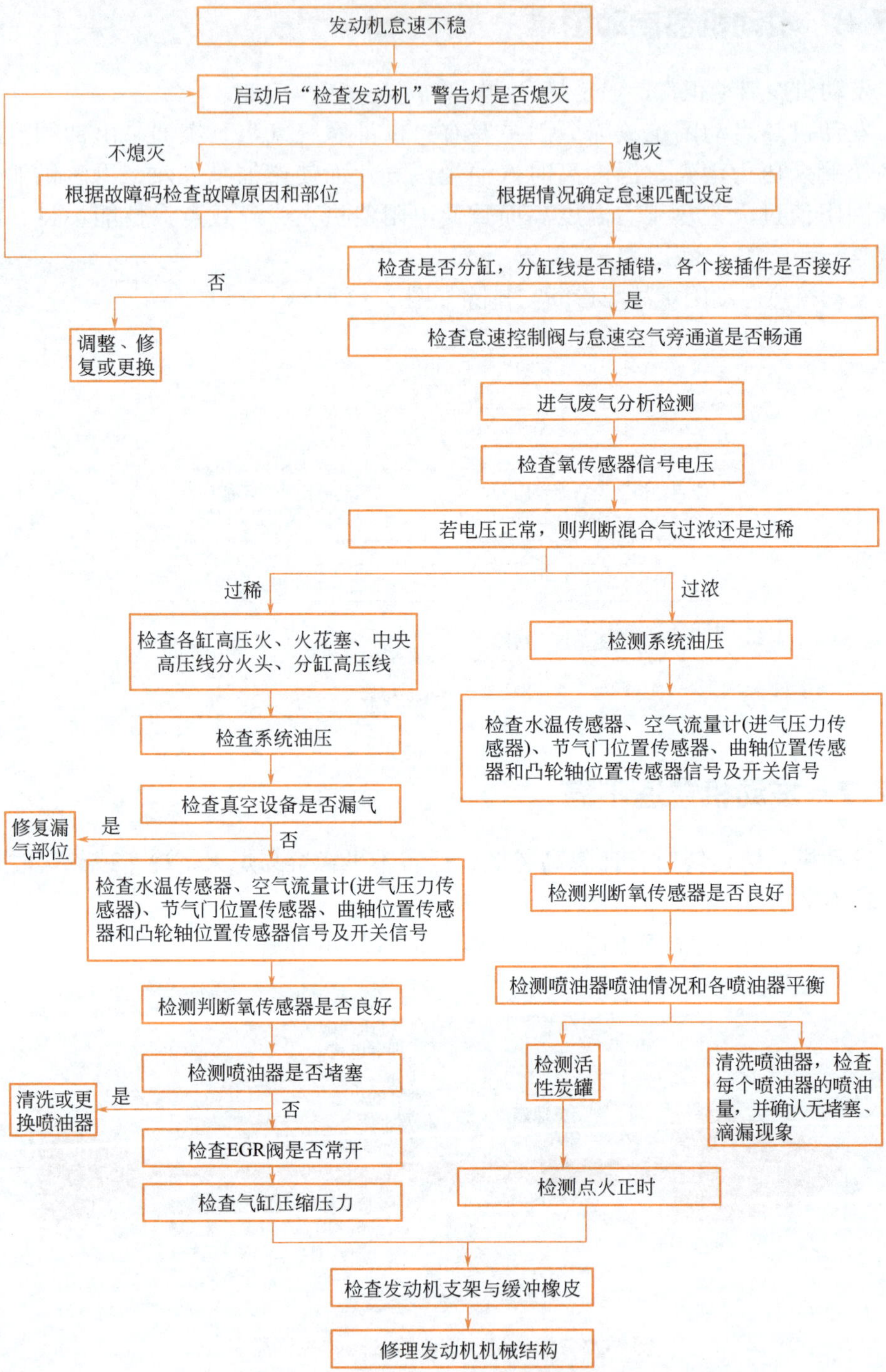

图 3-74 发动机怠速不稳故障诊断与排除

3.7.8 发动机怠速过高

发动机怠速大于设定转速，即1100r/min以上，怠速过高。

发动机怠速过高的故障原因如图3-75。

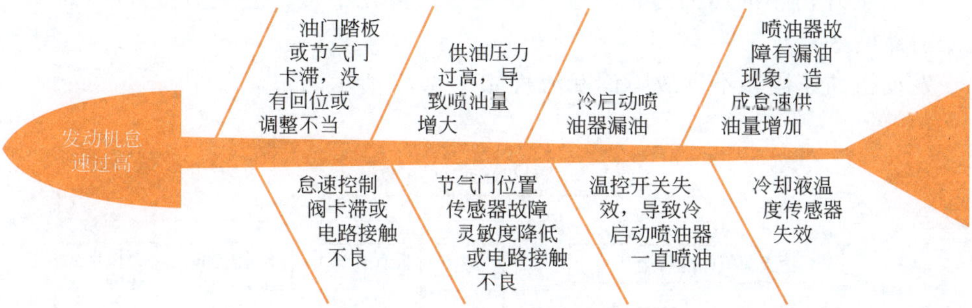

图3-75 发动机怠速过高的故障原因

电控发动机怠速过高故障诊断与排除，如图3-76所示。

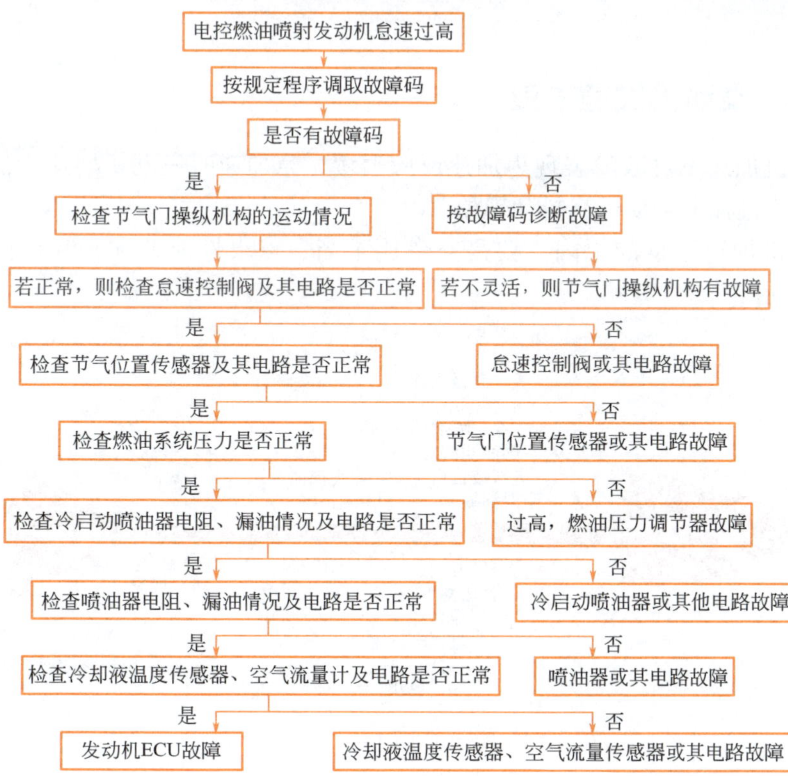

图3-76 电控发动机怠速过高故障诊断与排除

3.7.9 发动机高速运转不良

发动机在低速、中速时运转良好，在高速时运转不平稳或无力。

发动机高速运转不良的故障原因有：点火时间过早、过迟或高压火花弱；节气门不能全开；燃油压力过低；喷油器阻塞或雾化不良；空气流量计有故障；空气滤清器堵塞。

发动机高速运转不良故障诊断流程如图 3-77 所示。

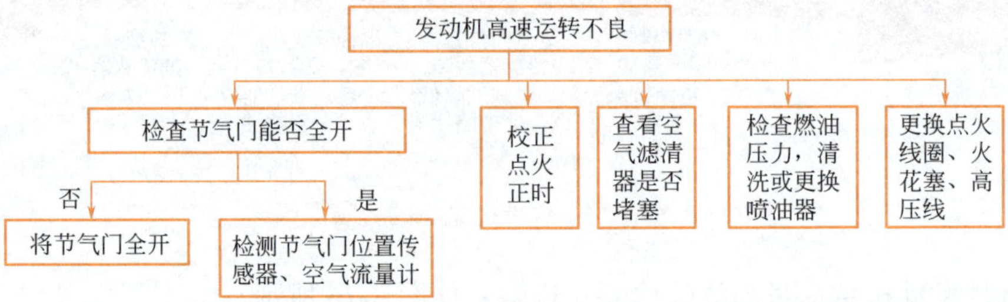

图 3-77 发动机高速运转不良故障诊断流程

3.7.10 发动机加速不良

发动机加速不良故障表现为加速反应迟缓，急加速时发动机转速无法随即提高；在加速过程中发动机有抖动现象。

发动机加速不良的原因主要是空燃比不当、点火性能差和密封性能差，如图 3-78 所示。

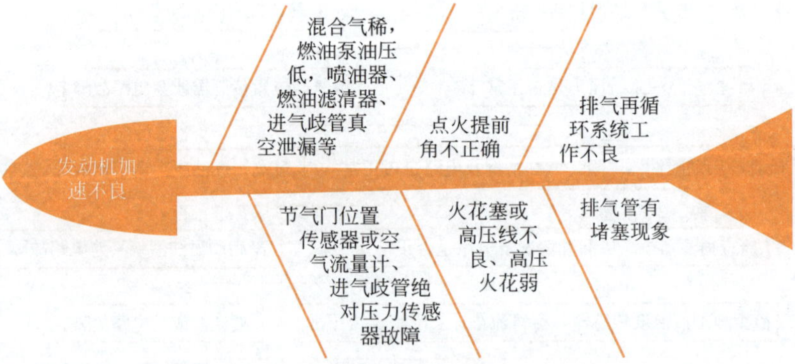

图 3-78 发动机加速不良的故障原因

电控发动机加速不良故障诊断流程如图 3-79 所示。

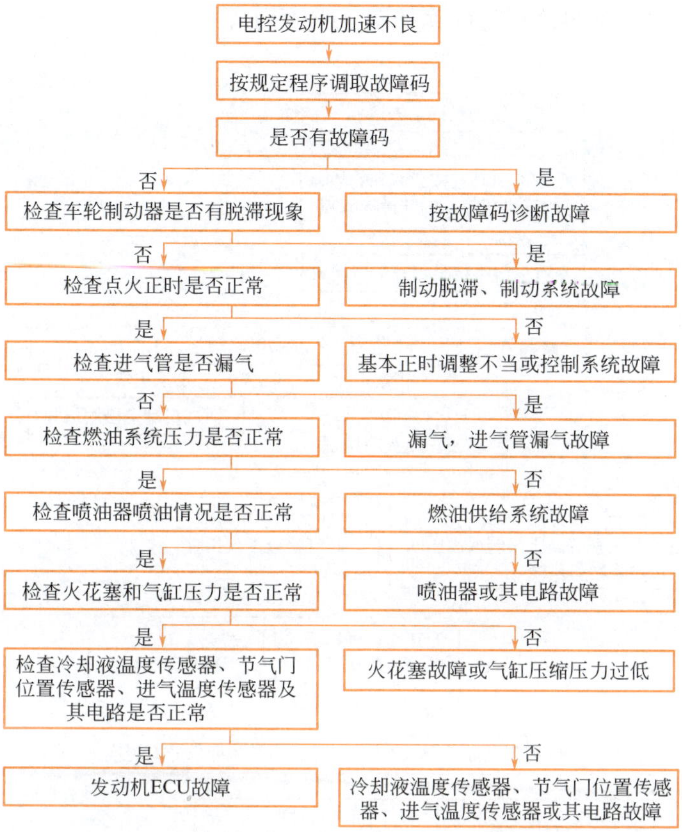

图 3-79　电控发动机加速不良故障诊断流程

3.7.11　发动机经常失速

发动机在运转时转速忽高忽低，不稳定。

发动机经常失速的故障原因如图 3-80 所示。

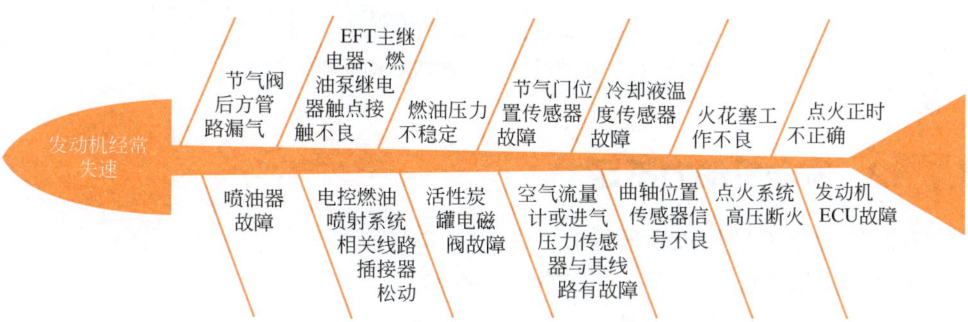

图 3-80　发动机经常失速的故障原因

发动机经常失速的诊断与排除如图 3-81 所示。

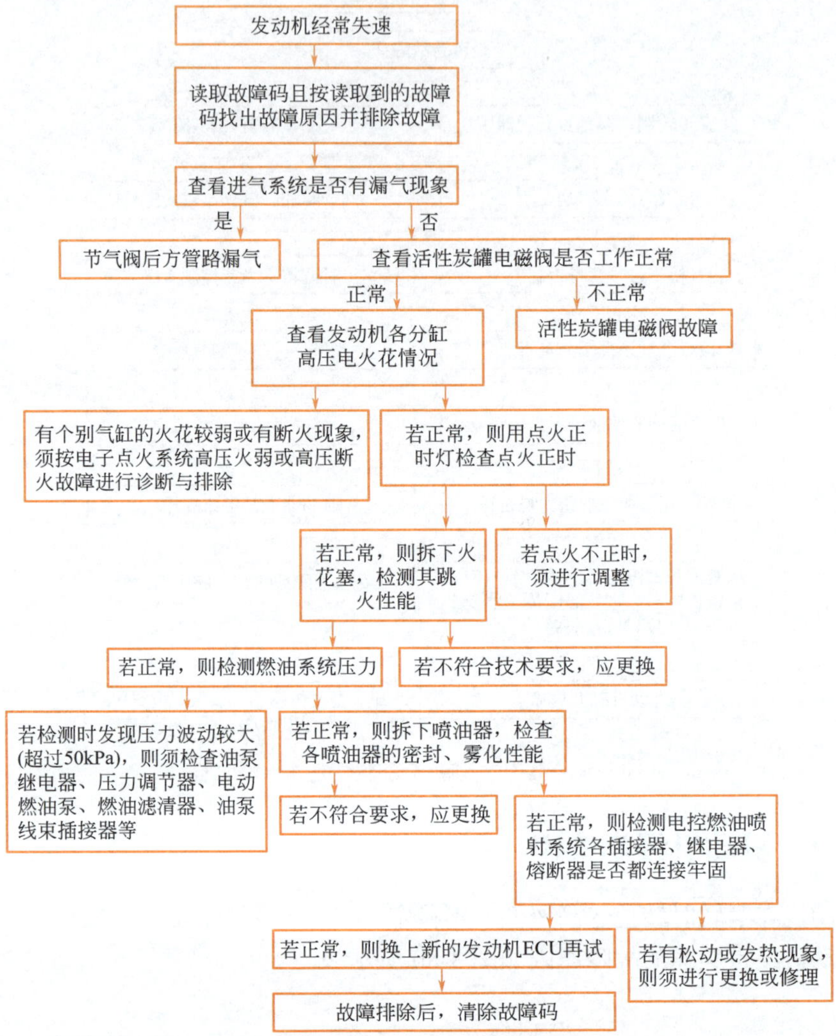

图 3-81　发动机经常失速故障诊断与排除

3.7.12　发动机动力不足

发动机动力不足故障主要表现为发动机空转正常，但行驶中运转无力，汽车提速缓慢；加速踏板踩到底，最高车速仍然偏低。

发动机动力不足故障原因，如图 3-82 所示。

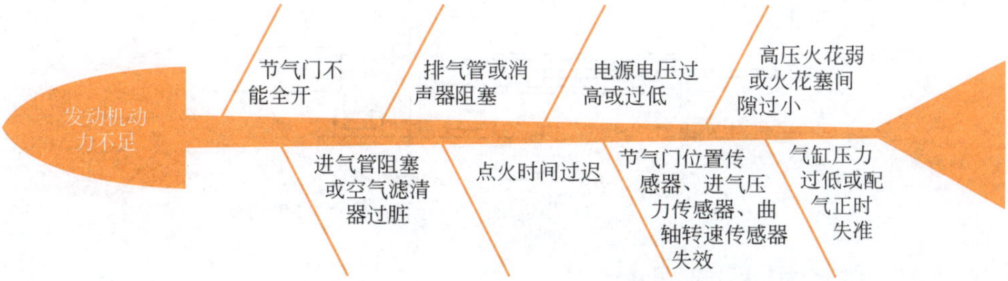

图 3-82　发动机动力不足的故障原因

发动机动力不足故障诊断与排除如图 3-83 所示。

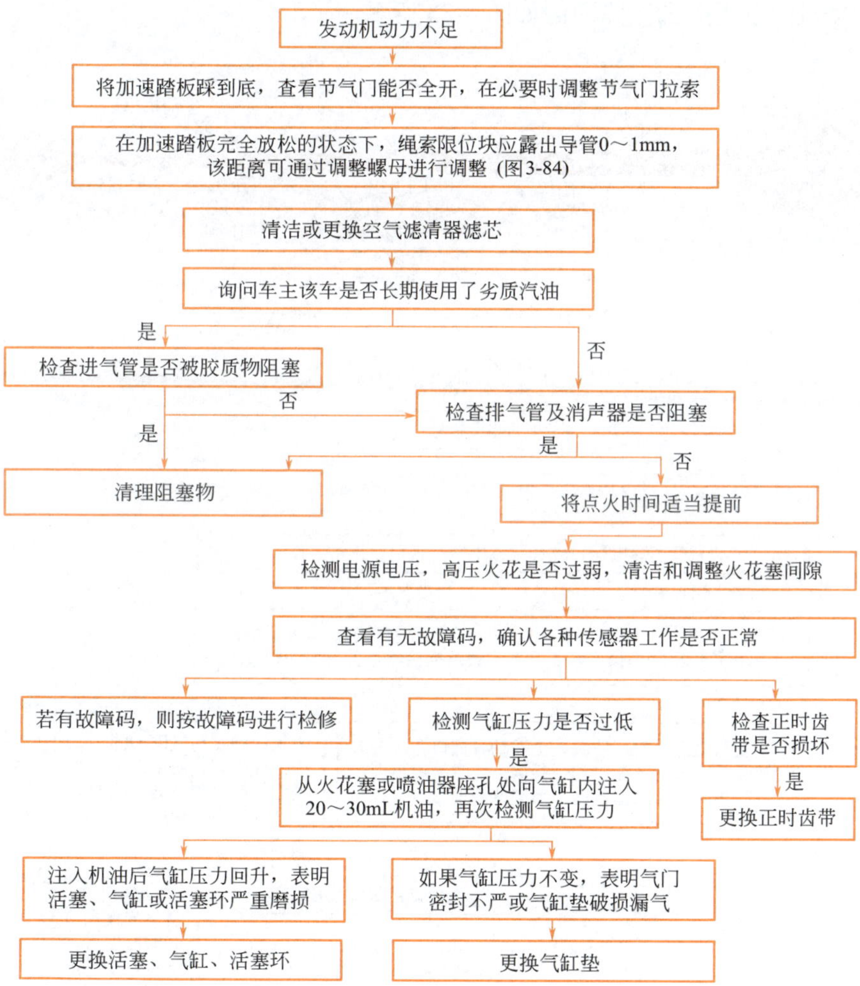

图 3-83　发动机动力不足故障诊断与排除

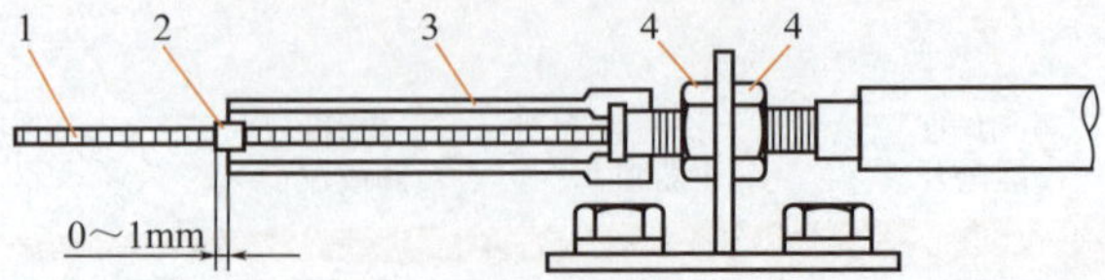

图 3-84　节气门拉索的调整

1—节气门拉索；2—限位块；3—导管；4—调整螺母

3.7.13　发动机间歇熄火

运转中发动机转速突然下降接近熄火或熄火，之后会自动恢复（或可以启动）正常运转，还会不定时突然自行熄火。

发动机间歇熄火的故障原因如图 3-85 所示。

图 3-85　发动机间歇熄火的故障原因

发动机间歇熄火故障诊断与排除如图 3-86 所示。

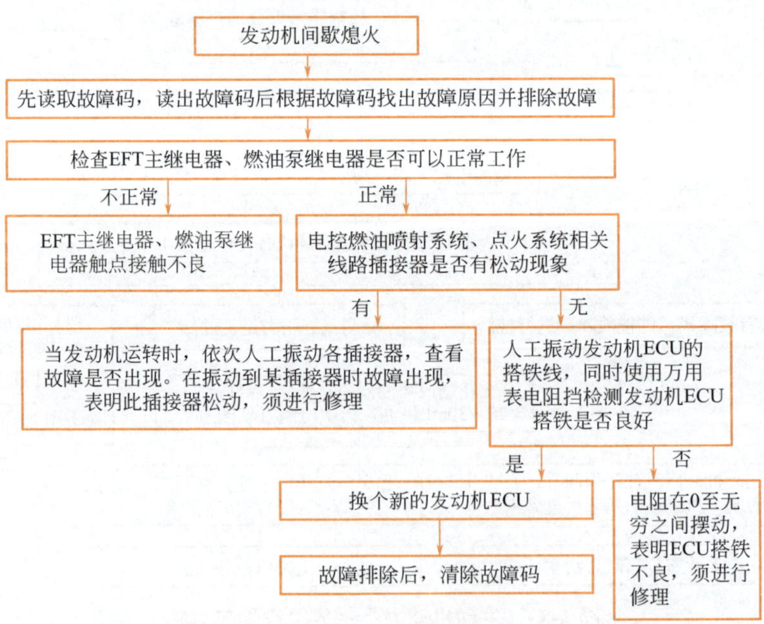

图 3-86　发动机间歇熄火故障诊断与排除

3.7.14 柴油发动机游车或飞车

3.7.14.1 柴油发动机游车

柴油发动机游车故障表现为发动机运转忽快忽慢，转速不易提高。

柴油发动机游车的故障原因主要有：调速器工作不良；油量调节齿杆与扇形齿轮啮合的间隙过大；喷油泵柱塞或油量调节齿杆卡滞；喷油器凸轮轴轴向间隙过大。

柴油发动机游车故障诊断方法：检查离心式调速器的调速弹簧是否变形或折断、调速器内部是否过脏或润滑不良；如果是气动调速器，则应当检查其密封性；对喷油泵的传动机件进行检修。

3.7.14.2 柴油发动机飞车

柴油发动机飞车故障表现为柴油机的转速急剧升高，并伴随有机体振抖或异常响声。

柴油发动机飞车的故障原因主要有：调速器拉杆与油量调节齿杆脱节；调速器的最大供油量调整螺钉或高速限制螺钉调整不当；调速器内的润滑油过多、黏度过大或杂质太多，使飞球无法甩开；气动式调速器真空软管漏气或脱落。

对于柴油发动机飞车，如果处置不当，会导致严重的机械损伤事故。因此，应采取紧急应对措施，强制发动机立即熄火，然后再进行故障诊断，如图3-87所示。

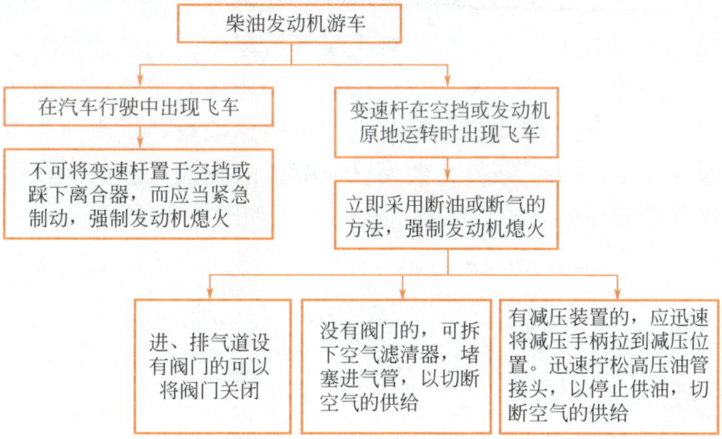

图3-87 柴油发动机游车故障诊断与排除

3.7.15 柴油机排气管冒白烟且难以启动

柴油机排气管冒白烟且难以启动故障原因有：气缸内进水或油箱内积水过多；油机工作温度过低；喷油时间过迟，未燃烧的油呈雾状排出；气缸压力过低。

柴油机排气管冒白烟且难以启动故障诊断与排除如图 3-88 所示。

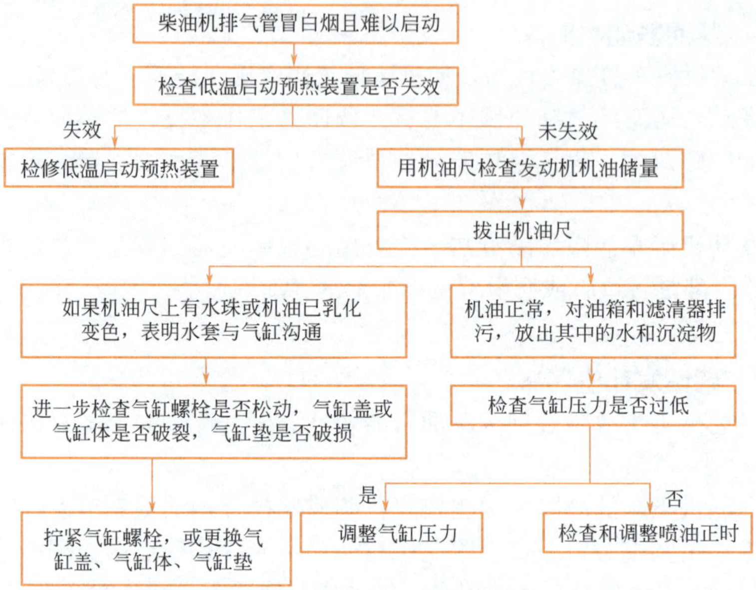

图 3-88　柴油机排气管冒白烟且难以启动故障诊断

3.7.16　柴油机排气管冒黑烟且难以启动

柴油车接通起动机开关后，排气管大量排放黑烟，但发动机无法启动。该现象出现在发动机正常运转前。发动机无法启动的原因有很多，主要故障部位是燃油供给系统和进气系统。柴油机不易启动，表明柴油虽然进入燃烧室，但因为某种原因使燃烧室不具备压燃条件，致使已经喷入的柴油无法燃烧或是无法完全燃烧。柴油机排气管冒黑烟且难以启动的故障原因如图 3-89 所示。

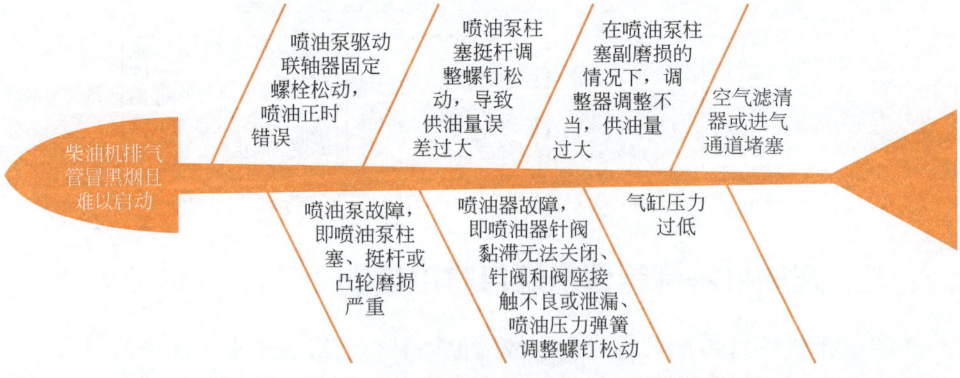

图 3-89　柴油机排气管冒黑烟且难以启动的故障原因

柴油机排气管冒黑烟且难以启动故障诊断与排除如图 3-90 所示。

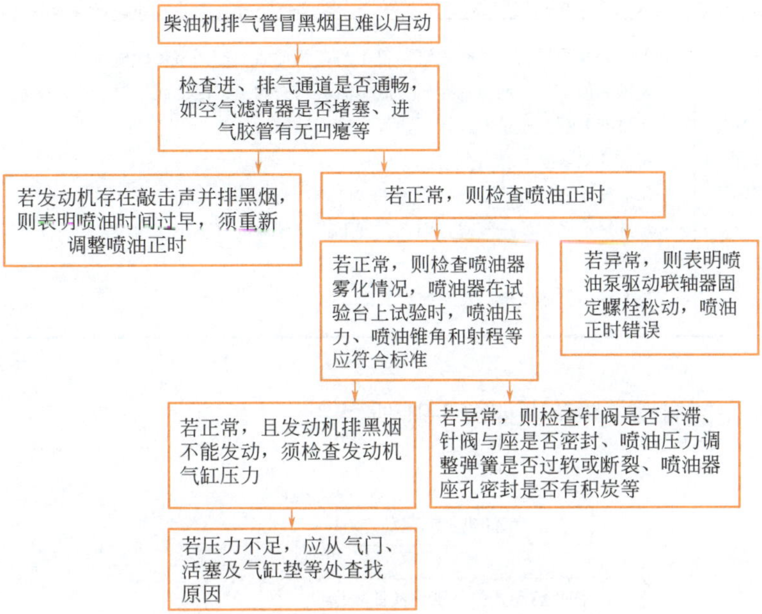

图 3-90　柴油机排气管冒黑烟且难以启动故障诊断与排除

3.7.17　柴油机不能启动

第一种现象：柴油机启动时听不到爆发声音，排气管无烟，不能启动。第二种现象：启动时排气管有少量排烟或大量排白烟，不能启动。第一种现象的实质是柴油没有进入气缸，须从燃料的输送方面查找故障的原因。第二种现象的实质是柴油已经进入气缸，但无法正常燃烧，须从供油时刻、燃油雾化、压缩终了时的气缸压力和温度等方面查找故障的原因。导致发动机无法启动的原因见表 3-9。

表 3-9　导致发动机无法启动的原因

故障	原因
柴油不进缸	①油箱无油，或滤网脏、堵 ②熄火拉扭没有退回（或断油拉杆） ③柴油滤清器滤芯脏堵 ④输油泵故障（活塞卡滞等） ⑤油路故障：有空气、油管破裂或管接头漏油、堵塞；油路中有水，冬季结冰堵塞 ⑥柴油牌号不对，冷凝后析出石蜡，堵塞 ⑦喷油泵故障：泵内有空气、油量调节拉杆卡在不供油位置，油门拉杆脱落，柱塞严重磨损 ⑧驱动机构损坏，喷油泵凸轮轴没有被驱动 ⑨喷油器不喷油：针阀卡滞，喷油孔积炭堵塞

续表

故障	原因
柴油进缸，无法正常燃烧	①供油时间过迟：正时螺钉调整不当；联轴器上的调整螺栓松动 ②供油量不足：低压油路压力低（溢流阀失效）；出油阀密封不良，柱塞偶件磨损 ③喷油器喷雾质量差：调压弹簧、针阀磨损 ④柴油质量差：有水分 ⑤空气滤清器脏堵，进气不足 ⑥排气不畅，使进气时缸内真空度下降，导致进气不足 ⑦缸压不足 ⑧外界环境温度低，预热装置失效

柴油机不能启动故障诊断如图 3-91 所示。

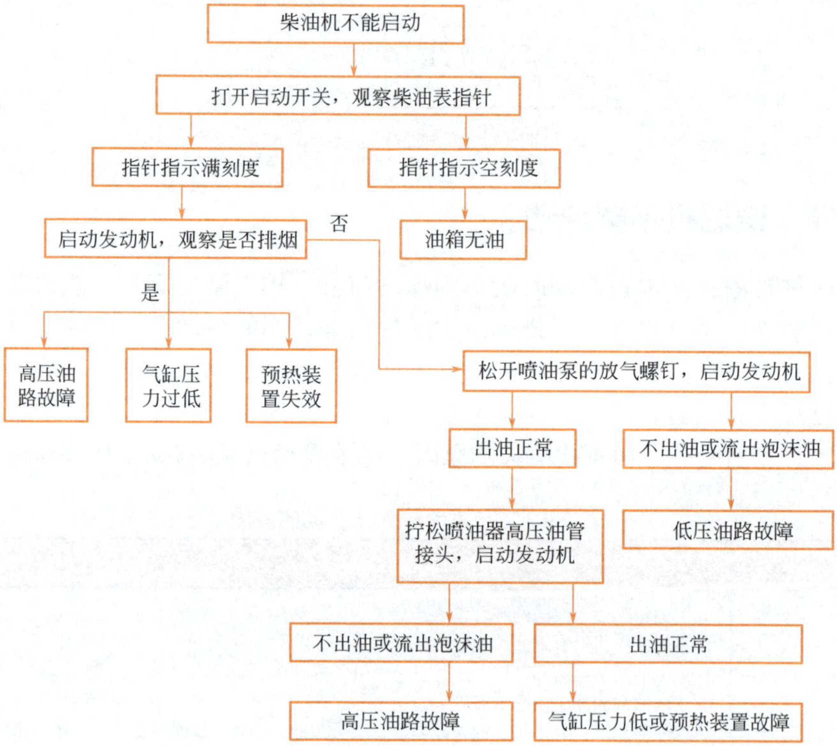

(a) 柴油机启动困难诊断流程

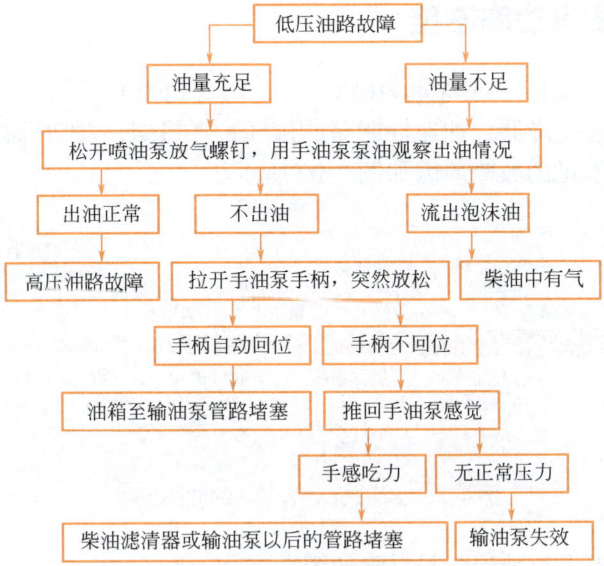

(b) 低压油路故障诊断流程

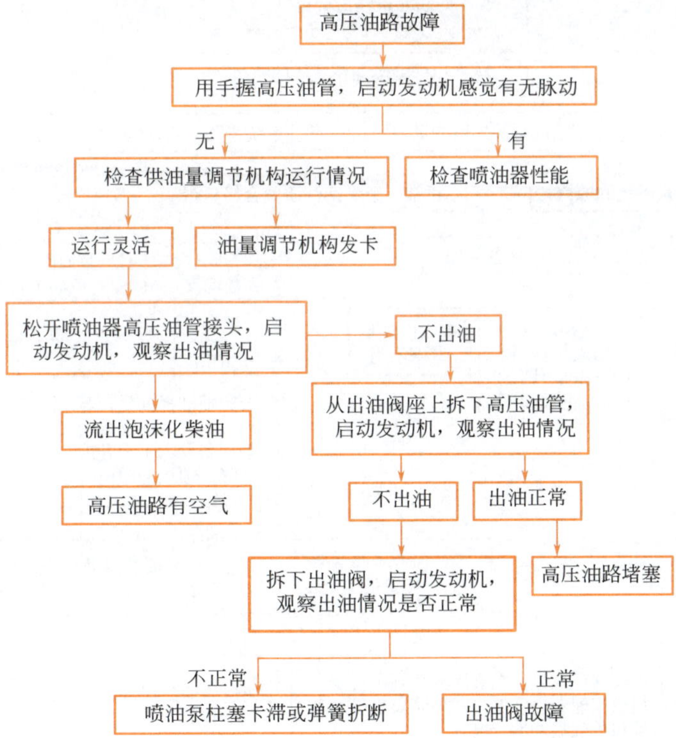

(c) 高压油路故障诊断流程

图 3-91　柴油机不能启动故障诊断

3.7.18 柴油机功率不足

柴油机功率不足的故障现象为满负荷（或较大负荷）时，转速明显下降，爬坡能力差，行驶速度降低，加速性能差，排气管冒黑烟，发动机温度高等。

柴油机功率不足的故障原因如图 3-92 所示。

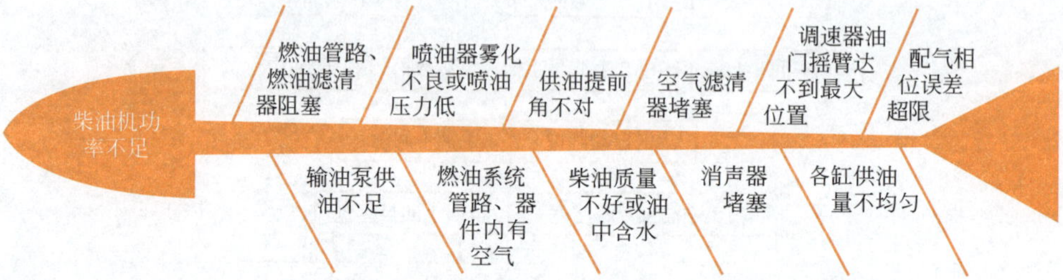

图 3-92　柴油机功率不足的故障原因

柴油机功率不足故障诊断与排除如图 3-93 所示。

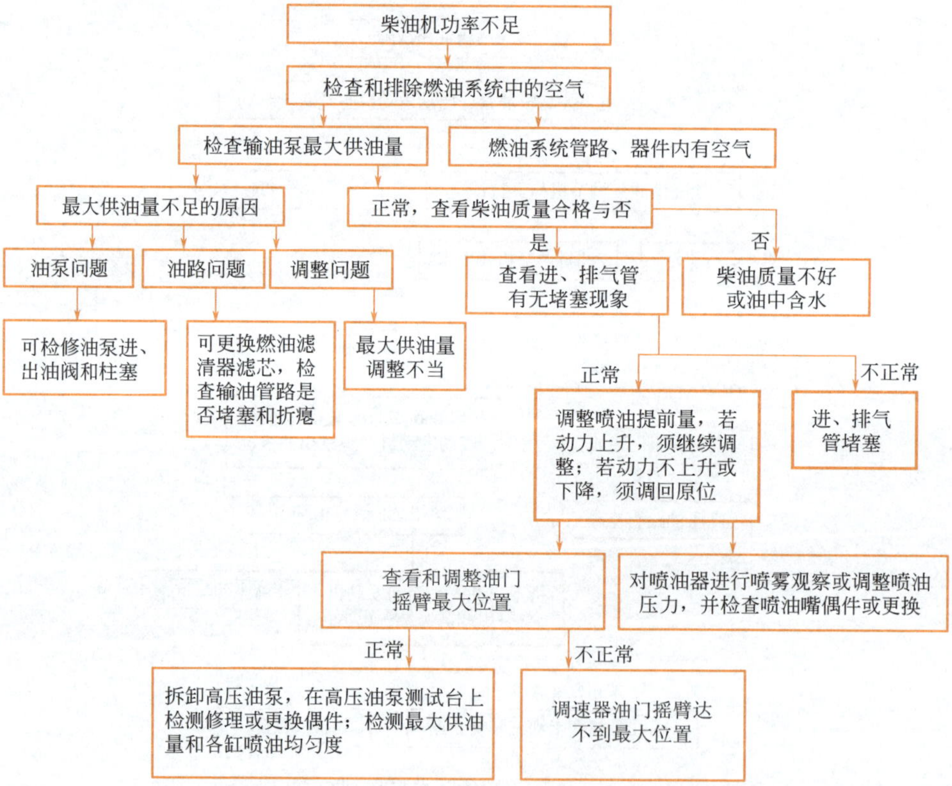

图 3-93　柴油机功率不足故障诊断与排除

3.7.19　故障诊断与维修案例

3.7.19.1　伊兰特轿车行驶中动力不足

伊兰特轿车行驶中，高速断火或是燃油系统加速时油压不足造成汽车动力不足。

故障诊断与排除

① 从故障现象上看像是由高速断火或燃油系统加速时油压不足所造成的。

② 为了慎重，调取故障码，结果无故障码，读数据流各运行参数，均在正常范围内。

③ 分析认为油路问题可能性较大，接上油压表检查怠速时油压，为 320kPa（标准值为 310 ～ 340kPa），在加速时，油压表指针有微小的下滑趋势，正是这一微小的波动引起了维修技师的注意，初步判定为供油不畅，因为此车采用了无回油路装置的燃油系统，但是造成供油不畅的原因不外乎四方面：泵力不足；油路不畅；油压调节器回油量过大；燃油泵工作电压不足。

④ 按照先简后繁的思路，首先在后排座下面找到燃油泵插头，用万用表测量它的工作电压（不是空载电压），为 13.5V，问题不在燃油泵工作电压上。

⑤ 拆下燃油泵，发现燃油泵滤网上有一层脏物质，并且油箱底部还有一小层脏水，估计造成供油不畅的原因是滤网过脏，随着汽车行驶的颠簸，一部分脏水进入油路，使混合气质量变差，造成行驶中闯车、加速动力不足的现象。

⑥ 拆下滤网对其进行认真清洗，更换滤芯同时对油箱进行彻底清洗，装复后试车，行驶中闯车现象好转了，加速性能比以前也好了，但仍然感觉力不从心。

⑦ 维修技师进一步分析认为，因为燃油泵工作在滤网脏堵状况下，长期高负荷的运转，加剧了泵的磨损，造成了泵力不足，更换一个新燃油泵，装复后试车，故障彻底排除。

3.7.19.2　2011 年款马自达 6 轿车冷车启动困难

2011 年款马自达 6 轿车，装配了 LFX 发动机。该车行驶约 4.3 万千米后冷车启动困难，要三四次才能够启动。

故障诊断与排除

① 连接诊断仪，显示数据流一切正常。在喷油器实验台上检查四个喷油器，结果均显示正常。

② 在燃油系统上连接燃油压力表，车辆发动以后，怠速运行时压力为 330kPa，说明燃油系统工作正常。

③ 关闭发动机，观察燃油压力 5min 内下降显著，说明燃油泵止回阀损坏。

④ 更换新的燃油泵后，试车，故障排除。

3.7.19.3　长安福特嘉年华轿车发动机怠速过高

一辆长安福特嘉年华轿车，累计行驶约 3.6 万千米，发动机出现怠速转速过高的故障现象。

故障诊断与排除

① 首先检查节气门拉索和节气门开度是否调整正常，结果没发现问题。

② 接着维修技师用 WDS 故障检测仪进行检测，未调到故障码。读取数据流，发现喷油器的喷油时间、节气门开度信号、冷却液温度信号和氧传感器信号等数值均在标准范围内。

③ 该车的怠速控制阀为旋转电磁阀，其驱动电压为 12V，驱动波形为方波。用示波器测量怠速控制阀的驱动波形，发现其驱动电压仅仅为 7V，很显然，这么低的电压是无法驱动其工作的。

④ 测量怠速控制阀的电阻，为 18.6Ω，属于正常。维修技师检查与怠速控制阀相关的线路及其搭铁情况，未发现问题。直接给怠速控制阀通 12V 电源，结果该怠速控制阀工作正常。

⑤ 因该车怠速控制阀的驱动电压是由发动机 ECU 提供的，由此维修技师检查判断，发动机 ECU 有问题。

⑥ 当更换发动机 ECU 后，启动发动机试验，故障排除。

3.7.19.4　2010 年款奇瑞东方之子轿车发动机间歇性熄火

2010 年款奇瑞东方之子轿车，装配了 SQR484 发动机。该车行驶约 7.5 万千米，在高速行驶途中，感觉到发动机有瞬间断火的现象。此时挂到空挡发动机立即熄火，熄火后有时要等几分钟才能够启动。

故障诊断与排除

① 首先利用诊断仪读取故障码，无故障码显示。连接燃油压力表，打开点火装置。

② 不启动发动机，初始油压为 300kPa；启动后怠速油压为 250kPa；加速时的油压为 320kPa；停机后 20min 后保持压力为 220kPa，表明燃油系统正常。

③ 进行路试，故障现象未出现，于是维修技师检查火花塞和火花塞跳火情况，一切正常，路试中读取喷油脉宽的数据流，都正常。

④ 根据维修经验，维修技师认为此类故障一般是燃油泵工作性能下降引起的，于是使用良好的燃油泵进行替换检查，故障消失。

⑤ 更换油泵，故障彻底排除。

3.7.19.5　2011 年款本田雅阁 2.0L 轿车发动机启动困难

一辆 2011 年款本田雅阁 2.0L 轿车，装配了 R20A3 发动机。该车行驶约 4.3 万千米后车辆不好启动，早上通常都要启动两次以上。

故障诊断与排除

① 用诊断仪读取故障码和观察数据流，都正常。

② 检查火花塞跳火情况，火焰明亮，无故障。

③ 用油压表检查系统油压，怠速时约为 320kPa，急踩加速踏板时，燃油系统油压升至 350 ～ 360kPa，说明系统油压大致正常。

④ 拆下喷油器做滴漏检测，发现其中两个喷油器有漏油的异常情况。

⑤ 更换喷油器后故障排除。

3.7.19.6 2004 年款长安福特蒙迪欧 2.5L 轿车燃油泵故障

一辆 2004 年款长安福特蒙迪欧 2.5L 轿车，装配了 V6 发动机，行驶里程约 8 万千米。车主反映该车发动机在正常工作温度下可以正常运转，但只要关闭发动机约 0.5h 后重新启动，发动机就很难启动，并发出“突、突”声音。经多次启动，发动机才可以运转。

故障诊断与排除

① 首先用 WDS 检测仪检查发动机电控系统，没有故障码存储。对冷却液温度、进气温度等传感器信号进行动态检测，均在正常范围值之内。

② 拆下 6 个火花塞进行检查，发现火花塞电极间隙特别大，更换全部火花塞后重新试车，故障情况有所好转，但是故障仍旧存在。

③ 将燃油压力表连接到供油管路上，启动发动机，怠速时燃油压力为 350kPa，在正常范围内。当发动机熄火后，燃油系统压力迅速下降到 20kPa 左右，不能保持压力，维修技师经过仔细检查，燃油管路和喷油器均无泄漏。

④ 拆下燃油泵，发现是燃油泵单向阀损坏。

⑤ 更换新燃油泵后，测试熄火后的保持压力，为 300kPa，在正常范围内。经过试车正常，故障排除。

3.7.19.7 2011 年款北京现代伊兰特 1.6L 轿车行驶时发冲、加速困难

一辆 2011 年款北京现代伊兰特 1.6L 轿车，装配了 G4ED 发动机。该车行驶约 4.75 万千米后出现行驶发冲、加速困难等现象。

故障诊断与排除

① 根据故障现象，怀疑该车故障原因为出现高速断火或燃油系统在加速时油压不足造成的。

② 使用诊断仪读取故障码，没有故障码显示。读取数据流，各参数均在正常范围内。

③ 连接燃油压力表，测得怠速时油压为 338kPa（标准值为 310 ～ 340kPa），在标准范围内。继续加速发现油压表指针有下降趋势，初步判定故障为供油不畅。

④ 用万用表测量燃油泵插接器的工作电压，为 13.5V，供电正常。卸下燃油泵，发现燃油泵滤网过脏。

⑤ 更换燃油泵滤网和燃油泵滤清器并彻底清洗油箱，装复后试车，发现行驶发冲现象有所好转，但动力仍旧不足。

⑥ 最后更换燃油泵后进行试车，故障彻底排除。

3.7.19.8 别克君威轿车发动机运转不稳

一辆上海别克君威 GLX 型（电控多点燃油喷射）轿车，在使用过程中，发现该车耗油较多，且热车时偶尔冒黑烟，发动机运转不稳。

故障诊断与排除

发动机冒黑烟和耗油量大的故障原因如图 3-94 所示。

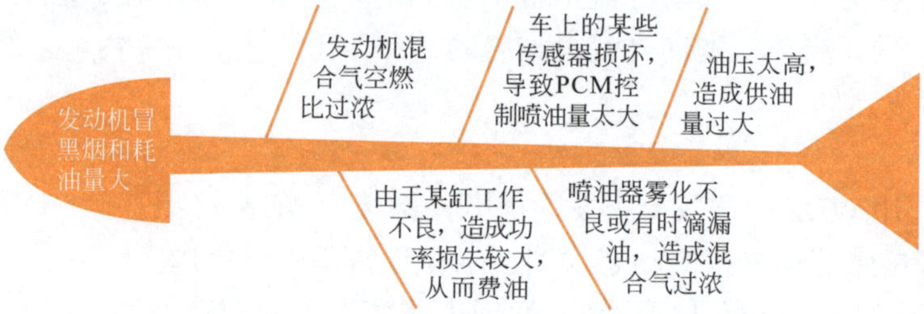

图 3-94　发动机冒黑烟和耗油量大的故障原因

① 先利用 TECH2 通用汽车故障诊断仪检查，没有故障码输出。读取数据流，发现加热型氧传感器变化正常，但其数值偏高；观察冷却液温度传感器，其数值在查看时约为 98℃，属于正常范围，传感器温度随着电子扇的启动而下降，其他传感器经过扫描观察后，未发现异常。

② 维修技师检查各缸火花塞后，发现有大量积炭，初步估计可能是由于混合气长期过浓所致。更换新火花塞后，该车故障依旧。

③ 利用尾气分析仪检测尾气，发现该车尾气严重超标，CO 值约为 3.5%，HC 值为 $300\times10^{-6}\sim400\times10^{-6}$，$\lambda$ 值为 0.8 ～ 0.9V，此三个指标可以反映出混合气太浓。但是这些值不稳定，待运行 2km 后又都恢复正常，此时尾气合格，只是偶尔在急加速时冒出一些黑烟。因此，维修技师认为此车故障为偶发性故障。

④ 维修技师怀疑喷油器可能有滴漏燃油现象。于是对喷油器进行平衡测试，发现 2 缸和 4 缸喷油器不合格，拆下后，发现内部较脏。换上新的喷油器后，发动机工作平稳，但检测尾气排放仍然偏高。

⑤ 维修技师经过仔细寻找，发现通向发动机油压调节器的真空软管有裂口。更换真空软管后，故障排除。

维修提示

该车由于 2 缸和 4 缸喷油器内部阻塞及真空软管破裂，导致燃油压力调节器有时不受真空控制，使燃油压力过高，从而导致费油和冒黑烟。

3.7.19.9 海南马自达 323 轿车发动机无法启动

一辆 2003 年款海南马自达 323 1.8L 轿车，装配了 FP 发动机，行驶里程约 16 万千米。车主反映该车发动机无法启动。

故障诊断与排除

① 首先试着转动发动机，起动机运转有力，但发动机没有启动的迹象，且发动机转速表指针没有动作。

② 拆下 1 缸、4 缸和 2 缸、3 缸点火线圈与 4 个火花塞进行全面检查，火花塞电极处既无积炭也无燃油痕迹，初步判断为燃油供给系统故障。

③ 查看位于发动机室的熔丝盒，燃油泵继电器和熔丝均完好。

④ 推开后排座椅，拆开底板上的检测盖板，拔下燃油泵 4 针插接器，用万用表测试燃油泵线束，在点火开关打开或启动时，燃油泵电源线和接地线之间有 12V 电压供给，说明燃油泵供电电路正常。检查燃油泵电阻值，有时非常大，有时在 40 ～ 50Ω 范围内变化不停（标准值为 1.5 ～ 2.2Ω），说明燃油泵已坏。

⑤ 更换新的燃油泵后进行试车，故障彻底消除。

3.7.19.10 广州本田雅阁 2.2L 轿车发动机怠速抖动不稳

一辆广州本田雅阁 2.2L 轿车，在行驶时驾驶室内故障灯突然点亮，出现发动机怠速抖动不稳、排气管有轻微冒黑烟的故障现象，并且有加重趋势。

故障诊断与排除

① 在杂物箱找到故障诊断座插孔，用“车博士”WU-2000B 故障诊断分析仪读取故障码，调出的故障码为 12，其含义为“废气再循环传感器故障”。

② 维修技师经过分析，认为该传感器与发动机怠速关系不大，因此只是对废气再循环传感器的外围电路进行简单检查，未发现异常现象。

③ 拆下 ECU 的 IG 熔断器，清码后，该车故障仍然存在。

④ 拆下节气门体检查，未见异常现象。

⑤ 清洗怠速控制阀和怠速调整通道后，该车故障未见好转。

⑥ 调整怠速螺钉后，也未见好转。在检查过程中，发现怠速抖动是由于第 4 缸工作不良引起的，与怠速时排气中有轻微黑烟有关。维修技师清洗喷油器后，故障依旧存在。

⑦ 更换新的火花塞和高压线后，也未见好转。检查压力，属于正常情况。

⑧ 检查所有真空管密封性，密封性良好。

⑨ 通过以上检查，维修技师分析考虑故障会不会是由于废气再循环阀有故障而导致的。拆下该阀后，发现积炭严重，清洗后装复，再次进行清码，启动发动机试车，怠速稳定，故障排除。

3.7.19.11 POLO 1.4L 轿车发动机怠速严重抖动

一辆 POLO 轿车，装备了 1.4L BCC 发动机，发动机运转时出现有严重的气门异响，并在怠速运转时存在严重抖动现象，行驶时发动机动力明显不足。

故障诊断与排除

① 维修技师接修该车后，经过初步检查判断认为造成气门响的原因为液压气门挺柱损坏，因此先对液压气门挺柱进行更换。

② 在更换时，发现气门室盖罩内淤积有大量的机油油泥沉积物，并且机油很脏。更换液压气门挺柱后，对气门室盖罩内的油泥进行了清理，并且更换了机油及机油滤清器滤芯。

③ 装复试车，在刚启动的约 30s 的时间里，发动机运行十分安静平稳，而 30s 过后，发动机又开始严重抖动，并且伴有动力不足的现象，但气门响的故障消失。

④ 用故障诊断仪 VAG1552 对发动机电控系统进行了检测，没有发现有故障码。

⑤ 逐一拔下喷油器插头对各缸进行断缸试验，发现各个缸的工作都不是很理想，尤其第 2 缸最差，随后维修技师又更换了火花塞、点火线圈、喷油器，故障依旧存在。

⑥ 于是维修技师用缸压表检查了各缸的缸压情况，结果各缸压力显示均正常，因此认为气缸压力足够。

⑦ 对进气歧管进行检查，未发现漏气现象。检查油路、控制系统及汽油压力，也正常。检查各个缸的点火信号、喷油信号，均正常。调换点火线圈、火花塞及喷油器等部件，没有发现任何问题。

⑧ 检测机油压力，发现机油压力很高，怠速时油压达到了 300kPa（大大高于规定值）。

⑨ 拆下气门，发现气门密封不是很严，气门口有轻微的漏气现象。通过仔细检查，还发现气门摇臂上部的油道孔已经被机油油泥堵死，导致液压气门挺柱内的机油无法正常流动。

⑩ 经过彻底清理和疏通气门摇臂上部的油道孔后，装复试车，发动机抖动现象大幅好转，但还是存在抖动现象。

⑪ 再次测量怠速时的机油压力，虽已下降至 220kPa 左右，但仍高于规定值。

⑫ 随后，维修技师对机油泵进行检查，发现油底壳内也有很厚的机油油泥，推断机油泵内部也有大量的油泥，在油压过高时无法正常泄油。直接更换机油泵，并且对油底壳和机油油道进行清理。装复后，启动发动机，抖动消失，运转平稳，上路试车，加速有力，故障彻底排除。

Chapter 4

第 4 章 汽车底盘故障诊断、排除与维修

汽车底盘主要由传动系统、行驶系统、转向系统及制动系统四大系统组成，如图 4-1 所示。其主要功用为接收发动机的动力，使汽车运动并保证汽车能够按照驾驶员的操纵而正常行驶。

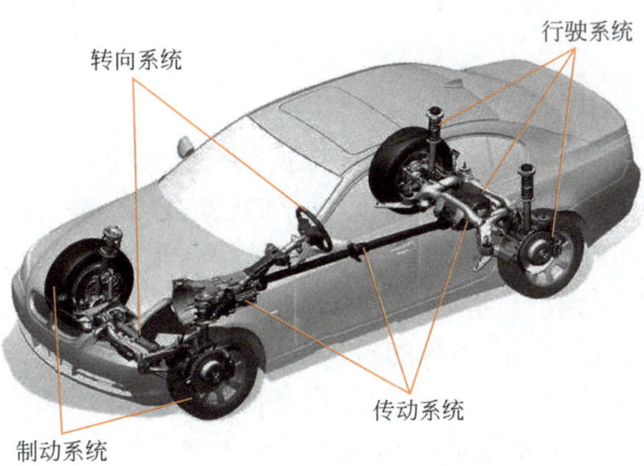

图 4-1　汽车底盘的基本组成

（1）传动系统　汽车传动系统主要是指从发动机到驱动车轮之间所有动力传递装置的总称。传动系统的主要作用是将发动机的动力传递给驱动车轮。

传动系统的结构如图 4-2 所示。不同类型的汽车，其传动系统的组成也有所不同。例如，载货汽车及部分轿车，底盘传动系统主要由离合器、手动变速器、万向传动装置及驱动桥等组成；而采用自动变速器的轿车，其底盘传动系统主要包括自动变速器、万向传动装置及驱动桥等，即用自动变速器取代了离合器和手动变速器；对于越野汽车（包括 SUV，即运动型多功能车），还应当包括分动器。

（2）行驶系统　汽车行驶系统的主要作用是将汽车构成一个整体，并且支撑汽车的总重量；将传动系统传来的力转化为汽车行驶的驱动力；承受且传递路面对车轮的各种反作用力，减振缓冲，进而保证汽车平顺行驶；汽车行驶系统与转向系统相互配合，从而正确控制汽车的行驶方向。行驶系统主要由车架、车桥、车轮、轮胎、钢板弹簧及减振器等组成，如图 4-3 所示。

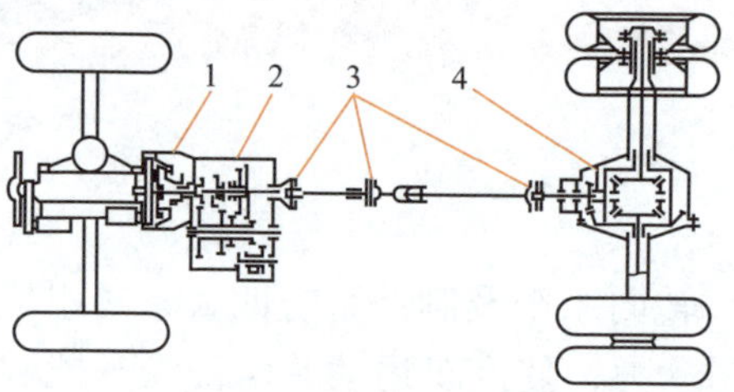

图 4-2　传动系统的结构

1—离合器；2—变速器；3—万向传动装置；4—驱动桥

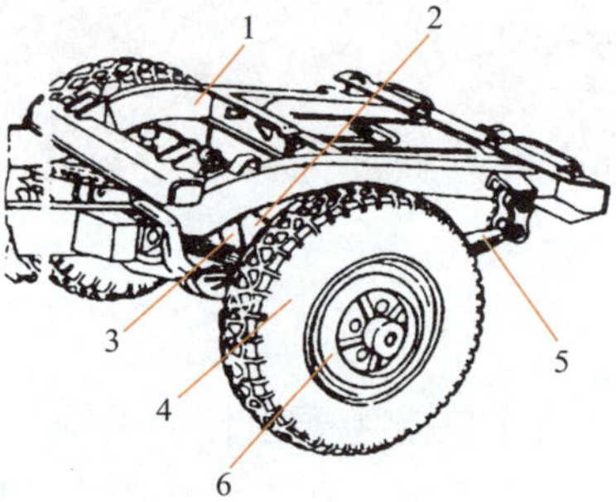

图 4-3　行驶系统的结构

1—车架；2—车桥；3—减振器；4—轮胎；5—钢板弹簧；6—车轮

（3）转向系统　汽车在行驶时需要根据路况及驾驶人员的需求而改变汽车的行进方向。驾驶员通过汽车转向系统使汽车的转向轮发生一定角度的偏转，进而完成转向。当汽车处于直线行驶时，转向轮常常由于受到路面的各种干扰而自动转向，即偏离正常的行驶方向。此时，驾驶员可以通过操纵转向系统使转向轮恢复汽车原来的行驶状态。转向系统的机构如图 4-4 所示。

（4）制动系统　制动系统的主要作用是使汽车减速、停车并且能够保证可靠地驻停。汽车制动系统主要包括行车制动系统与驻车制动系统两套相互独立的结构，每套制动系统均包括制动器与制动传动机构。目前，汽车的行车制动系统均装有制动防抱死系统（ABS）。制动系统的结构如图 4-5 所示。

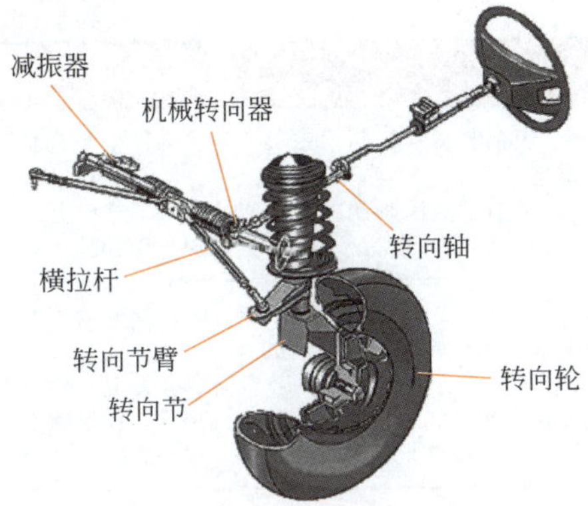

图 4-4　转向系统的结构

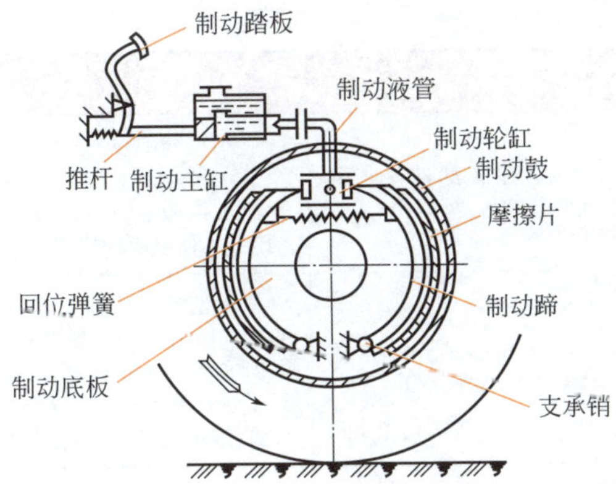

图 4-5　制动系统的结构

4.1 底盘异常响声

4.1.1 底盘异响的原因

底盘异响的原因见表 4-1。

表 4-1　底盘异响的原因

原因	内容
零件变形、断裂或磨损使间隙增大而引起的异响	这种异响主要是因为撞击或者超负荷使零件变形或断裂；由于磨损使零部件之间的间隙增大、松旷而造成异响 这种情况，通过整形复位或更换零件，恢复零件的正常配合，异响即可消除
螺栓、铆钉、焊接松动而引起的异响	这种情况在车龄长、保养较差的车上比较容易出现，一般在起步或者制动时更明显 通过紧固或更换螺栓、螺母（特别是一次性螺母）即可解决。在新车上也会出现此类现象，例如普通桑塔纳和桑塔纳 3000 型轿车在转向时有“咔哒”声，大多是由于前减振器固定螺母松动引起的，因为螺母松动，减振器在悬挂内就有了间隙，与悬挂套筒内壁撞击而产生响声
传动轴万向节松旷引起的异响	如果传动轴万向节出现故障，车辆在行驶中，特别是急加速和转弯时，会发出尖锐的声音 一般是因为万向节游隙过大或发卡造成的，这种情况多数是由于防尘罩破裂未及时维修而引起的
连接球头、橡胶支架松旷产生的异响	悬挂及各连接球头、橡胶支架松旷产生的异响，如横拉杆球头、连杆球头、托架球头、变速箱支架、减振器等松动都会产生“咕咚”的异响 这种异响在不平的路面上非常明显，不管是加速、制动还是转向，只要路面不平，异响就会出现，且是连续性的。因为球头与球头座之间松旷的话，间隙就变大，随着车身连续不断上下颠簸，两者之间就会产生连续的撞击，所以产生异响。如果松旷严重，起步或者制动时也会有异响，这种情况只能更换零件

续表

原因	内容
制动系统部件松旷引起的异响	制动系统部件的松旷引起的异响，包括制动片、制动钳及支架等部件松旷都会产生异响，这种情况一般在制动时发生 制动拖滞会引起行驶时制动异响，是由于液压制动的总泵回油堵塞、气压制动的排气阀卡滞或调整不当；制动器各运动部件缺油、锈蚀和卡滞等原因引起的
由于轮毂轴承或轮胎异常引起的异响	这种情况在达到一定的车速时才发生，是“嗡、嗡”的声音，而且异响随车速的增加而增大，大多数是由于轮毂轴承烧蚀或轮胎磨损引起的 判别轮毂轴承好坏比较简单有效的方法是，一只手放在减振器或弹簧上，另一只手转动轮胎，如果感到减振器或弹簧有明显的振动，说明轴承已损坏。如果感觉不到振动，则表明轴承没有问题，那么异响应该是轮胎不正常的磨损引起的

4.1.2 底盘异响的分类和特征

底盘异响的分类和特征见表 4-2。

表 4-2　底盘异响的分类和特征

分类	特征
离合器异响	正常运转时离合器没有响声，踩下离合器踏板时有“唰、唰”的响声，说明分离轴承损坏；如果在抬起离合器时也有其他不正常响声，则必须解体检查
变速器异响	变速器异响大多是在变速器部位产生强烈的金属撞击声，通常都是因为齿轮损坏或严重磨损造成的；轴承松旷或损坏时，会持续发出“嗡、嗡”的噪声，如果已经散架也会产生金属撞击声，这种异响在低速时比较明显，一般都需要解体检查
传动轴异响	如果在起步或加速时发出“咯噔”的响声，通常是由于传动轴的十字轴松旷导致的；如果在行驶中底盘发出“嗡、嗡”声，而且随着汽车行驶速度的提高而增大，在某一转速时响声明显，振动剧烈，通常是由于传动轴的十字轴损坏、吊架松动或损坏、传动轴不平衡导致的
主减速器异响	在起步或加速时，后桥发出“咯噔”的响声，通常是由于主减速器的主、从动齿轮间隙过大引起的，严重时需要拆解检查；如果在行驶中突然发出剧烈的金属撞击声，通常是由于主、从动齿轮损坏、内部轴承散架等引起的；如果加速行驶没有声音，减速时反而有“嗡、嗡”的噪声，通常是由于齿轮的背面拉伤或点蚀所产生的，一般情况下不必修理，如果响声严重，也要拆检
车轮内部异响	车轮内部异响通常是由于轮毂轴承损坏、车轮的紧固螺栓松动等原因引起的，此时必须停车检修
悬架系统异响	汽车在不平的路面上行驶或过铁道、沟坎等，悬架部位发出“咯吱、咯吱”或“咚、咚”的响声。主要原因是各连接球销及螺栓严重磨损产生松旷现象；减振器滑柱推力轴承损坏；减振器漏油；左、右螺旋弹簧变形或者有裂纹现象；悬架系统有松旷、损坏等情况
刹车异响	刹车异响的主要现象是踩下刹车踏板时发出“吱、吱”的金属摩擦响声。引发异响的原因可能是刹车片磨损到了极限或刹车盘变形，或者在刹车片与刹车盘之间有异物夹杂

续表

分类	特征
转向异响	转向异响的现象是当将方向盘转到某个位置时转向系统发出“咯噔、咯噔”的响声。其主要原因可能是转向球头松旷或损坏、转向机故障、半轴球笼损坏等
车身异响	车身异响是指汽车在行驶时，车身某些部位发出一些很特别的响声，在不平整的路面上或过沟坎、铁道时更加明显。引发这种异响的原因很多，通常是因为车身刚度不够，导致车辆在行驶中发生形变，车门与车框摩擦或者抖动，或者有的地方脱焊而产生钢板之间的摩擦等。这种现象主要是由于汽车质量造成的，在一些国产品牌中特别常见，其主要原因就是生产工艺水平不过关，车身公差较大，车身刚性不好，造成车身变形，进而产生异响。另外，车身某些连接部位螺栓松动也会造成车身异响

4.1.3　如何诊断底盘异响

由于底盘所包含的零部件非常多，且分布比较广，底盘部分发出的异响是多变的，在日常维修工作中是比较难处理的，一旦出现异响，判断起来比较困难。其诊断与排除可参照发动机异响的诊断与排除，总结判断底盘异响经验为四个字“听、摸、看、换”，见表 4-3。

表 4-3　判断底盘异响经验

方法	内容
听	“听”是最主要的，也是最难的。异响首先是听到的，一定要分辨出异响的类型和异响在哪个部位发出，至少要有一个大致的方位，才能进行下一步处理
摸	找到大致部位以后，可以摸摸这个部位是否有零件松动，对于一些起步异响的车辆，可以借助地槽，用手去感觉异响发出的部位（要注意安全）
看	看底盘上零部件是否有互相摩擦或者碰撞的痕迹，因为有些异响就是由于零件之间的相互干涉而产生的
换	如果没有方向，只能用换件替代法，可以先换部件的总成，这样可以缩小范围，一旦确定了某个部件，再对这个部件进行分解检查就相对容易些

4.1.4　底盘典型异响诊断与排除

4.1.4.1　离合器异响

离合器异响大多发生于离合器接合或分离的过程中以及转速变化时，比如离合器刚接合时有时会有“沙、沙”的响声，接合与分离或转速突然变化时会发出“喀啦、喀啦”的响声等。离合器产生异响主要是由于某些零件不正常摩擦及撞击造成的，根据异响声音的不同及产生的条件，可以判断出异响产生的部位及原因，以便采取相应的维修办法。

离合器异响的故障原因如图 4-6 所示。

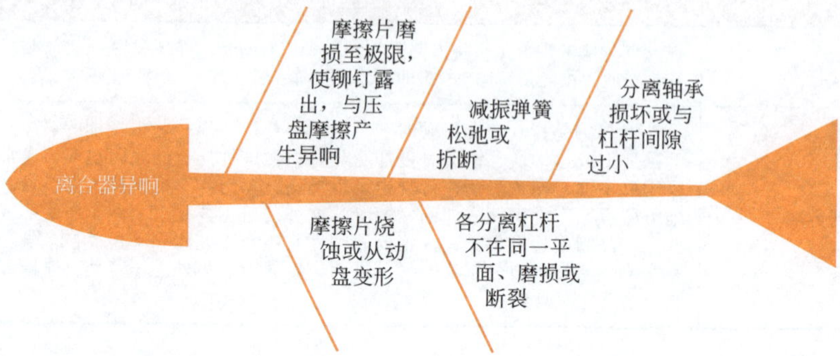

图 4-6　离合器异响的故障原因

离合器异响诊断与排除如图 4-7 所示。

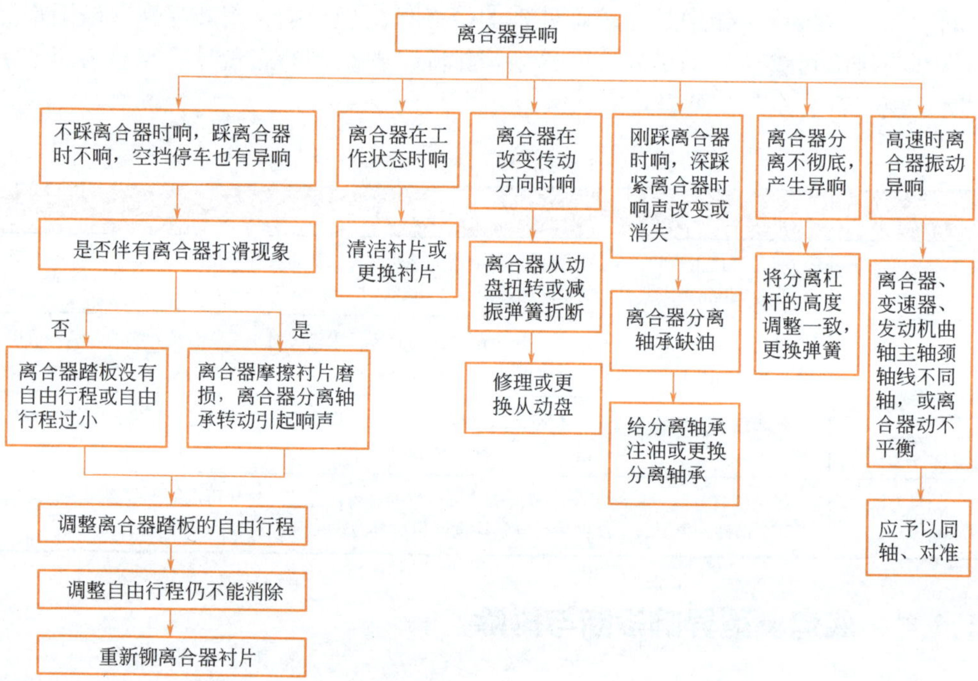

图 4-7　离合器异响诊断与排除

4.1.4.2　手动变速器异响

手动变速器异响是指手动变速器工作时发出的不正常的响声。

手动变速器异响的故障原因见表 4-4。

表 4-4　手动变速器异响的故障原因

原因	内容
齿轮异响	①齿轮磨损严重，从而导致齿轮变薄，间隙过大，运转中有冲击 ②齿面啮合不良，比如修理时没有成对更换齿轮 ③新、旧齿轮搭配，齿轮不能够正确啮合 ④齿面有金属疲劳剥落或者个别齿损坏折断 ⑤齿轮与轴上的花键配合松动，或者齿轮的轴向间隙过大 ⑥轴弯曲或轴承松旷引起齿轮啮合间隙改变
轴承异响	①轴承磨损严重 ②轴承内（外）座圈与轴颈（孔）配合松动 ③轴承滚珠碎裂或者有烧蚀麻点
其他原因发响	①变速器内缺油，润滑油过稀、过稠或者质量变差 ②变速器内掉入异物 ③某些紧固螺栓松动 ④里程表软轴或者里程表齿轮发响

手动变速器异响故障诊断与排除如图 4-8 所示。

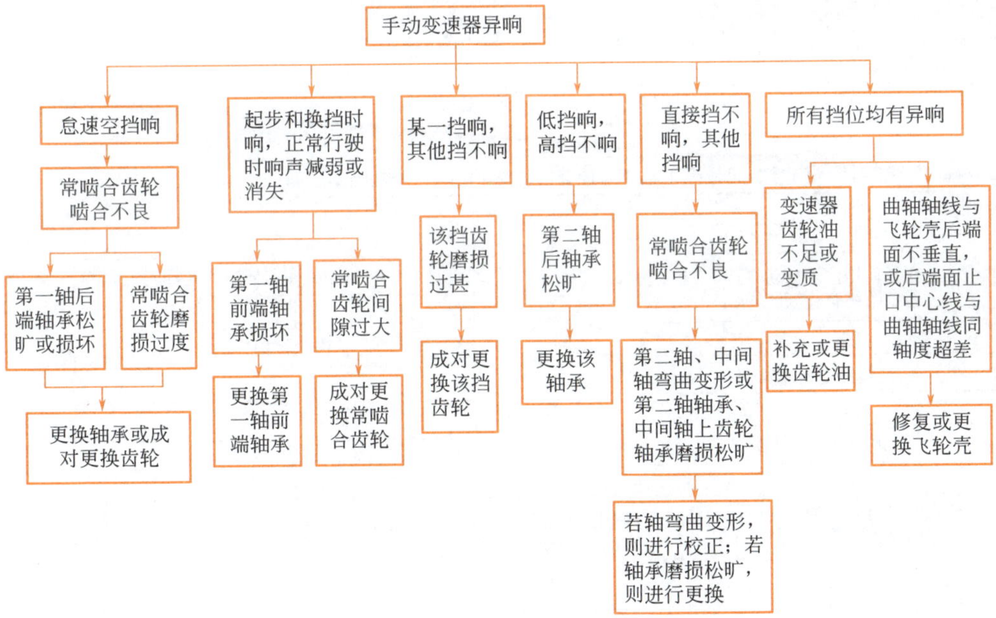

图 4-8　手动变速器异响故障诊断与排除

4.1.4.3　自动变速器异响

在发动机运转过程中，自动变速器内始终有异响；汽车行驶时自动变速器有异响，停车挂空挡后异响消失。

自动变速器异响的故障原因如图 4-9 所示。

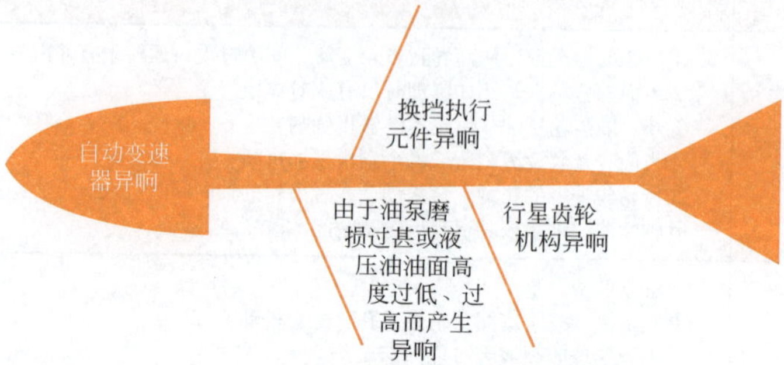

图 4-9　自动变速器异响的故障原因

自动变速器异响故障诊断与排除如图 4-10 所示。

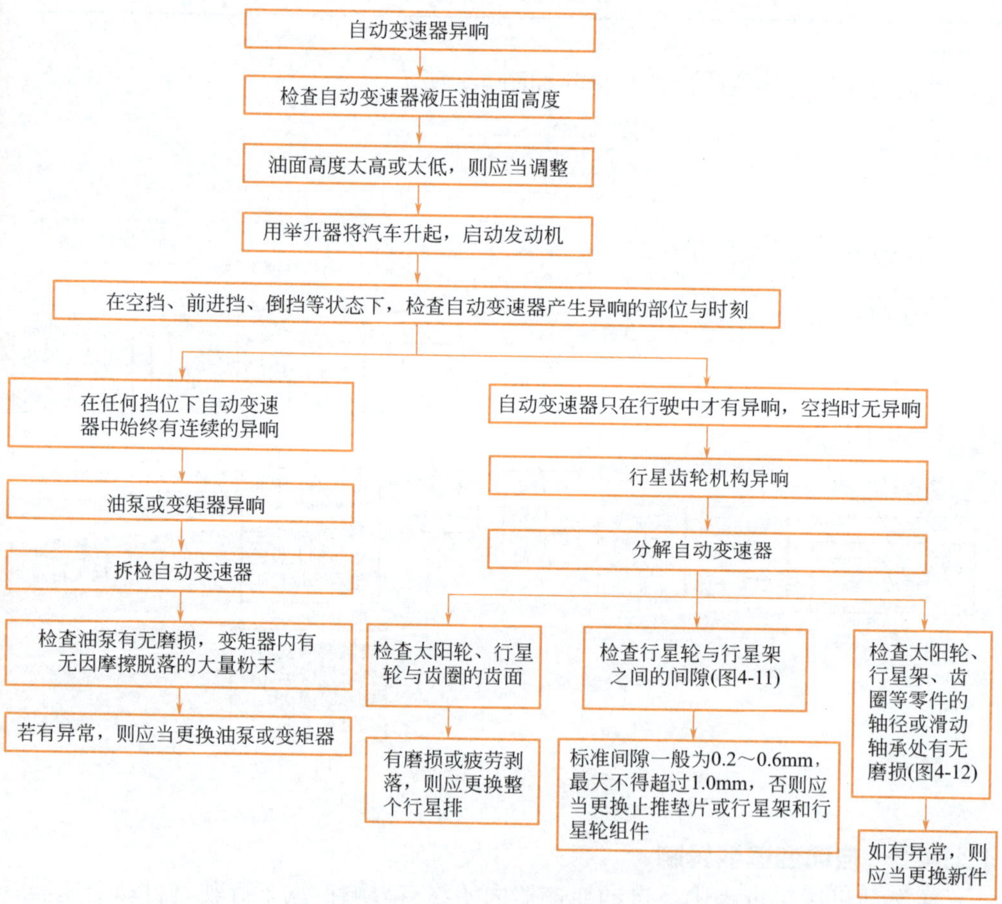

图 4-10　自动变速器异响故障诊断与排除

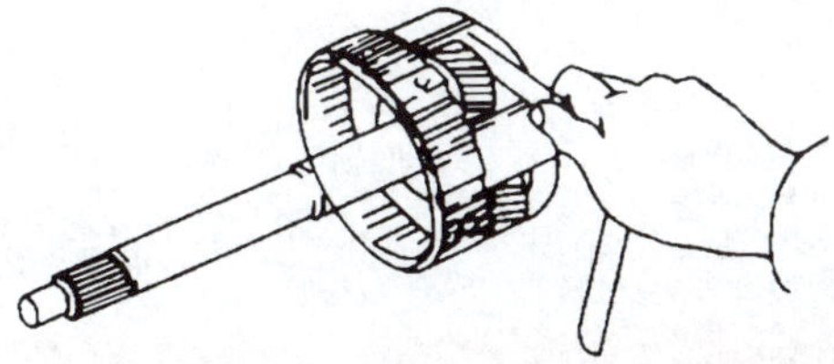

图 4-11　行星齿轮与行星架间隙检查

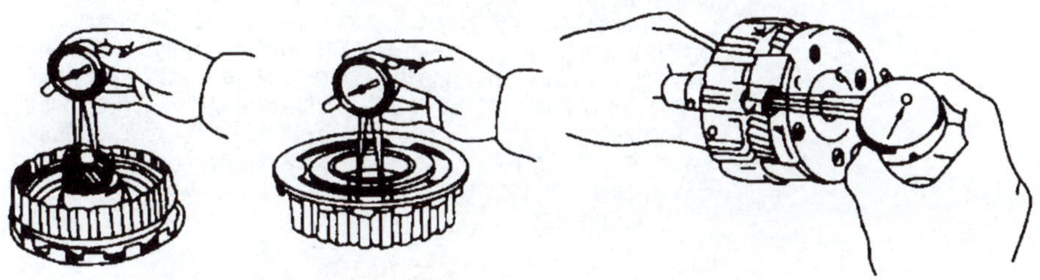

图 4-12　太阳轮、行星架、齿圈磨损检查

注意，将变矩器安装到变速器上时，要使油泵驱动毂的缺口完全落入油泵主动齿轮的凸块内，并且检查变速器壳体前端面与变矩器前端面的距离，如图 4-13 所示。如果该距离小于标准值，则变速器装到车辆上之后会压坏油泵齿轮。

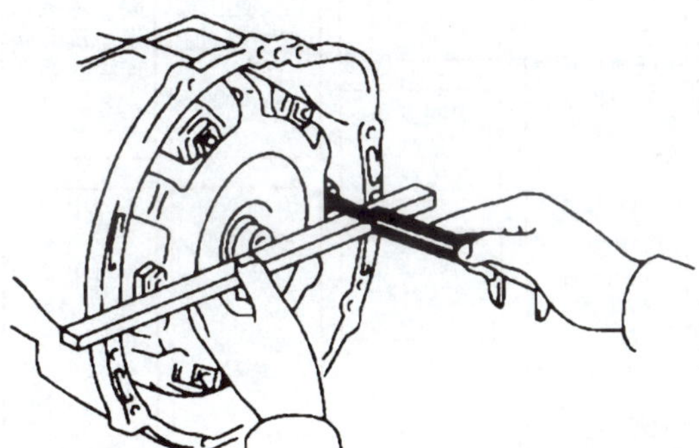

图 4-13　检查变速器壳体前端面与变矩器前端面的距离

4.1.4.4　传动轴异响

汽车起步时或行驶中变速换挡时传动轴都有撞击声出现，尤其是在高速挡位上低速行驶时响声更加明显；汽车起步时传动轴无异响，而汽车行驶时传动轴有撞击响声，汽车滑行时传动轴有异响；汽车在整个行驶过程中响声不断。

传动轴异响的故障原因如图 4-14 所示。传动轴异响故障诊断与排除如图 4-15 所示。

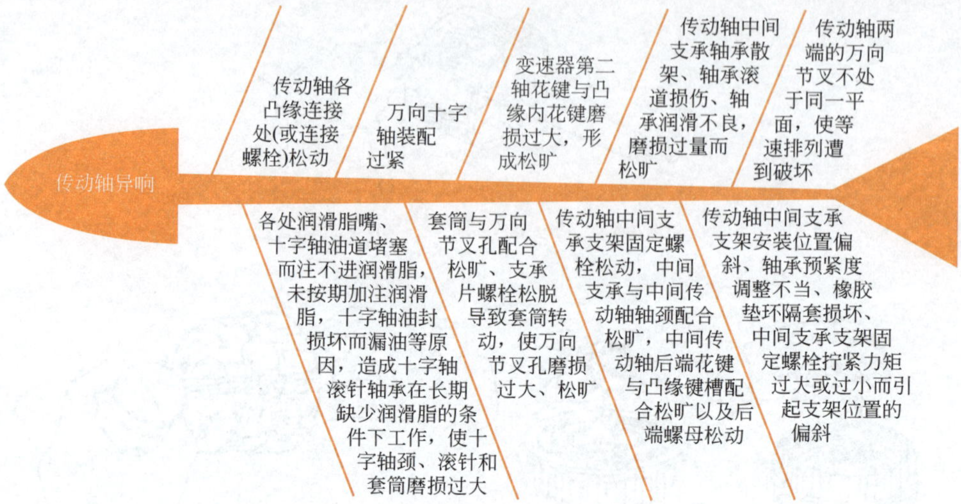

图 4-14　传动轴异响的故障原因

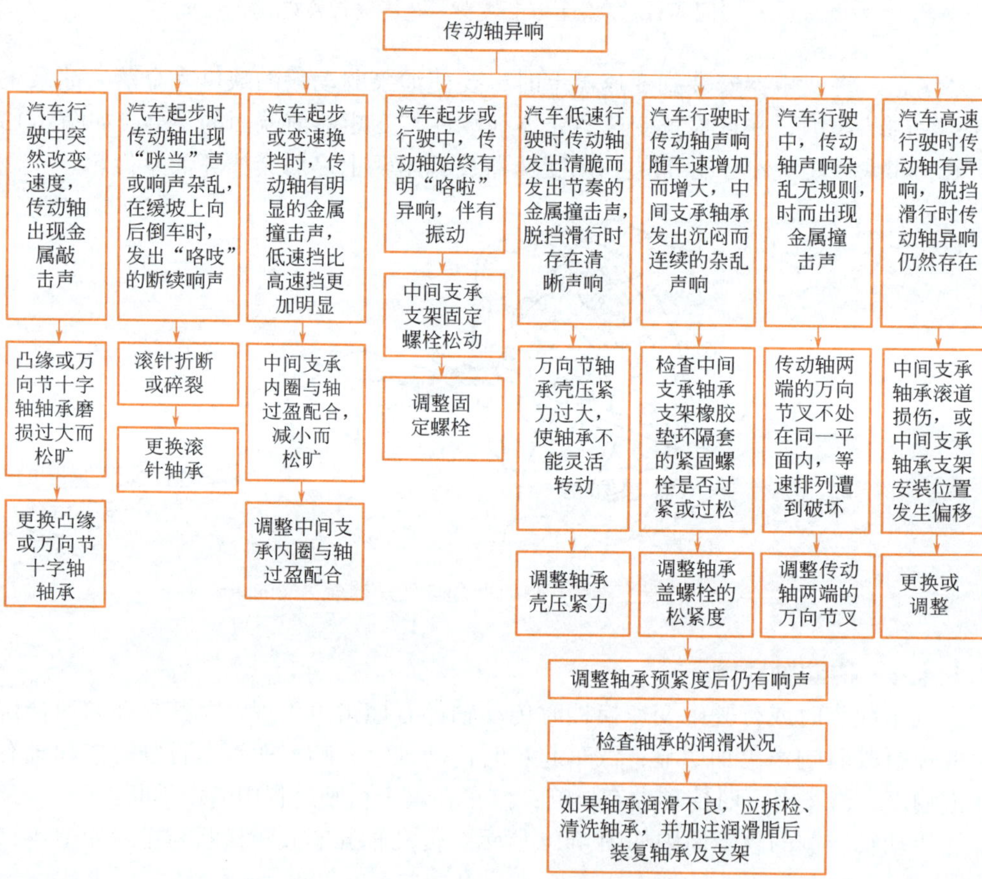

图 4-15　传动轴异响故障诊断与排除

为了验证以上诊断的正确性，可以在汽车停车时检视并用手晃动传动轴各部件，查看其安装位置是否正确、机件表面有无伤痕、紧固连接是否松动、配合间隙是否过松或过紧。

① 汽车停车后，松开驻车制动器，用手上下推动万向节，如果有松旷，则说明十字轴滚针轴承松旷。

② 用手来回晃动驻车制动盘，如果有松旷，则说明变速器第二轴花键松旷。

③ 将驻车制动器拉紧，用手来回晃动中间传动轴后凸缘，如果有松旷，则说明中间传动轴花键轴键齿松旷。

④ 用手前后拉动中间传动轴凸缘，如果有松旷，则说明中间传动轴后端螺母松动。

4.1.4.5　悬架发响

汽车在不平路面行驶时，悬架振动发响。

悬架发响的故障原因如图 4-16 所示。

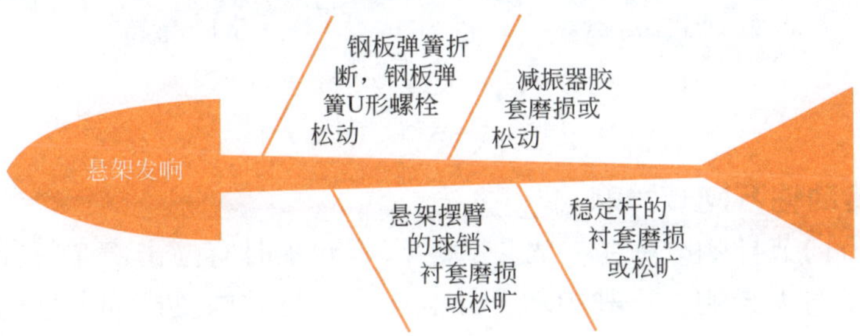

图 4-16　悬架发响的故障原因

悬架发响故障诊断与排除如图 4-17 所示。

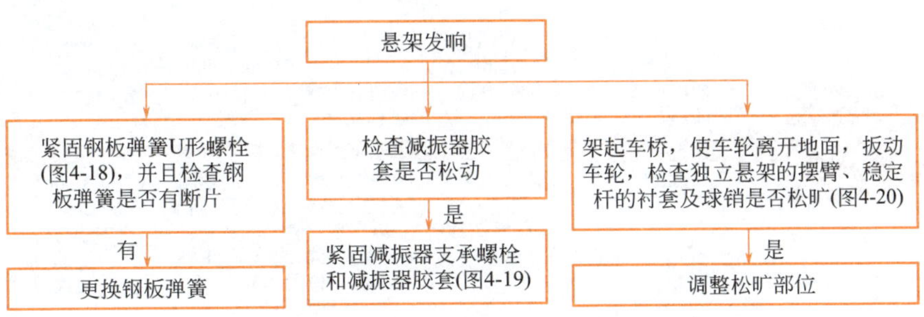

图 4-17　悬架发响故障诊断与排除

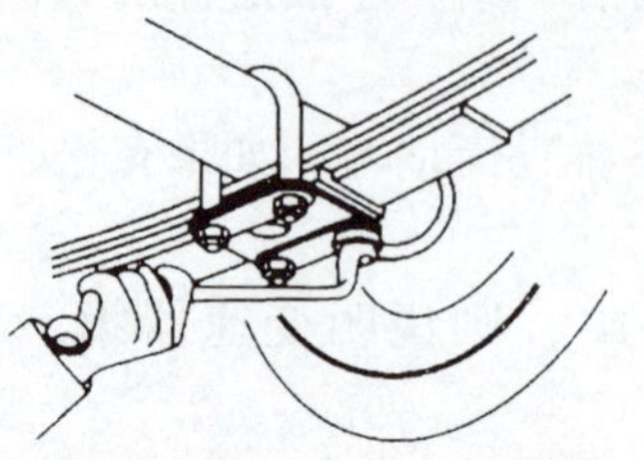

图 4-18　紧固钢板弹簧 U 形螺栓

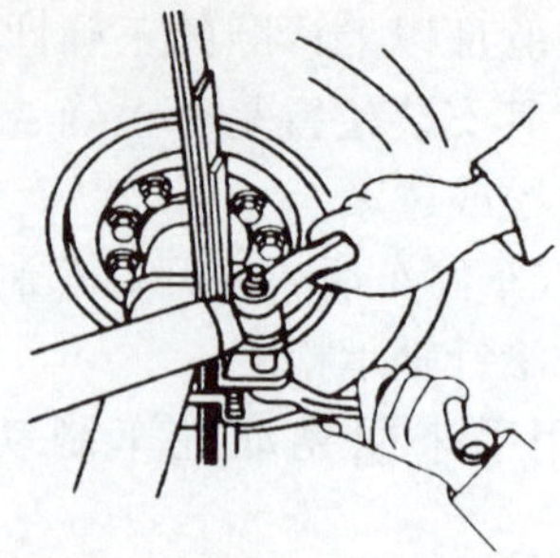

图 4-19　紧固减振器支承螺栓和减振器胶套

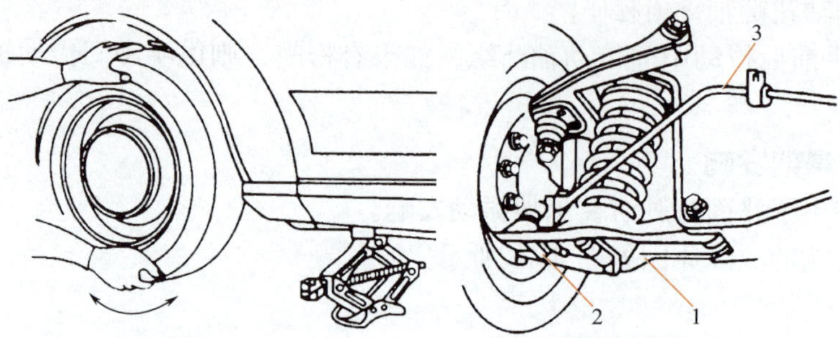

(a) 振动车轮　　(b) 检查部位

图 4-20　检查独立悬架

1—摆臂；2—球销；3—稳定杆

4.1.4.6 传动轴万向节异响

传动轴万向节异响故障主要表现为：汽车起步时有撞击声，行驶中始终有异响；汽车起步时无异响，行驶中却有异响；汽车行驶中发出周期性的响声，速度越快响声越大；不同工况时，传动轴发出“吭”或“咣当、咣当”的响声；汽车运行中出现连续的“呜、呜”响声。

传动轴万向节异响的故障原因如图 4-21 所示。

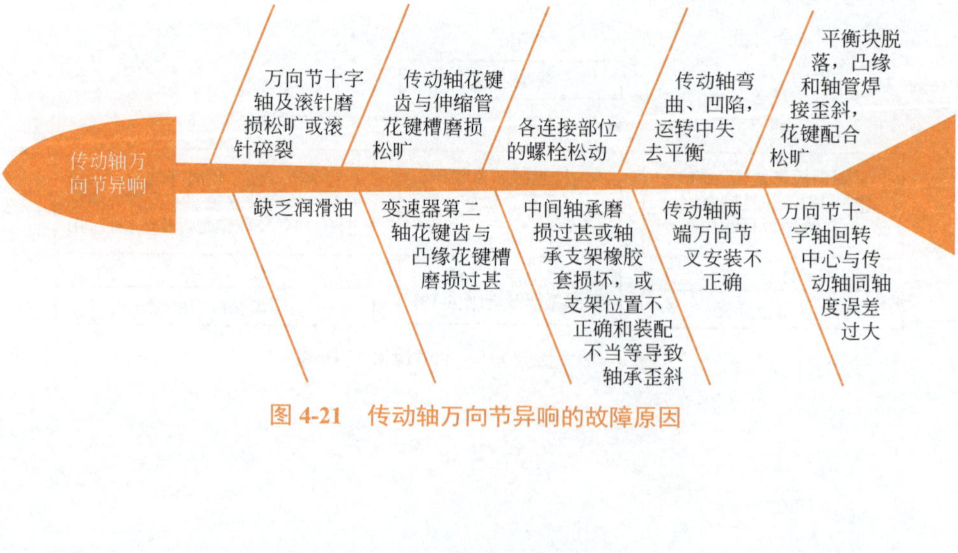

图 4-21　传动轴万向节异响的故障原因

传动轴万向节异响故障诊断与排除如图 4-22 所示。

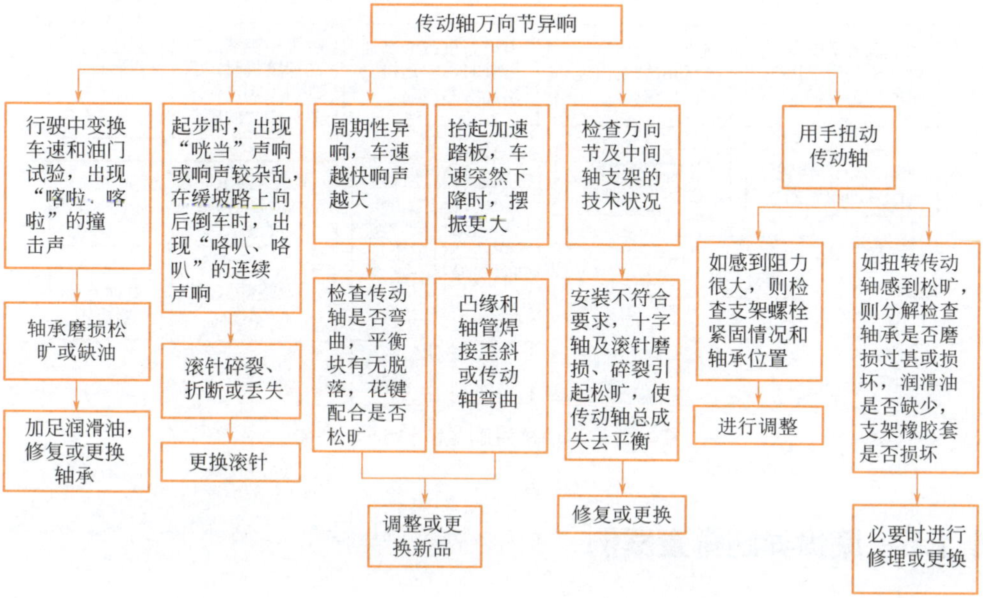

图 4-22　传动轴万向节异响故障诊断与排除

4.1.4.7　驱动桥发响

汽车起步或者变换车速时，驱动桥发响，行驶在凸凹不平的路面时尤为明显；汽车转弯或上坡或重载时，驱动桥也发响；汽车在行驶中，猛松加速踏板时，驱动桥发响。

驱动桥发响的故障原因如图 4-23 所示。

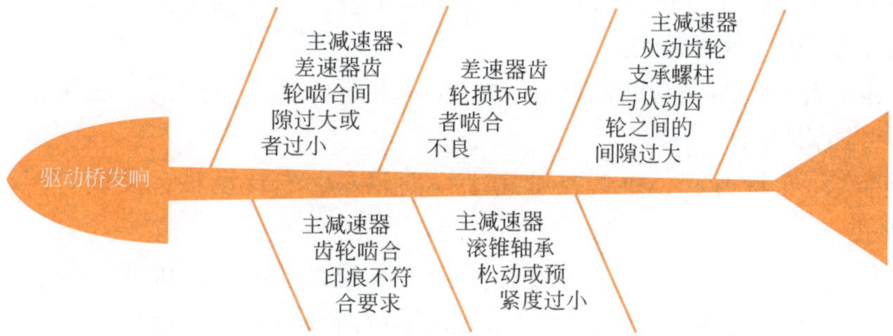

图 4-23　驱动桥发响的故障原因

驱动桥发响故障诊断与排除如图 4-24 所示。

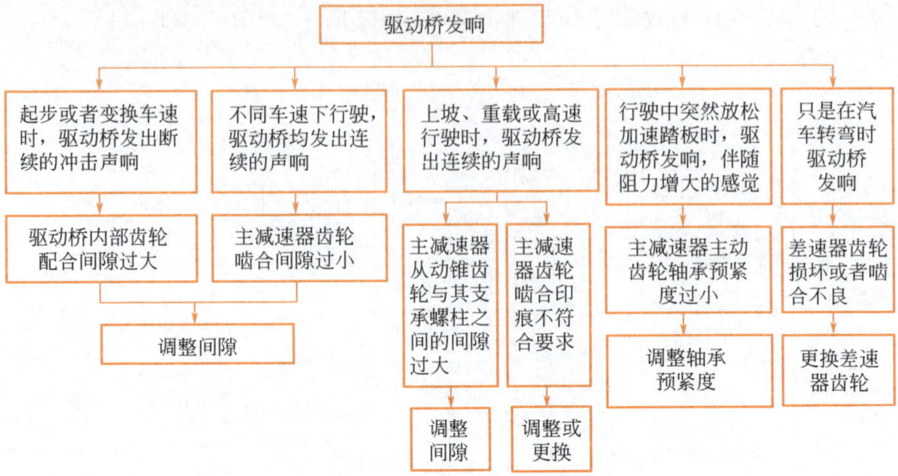

图 4-24　驱动桥发响故障诊断与排除

4.1.5　底盘异响排查案例

4.1.5.1　速腾轿车行驶时车前下部有异响

一辆速腾轿车，行驶里程约 12.2 万千米。客户介绍，车辆行驶一段距离后，车辆的前下部发出有节奏的“轰、轰”声音，车辆的速度越快，异响声音的频率越快。在车内前乘员的位置两脚明显有振动感。

故障诊断与排除

① 首先上路试车，当异响出现后，先摘下变速器挡位，然后踩下并抬起离合器踏板，该异响没有变化，则说明故障不在离合器和变速器。

② 维修技师将车开回修理厂，用举升器举升车辆，让车辆在没有负荷的情况下低速运转，没有出现异响。

③ 用异响听诊器查听两前轮轴承，没有杂音。将车辆的前、后轮轮胎对换后路试，异响仍旧存在。

④ 再次将车辆升起，维修技师用手摸前轮左、右传动轴，发现右传动轴内球笼发热严重。

⑤ 拆下右传动轴，拆下内球笼防尘套，发现其内的润滑油脂已经干涸，钢球及保持架已经被烧得退火变成蓝色，钢球滑道有金属剥落的麻点。

⑥ 更换新的右内球笼后，试车运行，异响消失，故障彻底排除。

4.1.5.2　1.8T 手自一体途安新车 D 挡或 R 挡起步时有显明“咔嗒”响

一辆 1.8T 手自一体的途安新车，挂 D 挡或 R 挡起步时，油门稍大一点，底盘就有明显的“咔嗒”响，车辆静止后，再挂挡起步时又有一下响声。

故障诊断与排除

① 首先上路试车，故障确实存在。由于是新车，维修技师初步认为是由底盘螺栓松动引起的。

② 检查所有底盘螺栓，未发现有松动。

③ 检查相关球头，未发现异常。

④ 维修技师将车开到地槽上，一人模仿故障发生时的驾驶状况，一人在车下听声音，感觉异响是从两侧的悬挂处发出的，然后将手放在传动半轴上，发现内球笼处有明显的振动，于是将发动机熄火，用手抓住左、右内球笼处上下晃动，有明显的松动。

⑤ 更换左、右传动轴，装复后试车，异响消失，故障排除。

4.1.5.3　富康轿车维修差速器后，轿车底部出现“哗、哗”异响

一辆富康轿车，行驶里程约 74000km。在维修差速器总成后不久，车主将车开回修理厂，称车辆底部维修后有“哗、哗”异响，要求返工维修。

故障诊断与排除

① 首先用千斤顶架起车辆的前部，然后用三角木楔好后轮，做起步加速试验，将变速器由低挡挂入高挡，听到响声，并没有严重的异响。

② 于是上路试车，感觉车辆在转弯时出现“哗、哗”异响，甚至车身有抖动现象，而当车辆在平直路上行驶时，响声渐小。

③ 维修技师根据异响在车辆转弯时出现的现象，结合拆装差速器经验判断，故障部位在差速器内。

④ 维修技师拆检差速器，发现行星齿轮轴上遗忘装配卡环，导致行星齿轮与半轴齿轮（侧齿轮）不能良好啮合，异响由此产生。

⑤ 将行星齿轮及半轴齿轮成对装入整体式摩擦壳，然后装入差速器壳内，装入行星齿轮轴，装上新卡环。

⑥ 将差速器重新装配后试车，异响消失，故障彻底排除。

维修提示

大多数汽车行星齿轮轴为十字架式，依靠盒盖与差速器壳螺栓紧固。而富康轿车的行星齿轮轴为一根直轴，行星齿轮则套装在该轴上。为了防止行星齿轮轴的轴向窜动，轴的两端均由卡环定位。如果卡环未装，行星齿轮轴轴向窜动，导致行星齿轮在车辆转弯时，在左侧齿轮上来回游动冲击，发出异响，时间一久，必然会导致侧齿轮和行星齿轮磨损加剧，提早损坏。

4.1.5.4　POLO 轿车行驶中前悬架处发出异响，异响随车速和路面变化

一辆 POLO 轿车，行驶里程约 71000km。客户介绍，车辆行驶中，前悬架处

发出异响，异响随着车速和路面情况的变化而变化。

故障诊断与排除

① 首先将轿车用举升器举起，然后用大号螺钉旋具或撬棒检查各连接球销及螺栓有无松旷情况，结果无此情况。

② 查看减振器，无液压油渗出，且减振器筒不烫手，结合轮胎胎面磨损情况考察，初步确定为减振器工作性能良好。

③ 检查左右螺旋弹簧，无变形与裂纹，左右压缩长度相差不大（这一点从车身前部无歪斜的情况也可以判断）。

④ 在举升架上，未发现悬架部分因松旷、损坏而引起异响，所以维修技师决定将轿车停放在平地上，用力摆动车身前部，使其产生较大幅度的上下振动，可以听到左边减振器弹簧有“咔、咔”异响，从而确诊异响发自左螺旋弹簧处。

⑤ 利用专用工具拆卸左减振器螺旋弹簧，检查螺旋弹簧自由长度为340mm（标准长度为339mm）。客户介绍，这是更换不久的新弹簧，维修技师估计弹力不至于衰减，但在检查中却发现滑柱推力轴承损坏、解体。异响故障主要是由于轴承解体后，在减振器螺旋弹簧反复伸长和压缩过程中，损坏的轴承拍击减振器上座与悬架支座而产生的，显然是由于轴承使用时间长，未及时检查和更换造成的故障。

⑥ 维修技师更换减振器滑柱推力轴承，试车后，故障彻底排除。

维修提示

安装减振器弹簧时，应注意更换新的活塞杆螺母，此活塞杆螺母为一次性使用，一经拆卸就要更换。

4.1.5.5 1.4L 手动挡 POLO 劲情轿车行驶中有“咕咚”响声

一辆 1.4L 手动挡 POLO 劲情轿车，据客户介绍，车辆在行驶中，路面稍有不平，底盘就会发出“咕咚”的响声，路面越差，声音越响。

故障诊断与排除

① 首先试车，故障确实存在，故障为连续的“咕咚”声，且感觉异响在车辆的中部。在稍好些的路面行驶时，异响较轻。

② 紧固底盘螺栓，未发现有松动。

③ 更换左右悬挂上的连杆，故障依旧存在。

④ 检查变速箱支架及相关的球头，未发现松动。

⑤ 再次进行试车，确定声音是在车身的中部发出的。于是，维修技师再次检

查与副车架连接的部分，在对左右横拉杆（靠近转向机的一侧）上下晃动时，发现有些松动，按理来说，不应该有松动，于是维修技师找了几辆相同的车辆进行比较，发现其他车辆基本上没有松动，此辆车松动明显。

⑥ 维修技师考虑异响发出的部位在车辆的中部，和转向机处比较吻合，于是更换左右横拉杆。装复后试车，异响消失，故障排除。

4.1.5.6　丰田花冠轿车维修差速器后，驱动桥内出现异响

一辆丰田花冠轿车，行驶里程约 15.2 万千米。车主介绍，该轿车的差速器曾大修过，最近驱动桥内出现异响，而且越来越严重，于是被迫进行检修。

故障诊断与排除

① 该轿车采用普通行星齿轮式差速器，它由半轴齿轮、行星齿轮及轴、差速器壳（左右）、轴承及弹性圆柱销等组成。主减速器为斜齿圆柱齿圈，单级主减速器，主动齿轮装在变速器输出轴端，从动齿圈用螺栓与差速器壳体相连，传动比 l_0=72/16=4.5，斜齿圆柱齿轮比常用的螺旋齿轮加工简单，同时装配后不需要调整啮合间隙和啮合印痕，并且可以互换，无需配对啮合。

② 由于该轿车后桥刚大修不久，桥内发出严重响声，其主要原因如图 4-25 所示。

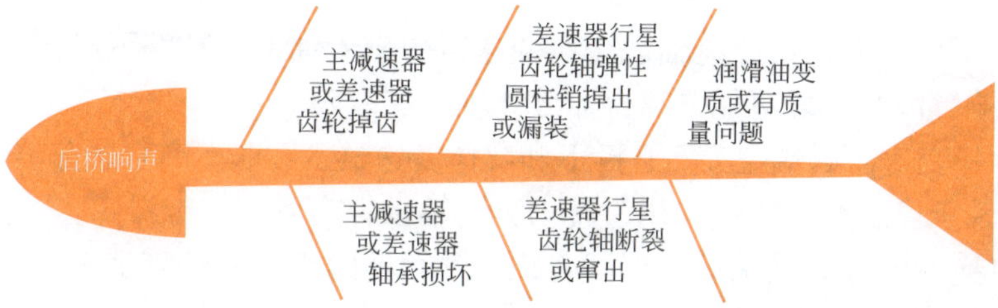

图 4-25　后桥响声的主要原因

③ 拆检主减速器和差速器，发现主减速器部分并没有异常现象，而差速器行星齿轮轴窜出。

④ 打开差速器壳，发现行星齿轮和半轴齿轮已经报废。仔细检查，没有发现弹性圆柱销的踪影。由于弹性圆柱销硬度较高，不可能一点残渣都没有，因此维修技师初步确定可能是漏装。

⑤ 于是找到原来修车的修理部，了解到弹性圆柱销漏装，但它属于一次使用零件，拆下后不能再用，又买来一个新件换上，进行路试，异响消失，故障排除。

4.1.5.7　2011 年款上海通用赛欧 1.4L 轿车分离轴承异响

一辆 2011 年款上海通用赛欧 1.4L 轿车，配置手动挡变速器，车主反映该车

离合器分离轴承异响。

故障诊断与排除

① 首先进行检查，听到“叽、叽”的响声，且在抬离合器踏板的一瞬间，噪声很大，感觉很明显，如同分离轴承异响。

② 将分离轴承拆下，发现无损坏，离合器片及压盘总成正常，其他相关部件均未发现异常。

③ 装合后，异响依旧存在。再次听诊时，发现响声来自发动机前端，且是在发动机转速发生变化时发生的，与踩抬离合器踏板没有关系。

④ 维修技师继续检查发动机带轮及空调压缩机带轮等，均正常，最终检查到曲轴带轮有异常现象。

⑤ 拆下曲轴带轮，发现阻尼橡胶开裂，更换新的曲轴带轮后，异响消失。

4.1.5.8 上海通用别克凯越轿车离合器踏板异响

一辆上海通用别克凯越轿车，行驶里程约47500km。据客户介绍，当踩下离合器踏板后，可以听到车前部有“嘎吱、嘎吱”的异响，且脚下伴有振动的感觉，变速器各挡位均不好挂，只有用力推才能挂上。

故障诊断与排除

① 由两名维修技师对该车进行故障诊断，一人踩下离合器踏板，另一人在车外借助旋具听诊，发现异响来自变速器内部。

② 由于该车离合器分离轴承套在变速器的输入轴上，且踩下离合器后变速器内就有异响，因此怀疑可能是离合器分离轴承有故障。

③ 拆开变速器后端盖（不必拆下和解体变速器），取下离合器分离轴承检查，发现分离轴承已烧结、碎裂，用手转动分离轴承，有发涩、卡滞感。

④ 更换新的分离轴承后，再试着踩下离合器踏板，异响声消失，同时变速器各挡位挂挡自如，故障排除。

4.1.5.9 2011年款捷达1.6L轿车换挡异响

一辆2011年款捷达1.6L轿车，配置5挡手动变速器，该车行驶约5.65万千米。冷车时，变速器有“吱、吱”异响，热车时，噪声有所减轻但没有完全消失，踩下离合器后异响消失。

故障诊断与排除

① 首先检查变速器油，发现变速器油已变质，于是更换新油，试车故障仍然存在。

② 拆下变速器并进行分解，检查离合器压盘和摩擦片，状况良好。

③ 转动变速器输入轴时，发现径向和轴向间隙过大，松旷感较强。分解变速器，检查各挡齿轮及同步器的工作状况，并没有发现打齿或者磨损的现象。

④ 测量各齿轮的轴向与径向间隙，发现 3 挡齿轮轴向间隙过大，在输入轴、3 挡齿轮后部增加一个厚度大约为 0.3mm 的垫片来缩小间隙。修复后试车，异响消失。

4.1.5.10 2011 年款奇瑞 QQ 1.0L 轿车变速器异响

一辆 2011 年款奇瑞 QQ 1.0L 轿车，配置 5 挡手动变速器，该车行驶约 4100km 后出现正常行驶挂 5 挡后松开加速踏板滑行时，右前轮部位有“嗡、嗡”异响，且滑行速度越快，异响越明显。

故障诊断与排除

① 首先进行路试检查，发现只有在挂 5 挡滑行时出现异响，空挡或者加速时均正常。

② 拆解变速器检查，发现 5 挡从动齿轮的锁紧螺母已经松脱。

③ 重新紧固锁紧螺母后，故障排除。

4.1.5.11 宝来轿车底部发出异响

一辆宝来轿车，行驶里程约 90000km。据车主介绍，汽车底部发出异响，行驶中有振动感。

故障诊断与排除

① 进行试车运行，反复踩离合器踏板，异响无变化，初步判断异响不是发自离合器处。

② 该汽车异响特征是起步无异响，行驶中有“咔啦、咔啦”的金属撞击声，而且响声杂乱无规律，时而出现金属撞击的声音，故怀疑为传动轴处异响。

③ 维修技师用举升架将车升起，用手摇动前桥两根传动轴，与差速器左右半轴连接的 VL 型球笼式等角速度节无异常现象，而 RF 型球笼式万向节前右端有明显晃动感，且万向节橡胶护套已经破损。

④ 拆下球笼式万向节后，检查发现万向节球笼已经变形，孔和钢球均已磨损，而且球笼与钢球十分脏。拆装步骤如图 4-26 所示。

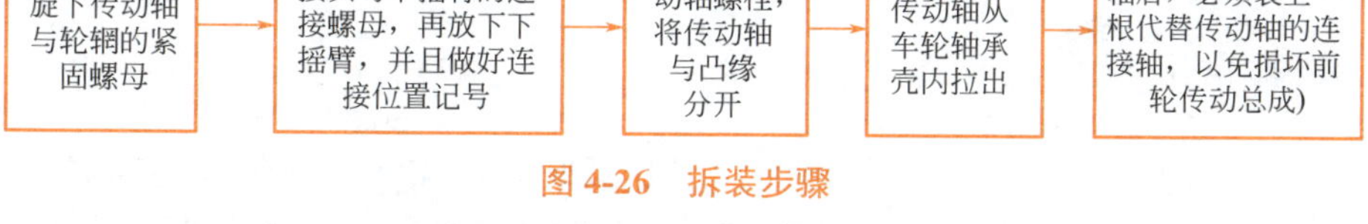

图 4-26 拆装步骤

维修过程中应当注意的是：涂有防护剂的传动轴连接牢靠，应当用压拉具取出，切不可用加热轮辋的方法拆卸，否则会损坏轮辋轴承。

⑤ 更换零件后试车，故障现象消失，故障排除。

维修提示

通过对该车的维修可以知道，宝来轿车的球笼式万向节也是易损部件，故障原因通常不在于球笼式万向节本身，多数是由于橡胶护套或老化，或由于摩擦破损，使泥污混入球笼内，致使钢球与球笼异常磨损，所以应当防范此类故障。

4.1.5.12 夏利轿车直行时底部有轻微“嗡、嗡”声，弯路行驶时有“咔、咔”异响

一辆夏利轿车，行驶里程约 17.3 万千米。驾驶人介绍，轿车直行时，有轻微“嗡、嗡”声（从底部传出），但轿车在弯路上转弯时有“咔、咔”异响声，而且响声十分清晰。

故障诊断与排除

① 维修技师根据故障现象，初步判断为差速器有故障。

② 查看变速器的润滑油油面，低于注油螺塞口许多，因此缺油是造成此轿车故障的一个原因。加足油后架起前桥，听诊，底部“嗡、嗡”声小了许多，但差速器与变速器接合部位仍有润滑油渗出。

③ 轿车在路试中转弯时“咔、咔”异响仍然发生，拆检差速器，检查行星齿轮和半轮齿轮的技术状况。

④ 拆检差速器的结果是：行星齿轮和侧齿轮齿隙已达到 0.50mm（规定值为 0.20 ～ 0.02mm），弹性圆柱销快脱落了，行星齿轮和半轴齿轮齿面已经有脱落和沟槽现象，差速器齿圈已经有麻点，T 形油封唇口卷曲歪扭。

⑤ 更换弹性圆柱销块和 T 形油封，装回原半轴齿轮垫，并且使之达到规定间隙值（0.20 ～ 0.02mm），用油尺磨去齿轮毛刺和飞边。鉴于该减速器主、被动齿轮隙不能调整，被动齿轮面未严重磨损，因此可以暂时使用一段时间。

⑥ 彻底清除差速器和变速器壳接合平面密封胶，并用砂布打磨干净，均匀涂抹密封胶，故障排除。

维修提示

检修和更换差速器的工作量大，因此驾驶人员和修理单位往往对异响之类的小故障采取保守的态度，让车辆勉强行驶，这样往往会造成更大的损失。此外，检修差速器需按规范进行，例如，厂家规定弹性圆柱销和 T 形油封在拆检后需更换，显然上次检修差速器时未遵照此规定，为这次故障的产生埋下了隐患。

4.2 传动系统故障检修

4.2.1 离合器检修

在汽车机械式传动系统中，广泛采用摩擦式离合器。离合器布置在发动机与变速器之间，其功用主要见表 4-5。

表 4-5　离合器的功用

功用	内容
保证汽车的平稳起步	发动机启动时，将分离离合器，当发动机启动后，待转速稳定，挂入变速器起步挡，慢慢接合离合器，使发动机与传动系统逐渐接合，从而保证汽车平稳起步
保证汽车传动系统换挡时工作平顺	在汽车行驶中，为了适应不断变化的行驶路况，需要频繁地换挡，换挡时要踩下离合器踏板，切断动力传递，使不同转速的齿轮（或接合齿圈）在啮合前接近同步，减少齿轮啮合时的冲击，从而使换挡轻便，减小噪声，保护齿轮
防止传动系统零件超载	当汽车紧急制动或受到地面很大的冲击力时，发动机的动力或惯性力与汽车外力之间通过离合器摩擦副，可以起到一定的缓冲作用，即由摩擦副间产生一定量的滑移，而大大减轻了传动系统零件的受力，从而保护零件不受损坏

离合器主要由主动部分、从动部分、压紧部分与操纵机构四个部分组成，见表 4-6。

表 4-6　离合器的组成

组成部分	内容
主动部分	主动部分包括飞轮、离合器盖与压盘。离合器盖用螺栓固定在飞轮上，压盘后端圆周上的凸台伸入离合器盖的窗口中，并可沿窗口轴向移动。这样，当发动机转动时，动力便经飞轮、离合器盖传到压盘，并一起转动
从动部分	从动部分包括从动盘与从动轴。从动盘带有双面的摩擦衬片，离合器正常接合时分别与飞轮和压盘相接触；从动盘是通过花键毂装在从动轴的花键上的，从动轴是手动变速器的输入轴（一轴），其前端通过轴承支承在曲轴后端的中心孔中，后端支承在变速器壳体上

续表

组成部分	内容
压紧机构	压紧机构主要由若干根沿圆周均匀布置的压紧弹簧组成（膜片弹簧离合器则由膜片弹簧组成），它们装在压盘与离合器盖之间，主要用来将压盘和从动盘压向飞轮，使飞轮、从动盘和压盘三者压紧在一起
操纵机构	操纵机构包括离合器踏板、主缸、工作缸、变速器一轴（输入轴）、分离套筒、分离轴承、分离杠杆与回位弹簧等，离合器液压操纵系统如图 4-27 所示

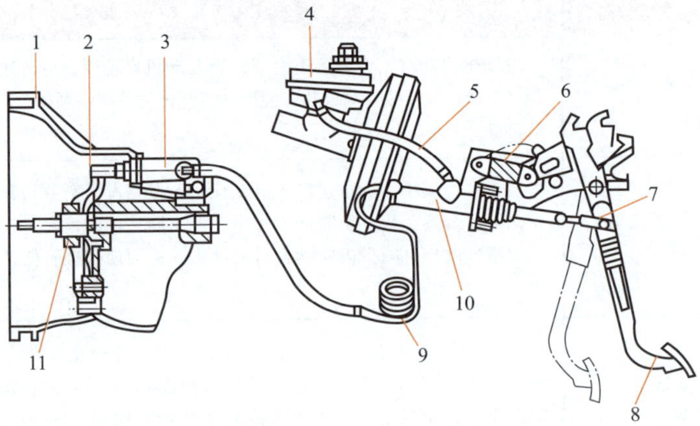

图 4-27　离合器液压操纵系统

1—变速器壳体；2—分离叉；3—工作缸；4—储液罐；5—进油软管；6—助力弹簧；7—推杆接头；8—离合器踏板；9—油管总成；10—主缸；11—分离轴承

离合器出现故障，将造成汽车挂挡困难或不能挂挡、起步发抖、异响，甚至无法行驶等现象。

4.2.1.1　离合器不能分离

在急踩离合器踏板时，离合器可以分离，但是在踩住离合器踏板一段时间后，离合器会慢慢接合上；如果慢慢踩下离合器踏板，离合器无法分离。

离合器不能分离的故障原因主要有：液压主缸皮碗老化、内壁磨损严重。当急踩离合器踏板时，由于液体的黏性和流动惯性，泄漏量少，离合器能够分离。当慢慢踩下离合器踏板时，皮碗前面的压力油沿皮碗及沟槽被挤回低压腔，油压无法建立，从而造成离合器不能分离。

离合器不能分离故障诊断与排除如图 4-28 所示。

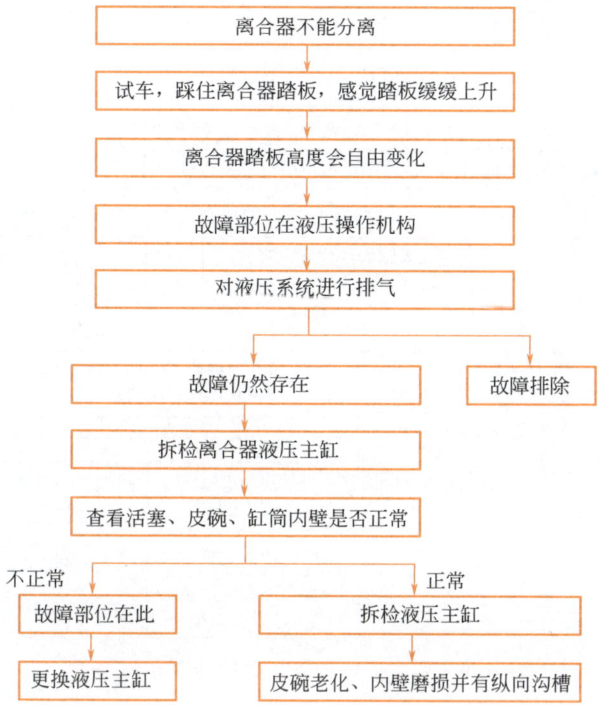

图 4-28　离合器不能分离故障诊断与排除

4.2.1.2　离合器分离不彻底

汽车起步时，将离合器踏板踩到底仍然挂挡困难，强行挂入起步挡时发动机熄火，或未抬起离合器踏板，汽车就开始移动。在行车过程中，换挡阻力明显增大。

离合器分离不彻底的故障原因如图 4-29 所示。

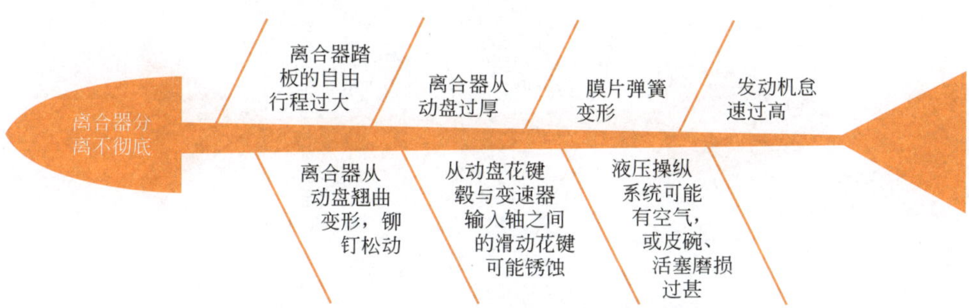

图 4-29　离合器分离不彻底的故障原因

离合器分离不彻底故障诊断与排除如图 4-30 所示。

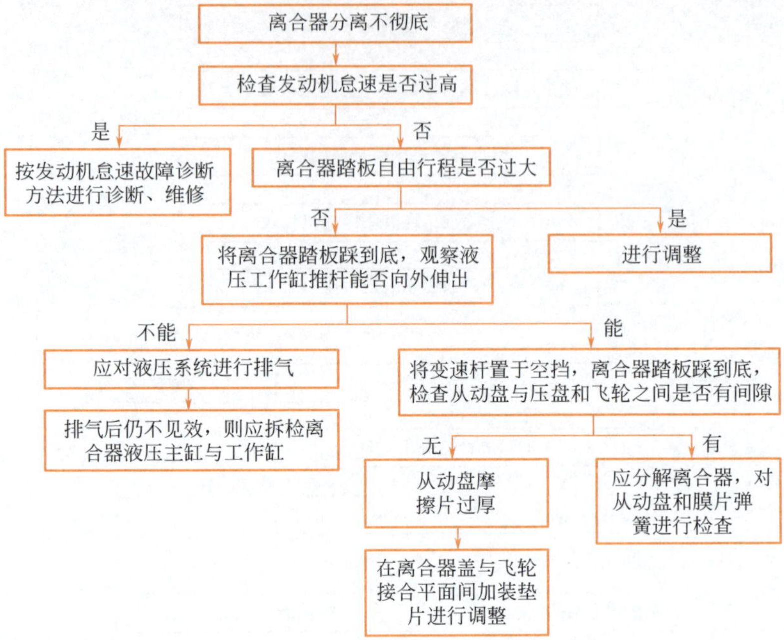

图 4-30　离合器分离不彻底故障诊断与排除

4.2.1.3　离合器打滑

离合器打滑故障表现为在平坦路面起步，离合器的踏板接近完全放松时，汽车才开始移动；当汽车急加速行驶时，车速不能随着发动机转速提高而加快；当重载上坡行驶时，动力不足，严重时有焦煳味。

离合器打滑的故障原因如图 4-31 所示。

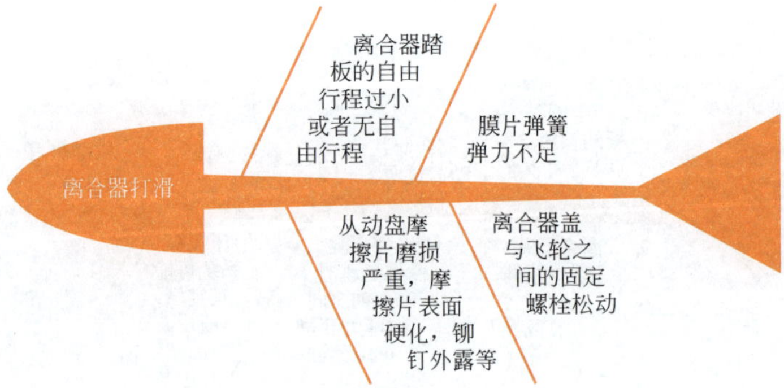

图 4-31　离合器打滑的故障原因

离合器打滑故障诊断与排除如图 4-32 所示。

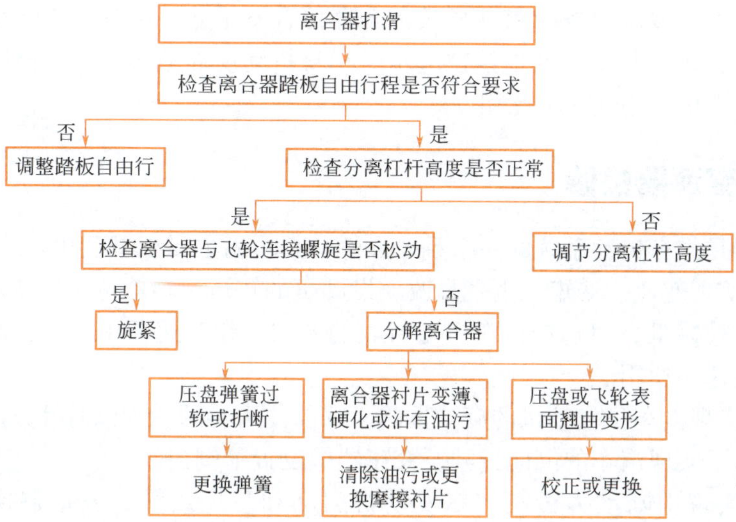

图 4-32　离合器打滑故障诊断与排除

4.2.1.4　离合器接合不平稳

离合器接合不平稳的故障主要表现为汽车起步时车身出现抖动。

离合器接合不平稳的故障原因主要有：离合器压盘或从动盘翘曲变形；膜片弹簧变形；离合器盖与飞轮、变速器与飞轮壳之间的固定螺栓出现松动；发动机支撑不稳。

离合器接合不平稳故障诊断与排除如图 4-33 所示。

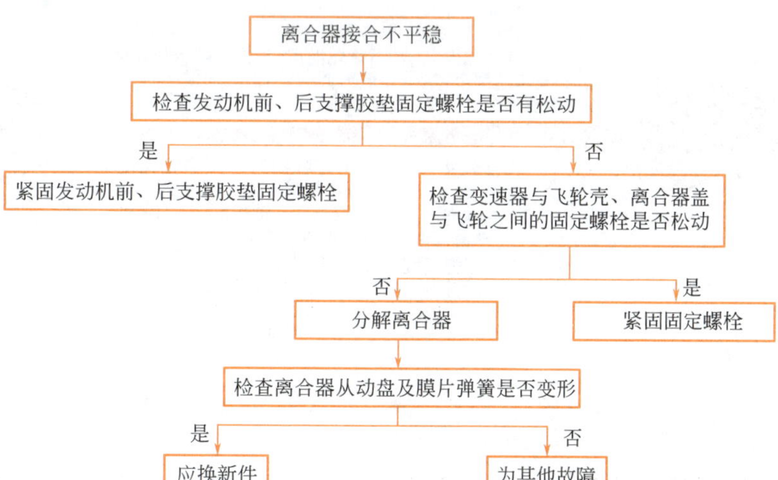

图 4-33　离合器接合不平稳故障诊断与排除

注意，如果发动机支撑松动导致离合器接合不平稳，则其基本特征是倒挡或一挡起步时，车身抖动，其他挡位起步时车身抖动反而减轻。其他原因引起的离合器接合不平稳，则往往与此相反。

4.2.2 变速器检修

变速器是汽车传动系统的一个重要部件，其功用主要有以下几方面。

（1）实现变速、变矩　也就是改变发动机的转矩、转速特性，使发动机的转矩增大、转速降低，以适应汽车实际行驶的要求。在变速器中，一般通过不同的挡位来实现这一功用。

（2）实现倒车　发动机的旋转方向，从前往后看的话为顺时针方向，并且不能改变，为了实现汽车的倒向行驶，变速器中设置了倒挡。

（3）实现中断动力传动　在发动机启动和怠速运转、变速器换挡、汽车滑行和暂时停车等情况下，均需要中断发动机的动力传动，故变速器中设有空挡。

变速器出现故障，将造成汽车挂挡困难、无法挂挡、乱挡、异响，甚至无法行驶等现象。

4.2.2.1 变速器跳挡

汽车在加速、减速、爬坡或者剧烈振动时，变速杆自动跳回空挡位置。

变速器跳挡的故障原因如图 4-34 所示。

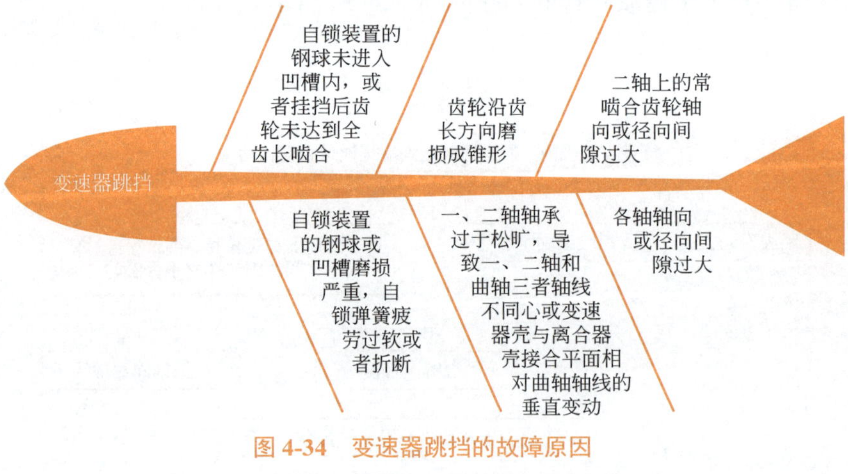

图 4-34　变速器跳挡的故障原因

诊断变速器跳挡故障，首先应确知跳挡挡位：发动机达到正常温度后，采用连续加速、减速的方法，逐挡进行路试便可确定。

变速器跳挡故障诊断与排除如图 4-35 所示。

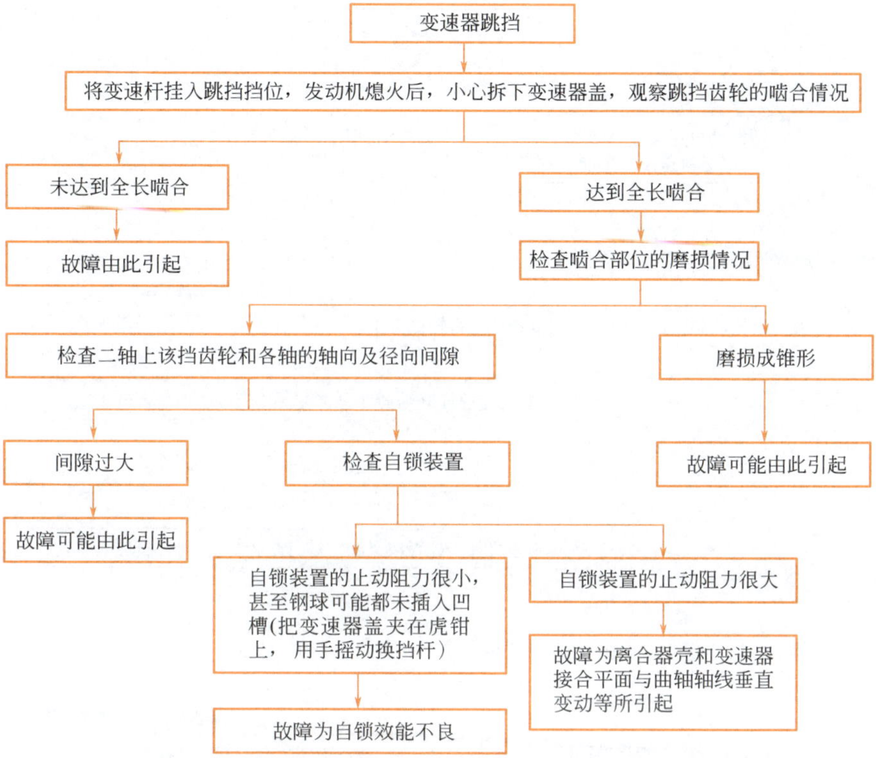

图 4-35　变速器跳挡故障诊断与排除

4.2.2.2　变速器挂挡困难

变速器挂挡困难的故障现象为：汽车挂挡阻力大；汽车挂不上挡。

变速器挂挡困难的故障原因如图 4-36 所示。

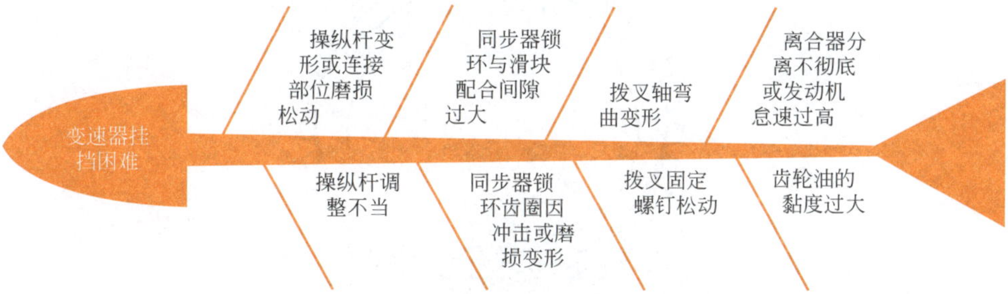

图 4-36　变速器挂挡困难的故障原因

变速器挂挡困难故障诊断与排除如图 4-37 所示。

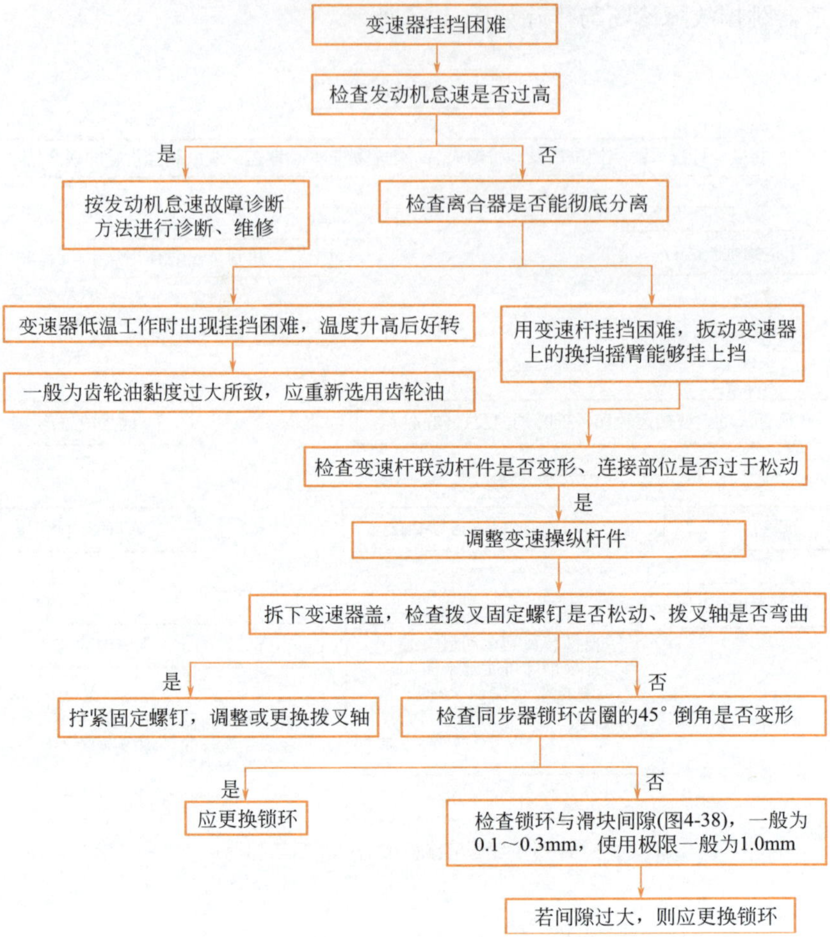

图 4-37 变速器挂挡困难故障诊断与排除

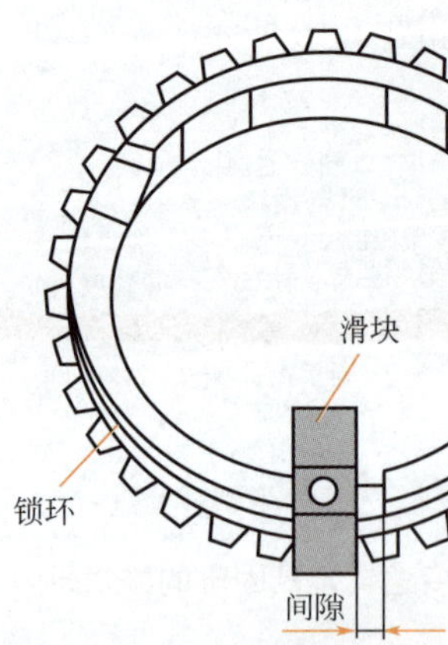

图 4-38 锁环与滑块间隙

4.2.2.3　变速器乱挡

离合器技术状况正常，变速杆不能挂入所需要的挡位、挂上挡后不能退挡或一次挂入两个挡位。

变速器乱挡的故障原因主要有：互锁装置各机件磨损严重，失效；变速杆下端拨头或导块拨槽严重磨损；变速杆定位松动或球节严重磨损松旷；互锁装置失效。

变速器乱挡故障诊断与排除如图 4-39 所示。

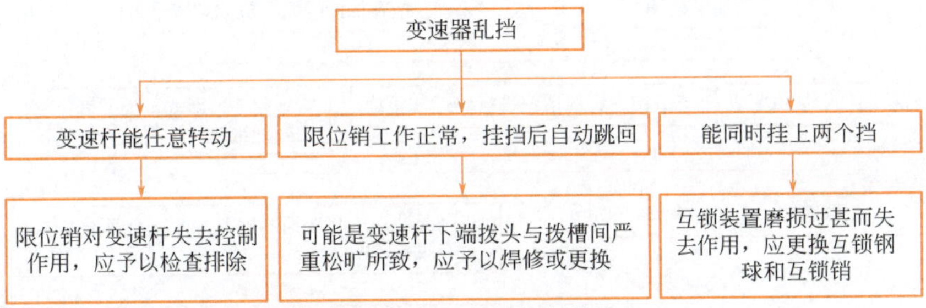

图 4-39　变速器乱挡故障诊断与排除

4.2.2.4　变速器漏油

变速器内的润滑油从变速器盖，前、后轴承盖，或其他部位渗漏出来。

变速器漏油的故障原因如图 4-40 所示。

图 4-40　变速器漏油的故障原因

变速器漏油故障诊断与排除如图 4-41 所示。

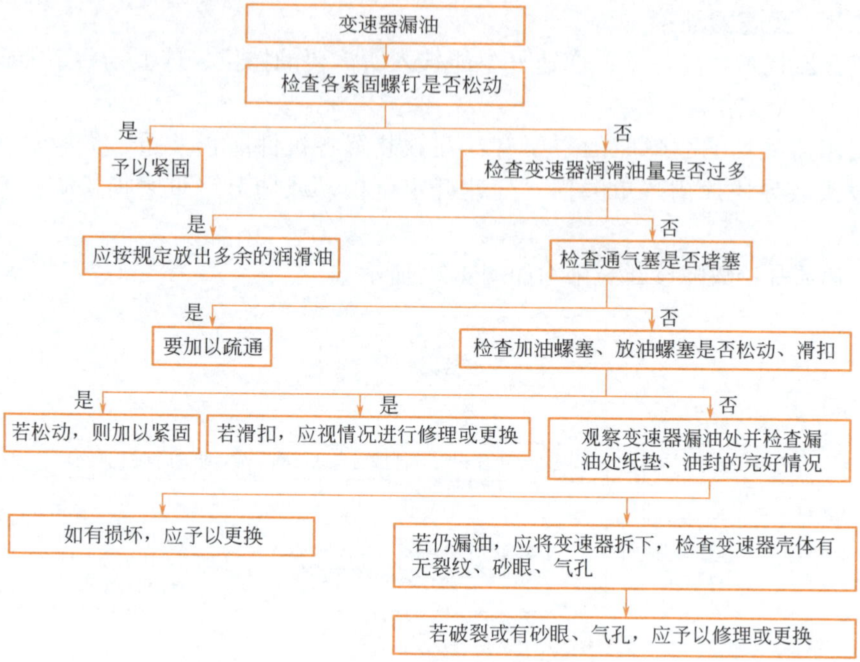

图 4-41　变速器漏油故障诊断与排除

4.2.3　自动变速器检修

自动变速器实现了汽车驾驶中离合器的操纵与变速器的操纵的自动化，如图 4-42 所示为丰田 A341E 自动变速器检修。目前，自动变速器的自动换挡等过程，均是由自动变速器的电子控制单元控制的。

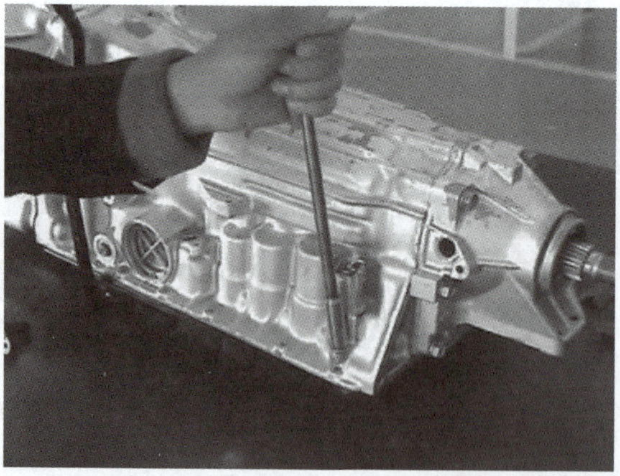

图 4-42　丰田 A341E 自动变速器检修

自动变速器出现故障，将造成汽车打滑、不能行驶、无倒挡、跳挡、无前进挡等现象。

4.2.3.1　自动变速器油面高度检查

在对自动变速器进行检查前或故障诊断前，首先应对自动变速器油（ATF）的油面高度进行检查，通常在车辆行驶 1 万千米后检查油液面。自动变速器油面检查的具体方法如图 4-43 所示。

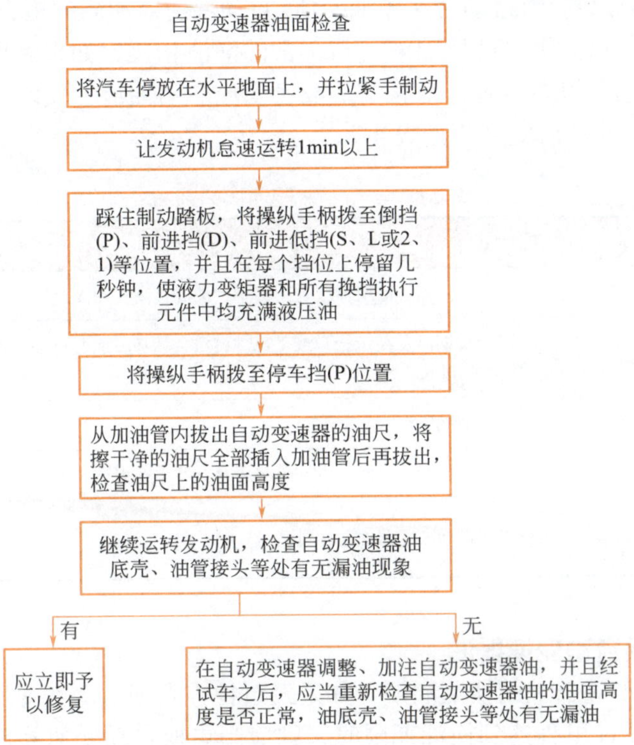

图 4-43　自动变速器油面检查的具体方法

自动变速器油油面高度的标准是：如果自动变速器处于冷态（即冷车刚刚启动，自动变速器油的温度较低，为室温或低于 25℃时），自动变速器油油面高度应当在油尺刻线的下限（COOL）附近；如果自动变速器处于热态（如低速行驶 5min 以上，自动变速器油温度已达 70 ～ 80℃），自动变速器油面高度应当在油尺刻线的上限（HOT）附近（图 4-44）。这主要是因为低温时自动变速器油的黏度大，运转时有较多的自动变速器油附着在行星齿轮等零件上，所以油面高度较低；而高温时自动变速器油黏度小，容易流回油底壳，因此，油面较高。

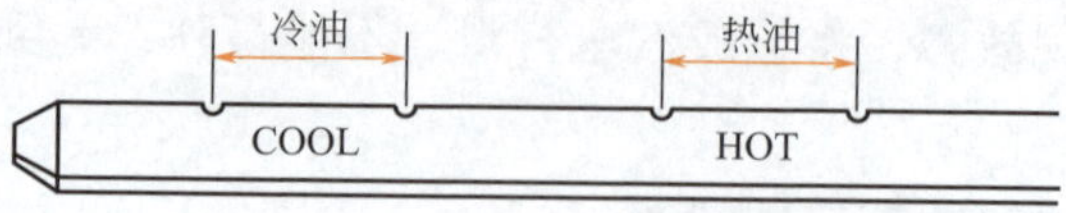

图 4-44　自动变速器油尺标示

4.2.3.2　自动变速器油质检查

正常的自动变速器油液清澈略带红色，并且无异味。由于长期使用或在变速器有故障时，通常会导致自动变速器油变质。自动变速器油质的检查一般通过黏度、气味、颜色来辨别。用手搓捻油液，与正常的油液相比，如果黏度过大、过小或有发涩的感觉、有焦煳味时，则表明油液已变质。当油液变质时，则应及时更换新油。自动变速器油质的判断见表 4-7。

表 4-7　自动变速器油质的判断

油液变质现象	油液变质原因
油液有焦煳味	冷却器、滤清器或管路堵塞，油温过高、油面过低
深褐色、棕色	长期高负荷运行，或某部件打滑、损坏，引起自动变速器过热；油液使用时间过长
颜色发白，浑浊	油液中混入水分
油液中出现固体残渣	离合器片、制动带和单向离合器严重磨损
黑色、黏稠、油尺上有胶质油膏	自动变速器油温度过高

4.2.3.3　更换自动变速器油

（1）自动变速器油的换油周期　如果经过检查发现自动变速器油已经变质，或者汽车行驶累计里程达到换油期限时，则应当更换自动变速器油。自动变速器的换油里程一般为 60000km，少数车型规定为 40000km，具体的换油间隔里程，一般可以在汽车生产厂家提供的维护保养手册中查询。

（2）自动变速器油的放出　放出自动变速器油时，应当在变速器处于正常工作温度的热状态下进行，以便降低油的黏度，确保油内杂质和沉淀物随油一起排出。在放油时，应当将汽车停放在水平地面，发动机处于熄火状态，变速操纵手柄置入 P（停车）挡位置，并且拉紧驻车制动手柄。拧下自动变速器油底壳的放油螺塞，便可放出变速器壳体内的油液。在放出废油后，可以拆下自动变速器油底壳，清洗油底壳和滤网，然后安装复原油底壳和放油螺塞。

（3）自动变速器油的选用与加注

① 自动变速器油的选用。自动变速器油不允许混用和错用，否则会影响变速

器的正常工作，缩短变速器的使用寿命。自动变速器油的型号比较多，各国的用油规定也有所不同，一般应当按照汽车使用说明书的规定选用。我国的自动变速器油，按照其 100℃ 运动黏度分为 6#、8# 两种规格，其中 6# 自动变速器油一般用于内燃机车或载货汽车的液力变矩器，8# 自动变速器油一般用于各种轿车、轻型客车的液力自动变速器。

② 自动变速器油的加注。从加油孔注入自动变速器油达到规定的油面高度。启动发动机，在发动机怠速运转情况下，移动变速操纵杆经过所有挡位，最后再回到 P 挡，使自动变速器油迅速升温。再次检查油面高度，并且向自动变速器内注油，达到规定的油面高度。

4.2.3.4　自动变速器打滑

自动变速器打滑的故障现象主要是：汽车起步时，踩下加速踏板，发动机转速升高很快，但车速升高却缓慢；汽车行驶中，踩下加速踏板加速时，发动机转速升高，但车速没有很快提高；汽车平路行驶基本正常，但是上坡无力，且发动机转速很高。

打滑是自动变速器最常见的故障之一，虽然自动变速器打滑一般都伴有离合器或制动器摩擦片严重磨损甚至烧蚀等现象，但如果只是简单地更换磨损的摩擦片，而没有找出打滑的真正原因，则会使维修后的自动变速器在使用一段时间后又出现打滑现象。自动变速器打滑的故障原因如图 4-45 所示。对于出现打滑的自动变速器，不要急于拆卸分解，应当先做各种检查测试，以找出造成打滑的真正原因。

自动变速器打滑故障诊断与排除如图 4-46 所示。

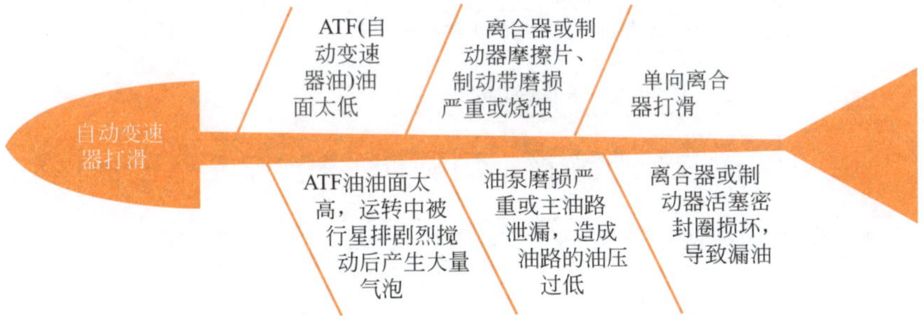

图 4-45　自动变速器打滑的故障原因

4.2.3.5　配有自动变速器的车辆不能行驶

故障表现为无论操纵手柄放在哪个位置，汽车都不能行驶；冷车时，可以行驶一段路程，热车后汽车便不能行驶。

故障原因主要有：自动变速器无润滑油；选挡杆与手动阀之间的连接松动，手动阀保持在空挡位置；油泵进油滤网堵塞；主油路堵塞严重。

配有自动变速器的车辆不能行驶故障诊断与排除如图 4-47 所示。

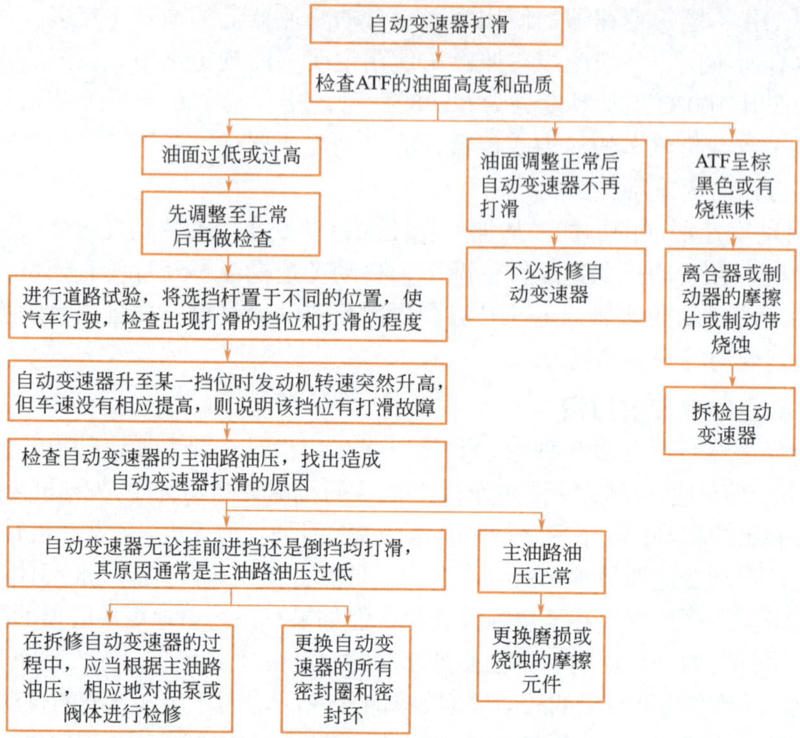

图 4-46　自动变速器打滑故障诊断与排除

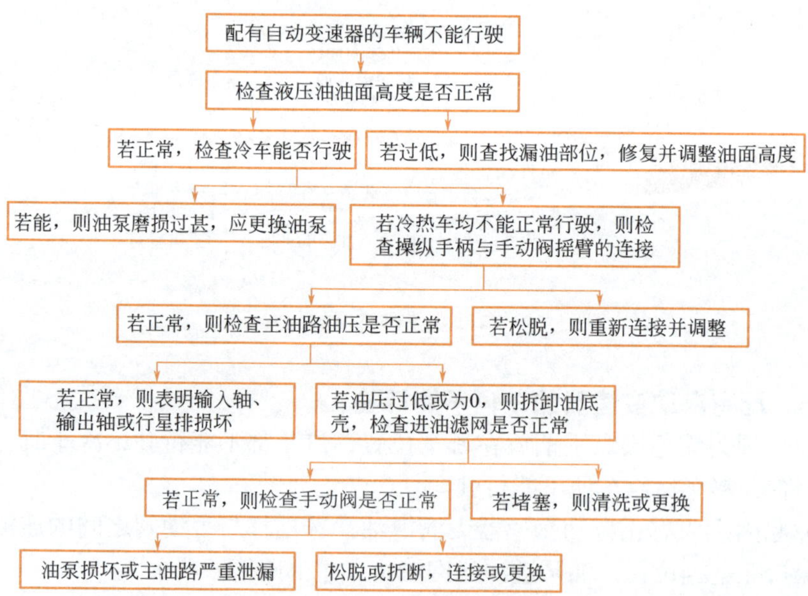

图 4-47　配有自动变速器的车辆不能行驶故障诊断与排除

4.2.3.6　自动变速器换挡冲击过大

自动变速器换挡冲击过大表现为汽车在起步时，选挡杆由P位或N位置于D位或R位时，汽车振动较严重。汽车行驶中，在自动变速器升挡的瞬间汽车有较明显的闯动。

导致自动变速器换挡冲击大的原因一般有很多，但其主要原因在于调整不当，机构元件性能下降或损坏，电子控制系统有故障，具体故障原因如图4-48所示。

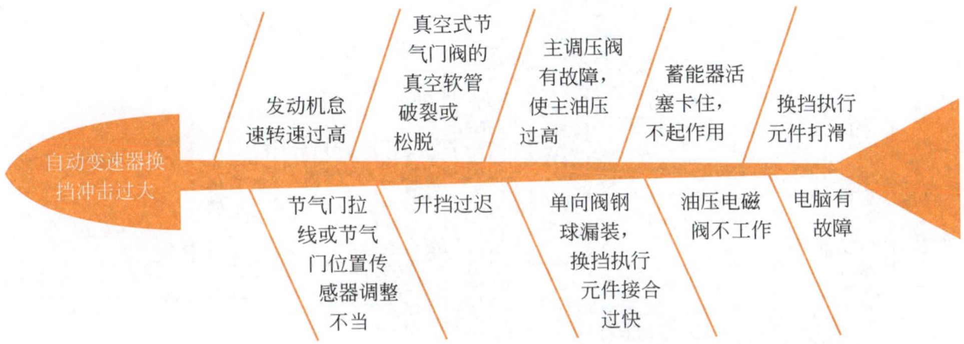

图4-48　自动变速器换挡冲击过大的故障原因

由于引起换挡冲击过大故障的原因较多，因此在诊断故障的过程中，必须循序渐进，对自动变速器的各个部分进行认真检查。一定要在全面检测的基础上，有针对性地进行分解修理，不可以盲目拆修。总之，故障如果是由于调整不当所造成的，则只要稍做调整即可排除；如果是自动变速器内部控制阀、蓄能器或换挡执行元件有故障，则应当分解自动变速器，予以修理；如果是电子控制系统有故障，则应当对电子控制系统进行检测，找出具体原因，加以排除。具体的故障诊断与排除步骤如图4-49所示。

4.2.3.7　自动变速器无倒挡

汽车在前进挡能正常行驶，但是在倒挡不能行驶。

自动变速器无倒挡的故障原因主要有：选挡杆调整不当；倒挡油路泄漏；倒挡及高挡离合器或者低挡及倒挡制动器打滑。

自动变速器无倒挡故障诊断与排除如图4-50所示。

4.2.3.8　自动变速器跳挡

汽车以前进挡行驶时，即使加速踏板保持不动，变速器仍然会经常出现突然降挡的现象，降挡后发动机转速异常升高，并且产生换挡冲击。

自动变速器跳挡的故障原因如图4-51所示。

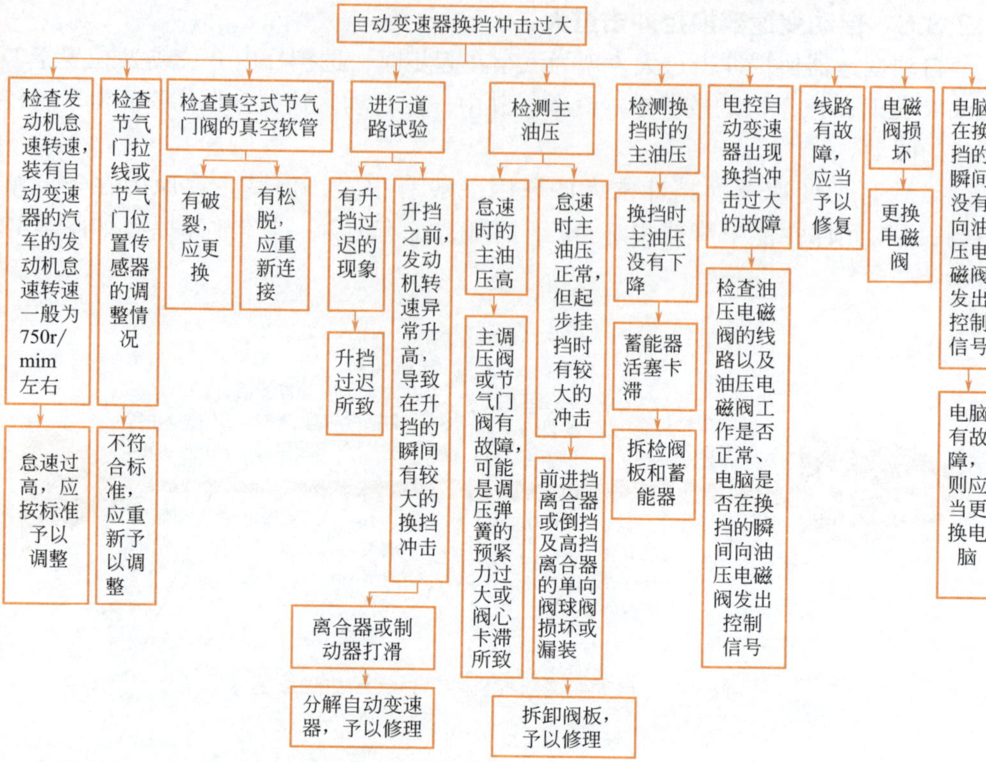

图 4-49　自动变速器换挡冲击过大故障诊断与排除

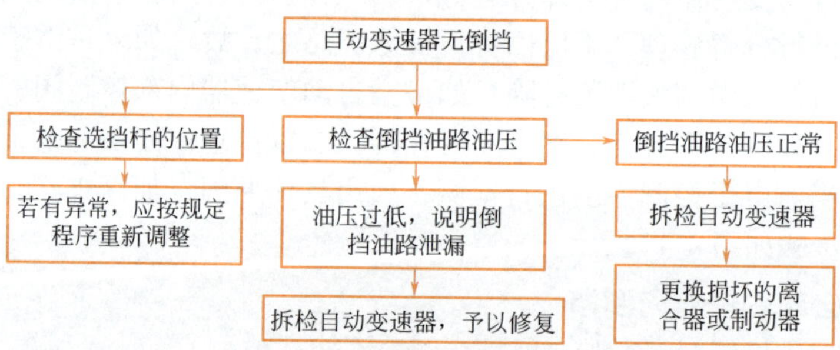

图 4-50　自动变速器无倒挡故障诊断与排除

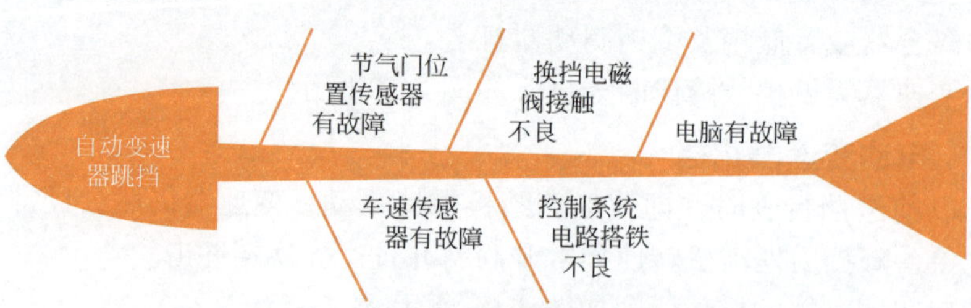

图 4-51　自动变速器跳挡的故障原因

自动变速器跳挡故障诊断与排除如图 4-52 所示。

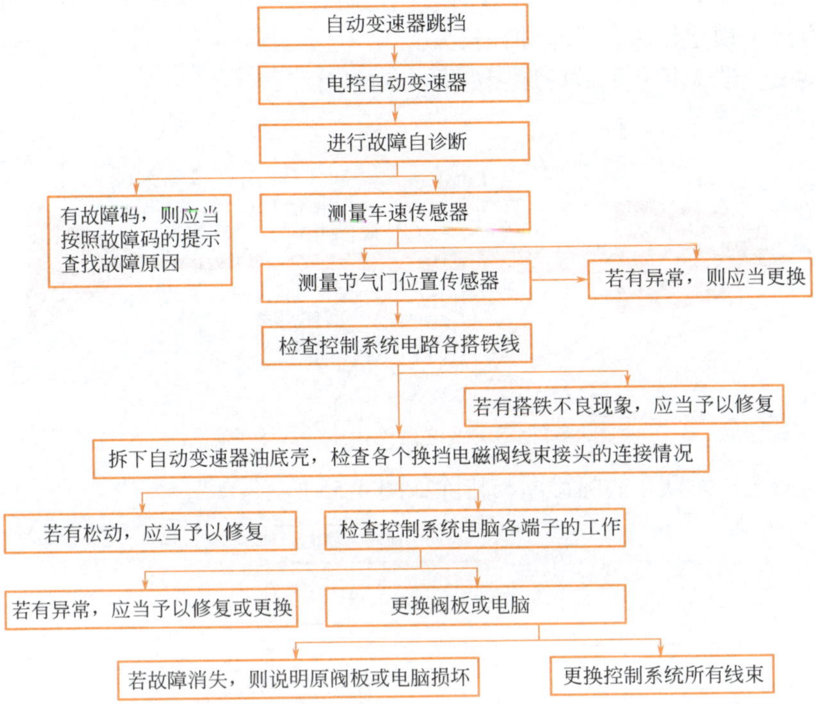

图 4-52　自动变速器跳挡故障诊断与排除

4.2.3.9　自动变速器无前进挡

自动变速器无前进挡故障表现为汽车倒挡行驶正常，挂前进挡时，不能行驶；选挡杆在 D 位时，不能起步，在 2 位、L 位时可以起步。

自动变速器无前进挡的故障原因主要有：前进挡离合器严重打滑；前进挡离合器油路严重泄漏；前进挡单向离合器打滑或装反；选挡杆调整不当。

自动变速器无前进挡故障诊断与排除如图 4-53 所示。

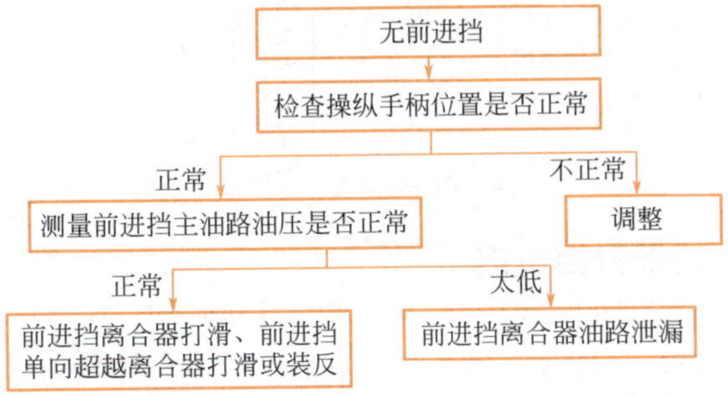

图 4-53　自动变速器无前进挡故障诊断与排除

4.2.3.10 自动变速器无锁止

汽车行驶中，车速、挡位等已满足锁止离合器起作用的条件，但锁止离合器仍然没有产生锁止作用，汽车油耗较大。

自动变速器无锁止的故障原因如图 4-54 所示。

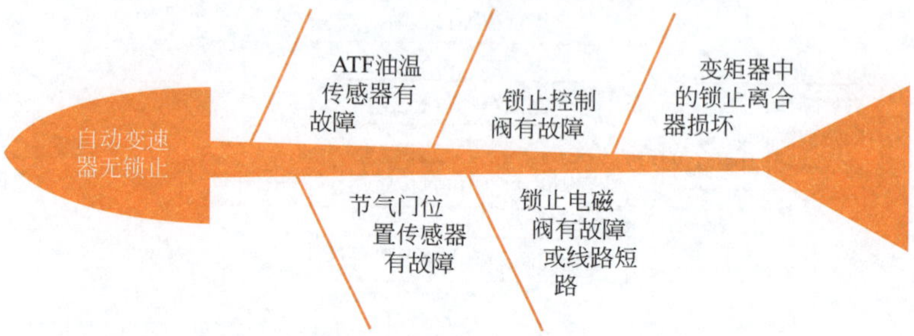

图 4-54 自动变速器无锁止的故障原因

自动变速器无锁止故障诊断与排除如图 4-55 所示。

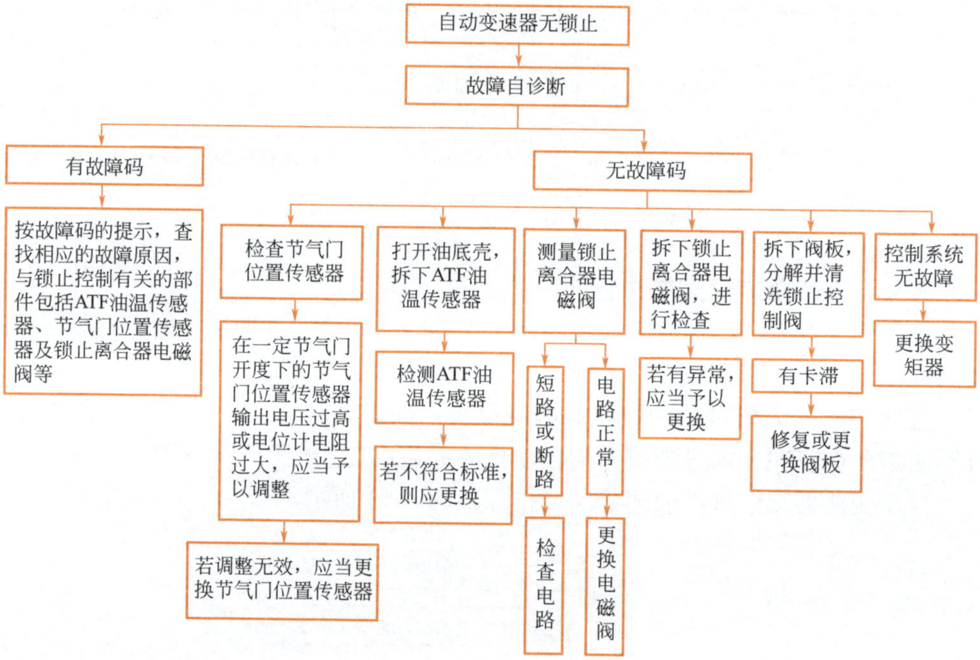

图 4-55 自动变速器无锁止故障诊断与排除

4.2.3.11 自动变速器升挡过迟

自动变速器升挡过迟的故障表现为：汽车行驶过程中，升挡车速明显高于标准值，升挡前发动机转速偏高；须采用“松油门”提前升挡的操作方法，才能使自动变速器升入高挡或超速挡。

自动变速器升挡过迟的故障原因如图 4-56 所示。

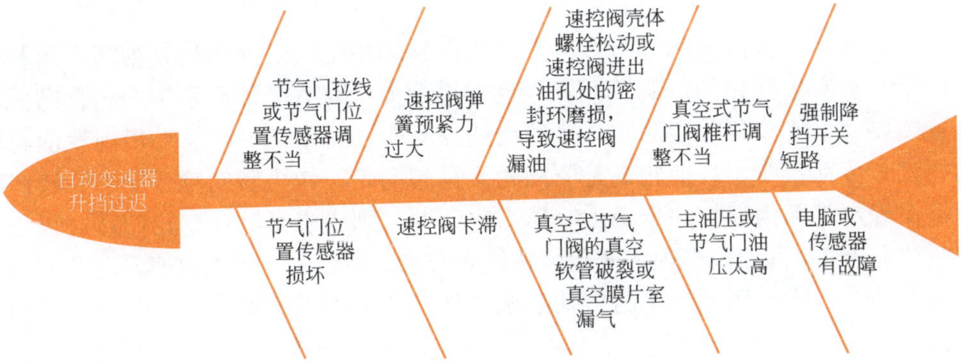

图 4-56　自动变速器升挡过迟的故障原因

自动变速器升挡过迟故障诊断与排除如图 4-57 所示。

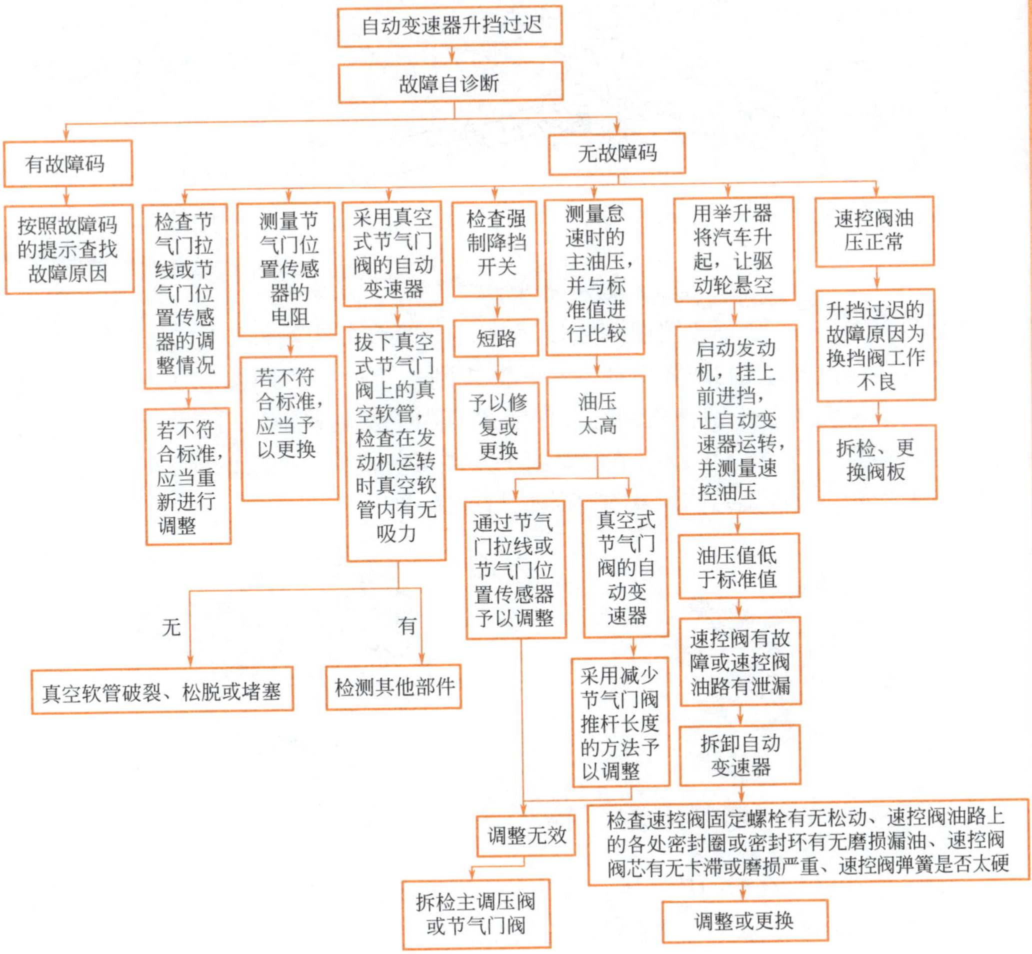

图 4-57　自动变速器升挡过迟故障诊断与排除

4.2.4 万向传动装置检修

万向传动装置由传动轴与万向节组成，其作用主要是连接具有轴间夹角和相对位置经常发生变化的两旋转轴，并且传递动力。在汽车传动系统中，万向传动装置主要用于发动机前置后驱汽车的变速器与驱动桥之间。在发动机前置前轮驱动的汽车传动系统中，前轮既是驱动轮又是转向轮，作为转向轮，要求在转向时能够在规定范围内偏转一定角度；作为驱动轮，则要求半轴在车轮偏转过程中不间断动力传递。所以，半轴不能制成整体而必须分段，中间用等角速万向节连接。万向传动装置除了用于汽车的传动系统之外，还可以用于动力输出装置、转向操纵机构等。

对于传动距离较远的分段式传动轴，为了提高传动轴的刚度，万向传动装置一般还设置有中间支承，如图 4-58 所示。

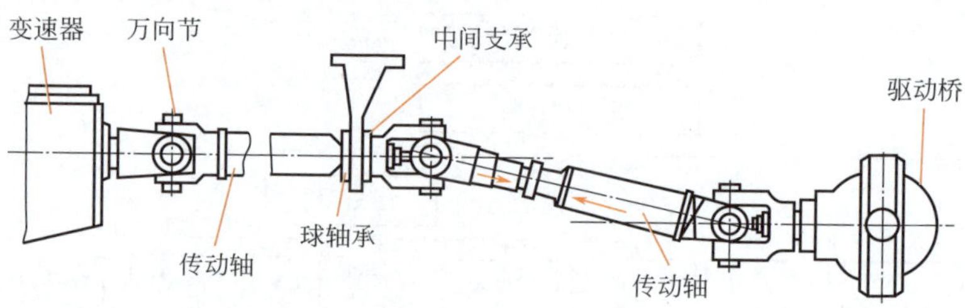

图 4-58 万向传动装置的组成

（1）万向节　万向节按照其刚度大小，一般可分为刚性万向节与柔性万向节。目前，在汽车上应用较多的是十字轴式刚性万向节（图 4-59）与等角速度万向节（图 4-60）。十字轴式刚性万向节主要用于发动机前置后轮驱动的变速器与驱动桥之间，而等角速度万向节主要用于发动机前置前轮驱动的内、外半轴之间。等角速度万向节的常见结构形式有球笼式与球叉式。

图 4-59 十字轴式刚性万向节

图 4-60 等角速度万向节

（2）传动轴　汽车的传动轴是连接两个万向节传递转矩的刚性杆件。为了充分利用传动轴材料，保证其具有足够的强度及刚度，传动轴一般由 1.5 ～ 3mm 的钢板材料制成空心状。在转向驱动桥与断开式驱动桥上，为节约空间，一般将传动轴制成实心轴。

（3）中间支承　随着汽车传动轴长度的增加，其自振频率降低，容易导致传动轴产生共振，所以当实际使用中汽车传动轴过长时，一般将传动轴分成 2 段或者 3 段，并且以中间支承加以固定。中间支承一般安装在汽车车架横梁上，它应当能够补偿传动轴轴向和角度上的安装误差以及车架变形引起的干涉。

4.2.4.1　检修万向节

（1）万向节的分解　先拆除万向节轴承盖板或者卡簧，然后用手推出十字轴滚针轴承，取出十字轴。如果滚针轴承套筒与万向节叉座孔配合较紧，可以按照如图 4-61 所示的方法，用手锤敲击万向节叉，将轴承套筒振出。

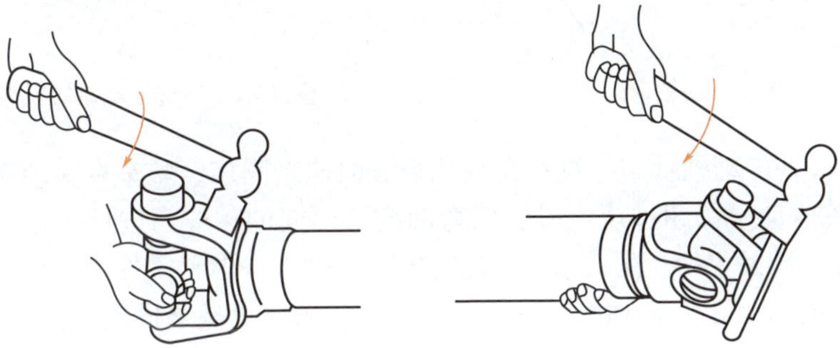

图 4-61　拆卸轴承套筒

（2）万向节的检查　若十字轴出现斑脱、压痕或裂纹，应当更换。若十字轴轴颈与滚针轴承配合间隙大于 0.20mm，或者轴承套筒有裂纹，也应当更换。

4.2.4.2　检修中间支承

如图 4-62 所示，检查中间支承的橡胶垫环是否开裂、油封磨损是否过甚而失效、轴承松旷或内孔磨损是否严重，如果出现上述缺陷，均应当更换新的中间支承。中间支承轴承经过使用磨损后，应当及时检查和调整，以便恢复其良好的技术状况。

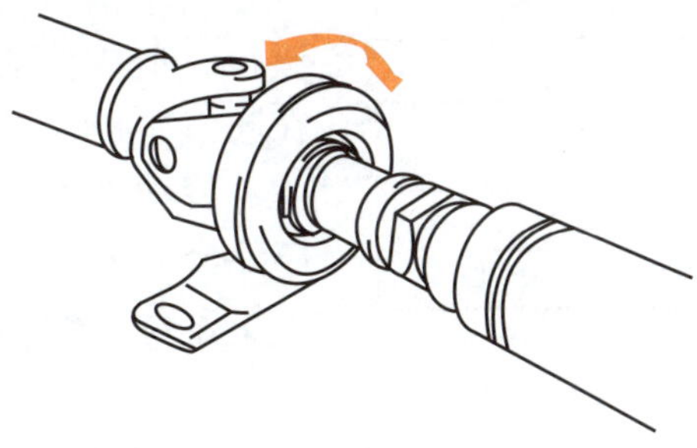

图 4-62　检查中间支承

4.2.4.3 检修传动轴

（1）检查传动轴弯曲　用专用工具百分表和百分表固定座检查传动轴弯曲，如图 4-63 所示，弯曲限度在 0.5mm 以下。如果超过该值，应当到专业厂进行校正，并需经动平衡校正或更换传动轴。

（2）检查传动轴轴颈轴向侧隙　用塞尺检查传动轴轴颈轴向侧隙，如图 4-64 所示，应符合标准值。如果超过极限，应当进行校正或更换。

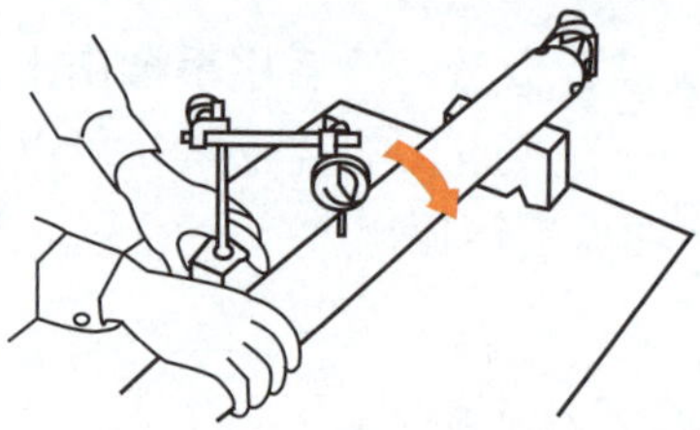

图 4-63　检查传动轴弯曲

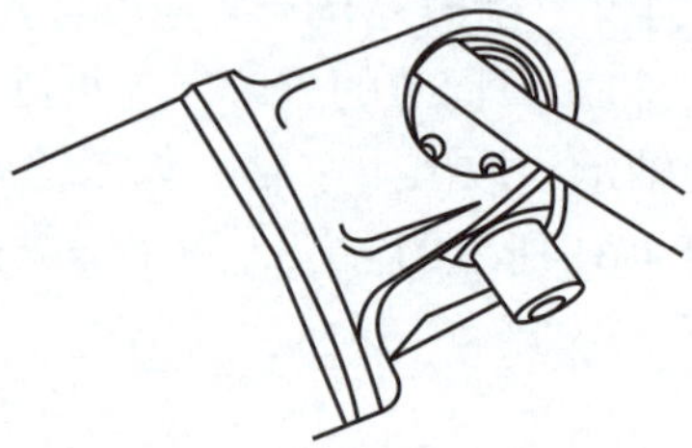

图 4-64　检查传动轴轴颈轴向侧隙

（3）检查传动轴噪声　汽车在高速行驶时出现噪声，整车有抖动感觉，一般是传动轴总成动平衡超过规定或者已弯曲变形引起的。应当进行校正，并且需经动平衡校正，或是更换。在低速或变速时出现的噪声一般是零件磨损松动引起的。如果滑动叉花键、十字轴和滚针轴承磨损严重，则应更换整根传动轴。

4.2.4.4 传动轴不平衡

在万向节与伸缩叉技术状况良好的情况下，汽车行驶中发出周期性的响声；速度越快，响声越大，甚至伴随有车身振动，握方向盘的手感觉麻木。

传动轴不平衡故障的可能原因主要有：传动轴弯曲或传动轴管凹陷；传动轴上的平衡块脱落；传动轴管与万向节叉焊接不正，或者传动轴未进行过动平衡试验和校准；伸缩叉安装错位，造成传动轴两端的万向节叉不在同一平面内，不满足等速传动条件。

传动轴不平衡故障诊断与排除如图 4-65 所示。

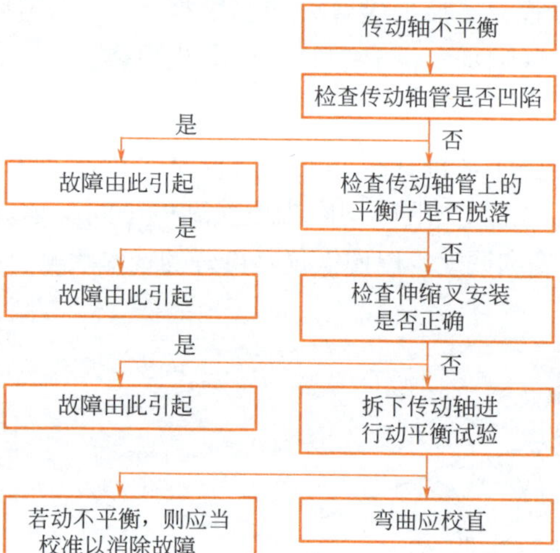

图 4-65　传动轴不平衡故障诊断与排除

4.2.4.5 汽车行驶中振动和发响

汽车起步和行驶过程中，减速或加速时有撞击响声；当汽车达到一定行驶速度时，车身出现抖动。

汽车行驶中振动和发响故障原因主要有：传动轴弯曲或平衡片脱落；传动轴两端的万向节叉未装配在同一平面；伸缩节、万向节、中间支承轴承磨损松旷；驱动桥主动轴松旷。

汽车行驶中振动和发响故障诊断与排除如图 4-66 所示。

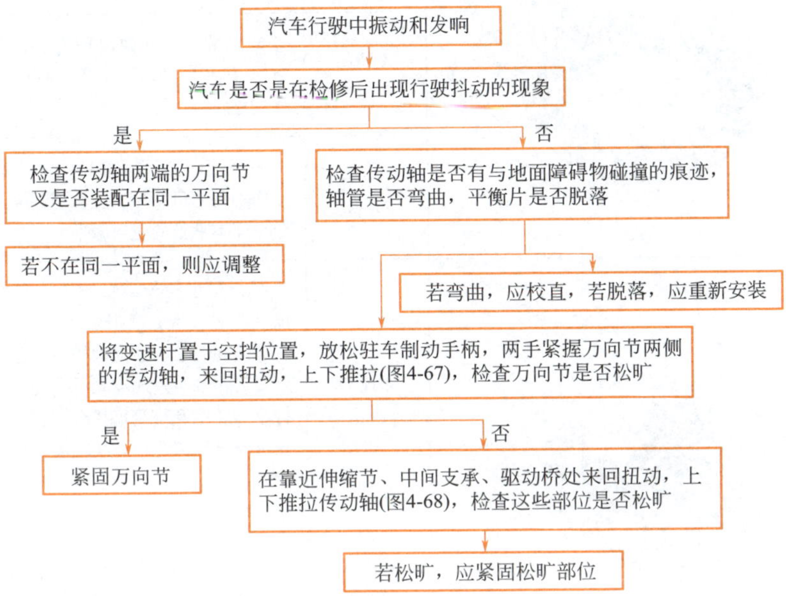

图 4-66　汽车行驶中振动和发响故障诊断与排除

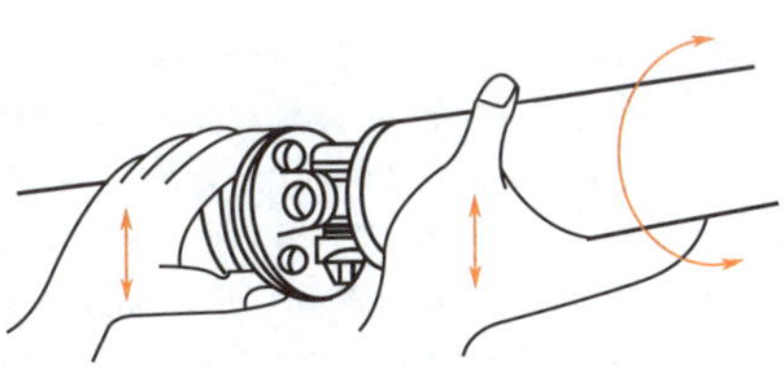

图 4-67　检查万向节松旷量

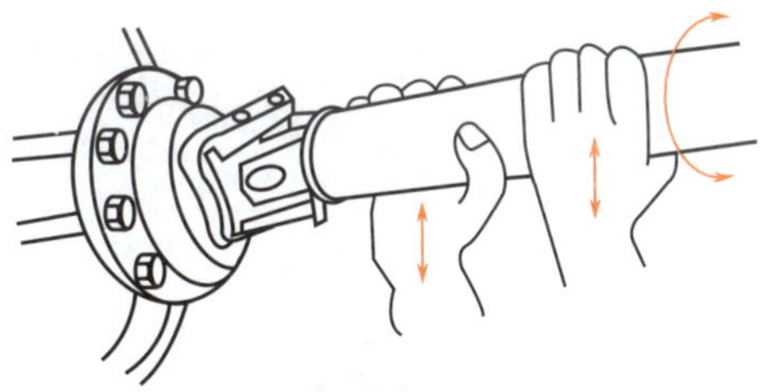

图 4-68　转动推拉传动轴

4.2.5　驱动桥检修

驱动桥的基本功用是将万向传动装置输入的动力传给驱动车轮。驱动桥主要由主减速器、差速器、半轴与桥壳等组成，在桥壳的两端轮毂上，装有驱动车轮。万向传动装置把动力首先传给主减速器的一对锥齿轮，再由差速器分配给左、右两半轴，最后由半轴传到驱动轮上。在传力过程中，同时实现了降速、增矩、换向与差速的作用。驱动桥构成与检修见表 4-8。

表 4-8　驱动桥构成与检修

部分	图示	检修	
主减速器		主减速器齿轮	如果齿轮齿面出现斑脱、缺损、阶梯形磨损，应当更换。主减速器的锥齿轮需要换新时，应当成对更换
		主减速器轴承	如果轴承工作面出现斑点、斑脱，应当更换。轴承座圈与其座孔或轴颈之间的配合，严禁松转
		主减速器壳	主减速器壳不应有裂纹，各螺孔螺纹的损伤不得超过 2 牙。主减速器壳与桥壳的接合平面不平整的应当修平
差速器	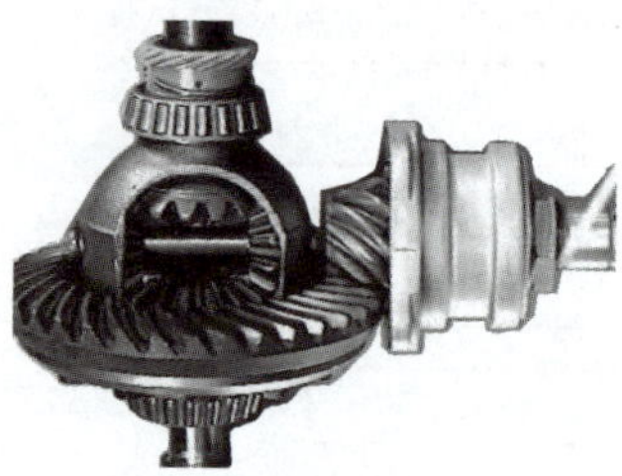	差速器齿轮	当行星齿轮与半轴齿轮出现裂纹、齿面出现斑脱、齿面磨损量超过 0.30mm、齿轮背面出现明显的磨损沟槽时，应当更换。当行星齿轮轴与差速器壳承孔配合松动，或与行星齿轮内孔配合间隙超过 0.30mm 时，应当更换行星齿轮轴。半轴齿轮与差速器壳的间隙应为 0.10 ～ 0.30mm，否则应当更换齿轮止推垫片
		差速器轴承	当差速器支撑轴承工作面出现斑点及斑脱、轴承座圈与壳体配合松动时，应当更换
		差速器壳	当差速器壳出现裂纹、轴承轴颈与轴承配合松动时，应当更换
半轴		应当对半轴进行隐伤检查，不得有任何形式的裂纹存在；半轴花键应当无明显的扭转变形；半轴花键的侧隙增大量较原厂规定不得大于 0.5mm。以半轴轴线为基准，要求半轴中段未加工圆柱体的径向圆跳动误差不得大于 1.3mm；半轴凸缘内侧的端面圆跳动误差不得大于 0.15mm；花键外圆柱面的径向圆跳动误差不得大于 0.25mm。径向圆跳动超限，应当进行冷压校正；端面圆跳动超限，可车削端面进行修正 对于前轮驱动汽车的半轴总成（带两侧等角速度万向节），还应当进行以下作业内容 ①外端球笼万向节用手感检查应当无径向间隙，否则应当予以更换 ②内侧三叉式万向节可以沿轴向滑动，但是应无明显的径向间隙感，否则应当换新 ③检查防尘套是否有老化破裂，卡箍是否有效可靠。如果失效，应当换新	

续表

部分	图示	检修
桥壳	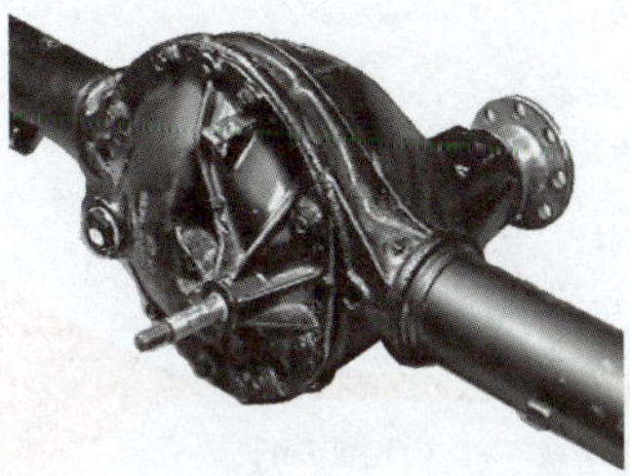	①桥壳与半轴套管严禁有裂纹存在，半轴套管应当进行探伤处理。各部螺纹损伤不得超过 2 牙。钢板弹簧座定位孔的磨损不得大于 1.5mm，超限时应当先进行补焊，然后按照原位置重新钻孔 ②整体式桥壳以半轴套管的两内端轴颈的公共轴线为基准，当两外轴颈的径向圆跳动误差超过 0.30mm 时，应当进行校正，校正后的径向圆跳动误差不得大于 0.08mm ③分段式桥壳以桥壳的接合圆柱面、接合平面及另一端内锥面为基准，当轮毂的内外轴颈的径向圆跳动误差超过 0.25mm 时，应当进行校正，校正后的径向圆跳动误差不得大于 0.08mm ④桥壳承孔与半轴套管的配合及伸出长度应当符合原厂规定，如果半轴套管承孔的磨损严重，则可以将座孔镗至修理尺寸，更换相应尺寸的半轴套管。滚动轴承与桥壳的配合应当符合原厂规定

4.2.5.1　驱动桥过热

行驶后刚刚停下的汽车，用手触摸驱动桥主减速器壳，可以明显感到烫手。

驱动桥过热故障的原因主要有：驱动桥润滑油不足、油液变质或者选用的齿轮油型号不符合要求；主减速器齿轮啮合间隙过小；主减速器滚锥轴承预紧度过大或者装配过紧。

驱动桥过热故障诊断与排除如图 4-69 所示。

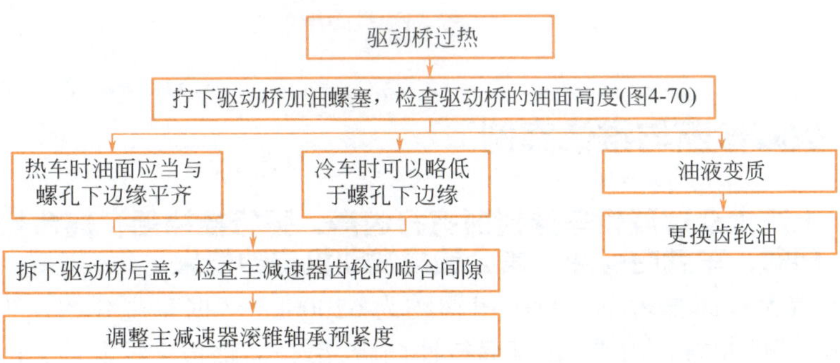

图 4-69　驱动桥过热故障诊断与排除

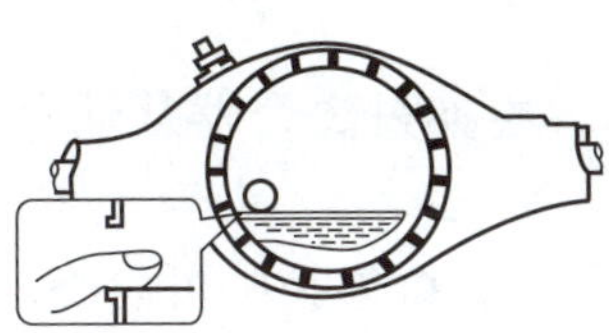

图 4-70　检查驱动桥的油面高度

4.2.5.2 驱动桥漏油

从驱动桥加油口、放油口螺塞处或者油封、各接合面处可以见到明显的漏油痕迹。

驱动桥漏油的故障原因如图 4-71 所示。驱动桥漏油故障维修方法如图 4-72 所示。

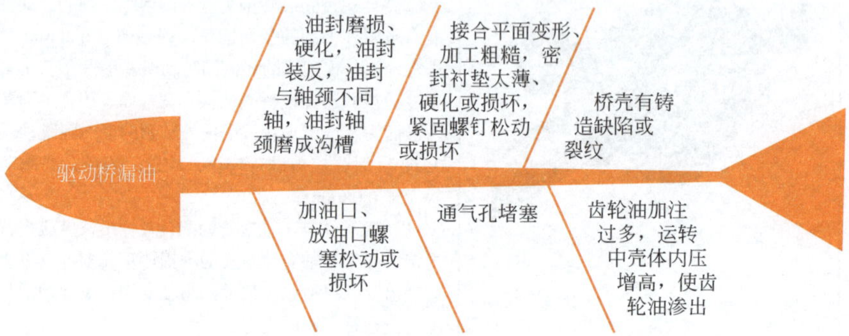

图 4-71 驱动桥漏油的故障原因

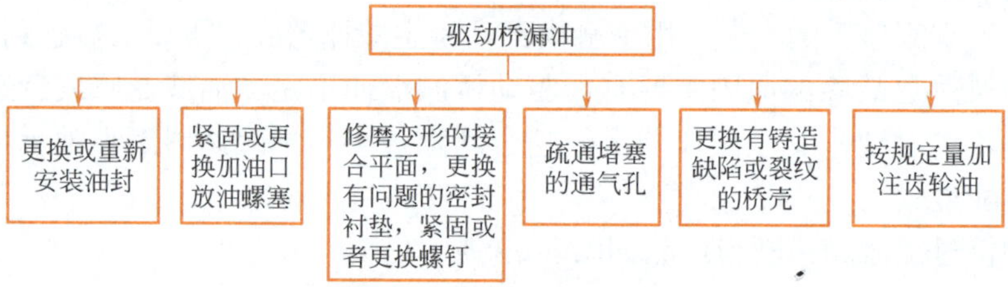

图 4-72 驱动桥漏油故障维修方法

4.2.6 故障诊断与维修案例

4.2.6.1 上汽大众速腾轿车挂挡时有打齿声，强行挂挡后，离合器踏板未抬起时，车就向前冲，常会造成发动机自动熄火

一汽上汽大众速腾轿车，行驶里程约为 62000km。据车主介绍，当完全踏下离合器踏板，挂挡时有打齿声，如果强行挂挡后，离合器踏板未抬起时，车就向前冲，而且常常会造成发动机自动熄火。

故障诊断与排除

① 根据车主反映，该车曾更换过离合器从动盘，更换后就出现了上述故障现象。

② 根据故障现象及车主所述，维修技师可以确定故障原因是离合器分离不彻底所致。

③ 当踩下离合器踏板时，离合器主、从动盘不能完全脱开，离合器从动盘与飞轮一起旋转，从而造成分离不彻底。

④ 首先抬下变速器，然后拆下离合器从动盘进行检查，发现该从动盘的摩擦片厚度过大，并且铆钉有的已经松动，因此怀疑离合器从动盘并非为原厂配件。更换原厂配件后，经车主试车，一切正常，故障排除。

4.2.6.2　丰田卡罗拉轿车抬起离合器踏板时，车身抖动严重，变换挡位时，离合器抖动

一汽丰田卡罗拉轿车，行驶里程约为 118000km。据车主介绍，车辆起步时踩下离合器踏板，当慢慢抬起离合器踏板时，车速提高不平稳，且车身严重抖动，直到离合器完全接合为止。在车辆行驶过程中变换挡位时，也能够感觉到出现离合器的抖动现象。

故障诊断与排除

这是离合器接触不良比较典型的现象。根据可能的故障原因，做出相应的检查。

① 首先，检查离合器踏板的自由行程，离合器踏板的自由行程正常。经过反复踩、抬离合器踏板，并没有发卡、迟滞现象，这就说明分离轴承进、退灵活，工作正常。

② 拆下变速器，检查变速器的输入轴花键，良好；检查离合器盖上的固定螺栓，也没有松动。

③ 拆下离合器压盘总成，从动盘上的膜片弹簧、扭转减振器、从动盘毂花键均正常，摩擦片厚度也合适。

④ 当用手前后扳动飞轮时，发现飞轮有轴向窜动现象。检查飞轮紧固螺栓，已经有松动。

⑤ 拆下飞轮固定螺栓，发现螺栓的螺纹已经损坏。询问车主得知，该车前段时间更换过曲轴后油封，可能在装配飞轮螺栓时，不小心损坏了螺纹，导致螺栓的紧固力矩不足，螺栓逐渐松动。

⑥ 更换新的飞轮螺栓，并且在螺纹上涂上密封胶后按规定力矩紧固飞轮螺栓。装复离合器、变速器后试车，离合器不再抖动，故障排除。

4.2.6.3　宝来轿车变速器挂 4 挡，挂得上挡，却挂不住挡

一辆宝来轿车，行驶里程约为 70000km。据车主介绍，该车在运行中挂入 4 挡，很快跳挡，即挂得上挡，却挂不住挡。

故障诊断与排除

分析造成该车 4 挡跳挡的原因主要有以下几方面。

① 同步器与 4 挡齿轮锥齿磨损严重，或者磨损成锥形，自动滑出。

② 拨叉变形，端部磨损，固定螺钉出现松动。

③ 换挡杆钢球槽磨损或弹簧折断。

④ 输入轴和输出轴轴承孔磨损或轴承损坏。

⑤ 发动机振动。

同步环锥体或同步齿轮轴向间隙大，齿轮轴向窜动。

经过挂挡检查，手感挂挡间隙不大，而且发动机运转正常，变速器处也无振感，初步可排除②～⑤方面的原因。

为了进一步查找故障部位，对变速器进行分解检查。目测换挡拨叉及换挡定位杆部件均良好，无故障迹象。分解4挡从动齿轮，对4挡同步器进行检查，4挡从动齿轮及4挡锥齿磨损并不严重，锥齿与同步环能够啮合，但是同步环和同步齿轮之间的轴向间隙已达到0.8mm，已经超过了极限值（0.5mm）。

经过仔细观察后发现，轴向间隙过大是由固定卡环及环槽磨损造成的，这便是4挡跳挡的故障原因。更换加厚固定卡环或更换同步齿轮，使同步器的轴向间隙为零。重新装配后，故障排除。

维修提示

通过分析故障原因可以得知，该车是由于卡环和环槽的磨损，从而造成同步环与齿轮接触面处出现间隙，使同步环轴向窜动，处于接合状况中的同步环从同步器中滑脱出，导致跳挡。

4.2.6.4 捷达轿车变速杆被锁死，自动变速器挂不上挡

一辆捷达轿车，行驶里程约1.6万千米。据车主介绍，早晨准备用车时，打开点火开关，发动机正常启动，踩下制动踏板，拨动自动变速器变速杆挂前进D挡时，变速杆被锁死，自动变速器挂不上挡。

故障诊断与排除

该车装备01M型4挡电控液压自动变速器，这种变速器的变速杆锁止机构只有在下列条件下才可以使电磁铁释放变速杆，挡位锁止才能够被解除：一个是来自点火开关的电磁铁供电正常；另一个是制动信号首先传至变速器控制单元（ECU），再由变速器控制单元控制电磁铁接地正常。

① 变速杆锁止电磁铁N110位于变速杆上面，电磁铁与点火系统接通，可以防止变速杆滑到其他挡位。对该车01M型4挡电控液压自动变速器做如表4-9所示的相关检查。

表 4-9　检查 01M 型 4 挡电控液压自动变速器

检查项目	检查内容
检查供电情况	将点火开关转至 ON 位置，用万用表的电压挡测量变速器锁止电磁铁供电（上端）情况，这时应有 12V 的电压，否则检查供电电路
检查搭铁情况	将点火开关转至 ON 位置，将电磁铁搭铁线（下端）搭铁，电磁铁应当释放变速杆，否则应当检查电磁铁本身是否正常
检查自动变速器电子控制单元及其回路	如果供电情况和搭铁情况都正常，则说明变速器控制单元及其回路不能正确控制挡位锁止电磁铁工作。然后进一步检查踩制动踏板时，变速器控制单元 15 号端子是否有电压信号，如果有信号，则说明变速器电子控制单元有故障；如果没有信号，则检查控制电路中从中央继电器盒至变速器电子控制单元间的电路，这里有熔丝、倒车灯开关等易损件，容易发生故障

② 针对该自动变速器的故障现象，首先采用专用工具故障阅读仪 VAG1551 读取控制单元的故障码，无故障码输出。

③ 检查整个变速杆锁止电路，发现制动时没有制动信号。

④ 进一步检查，维修技师发现制动线路中的熔丝烧断。更换熔丝后重新试车，变速器变速杆能够拨动到任一挡位，车辆能够顺利起步行车，故障排除。

维修提示

通过维修该车，可以得到一个启示：该车制动信号断路，踩制动踏板时也没有信号传至变速器电子控制单元，相当于没有踩制动踏板，这就提示我们一个诊断变速杆被锁死故障的简单方法，即踩制动踏板时看一下制动灯是否点亮，如果制动灯不亮，就说明制动线路有故障。

4.2.6.5　帕萨特轿车自动变速器没有高速挡

一辆帕萨特轿车，行驶里程约 3.95 万千米。车主介绍该车自动变速器的油底壳曾碰坏过，导致自动变速器油大量渗漏。修理之后试车，发现该车最高车速只能达到 110km/h 左右，与以前的最高车速 170km/h 相差很大。

故障诊断与排除

经过对该车的初步检查后，维修技师排除发动机存在故障的可能性，故障原因诊断为变速器有故障。根据高速挡的工作原理，分析引起没有高速挡的可能故障原因有：电磁阀 N89、N90、N91 存在故障或其控制油路堵塞，从而导致制动器 B2 不工作，大太阳轮不制动，或者是离合器 K3 不接合，无法驱动行星齿轮支架以及锁止离合器不接合，从而导致离合器打滑，发动机输出功率下降；制动器 B2 存在故障，大太阳轮不制动；变速器油泵磨损，间隙变大，油压低；锁止离合器打滑；自动变速器油面偏低。

① 根据分析的故障原因，首先检查自动变速器油量。拆下变速器油底壳上用于检查自动变速器油的螺栓，放出溢流管处的自动变速器油。检查后，确定该车自动变速器油量正常。

② 对自动变速器进行失速试验。失速试验结果是，D 挡位失速时发动机转速为 2000r/min 左右，正常，所以排除锁止离合器故障的可能性。

③ 检查自动变速器油泵的工作情况。检查油泵活塞环接口是否有锈蚀，活塞是否破裂以及内外齿轮之间啮合间隙，经过检查后确定油泵没有故障。

④ 检查大太阳轮制动器 B2 的内片（6 片）、外片（5 片）有无变形、烧蚀处，检查弹簧有无脱落。经过检查后确定内、外片良好，弹簧没有脱落处。

⑤ 检查 4 挡离合器 K3，发现 4 挡离合器内、外片各缺少 1 片（正常时内片为 6 片，外片为 5 片）；活塞环接口错位；涡轮槽中的圆形密封圈不到位。

⑥ 更换 4 挡离合器 K3 的内、外片，正确安装活塞环及涡轮槽中的圆形密封圈。

⑦ 正确组装自动变速器，重新加注变速器油后，对该车进行路试，高速挡工作正常，故障排除。

4.2.6.6 东风雪铁龙爱丽舍 SX-1 轿车仪表板上自动变速器故障灯交替闪烁

一辆东风雪铁龙爱丽舍 SX-1 轿车，装用 AL4 自动变速器，行驶里程约为 52000km。据车主介绍，该车在冷车时只要车辆行驶，仪表板上的“SPT”和“*”灯就开始交替闪烁，并且有加速滞后的现象；热车时（发动机水温在 90℃左右），“SPT”和“*”灯不再交替闪烁，但是换挡时发动机转速有时高达 4000r/min 左右。

故障诊断与排除

① 首先将专用诊断仪 PROXIA 与该车的 16 通道诊断接口连接，进行自动变速器系统故障读取，故障显示为油压调节故障。

② 使发动机怠速运转，当自动变速器油温为 58 ～ 68℃时，检查自动变速器的油面高度，这时发现油平面正常，接下来检查油品的质量。发现放出的油质很黑，且黏度较低。

③ 在冷车状态下，检查自动变速器系统的油压工作参数。发现自动变速器系统的油压只有 220kPa（正常为 260kPa 左右）。然后进行各顺序、流量及油压电磁阀的模拟测试，发现油压调节电磁阀工作有异常，时有时无。因此，更换油压调节电磁阀与自动变速器油，然后继续进行系统测试。发现自动变速器的油压稍有提升。

④ 路试后，自动变速器系统故障灯不再闪烁，但是换挡转速有时仍在 4000r/min 左右。接上接线盒 4109-T，测量相关传感器的接线与信号电压后，发

现油压传感器供电端子 C1 是 5V 电压，但 C2 输出信号端子没有输出 0.5 ～ 4.5V 连续变化的电压，而是一个变化很小的电压。因此，更换油压传感器。

⑤ 用 PROXIA 诊断仪测量自动变速器各系统的工作参数，所有数值均在正常范围内。进行路试后，故障消失。

维修提示

根据上述操作，分析产生此故障的主要原因是，由于油压传感器的失效，不能将自动变速器主油道的压力正确地传递给自动变速器控制单元，结果导致自动变速器控制单元也无法通过压力调节电磁阀来校正主油道的压力，从而导致主油道的压力一直过低、换挡迟缓、系统故障灯亮。

4.2.6.7　马自达 6 轿车传动异常轴导致车辆严重发抖故障

一辆 2011 年款马自达 6 轿车，该车行驶约 2.3 万千米后，车主反映该车行驶时抖动严重，特别是低速行驶时更严重。

故障诊断与排除

① 首先进行了试车，发现在以 20 ～ 30km/h 的车速行驶时，能够明显感觉出车辆抖动严重，但是速度快了以后该现象就减弱。

② 检查各轮胎的平衡块，没有发现丢失的现象，且上四轮定位仪检查，四轮定位参数均正常。

③ 将发动机上所有的悬置支架上的紧固螺栓都松开，然后以 30km/h 的车速行驶 10min，故障依旧存在。

④ 将车辆举升，转动两前轮，发现变速器侧的车轮在转动的时候跟着变速器一跳一跳的，感觉像传动轴弯曲一样。但是在检查传动轴时并没有发现弯曲的地方，将该侧传动轴拆下和备件对比，发现该传动轴比较长，将备件装到故障车上试车，故障排除。

4.2.6.8　2012 年款上海通用科鲁兹 1.6L 轿车传动轴故障

2012 年款上海通用科鲁兹 1.6L 轿车，该车行驶约 1.6 万千米后出现加速性能不良，高速行驶到 120km/h 左右时，车辆车身发抖。

故障诊断与排除

① 首先检查发动机的点火系统，发现火花塞间隙过大，更换火花塞。

② 测量燃油压力时发现燃油压力偏低，更换燃油滤清器和燃油泵后恢复正常。

③ 驾驶车辆进行试车，发现车辆的动力加速性能明显改善，但是高速发抖的状况仍然存在。于是检查底盘系统，检查发现悬架、悬架胶套皆正常，在检查传动系统时，发现左右半轴的内、外球笼防尘套均有破损，用手晃动传动轴发现有

轻微松旷。

④ 更换左、右传动轴后，进行试车，故障彻底排除。

4.2.6.9 2004 年款蒙迪欧 2.0L 轿车挂不上倒挡

一辆 2004 年款蒙迪欧 2.0L 轿车，配置自动变速器，行驶里程约 1.6 万千米。车辆挂不上倒挡。

故障诊断与排除

① 维修技师经过初步检查后确认，变速器油位正常，油质没有烧焦现象。

② 重新调整变速器挡位拉线，试车后，发现仍然挂不上倒挡。

③ 断开变速器控制线束，试车故障依旧。维修技师初步判断是挂倒挡时油压不正常，或者是倒挡离合器和低 / 倒挡离合器故障。

④ 测量变速器油压，发现挂倒挡时油压非常低，但挂前进挡时油压正常，判断为倒挡离合器或低 / 倒挡离合器油路泄压。

⑤ 于是，维修技师分解变速器后，发现倒挡离合器活塞密封圈损坏，更换密封圈后重新组装试车，故障排除。

4.3 行驶系统故障检修

行驶系统的作用主要有以下几方面。

① 支撑汽车的总重量。

② 接收传动系统的动力，并通过驱动轮与地面的作用产生牵引力。

③ 承受车轮与车身之间的侧向力、制动力以及来自于地面的冲击力。

④ 缓和路面对车身的冲击力，并衰减车身的振动。

如图 4-73 所示，行驶系统主要由车架、悬架、车桥与车轮等组成，行驶系统各机件的特点及检修要点见表 4-10。

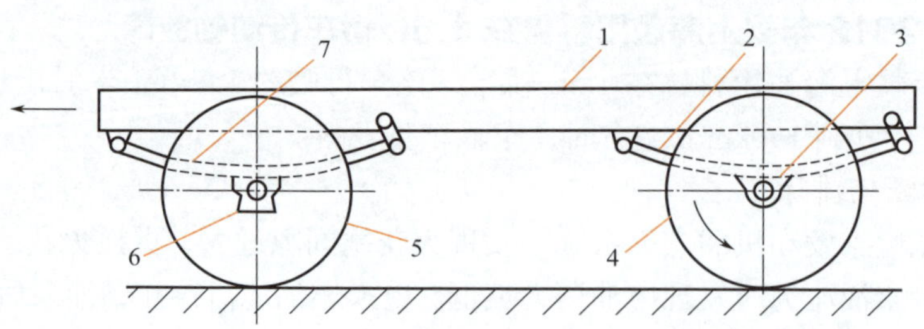

图 4-73 行驶系统的组成

1—车架；2—后悬架；3—驱动桥；4—后轮；5—前轮；6—从动桥；7—前悬架

表 4-10　行驶系统各机件的特点及检修要点

机件名称	特点	检修要点
车架	车架是汽车的装配基础，车架主要由两根纵梁和若干根横梁组成。轿车和部分客车一般采用无梁式车架，这样可以使车身的整体结构更为坚固，同时也便于降低汽车重心，提高汽车行驶的稳定性	①无梁式车架变形的检查。无梁式车架变形的检查以车身中部为基准，测量与其对称的左、右位置的距离是否相等。如果对角线之差超过 3mm，则应当进行校正 ②边梁式车架变形的检查。用拉线的方法检查车架纵梁的弯曲度，在车架纵梁平面的全长上，如果变形量超过 8mm，则应当进行校正。在检查车架扭曲度时，可以用拉线的方法测量两根横梁之间的对角线，如果超过 6mm，则应当进行校正 ③车架变形的校正。在校正车架变形时，应当尽量在冷状态下进行，加压位置应当垫上钢板，以免车架局部发生变形。校正的位移量应当稍微大于实际弯曲度，并且保持一定的加压时间。如果车架严重变形，且冷态校正困难，可以对车架局部进行加热，加热温度应当控制在 300 ～ 500℃（暗红色）之间，并且要慢慢冷却，以免车架变脆
悬架	连接车架与车桥的部分称为悬架，主要由弹性元件、减振器与传力装置等部分组成。悬架具有缓冲、减振及传力的作用。汽车悬架可分为非独立悬架与独立悬架两大类，与整体式车桥匹配的称为非独立悬架，而与断开式车桥匹配的称为独立悬架。悬架中的弹性元件，常见的主要有钢板弹簧、螺旋弹簧与扭杆弹簧等	①减振器的检查与更换。在汽车行驶过程中，如果减振器发出异常的响声，则说明该减振器已损坏，必须更换。一般减振器是不进行修理的，如果有很少的渗油现象不必调换，如漏油较多，可以通过拉伸和压缩减振器的方法来检查渗油现象。漏出的减振器油不能再加入减振器内重新使用，漏油的减振器不能再使用 ②前悬架支柱总成的检修。在零件全部解体后，应当进行清洗、检查，必要时进行测量。如果有严重磨损、表面出现裂纹、变形、损坏等情况，必须更换新件
车桥	根据车桥上车轮作用的不同，一般可将车桥分为转向桥、驱动桥、转向驱动桥、支持桥（只起支撑作用，不具有转向和驱动功能）四种类型 转向桥主要由前轴、转向节、主销和轮毂等组成，轿车大多采用断开式转向驱动桥 转向轮定位主要具有保持汽车直线行驶的稳定性、使转向轻便和减少轮胎磨损的功用。如图 4-74 所示，转向轮定位包括主销内倾角 α、主销后倾角 β、前轮外倾角 γ 与前轮前束等。主销内倾角是指汽车横向平面主销轴线与地面垂线的夹角；主销后倾角是指汽车纵向平面主销轴线与地面垂线的夹角；前轮外倾角是指汽车纵向平面转向轮旋转平面与地面垂线的夹角；前轮前束是指水平方向转向轮后部与前部的距离之差	用直角尺分别测量两钢板弹簧座至拉线的距离，如图 4-75 所示，如果不等，则表明前轴发生变形，应当进行校正或更换新品。检查转向节轴，如果有裂纹，则应当更换新品。如果转向节轴螺纹损坏，应当堆焊修复或者更换新品 如果转向节轴颈与轴承的配合间隙超过 0.06mm，油封轴颈磨损超过 0.20mm 或者出现沟槽，则可以进行喷镀修复。修复后轴承与轴颈的配合间隙，内轴承应为 0 ～ 0.03mm，外轴承应为 0.01 ～ 0.03mm。如果主销衬套与主销配合间隙超过 0.15mm，则应当更换衬套。如果主销衬套与主销配合间隙超过 0.15mm，则应当更换衬套。如果止推轴承转动不灵活、轮毂轴承出现斑点或斑脱，则应当更换

续表

机件名称	特点	检修要点
车轮	车轮是介于轮胎与车轴之间的金属承载旋转件的总成。车轮主要由轮毂、轮辋与轮辐组成。轮毂是车轮与车轴的连接部分，在轮毂与车轴之间一般有轮毂轴承支撑，轮辐是轮毂与轮辋之间的盘形连接件，轮辋是固定轮胎的圆柱状金属圈。车轮按照轮辐结构的不同，一般可以分为辐板式与辐条式，根据轮辋形式的不同，又可分为组合式与整体式	①如果轮辋有裂纹、轮盘螺栓座孔磨损失圆，应当更换轮辋 ②如果轮辋端部轴向跳动量超过 2.5mm、径向跳动量超过 3.0mm，应当更换轮辋 ③如图 4-76 所示，当轮胎花纹深度磨损小于 1.6mm 时应当更换轮胎。虽然轮胎花纹深度大于 1.6mm，但是胎面出现异常磨损，也应当更换轮胎 ④如果轮胎漏气，应当修补或更换内胎

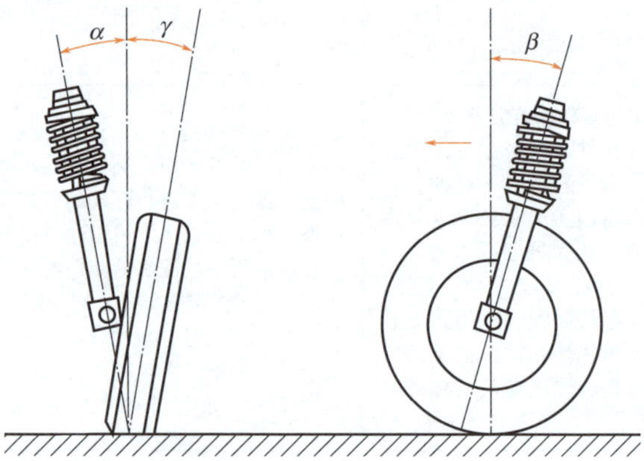

图 4-74　转向轮定位

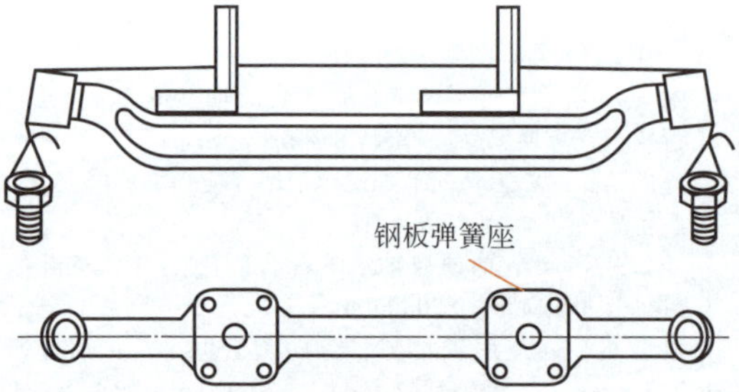

图 4-75　前轴弯曲的检查

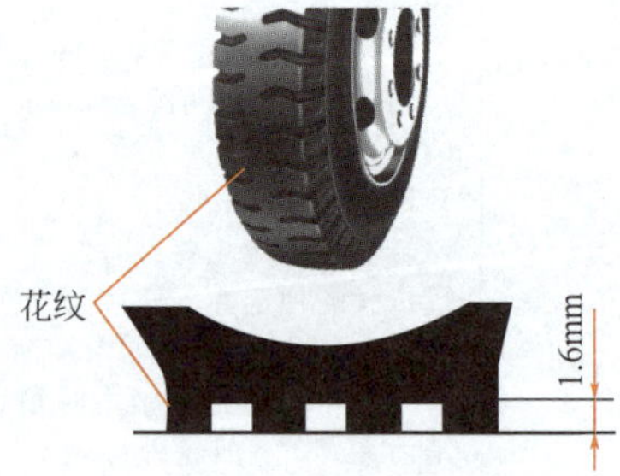

图 4-76　轮胎磨损极限

4.3.1　行驶出现振动、平顺性不良

汽车行驶时出现振动，加速时出现窜动，驾乘人员会感觉很不舒服。

行驶出现振动、平顺性不良的故障原因，如图 4-77 所示。

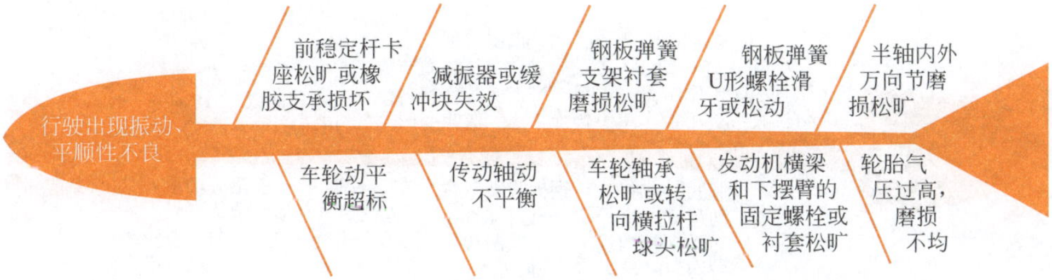

图 4-77　行驶出现振动、平顺性不良的故障原因

下面以桑塔纳乘用车为例，针对不同的行驶平顺性特征，对照图 4-78 进行故障诊断与排除。

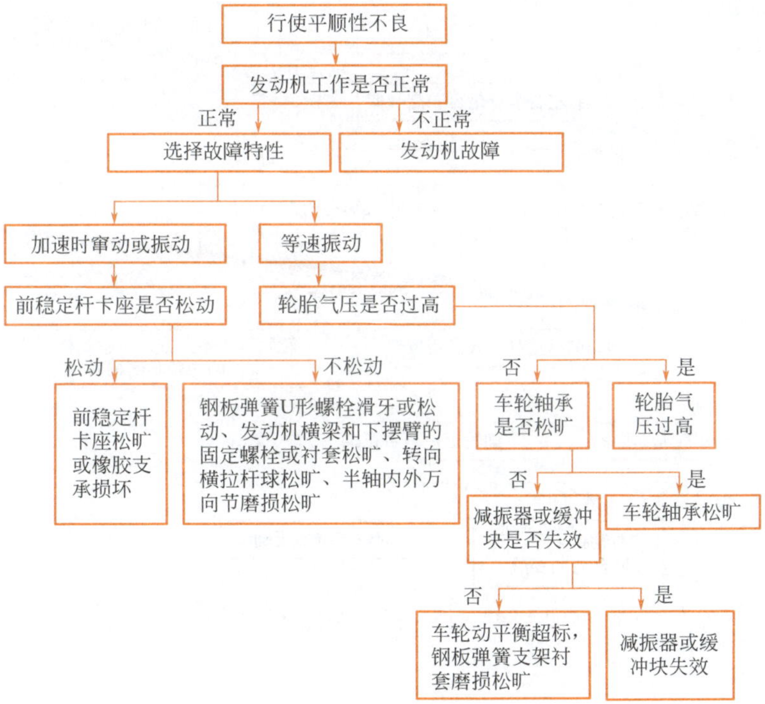

图 4-78　行驶平顺性不良故障诊断与排除

4.3.2　行驶跑偏

汽车在直线行驶时驾驶人员必须紧握方向盘才能保持直线行驶，如果稍放松方向盘，汽车会自动偏向一边行驶。

行驶跑偏的故障原因如图 4-79 所示。

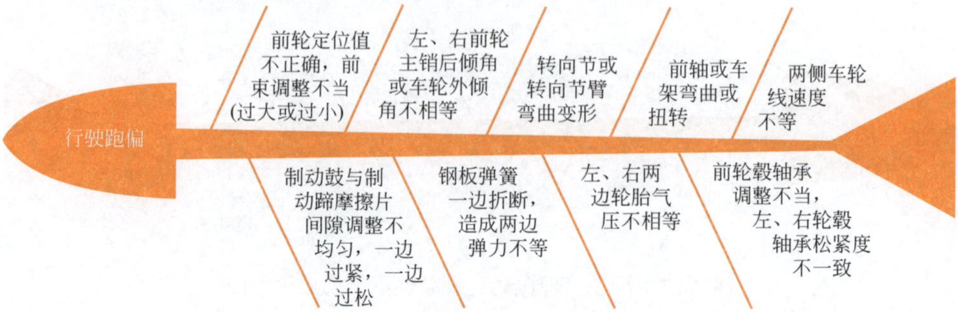

图 4-79　行驶跑偏的故障原因

行驶跑偏故障诊断与排除如图 4-80 所示。

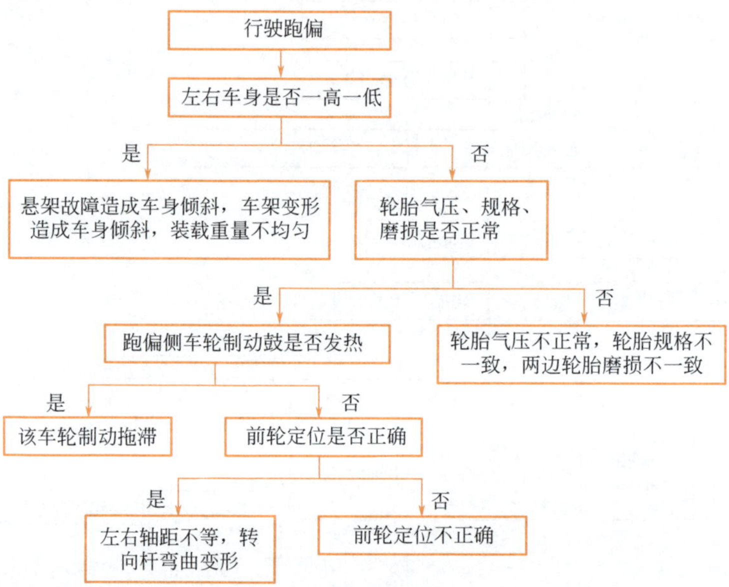

图 4-80　行驶跑偏故障诊断与排除

4.3.3　行驶无力

行驶无力故障表现为即使将加速踏板踩到底，汽车驱动力也不足，出现加速不良、爬坡无力等现象。

造成汽车行驶无力的根本原因是发动机无力，传动系统传动效率低，车轮受到的阻力过大，具体原因如图 4-81 所示。

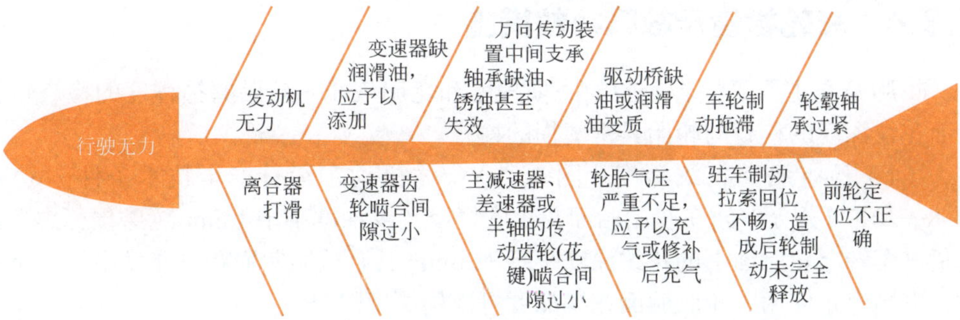

图 4-81　行驶无力的原因

按照故障原因的可能性从大到小、检查的难易性从易到难的顺序，应首先检查轮胎气压是否严重不足。在排除发动机无力的情况下，检查影响传动系统传动效率降低的因素是否存在。最后，排除车轮受到的阻力过大的因素，具体诊断流程如图 4-82 所示。

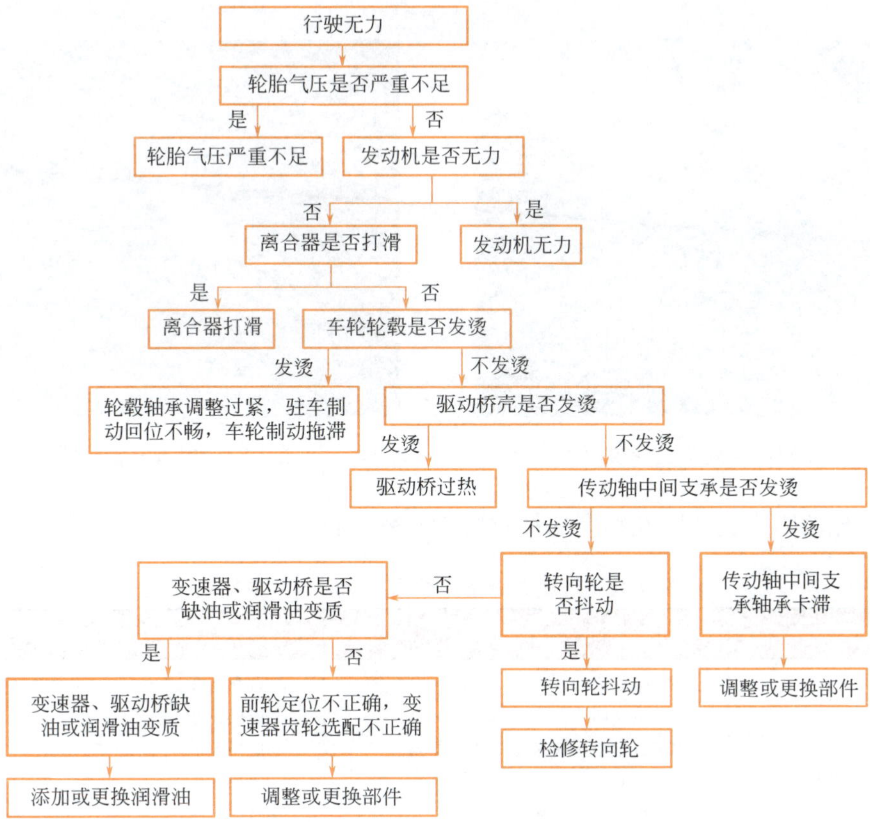

图 4-82　行驶无力故障诊断与排除

4.3.4 车轮检查及故障补救措施

轮胎检查主要是检查轮胎的磨损程度和轮胎气压，轮胎磨损程度的检查包括胎面花纹深度的检查与轮胎异常磨损的检查。

（1）检查胎面花纹深度（图 4-83） 《机动车运行安全技术条件》（GB 7258—2017）规定，轿车轮胎胎面花纹磨损至花纹深度小于 1.6mm（磨损标志），载货汽车转向轮胎面上的花纹深度小于 3.2mm，其余轮胎胎面花纹深度小于 1.6mm 时，应当停止使用。轮胎胎面花纹深度可以用深度尺进行测量。

（2）检查轮胎异常磨损 通过检查轮胎的异常磨损，可以发现故障的早期征兆及原因，以便及时排除影响轮胎寿命的不良因素，防止早期磨损和损坏。

（3）检查轮胎气压（图 4-84） 轮胎气压可用气压表进行检查。应当注意的是，不同的车辆，轮胎的气压值也许不同，检查时应当参看相应车辆的维修手册。一般桑塔纳 2000 轿车前轮的胎压为 0.18MPa，后轮的胎压为 0.22MPa。

图 4-83 检查胎面花纹深度

图 4-84 检查轮胎气压

车轮故障常见原因及相应的补救措施见表 4-11。

表 4-11 车轮故障常见原因及相应的补救措施

故障现象	常见原因	相应的补救措施
轮胎异常磨损	①胎压不正常 ②轮胎损坏 ③左右轮胎花纹深度差别过大 ④轮辋变形 ⑤车轮定位不正确 ⑥车轮不平衡	①调整胎压 ②更换轮胎 ③更换轮胎 ④更换轮辋 ⑤做四轮定位 ⑥做动平衡

续表

故障现象	常见原因	相应的补救措施
汽车跑偏	①装用了不合乎规格的轮胎，两侧轮胎大小不一；两侧轮胎气压不相等，或一侧轮胎磨损过甚 ②前轮轮毂轴承调整不当，过紧或过松；两侧前轮定位角不同或发生变化；前轴弯曲变形 ③前钢板弹簧断裂，钢板弹簧下陷；减振器失效 ④车架一侧断裂；车架变形不正 ⑤后桥壳弯曲变形或断裂 ⑥后桥与车架错位 ⑦偏载	①轮胎换位，轮胎气压要一致 ②调整前轮轮毂轴承；校正前轴，恢复正确的前轮定位角；调整汽车前束为正确值 ③ 更换前钢板弹簧；更换两侧减振器 ④维修车架，校正变形 ⑤校正或更换后桥壳 ⑥检查与调整后桥与车架的位置 ⑦注意偏载，注意行驶中载荷偏斜
前轮摆振	①轮胎气压不一致；轮胎大小不一；磨损 ②车轮动不平衡 ③前轮轮毂轴承损坏或松动 ④前轮定位不正确	①调整轮胎气压；更换新轮胎 ②使不平衡量控制在允许值内 ③调整汽车前轮轮毂轴承和松紧度 ④汽车前轮定位和前束要正确
前桥前束无法合格	①汽车未处于标准状况 ②转向横拉杆弯曲 ③转向横拉杆的球形万向节偏移 ④横向摆臂上的橡胶支座损坏	①调整车辆高度 ②更换转向横拉杆 ③更换转向横拉杆 ④更换横向摆臂
前桥车轮外倾角无法合格	①横向摆臂上的橡胶支座损坏 ②横向摆臂变形 ③减振支柱变形 ④导向节严重磨损 ⑤弹簧挠度太大 ⑥前桥架梁变形 ⑦减振支柱导向轴承支承变形 ⑧副车架（发动机支座）有张紧应力	①更换横向摆臂 ②更换横向摆臂 ③更换减振支柱 ④更换导向节 ⑤更换螺旋弹簧，检查车辆高度 ⑥更换前桥架梁 ⑦修理车身前部结构 ⑧修理车身
前桥主销后倾无法合格	①压杆的橡胶支座损坏 ②压杆变形 ③横向摆臂变形 ④减振支柱变形 ⑤轮罩变形（减振支柱上的止推轴承） ⑥副车架（发动机支座）有张紧应力	①更换橡胶支座 ②更换压杆 ③更换横向摆臂 ④更换减振支柱 ⑤修理车身前部结构 ⑥修理车身
后桥车轮外倾角偏差	①汽车未处于标准状况，弹簧挠度太大 ②后桥架梁上的橡胶支座损坏 ③后桥架梁变形 ④横向摆臂变形 ⑤导向臂变形 ⑥副车架有张紧应力 ⑦摆臂变形	①调整车辆高度 ②更换橡胶支座 ③检查后桥架梁，如有必要，更换 ④检查横向摆臂，如有必要，更换 ⑤检查导向臂，如有必要，更换 ⑥修理车身 ⑦更换摆臂

续表

故障现象	常见原因	相应的补救措施
后桥前束偏差	①汽车未处于标准状况，或弹簧挠度太大 ②后桥架梁的橡胶支座损坏 ③横向摆臂变形 ④橡胶支座和摆臂损坏 ⑤后桥架梁变形 ⑥导向臂变形	①调整车辆高度 ②更换橡胶支座 ③更换横向摆臂 ④更换摆臂 ⑤检查后桥架梁，如有必要，更换 ⑥检查导向臂，如有必要，更换

4.3.5 轮胎换位

轿车大部分是发动机前置、前轮驱动的，前轮的负荷较大，所以前轮的磨损比后轮明显。除轿车与微型客车以外的汽车，一般后轮负荷大，后轮比前轮的磨损明显。所以，应当根据轮胎的磨损规律和磨损程度，适时地对轮胎进行换位。轮胎换位的方法主要有交叉换位法与循环换位法两种，如图 4-85 和图 4-86 所示。交叉换位法一般适用于经常在狭窄的拱形路面上行驶的汽车；循环换位法一般适用于经常在宽阔平坦的路面上行驶的汽车。

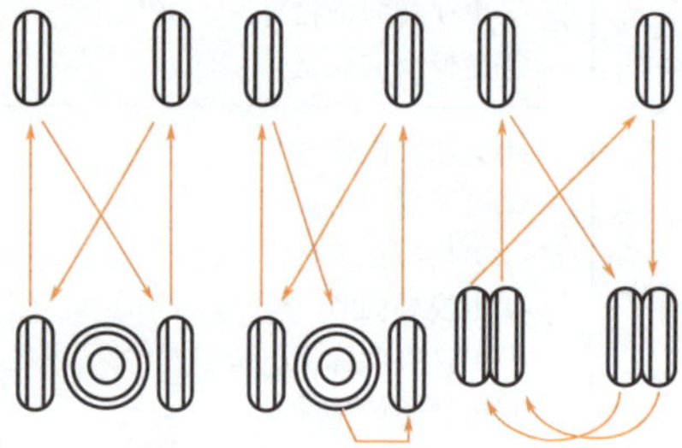

图 4-85　交叉换位法

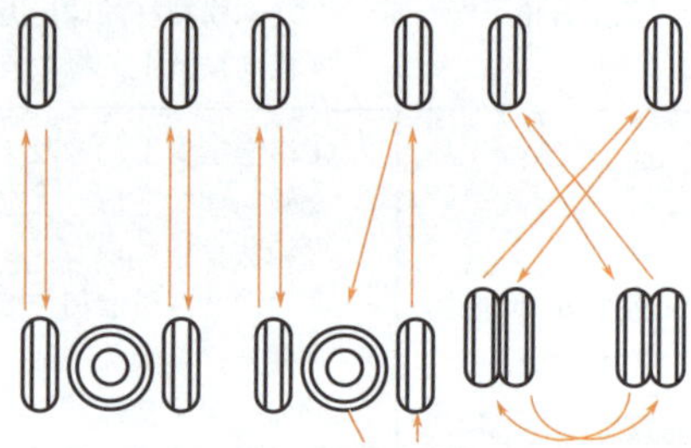

图 4-86　循环换位法

4.3.6 故障诊断与维修案例

4.3.6.1 广州丰田飞度轿车车轮有跑偏现象，多次检查调整均无效

一辆广州本田飞度轿车，行驶里程约 18.5 万千米。车主介绍，该车近日在运行中出现车轮跑偏现象，经过多次检查调整也无济于事。

故障诊断与排除

广州本田飞度轿车属于家庭用车，体积小且重量轻，行驶跑偏故障时有发生，最常见的故障原因如图 4-87 所示。

① 根据分析，维修技师首先检查两前轮胎压力和磨损程度，基本一致。由于前轮制动器为盘式，制动钳为浮动式，所以制动衬片与制动盘的间隙靠活塞密封

圈的弹性变形自动调整，经过检查，间隙符合标准。

② 接着维修技师将两前轮拆下来，准备重新组装与调整两轮轴承的预紧度，结果发现右前轮轮毂是新换的，看上去比左前轮轮毂粗糙得多。

③ 通过询问车主得知，该车故障是在更换轮毂之后出现的。于是，维修技师将两前轮轮毂同时拆卸下来并进行测量，发现新换上的轮毂比左侧轮毂重 1.5kg。经过分析，问题可能出在这个质量差上。

④ 于是，维修技师买来一个与左侧质量相近的轮毂换上，调整好轴承的预紧度（使两侧基本一致），然后进行路试，行驶中跑偏的现象消失，故障排除。

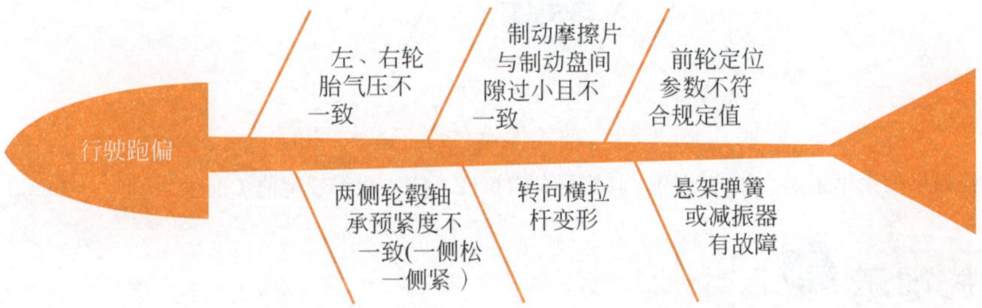

图 4-87　行驶跑偏故障最常见的故障原因

4.3.6.2　2004 年款蒙迪欧轿车行驶时，车辆左前部有异响

一辆 2004 年款蒙迪欧轿车，发动机排量为 2.5L，配置了自动变速器，行驶里程约 1.5 万千米。行驶时车辆左前部异响，转弯时尤为明显。

故障诊断与排除

① 首先进行路试，车辆左前部出现类似金属摩擦的声音，转弯时明显变大。

② 升起车辆后，发现是左前制动盘摩擦所致。

③ 通过询问客户并仔细检查，没有发现底盘因碰撞引起的变形，制动轮缸钳也是完好的，重新试车，故障排除。

4.3.6.3　夏利轿车轮胎偏磨，前轮轮胎提早报废，方向操纵性能变差

一辆夏利轿车，行驶里程约为 8500km。车主介绍，轮胎偏磨，造成前轮轮胎提早报废，方向操纵性能变差。

故障诊断与排除

夏利轿车前轮轮胎偏磨是常见故障之一，这辆夏利辆车的前轮轮胎胎肩外侧磨损成锯齿状。前轮偏磨的常见故障原因如图 4-88 所示。

① 因为该车行驶里程不多，未发生过碰撞事故，前轮两次换新，因此可以排除车架变形和轮胎质量不高两项原因。该车车轮偏磨部位在胎肩外侧，根据经验，

维修技师判断为前轮外倾角过大所致（外倾角标准值为 20′）。

② 夏利轿车的前轮外倾角调整部位在上横臂与车架连接长孔处（螺栓向下移动）。

③ 调整前轮外倾角后，复检前束，试车，故障排除。

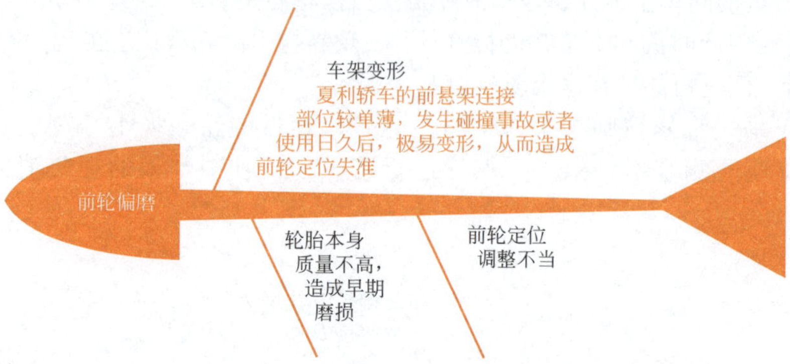

图 4-88　前轮偏磨的常见故障原因

注：如果前束不正确，则应当同时调整左右横拉杆，使之达到规定值（前束为 -1 ～ +3mm）。

维修提示

发生此类故障时，车主一般都自行调整，但往往都只是调整前束。如果轮胎异常磨损不是因为前束不准造成的，通常无效。况且在前束和轮胎外倾角同时不准确的情况下，应先校调轮胎外倾角至标准值，再调整前轮前束值。

车辆发生碰撞事故后，应当校正车架及悬架部位后再校正前轮定位。许多车辆轮胎偏磨通常是校正不当或校正不准造成的。

4.3.6.4　2004 年款蒙迪欧轿车行驶时，后车轮处有异响

一辆 2004 年款蒙迪欧 2.0L 排量轿车，配置了自动变速器，行驶里程约 4 万千米，行驶时，后轮处异响。

故障诊断与排除

① 首先进行试车，发现异响不像车轮轴承发出的，于是维修技师重新紧固底盘固定螺栓，重新试车，异响依然存在。

② 维修技师判断异响可能来自后减振器，上下按压车辆后部，发现有轻微异响。

③ 拆下后减振器，用手来回推拉减振器能听到轻微的“咕、咕”声，因此更换后减振器。试车，在各种路面情况下，异响均未出现，故障排除。

4.4 转向系统故障检修

汽车在行驶时需要根据路况及驾驶人员的需求改变前行方向。驾驶人员通过汽车转向系统使汽车转向轮发生一定角度的偏转，从而完成转向。除此之外，当汽车直线行驶时，转向轮通常会受到路面的各种干扰而发生自动转向，即偏离正常的行驶方向，这时驾驶人员可以通过操纵转向系统使转向轮恢复汽车原来的行驶状态。

4.4.1　机械转向系统检修

在汽车行驶过程中，机械转向系统是驾驶人员作用在方向盘上的操纵力，通过一系列的传力机件传递到转向轮上，从而控制汽车的行驶方向。

（1）转向操纵机构　转向操纵机构主要包括方向盘、转向轴、万向节等，转向操纵机构中的万向节可以改变操纵力的传递方向，且可以实现方向盘角度的调整。

（2）转向器　转向器主要用于使转向轻便，且可以将方向盘的转动变为转向摇臂的摆动或齿条的直线往复运动。

（3）转向传动机构　转向传动机构通常采用球销连接，可以防止杆件系统的运动干涉。球销由弹簧张紧，可以起到缓冲减振、自动消除间隙的作用。

4.4.1.1　方向盘自由行程过大

方向盘自由行程过大故障诊断流程如图 4-89 所示。

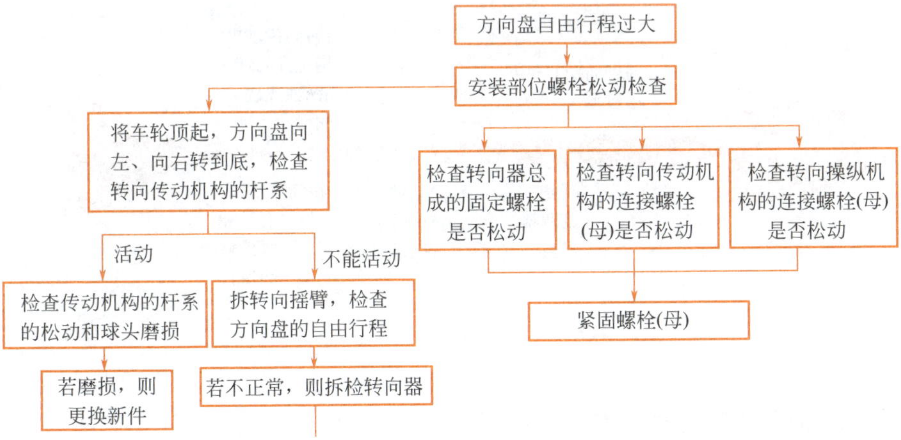

图 4-89

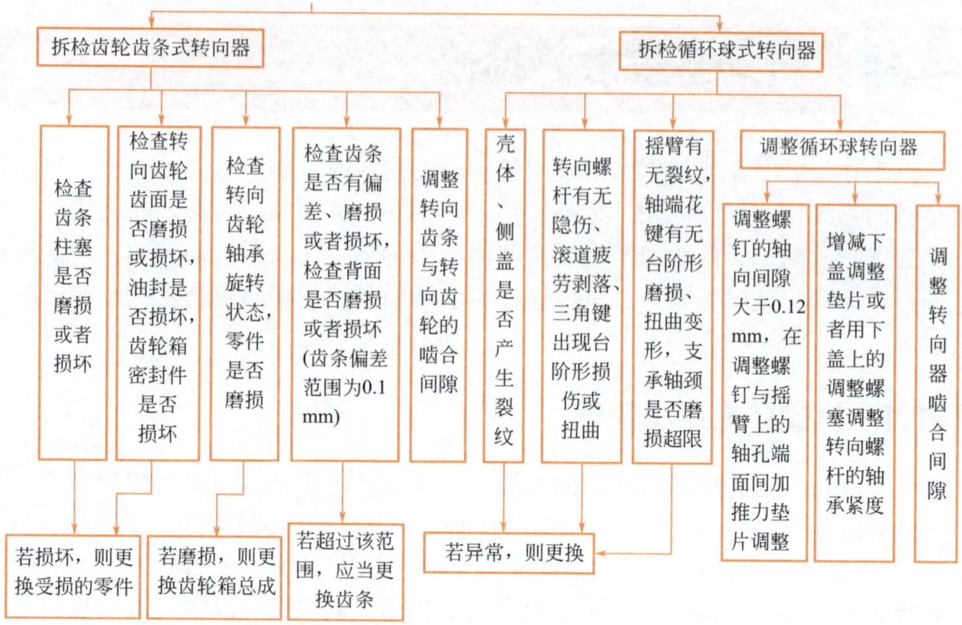

图 4-89　方向盘自由行程过大故障诊断流程

4.4.1.2　转向沉重

转向沉重故障现象为方向盘自动回正作用效果不良，转动方向盘感到阻力较大。

转向沉重的故障原因如图 4-90 所示。

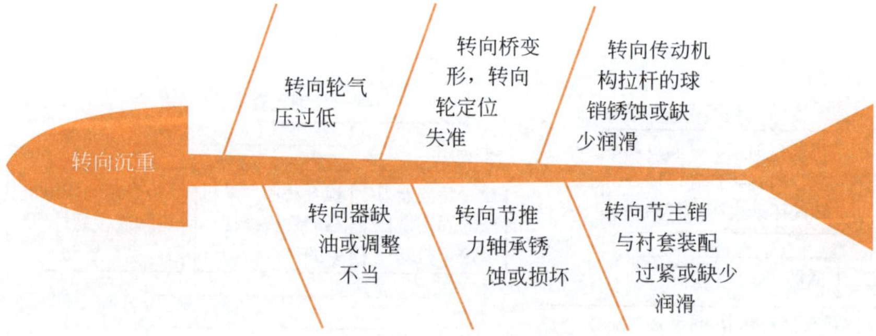

图 4-90　转向沉重的故障原因

转向沉重故障诊断与排除如图 4-91 所示。

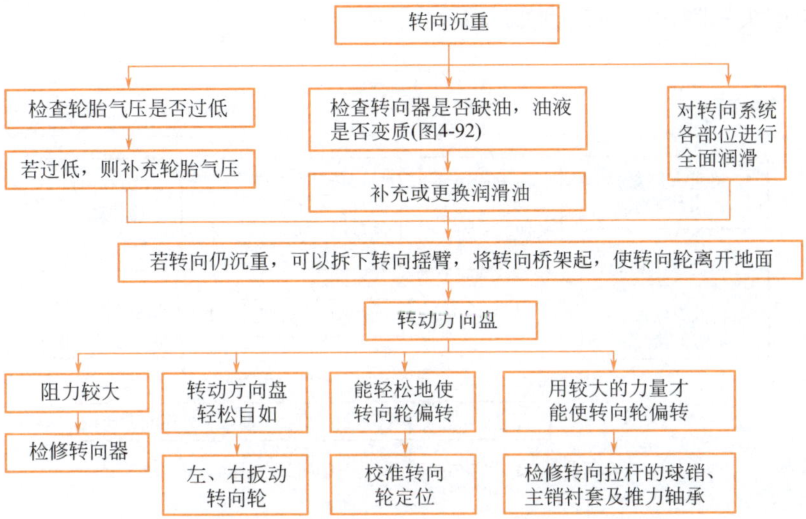

图 4-91　转向沉重故障诊断与排除

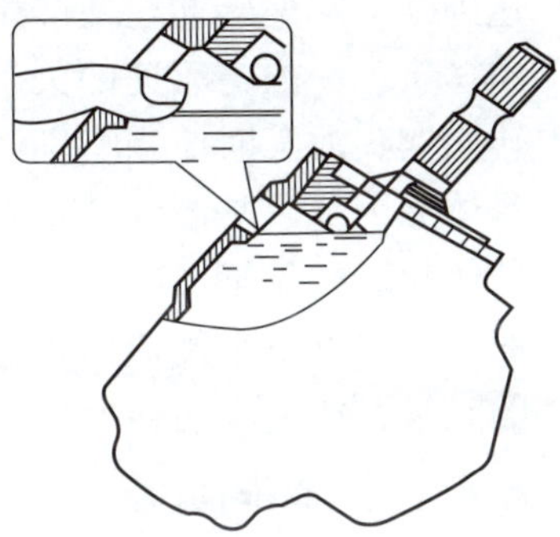

图 4-92　检查转向器润滑油

4.4.1.3　转向摆头

汽车行驶中，达到某一车速时，方向盘自动左右摇摆；遇到地面冲击力时，转向轮左右摇摆。

转向摆头的故障原因如图 4-93 所示。

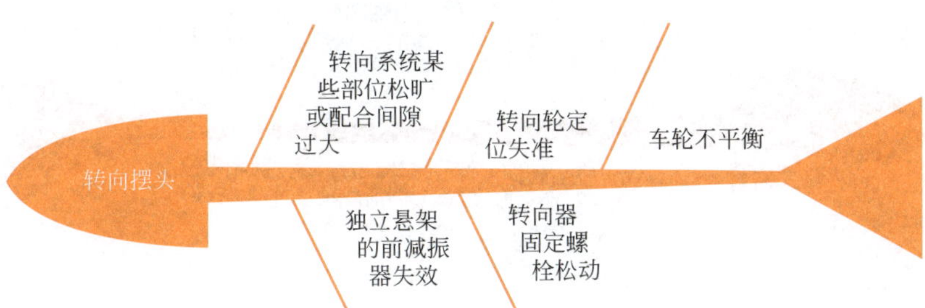

图 4-93　转向摆头的故障原因

转向摆头故障诊断与排除如图 4-94 所示。

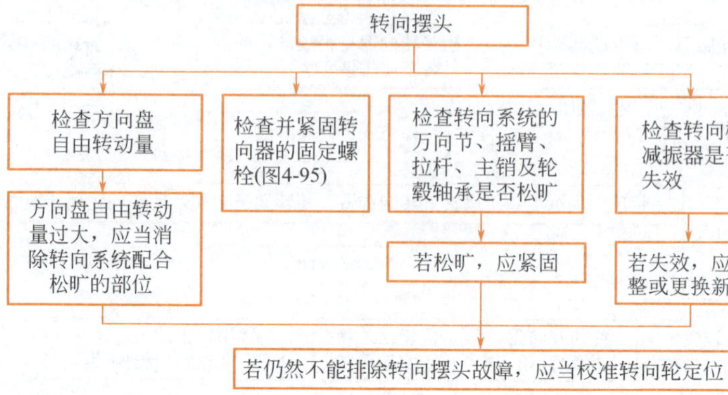

图 4-94 转向摆头故障诊断与排除

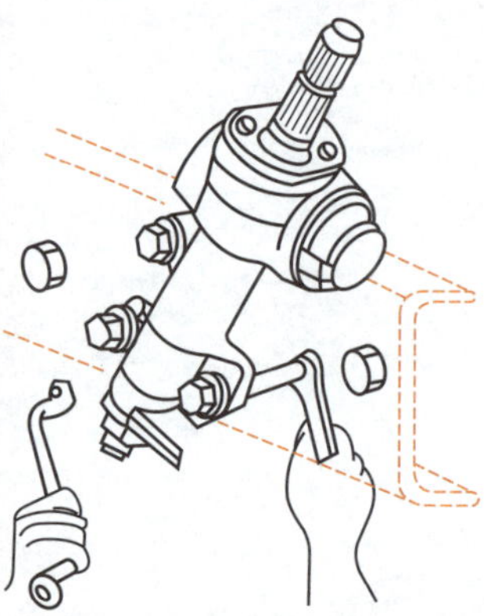

图 4-95 检查转向器固定螺栓

车轮不平衡引起的转向摆头与车速有关，即只要达到某一车速转向轮便开始摇摆。其他原因引起的转向摆头，一般与车速的关系不是太明显，这是在诊断转向摆头故障时应当特别注意的一点。车轮不平衡的具体原因：一是配件质量有问题，比如使用了质量不佳的轮胎、轮辋、轮毂、制动鼓或制动盘，由于其中的某个机件不平衡造成车轮不平衡；二是在检修轮胎的时候，错装或漏装了平衡块，造成车轮不平衡。

4.4.1.4 转向跑偏

汽车在平坦的路面直线行驶时，方向盘自动向某一方向偏转，稍不注意，汽车就会偏离原来的行驶方向；遇到地面冲击时，转向轮总是向某一方向偏转。

转向跑偏的故障原因如图 4-96 所示。

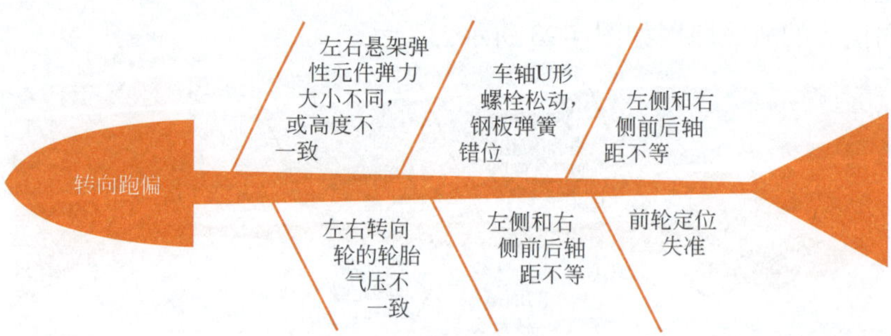

图 4-96 转向跑偏的故障原因

转向跑偏故障诊断与排除如图 4-97 所示。

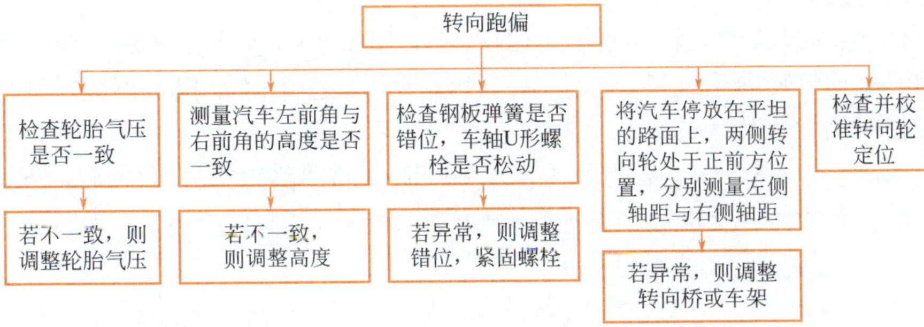

图 4-97　转向跑偏故障诊断与排除

4.4.1.5　单边转向不足

汽车在转弯时，有时会出现方向盘左右转动量或者车轮转角不等的现象。

单边转向不足故障原因主要有：前钢板弹簧、骑马螺栓松动，或中心螺栓松动；转向角限位螺钉调整不当；转向摇臂安装位置不对；直拉杆弯曲变形；钢板弹簧安装时位置不正，或者是中心不对称的前钢板弹簧装反。

单边转向不足故障诊断与排除如图 4-98 所示。

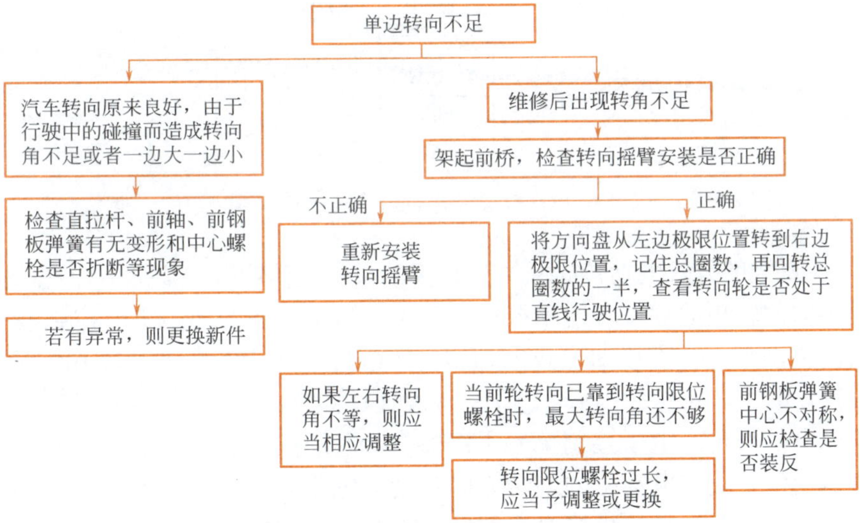

图 4-98　单边转向不足故障诊断与排除

4.4.2　电动动力转向系统检修

电动动力转向系统（EPS）利用直流电动机提供转向动力，辅助驾驶人进行转向操作。电动动力转向系统根据其助力机构的不同，一般可以分为电动液压式和电动机直接助力式两种。

（1）电动液压动力转向系统（EHPS） 如图 4-99 所示为上汽大众 POLO 轿车电动液压动力转向系统组成示意图，其特点主要是由 ECU 提供供油特性，汽车低速行驶时助力作用大，驾驶人操纵轻便灵活；汽车在高速行驶时，转向系统的助力作用减弱，驾驶人的操纵力增大，具有明显的“路感”，既保证了转向操纵的舒适性、灵活性，又提高了高速行驶中转向的稳定性与安全感。

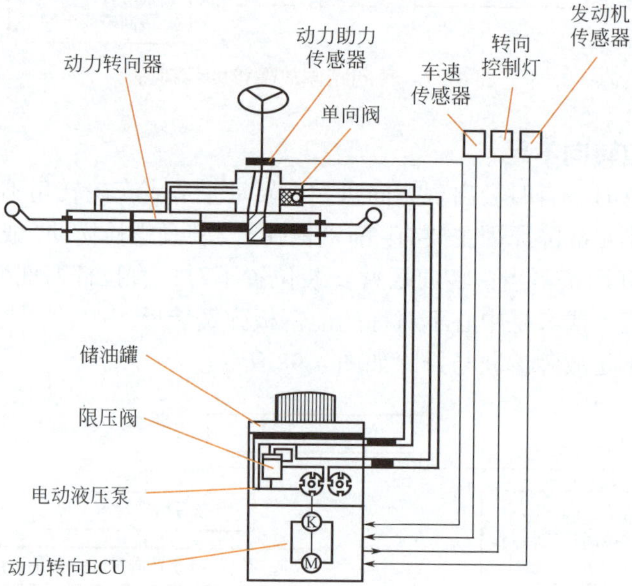

图 4-99 上海大众 POLO 轿车电动液压动力转向系统组成示意图

（2）直接助力式电动转向系统 直接助力式电动转向系统是一种直接依靠电动机提供辅助转矩的动力转向系统，通常可以根据不同的使用工况控制电动机提供不同的辅助动力。直接助力式电动转向系统的组成示意图如图 4-100 所示，当转向轴转动时，转矩传感器开始工作，将两段转向轴在扭杆作用下产生的相对转角转变成电信号传给电子控制单元（ECU），电子控制单元根据车速传感器和转矩传感器的信号决定电动机的旋转方向及助力电流的大小，并且将指令传递给电动机，通过离合器和减速机构再将辅助动力施加到转向系统（转向轴）中，从而完成实时控制的动力转向。这个系统一般由转矩传感器、电控单元（微处理器）、电动机、减速器、机械转向器和蓄电池电源等组成。根据电动机布置位置的不同，直接助力式电动转向系统分为转向轴助力式、齿轮助力式与齿条助力式三种类型，如图 4-101 所示。

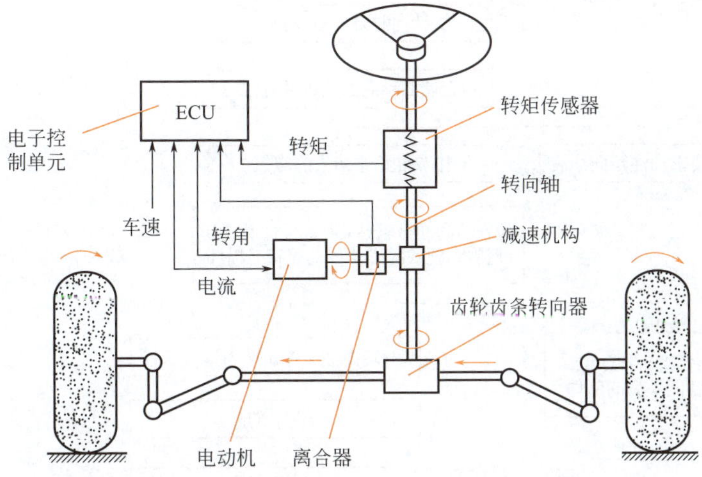

图 4-100　直接助力式电动转向系统的组成示意图

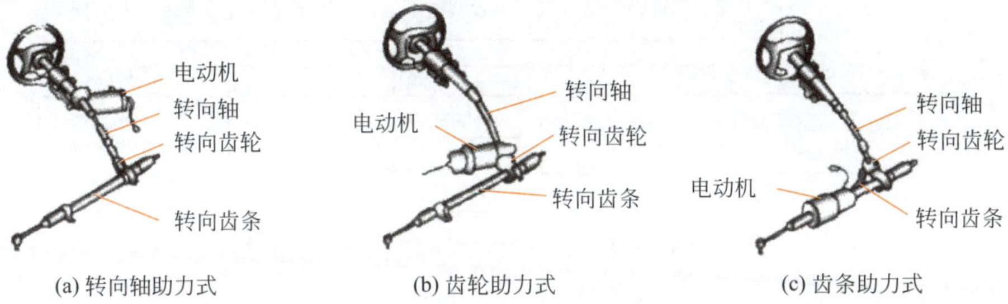

图 4-101　直接助力式电动转向系统的分类

4.4.2.1　转向时方向盘发抖

发动机工作时转向，特别是在原地转向时滑阀共振，方向盘抖动。

转向时方向盘发抖的故障原因如图 4-102 所示。

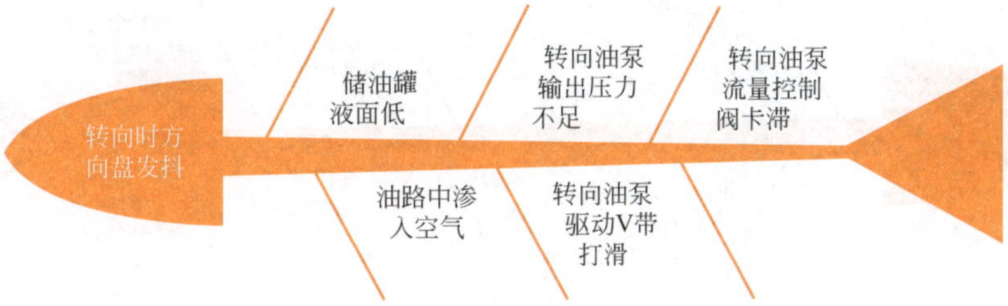

图 4-102　转向时方向盘发抖的故障原因

转向时方向盘发抖故障诊断与排除如图 4-103 所示。

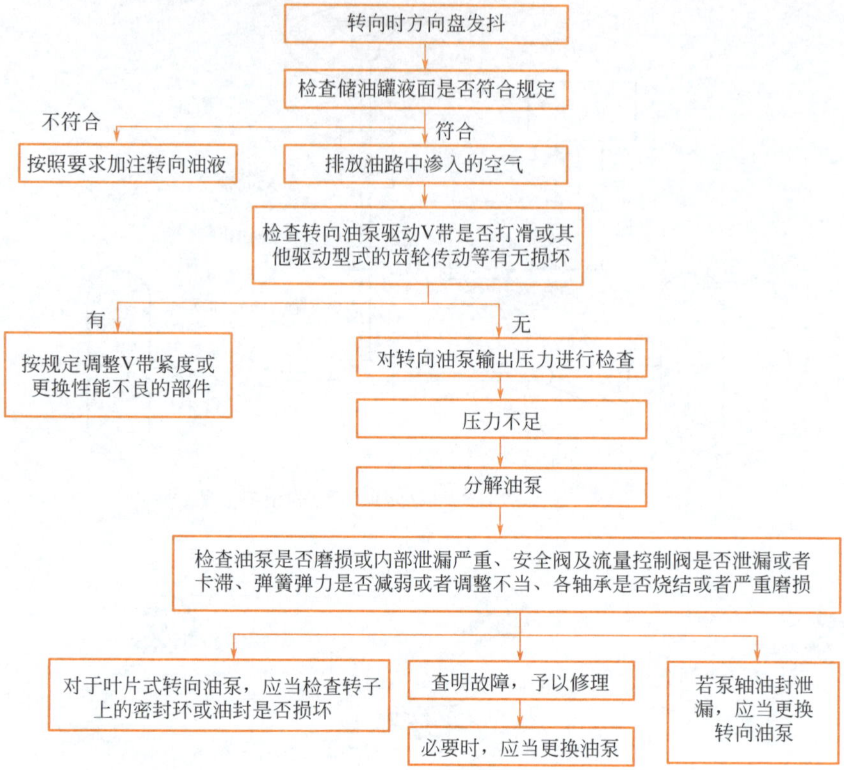

图 4-103　转向时方向盘发抖故障诊断与排除

4.4.2.2　转向沉重

装有液压动力转向系统的汽车，在行驶过程中突然感到转向沉重。

转向沉重一般是由于液压转向助力系统失效或助力不足所造成的，其根本原因在于液压不足。转向沉重故障的主要原因，如图 4-104 所示。

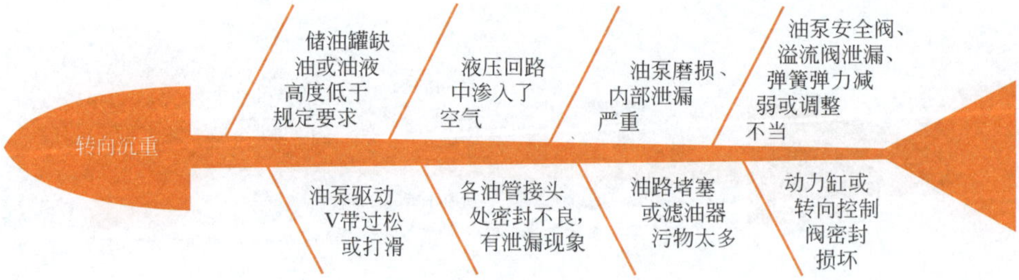

图 4-104　转向沉重故障的主要原因

转向沉重故障诊断与排除如图 4-105 所示。

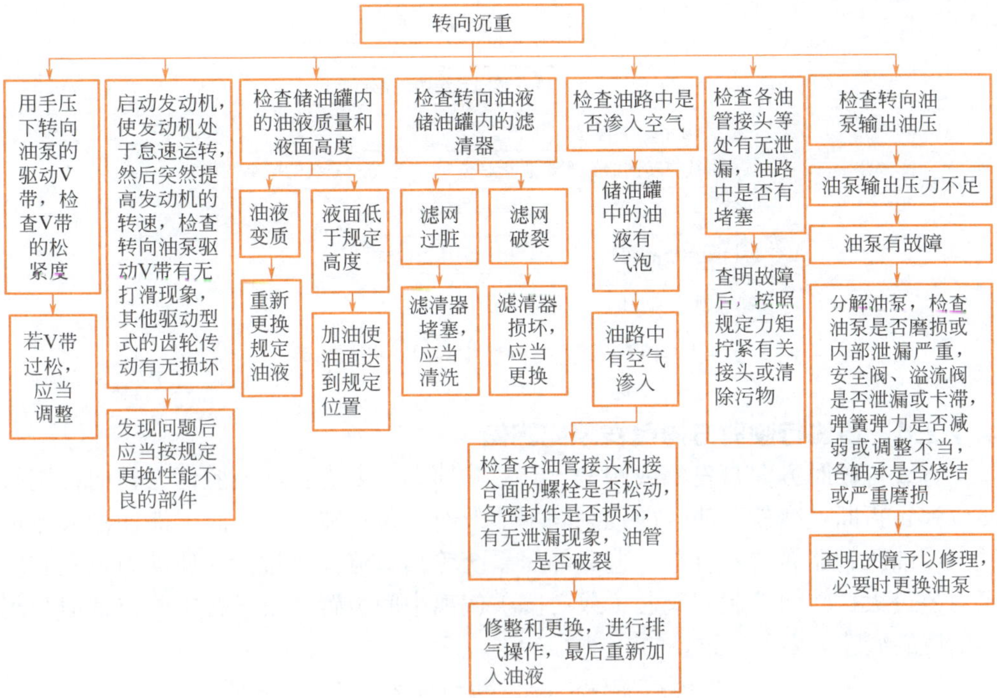

图 4-105　转向沉重故障诊断与排除

4.4.2.3　单边转向沉重

左、右转向轻重不同，单边转向沉重。

单边转向沉重的故障原因如图 4-106 所示。

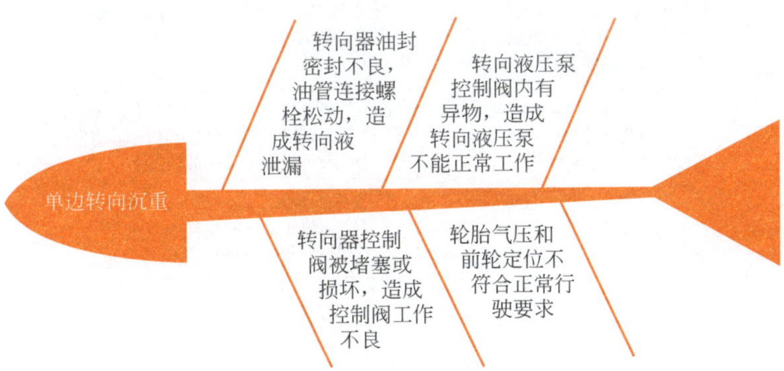

图 4-106　单边转向沉重的故障原因

单边转向沉重故障诊断与排除如图 4-107 所示。

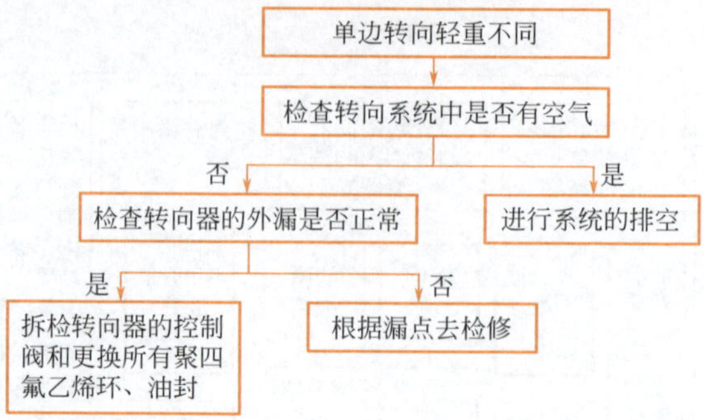

图 4-107　单边转向沉重故障诊断与排除

4.4.2.4　直线行驶时方向盘发飘或跑偏

直线行驶时方向盘发飘或跑偏，其故障原因主要有：油液脏污、转向控制阀回位弹簧折断或变软，使转向控制阀不能及时回位；流量控制阀卡滞使油泵流量过大或油压管路布置不合理，造成油压系统管路节流损失过大，使动力缸左右腔压力差过大；转向控制阀阀芯（或滑阀）偏离中间位置，或虽在中间位置但与阀体槽肩的缝隙大小不一致。

直线行驶时方向盘发飘或跑偏故障诊断与排除如图 4-108 所示。

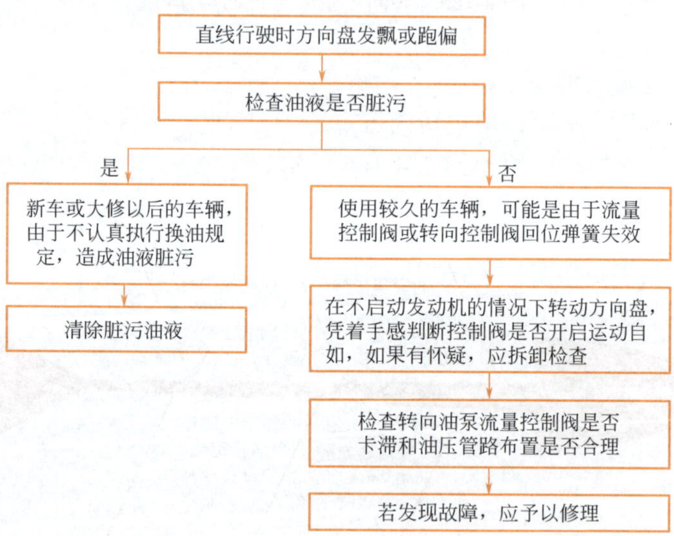

图 4-108　直线行驶时方向盘发飘或跑偏故障诊断与排除

4.4.2.5　原地转向时方向盘颤动或跳动

发动机运转时转向，特别是在原地转向时，方向盘颤动或跳动，其故障诊断与排除如图 4-109 所示。

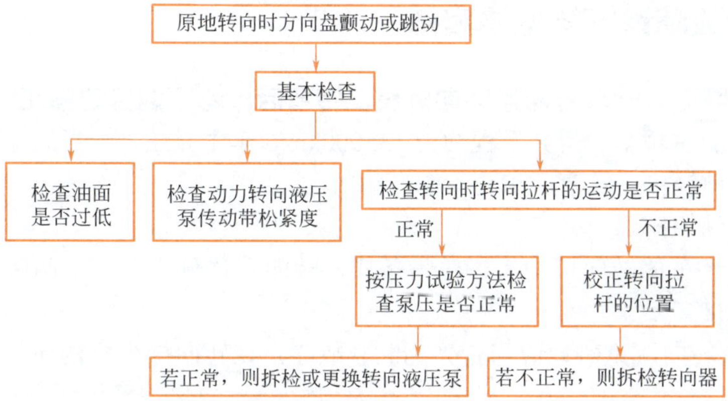

图 4-109　原地转向时方向盘颤动或跳动故障诊断与排除

4.4.2.6　方向盘回正过度或转向松旷

汽车行驶过程中，方向盘回正过度和转向松旷。

方向盘回正过度或转向松旷的故障原因如图 4-110 所示。

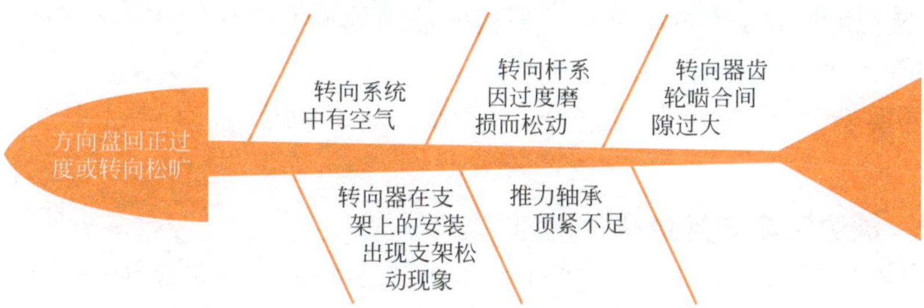

图 4-110　方向盘回正过度或转向松旷的故障原因

方向盘回正过度或转向松旷故障诊断与排除如图 4-111 所示。

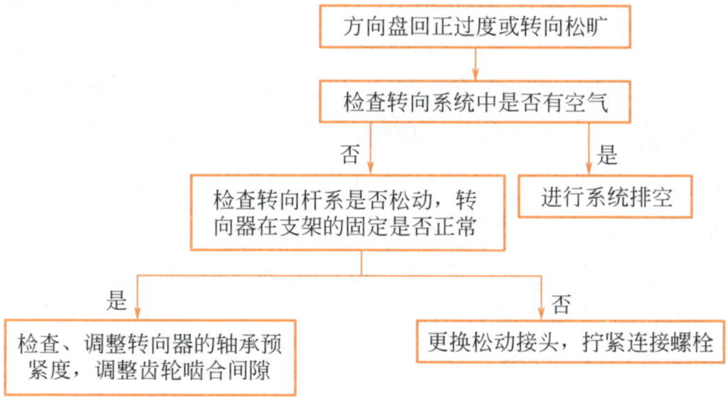

图 4-111　方向盘回正过度或转向松旷故障诊断与排除

4.4.3 故障诊断与维修案例

4.4.3.1 爱丽舍轿车方向盘转向沉重，转弯后车轮不能自动回正

一辆爱丽舍轿车，行驶里程约为 135000km。车主介绍，最近感觉车辆转向沉重，不像以前轻松，转弯后车轮不能自动回正。

故障诊断与排除

爱丽舍轿车的转向机构为齿轮齿条式，转向管柱分为上、下两段，其中间采用万向节连接。

① 检查转向沉重时，应当首先判断其故障是在转向操纵机构还是在转向器以及其他部件。

② 举升车辆，拆卸转向柱与转向器连接的万向节，使两者分离。

③ 转动方向盘，感觉轻便灵活，判断故障在于转向器。

④ 在车辆举升的情况下，检查转向器。拆卸齿条两端的拉杆球头销，然后在拆卸转向柱连接万向节的情况下，握住转向拉杆向左、右拉动，出现卡滞现象，应当将转向器拆下进行分解检修。

⑤ 当拆卸并分解转向器时，发现转向器内的尼龙顶块由于卡死顶住了齿条，使齿条移动困难。

⑥ 更换新件，然后进行清洗、润滑，将转向器装复后试车，转向恢复正常。

4.4.3.2 捷达轿车方向盘转动困难

一辆捷达轿车，行驶里程约 9.4 万千米。冬天时，方向盘转动困难，有时不能转动。能转动时会听到转向器内有“吱、吱”的异响。

故障诊断与排除

① 维修技师将捷达轿车拖到修理厂后，先用举升器将车辆升起，一个人在车内转动方向盘，另一个人在车下观察和查听，发现转向器上的万向节防尘套已经松脱，并且已经损坏，异响产生于转向器内部。

② 拆开左、右横拉杆的防尘套，有大量冰水流出，同时转向器上也有水滴落。这主要是因为转向器上的万向节防尘套松脱损坏后，无法起到防尘防水的作用，水从转向柱和转向器连接处的防尘套处进入，由于横拉杆防尘套密封良好，进入转向器内的水无法排出，在累积增多的情况下造成上述故障。

③ 拆解转向器，发现转向器内有大量的冰水、尘土及铁锈等异物，而且齿条已经严重磨损，转向器报废。

④ 当转向器上的万向节尘套松脱后，使尘土及雪水等杂物进入转向器，造成转向器早期损坏。更换转向器与转向柱上的万向节防尘套总成，装复后试车，转向轻松，异响消失，故障排除。

维修提示

此故障为捷达轿车的一个多发故障，转向器上万向节防尘套的下端松脱与开裂是常见的两种失效形式。因此，对车辆进行日常维护时，应当注意检查该防尘套，用水冲洗车辆时也不要对此防尘套长时间冲洗，以免水进入转向器和左、右横拉杆内。

4.4.3.3　帕萨特 B5 轿车操纵方向盘转向时感觉左转向轻

一辆帕萨特 B5 轿车，行驶里程约 42500km。据车主介绍，汽车转向时，左转向轻，右转向重，给驾驶操纵造成困难。

故障诊断与排除

该车为液压动力转向系统，分析造成左、右转向力矩不一致的原因可能有：左、右悬架部位球头销及连接件磨损、润滑及紧固程度不一致；车架变形，致使一侧转向连接部位转动卡滞；一边轮胎制动未解除或解除滞后。

① 在举升器上检查转向系统，均排除了以上故障原因。

② 由于该车采用整体式动力转向系统，因此动力转向系统中管路、滑阀及活塞等部件的损坏及性能不良也会导致这样的故障发生。

③ 对动力转向系统检测方法：观察储液罐，油液在标志线上；左右转动方向盘，储液罐内无气泡及浑浊现象；观察通往液压泵的管道，没有漏油痕迹；接入液压表测试油压，转动方向盘，发现油压值变化较大。

④ 拆下液压泵剖解检查，检查中发现分配阀中滑阀孔有堵塞，并且运行中总偏置一方，这就是故障的根源。

⑤ 更换动力转向系统中液压泵的分配阀后试车，故障排除。

维修提示

由于滑阀孔道堵塞及在分配阀中位置的变动，致使输出油液量及油压在左右位置时助力不一致，造成转向时左右力矩不同。

4.5　制动系统故障检修

汽车在保证行驶安全的前提下，应当尽可能地提高行驶速度，同时还应当根据需要能减速和停车。所以，汽车上必须设置用来强制汽车减速和停车以及能在坡道上停放的可靠装置——汽车制动系统，如图 4-112 所示为制动系统主要部件布置。

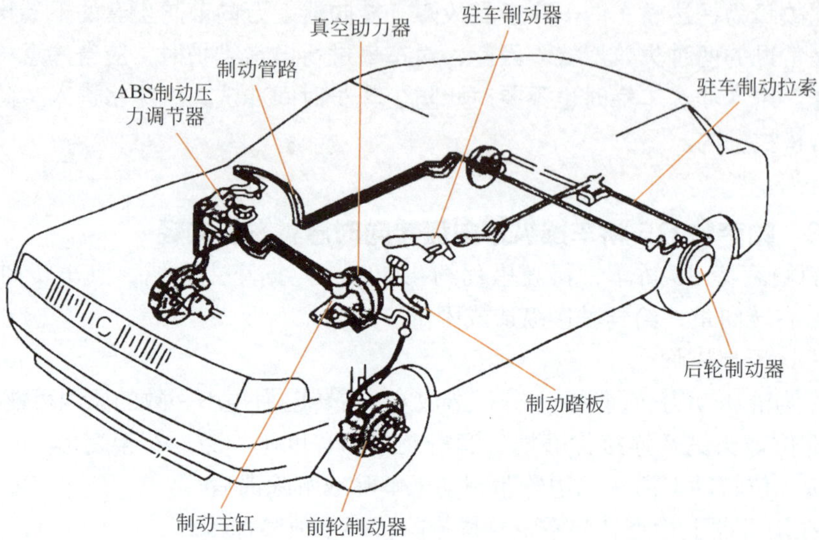

图 4-112　制动系统主要部件布置

（1）汽车制动系统的功用　汽车制动系统的功用是根据需要使汽车减速或在最短的距离内停车，并保证停放可靠，不致自动滑溜。

（2）汽车制动系统的组成　虽然在结构上各不相同，但汽车制动系统都是由制动传动装置与制动器两大部分组成的。随着电子控制技术在汽车上的广泛应用，现代汽车均在原制动系统的基础上配置了制动防抱死电子控制系统（ABS），在汽车制动过程中，自动调节车轮的制动力，防止车轮抱死，从而获得最佳制动性能。

4.5.1　液压式制动系统检修

液压式行车制动系统主要由制动踏板、制动主缸、制动轮缸、制动鼓与制动蹄等组成。在不制动的时候，回位弹簧的拉力使得制动蹄的上端向内靠拢，制动蹄与制动鼓之间保持着一定的间隙，制动鼓可随车轮旋转。当制动的时候，踩下制动踏板，推杆便会推动制动主缸活塞，迫使制动液经过管路进入轮缸，推动轮缸活塞使制动蹄张开，与制动鼓全面贴合压紧。这时，不旋转的摩擦片对旋转的制动鼓产生摩擦力，阻止着车轮转动，迫使汽车减速或停车。

4.5.1.1　检修制动管路

检修制动管路的流程如图 4-113 所示。

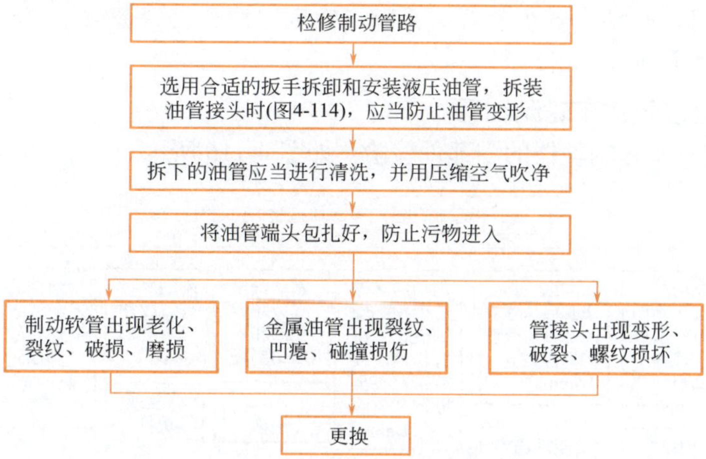

图 4-113　检修制动管路的流程

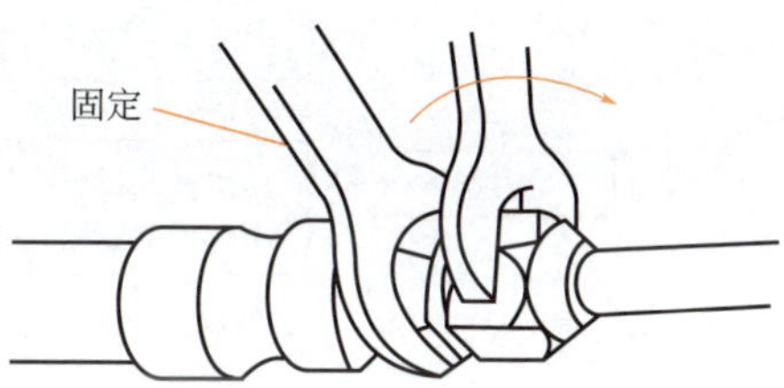

图 4-114　拆装油管接头

4.5.1.2　检修制动主缸

① 制动主缸的零部件检验如图 4-115 所示。

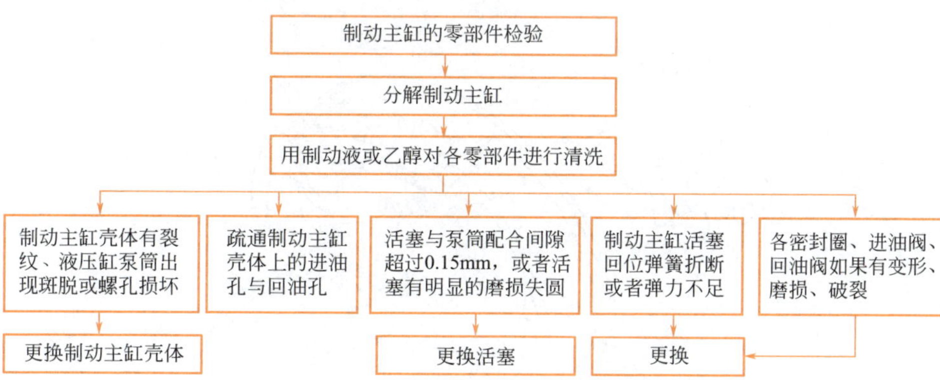

图 4-115　制动主缸的零部件检验

② 制动主缸装配注意事项：装配前，应当保持制动主缸各部机件的清洁，同时将主缸内部机件浸泡在清洁的制动液内；前活塞的安装要向前推进到位，然后

拧紧限位螺钉；制动主缸组装好后，应当检查回油孔是否被活塞密封圈堵塞，如果堵塞，应当重新选配密封圈。

4.5.1.3　检修鼓式车轮制动器

（1）鼓式车轮制动器的零部件检验　如图 4-116 所示。

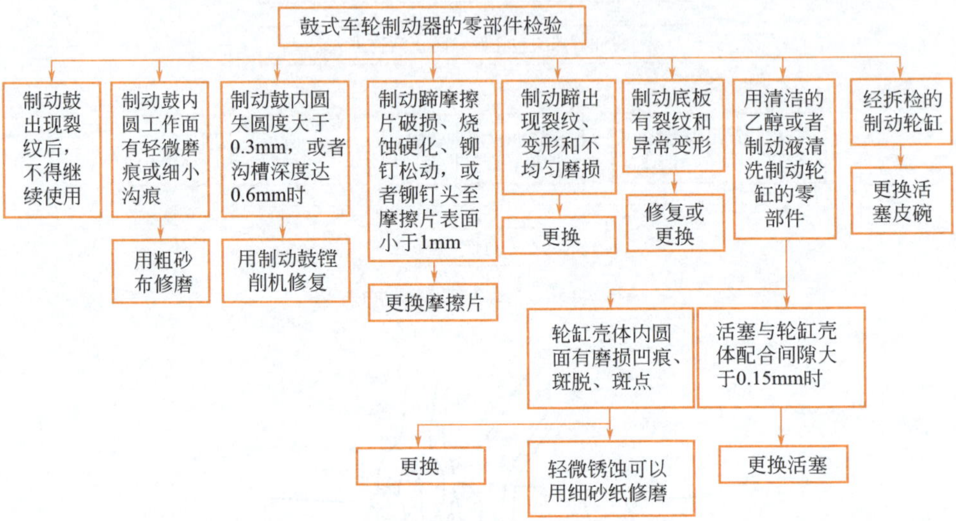

图 4-116　鼓式车轮制动器的零部件检验

（2）鼓式车轮制动器蹄鼓间隙的调整

① 非平衡式制动器蹄鼓间隙（制动蹄摩擦片与制动鼓间隙）的调整，如图 4-117 所示。

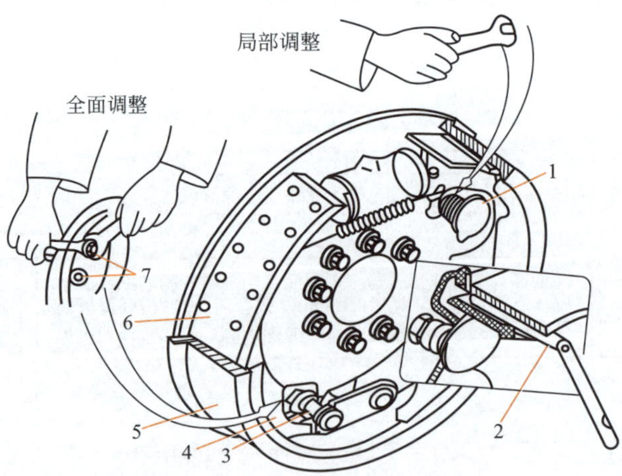

图 4-117　非平衡式车轮制动器蹄鼓间隙的调整

1—调整凸轮；2—厚薄规；3—制动蹄支承销；4—锁紧螺母；5—制动鼓；6—制动蹄摩擦片；7—支承销端面标记

如果只是调整制动蹄上端的间隙，则称为局部调整，只需要转动前、后制动蹄对应的调整凸轮，即可改变蹄鼓间隙。如果同时调整制动蹄上端和下端的间隙，则称为全面调整，这种调整不仅需要转动调整凸轮，还需要转动制动蹄下端的偏心支承销。通过调整，使制动蹄上端的蹄鼓间隙为 0.4 ～ 0.6mm，制动蹄下端的间隙为 0.2 ～ 0.6mm。

②自动增力式制动器蹄鼓间隙的调整。自动增力式车轮制动器的制动蹄一般采取浮动式支撑，前、后制动蹄的下端没有固定的支承销，所以制动器蹄鼓间隙的调整比较简便。如图 4-118 所示，在制动底板的下方设置一个调整蹄鼓间隙的窗孔。当需要调整蹄鼓间隙时，用平口镙钉旋具插入窗孔内，先向下拨动调整螺套，使得蹄鼓间隙变小，直到转动制动鼓时有明显阻力为止。然后，再向上拨动 2 ～ 3 次声响，使得蹄鼓间出现间隙，这时转动制动鼓，无明显阻力即可。

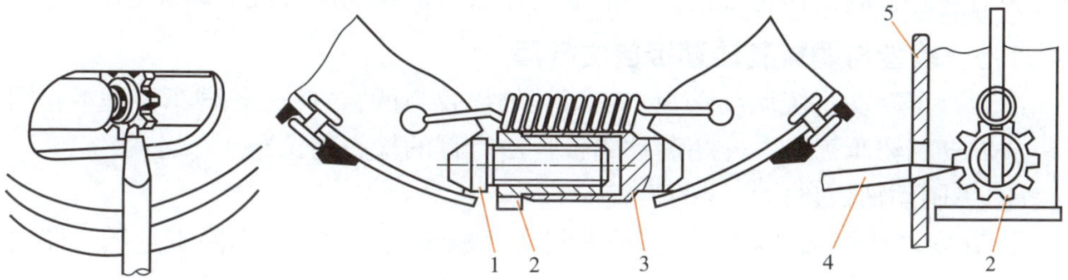

图 4-118　拨动调整螺套

1—顶杆螺钉；2—调整螺套；3—顶杆体；4—平口镙钉旋具；5—制动底板

4.5.1.4　检修盘式车轮制动器

① 检查制动盘的工作面，如果有明显的磨损台阶及拉伤沟槽，则应当进行加工修复或换用新品。

② 如图 4-119 所示，用千分表检测制动盘工作面的跳动量，如果跳动量过大，则应查明原因，进行修复，必要时更换制动盘。

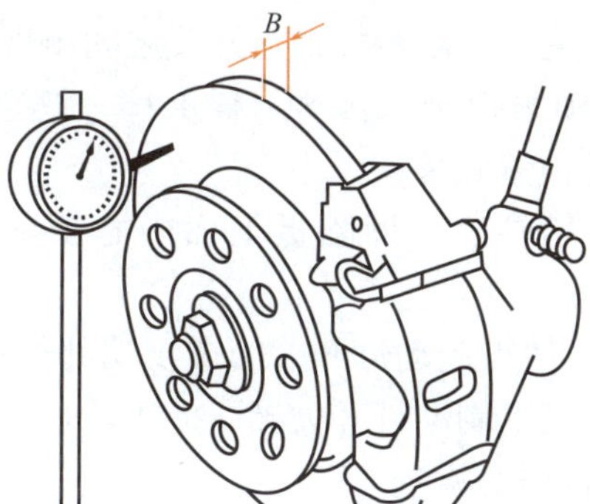

图 4-119　检测制动盘跳动量

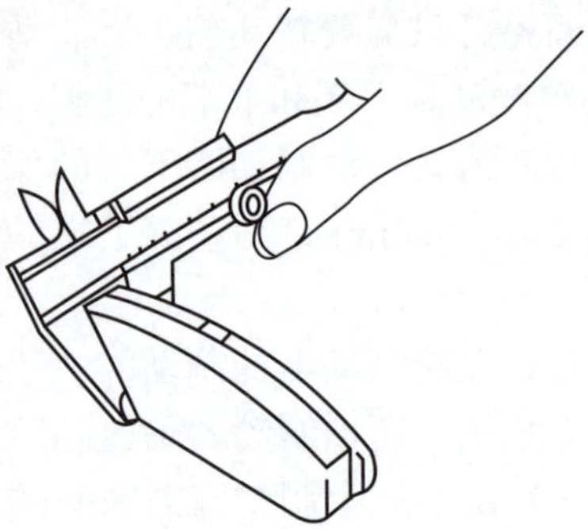

图 4-120　测量制动器摩擦片厚度

③ 测量制动盘厚度，若达到磨损极限，应当更换制动盘。

④ 测量制动器摩擦片厚度（图 4-120），必要时更换摩擦片，同轴车轮制动器摩擦片要成套更换。

⑤ 出现制动钳体裂纹或变形、导向销磨损、活塞刮伤或腐蚀、排气阀损伤等情况，应当更换相应的零部件。

⑥ 制动器经过拆检后，各密封圈、密封垫均应更换新品。

⑦ 轮缸活塞与轮缸泵筒的配合间隙应不大于 0.15mm，否则应当更换活塞。在安装活塞时，应当在轮缸内壁和活塞表面涂上橡胶润滑脂或制动液。

4.5.1.5　检查与调整制动踏板自由行程

液压行车制动系统制动踏板自由行程的检查与调整方法，各种车型基本相同，本小节以夏利轿车为例，介绍制动踏板自由行程的检查与调整。

（1）制动踏板自由行程的检查

① 在发动机熄火的状态下，踩下制动踏板 5 ～ 8 次，以消除真空助力器内的真空度。

② 如图 4-121 所示，用手指轻轻地推动制动踏板，当感觉到有阻力时保持不动，踏板的原始高度与此时的高度之差，即为踏板的自由行程。

图 4-121　制动踏板自由行程

（2）制动踏板自由行程的调整　在调整制动踏板自由行程时，应当兼顾到踏板高度、制动灯开关的正常工作。

① 拔掉制动灯开关导线的插头，拧松制动灯开关锁紧螺母，旋出制动灯开关，直至踏板臂与开关之间出现间隙。

② 先拧松踏板推杆锁紧螺母，转动踏板推杆，调整踏板自由行程至规定值 3 ～ 7mm，然后拧紧推杆锁紧螺母。

③ 检查制动踏板原始高度，即踏板上面中心至前围板的距离，规定值为 176 ～ 181mm。

④ 旋入制动灯开关，使得制动灯开关的螺纹端部与踏板缓冲垫接触，然后拧紧制动灯开关锁紧螺母，装上制动灯开关导线插头。

（3）制动踏板储备行程的检查

① 放松驻车制动操纵手柄，让发动机怠速运转。

② 如图 4-122 所示，采用 294N 的力踩下制动踏板，测量出踏板背面与车身前围板之间的距离，这个距离即为制动踏板储备行程，应当不小于 102mm。

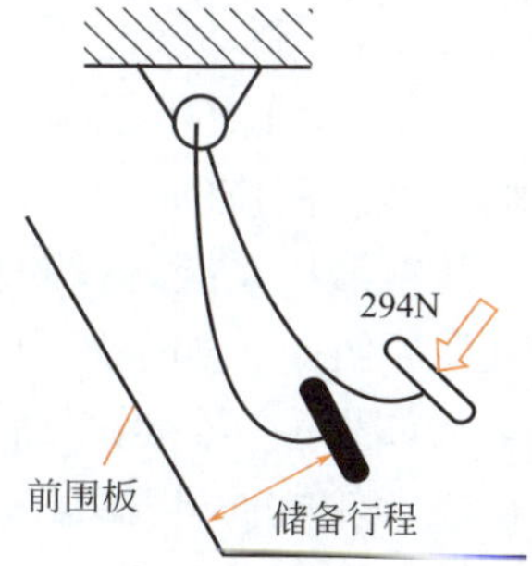

图 4-122　制动踏板储备行程

4.5.1.6　检查与更换制动液

（1）制动液的选用　制动液俗称为刹车油，一般同一汽车上的液压制动装置和离合器液压操纵系统使用的是相同种类与牌号的液压油。

（2）制动液的使用注意事项

① 各种类型的制动液不可以混合使用。如果混合使用，则会出现分层的现象，产生沉淀物，会严重影响制动效能。

② 如果发现存放的制动液有白色沉淀物，应当过滤后再使用。

③ 在更换制动液时，必须清除原有的制动液，用来加注制动液的工具和容器也必须清洁。

④ 无论何种制动液，在储存和使用过程中，都应当注意防止杂质或其他油液、水混入。

⑤ 使用醇型制动液时应当注意经常检查制动液的储量，若发现缺少，应当及时添加，夏季要注意制动效能的变化，以防气阻发生。

⑥ 钳盘式车轮制动器不能够使用受热后易气化膨胀的醇类制动液，要求使用特制的高沸点合成型制动液。

（3）制动液的检查　当制动液不足时，一般会使制动失灵，因此制动液必须在规定的储量之内。如图 4-123 所示，在制动液储液罐上标有上限（MAX）和下限（MIN）的刻线，制动液储量应在上限和下限刻线之间。如果储液罐内的制动液低于下限，则应注意添加。

图 4-123　添加制动液

制动液对汽车的漆面具有损坏的作用，在添加制动液时，应当注意不要让制动液滴落到漆面上。如果制动液滴落到车身表面，应当立即擦除。

如果制动液消耗过快，一般与液压系统漏油有关（比如液压轮缸漏油、油管接头松动等），应当查找原因，及时排除。如果发现油管接头松动，应当及时紧固。

在检查制动液液面高度的同时，还应当注意制动液是否变质。如果发现制动液浑浊，应当更换制动液。

（4）制动液的更换

① 清洗液压系统。更换制动液时，应当对制动主缸、制动轮缸等部位进行分解清洗。清洗时，可以使用乙醇或干净的制动液作为清洗剂，不可以用汽油、煤油清洗液压系统的橡胶件，以免造成这些橡胶机件的膨胀变质。在清洗液压主缸、液压轮缸时，如果发现活塞、缸筒、皮碗等机件磨损过甚，应当换新后再组装。

如果液压管道过脏，可以将乙醇注入储液罐，连续踩制动踏板，使得乙醇从各制动轮缸向外排出，以便冲刷掉液压管道内的污物。最后，将制动主缸储油罐一端拆下，通入高压空气，用高压空气将管道内的残油及杂质进一步排出。

② 液压主缸的排气。先向储液罐内注入足量新的制动液，然后连续踩下制动踏板数次，将制动踏板固定在最低位置，用螺塞或手指、橡胶塞堵住液压主缸的出油孔。放松制动踏板，再连续踩下数次，固定在最低位置静止不动，松开螺塞，放出液压主缸内的气体。重复上述过程，直到将液压主缸内的气体排尽，然后安装复原液压主缸出油管。

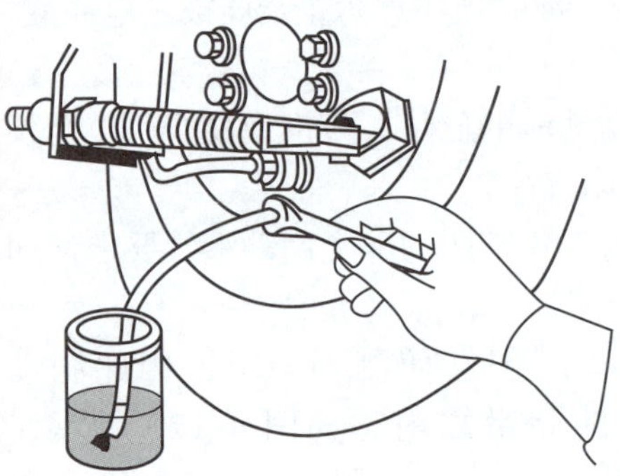

图 4-124　液压轮缸的排气

③ 液压轮缸的排气。为了使液压管道内的气体顺利排出，应当首先对距液压主缸最远的轮缸进行排气。排气顺序一般为右后轮 - 左后轮 - 右前轮 - 左前轮。排气前，还应当查看储液罐内的制动液是否缺少。然后将排气螺钉上的防尘罩取下，套上软管，软管的另一端置入容器内，如图 4-124 所示。

连续数次踩下制动踏板，然后将制动踏板固定在最低位置。用扳手拧松液压轮缸上的排气螺钉，使轮缸内的气体排出。排出气体后，将排气螺钉拧紧。重复上述过程，直至从软管中排出的制动液不再含有气泡为止。取下排气螺钉上的软管，安装排气螺钉上的防尘罩。检查储液罐内的制动液是否足量，然后按照上述方法分别对其他各个液压轮缸进行排气。

所有的液压轮缸都排气完毕之后，将储液罐内的制动液添加至标准刻度的上限。

4.5.1.7　液压制动不灵

液压制动不灵故障现象主要有：踩下制动踏板时，制动强度不足，汽车减速迟缓；第 1 脚踩下制动踏板时制动强度不足，连续踩下制动踏板后，制动强度增加；制动踏板阻力大，虽然用很大的力量踩下制动踏板，但是产生的制动强度却不大。

液压制动不灵的故障原因如图 4-125 所示。

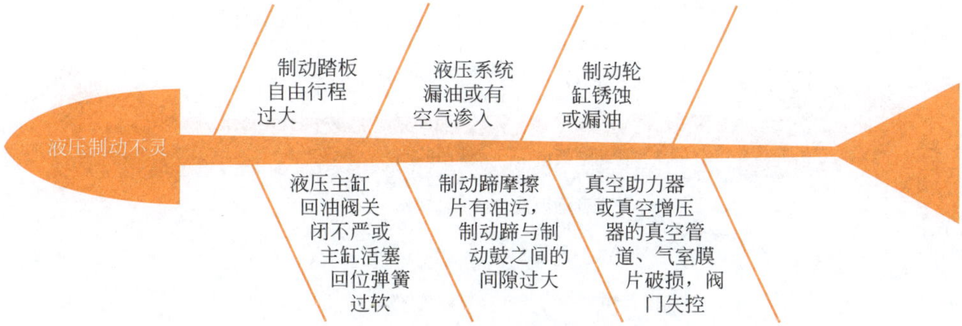

图 4-125　液压制动不灵的故障原因

液压制动不灵故障诊断与排除如图 4-126 所示。

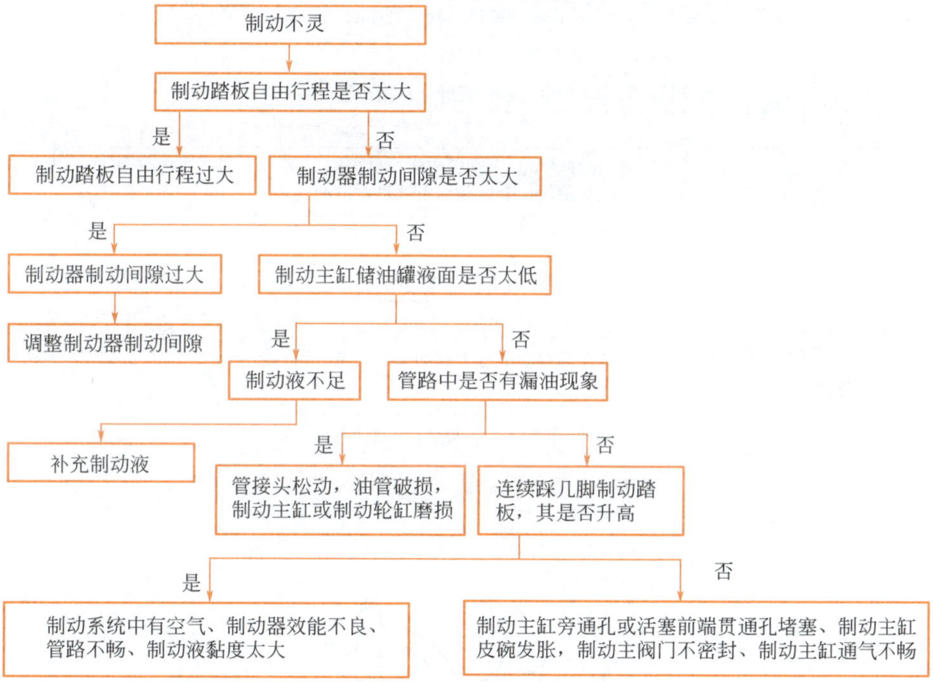

图 4-126　液压制动不灵故障诊断与排除

4.5.1.8　液压制动失效

液压制动失效主要表现为踩下制动踏板时车辆不减速，即使连续踩几次，也没有明显减速效果。

液压制动失效的故障原因如图 4-127 所示。

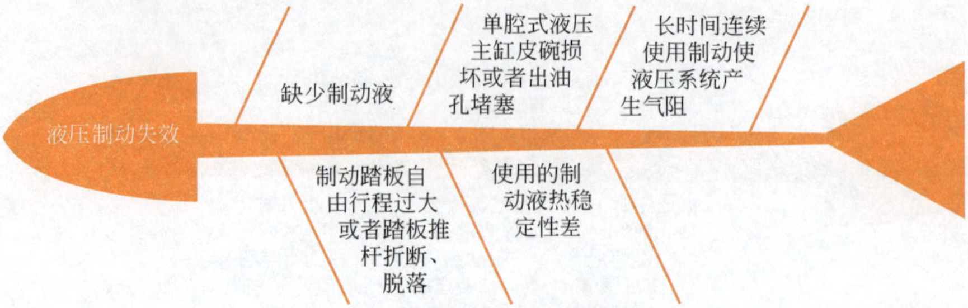

图 4-127　液压制动失效的故障原因

液压制动失效故障诊断与排除如图 4-128 所示。

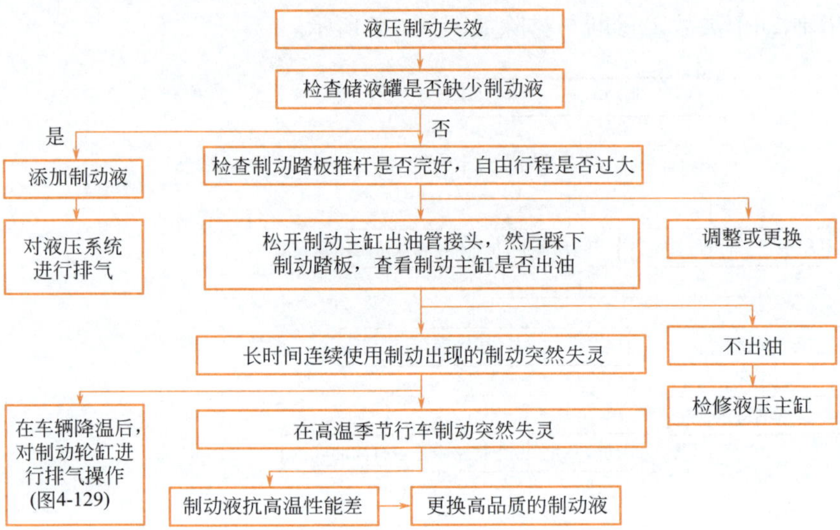

图 4-128　液压制动失效故障诊断与排除

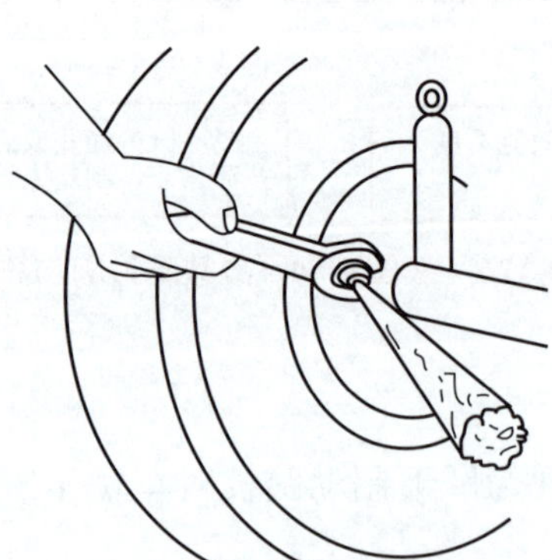

图 4-129　消除气阻

4.5.1.9　液压制动拖滞

液压制动拖滞的故障现象主要有：放松制动踏板后，制动不能立刻解除；各个制动鼓均发热；个别制动鼓发热。

液压制动拖滞的故障原因如图 4-130 所示。

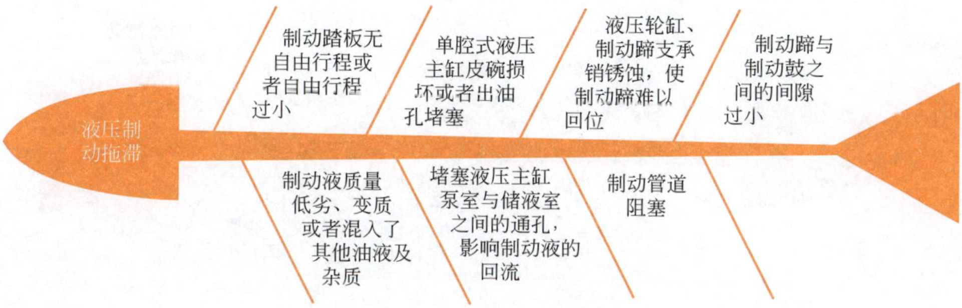

图 4-130　液压制动拖滞的故障原因

液压制动拖滞故障诊断与排除如图 4-131 所示。

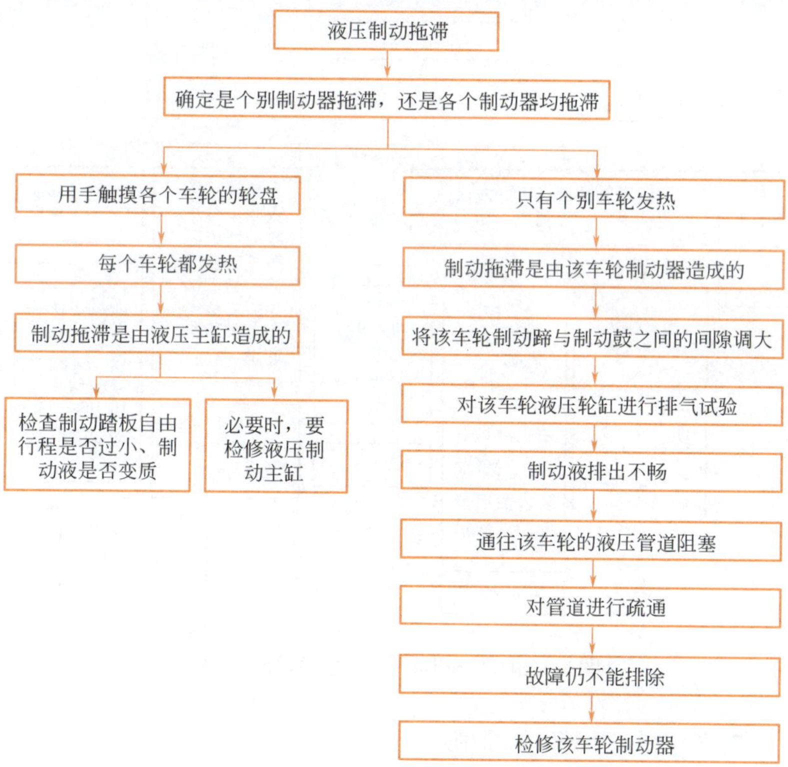

图 4-131　液压制动拖滞故障诊断与排除

4.5.1.10 驻车制动不良

驻车制动不良的故障现象主要有：在坡道上停车时，拉紧驻车制动器，汽车不能停止而发生溜车现象；拉紧驻车制动器，汽车很容易起步。

驻车制动不良的故障原因如图 4-132 所示。

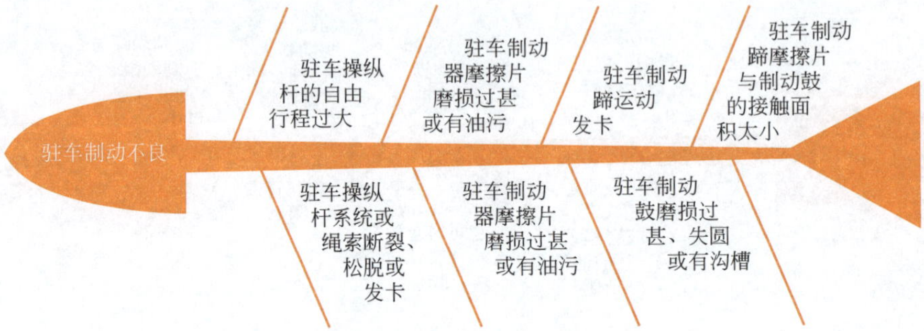

图 4-132 驻车制动不良的故障原因

驻车制动不良故障诊断与排除如图 4-133 所示。

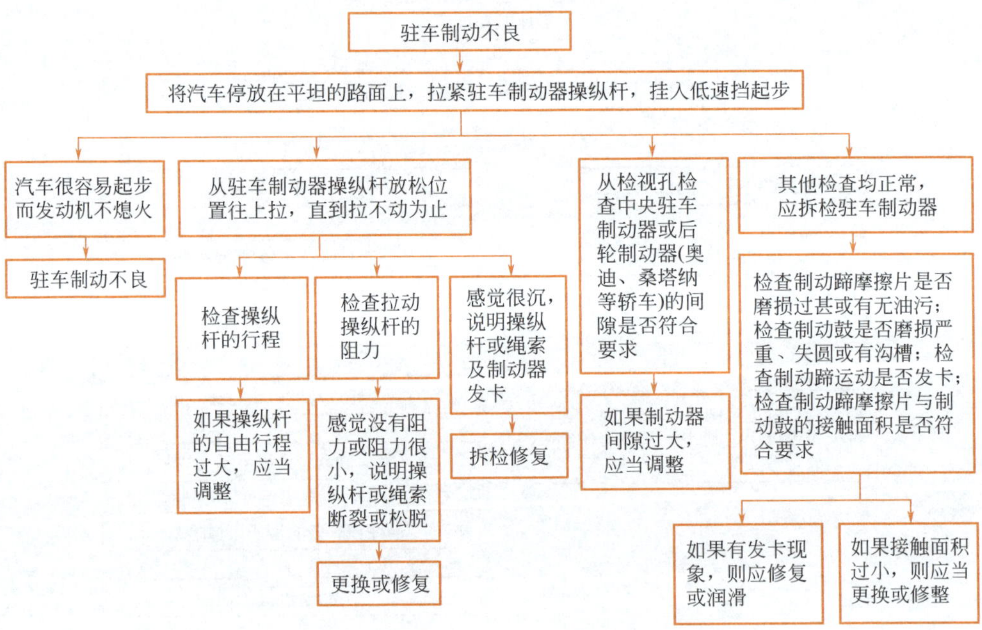

图 4-133 驻车制动不良故障诊断与排除

4.5.2 气压式制动系统检修

对于气压式行车制动系统，在不制动的时候，回位弹簧使制动蹄上端向内靠拢，制动蹄与制动鼓之间有一定的间隙。当踩下制动踏板时，储气筒内的压缩空气经过制动控制阀进入制动气室。制动气室的推杆向外伸出，经过调整臂带动制动凸轮摆动，使得制动蹄以支承销为支点摆动，制动蹄与制动鼓相互压紧，产生制动的作用。

4.5.2.1　气压制动不灵

踩下制动踏板时，制动强度不足，汽车减速缓慢。

气压制动不灵的故障原因如图 4-134 所示。

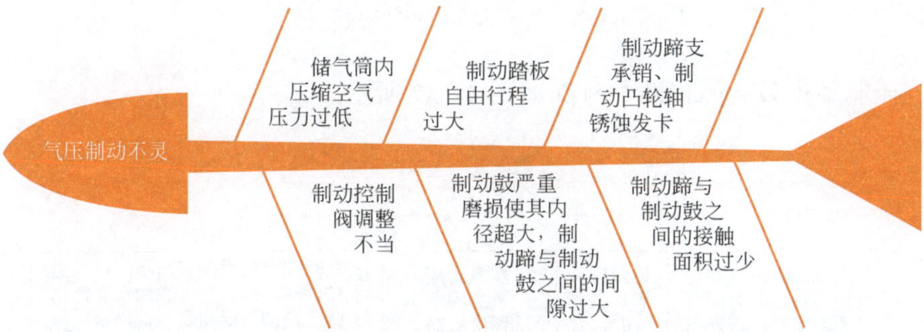

图 4-134　气压制动不灵的故障原因

气压制动不灵故障诊断与排除如图 4-135 所示。

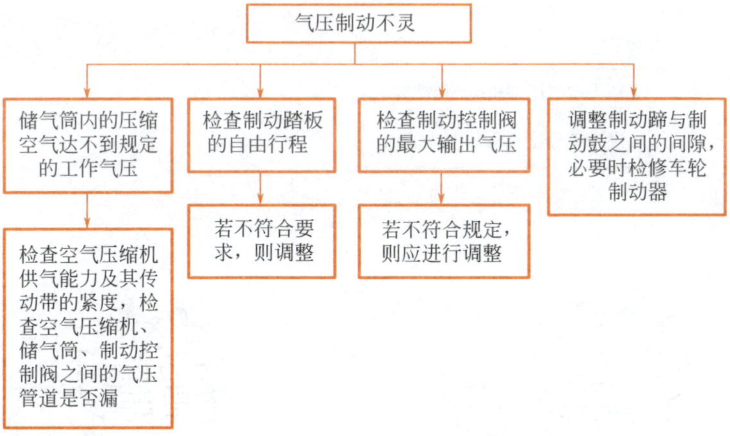

图 4-135　气压制动不灵故障诊断与排除

4.5.2.2　气压制动失效

踩下制动踏板不能立即减速或停车。

气压制动失效的故障原因如图 4-136 所示。

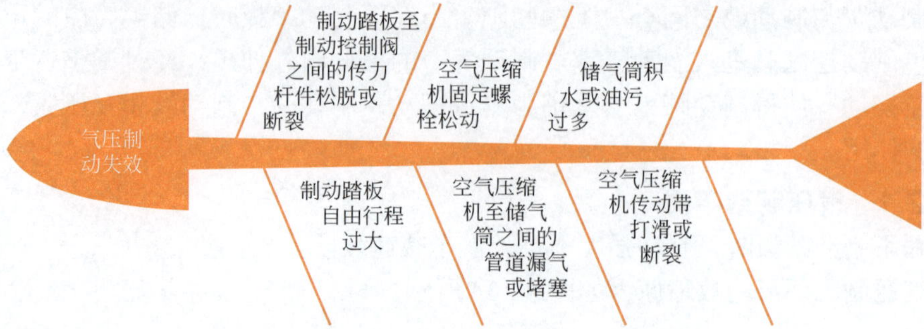

图 4-136　气压制动失效的故障原因

气压制动失效故障诊断与排除如图 4-137 所示。

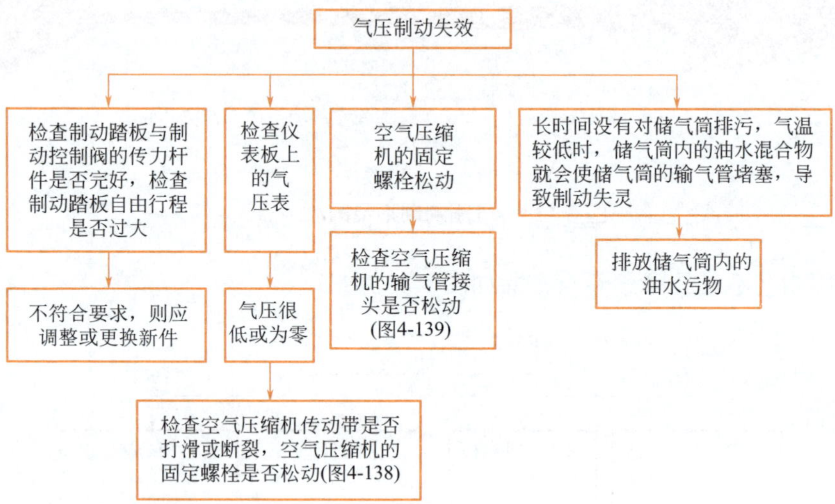

图 4-137　气压制动失效故障诊断与排除

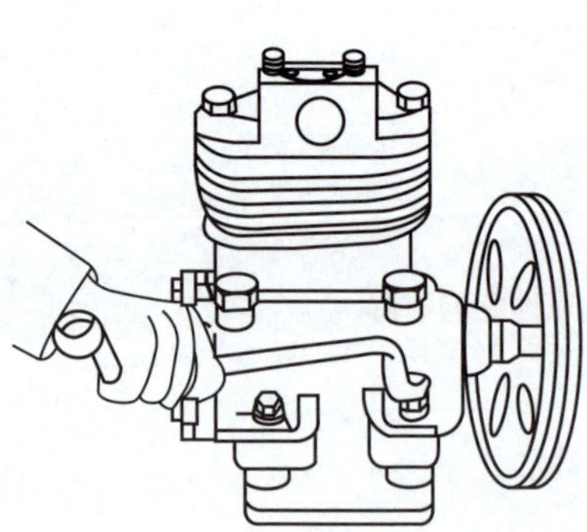

图 4-138　检查空气压缩机固定螺栓

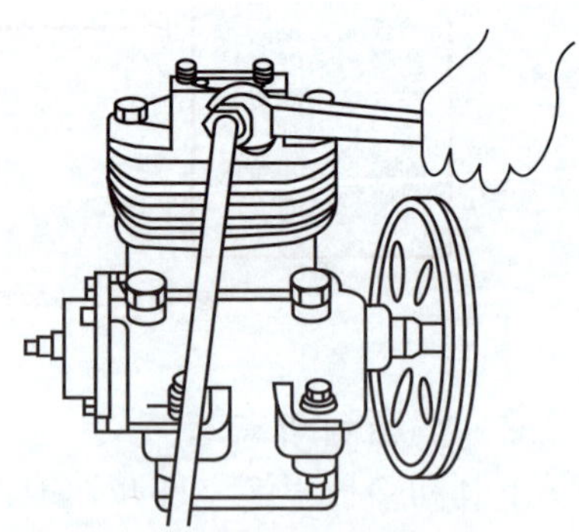

图 4-139　检查空气压缩机输气管接头

4.5.2.3　气压制动跑偏

制动时，汽车自动偏离原来的行驶方向。

气压制动跑偏的故障原因如图 4-140 所示。

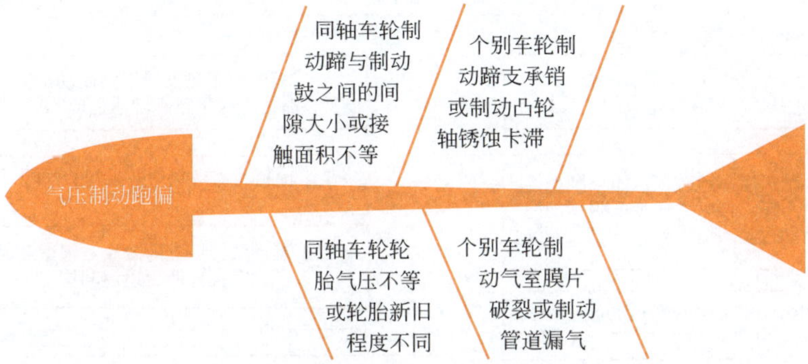

图 4-140　气压制动跑偏的故障原因

气压制动跑偏故障诊断与排除如图 4-141 所示。

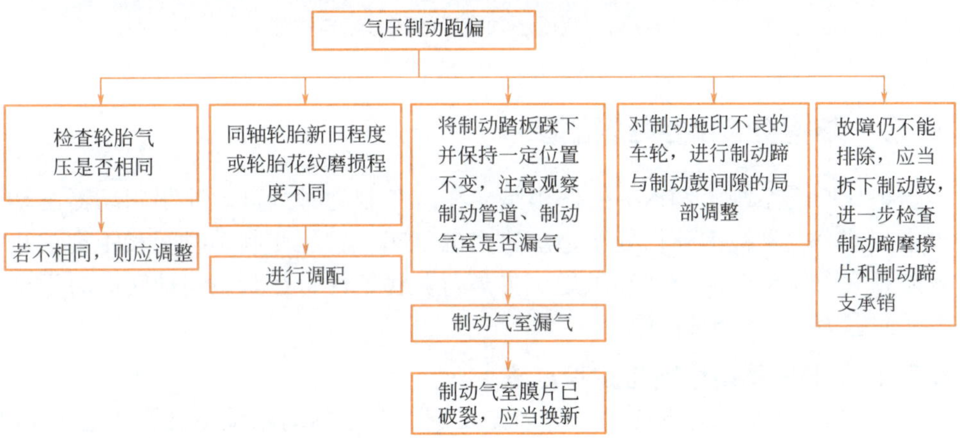

图 4-141　气压制动跑偏故障诊断与排除

4.5.2.4　气压制动拖滞

气压制动拖滞的故障现象主要有：放松制动踏板后，制动不能够立刻解除；各个制动鼓均发热；个别制动鼓发热。

气压制动拖滞的故障原因主要有：制动蹄支承销、制动凸轮轴锈蚀卡滞；制动蹄与制动鼓之间的间隙过小；制动控制阀中的排气阀开启间隙过小。

气压制动拖滞故障诊断与排除如图 4-142 所示。

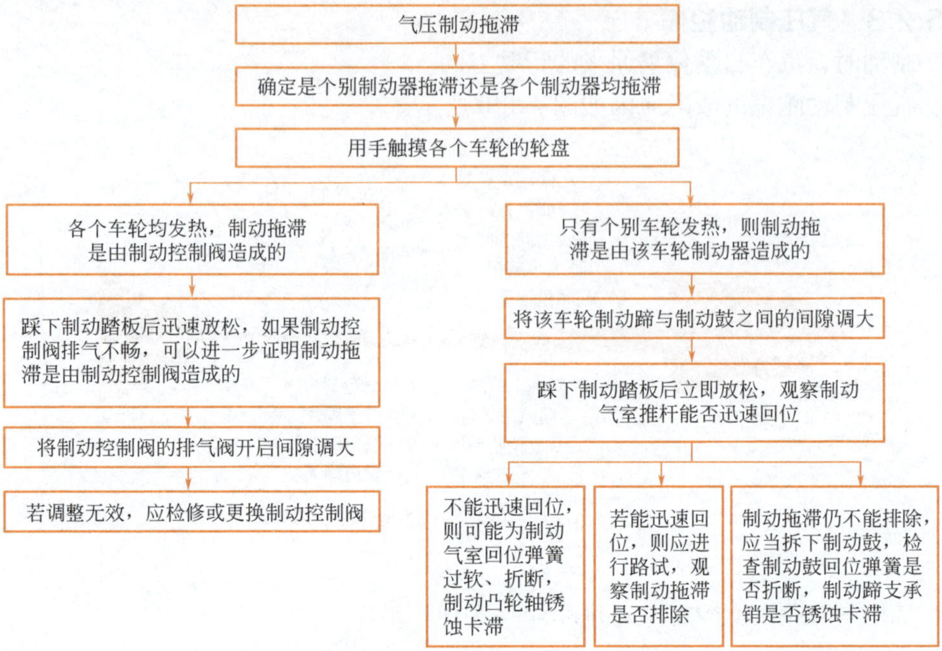

图 4-142　气压制动拖滞故障诊断与排除

4.5.3　防抱死制动系统检修

防抱死制动系统（ABS）的作用是，在汽车制动时，自动控制制动器制动力的大小，使车轮不被抱死，处于边滚边滑的状态。它能使制动时间和距离缩短；有效防止紧急制动时的侧滑和甩尾，提高行驶稳定性；在紧急制动转向时不至于丧失转向能力；减少轮胎磨损。

4.5.3.1　ABS 常用诊断与排除方法

① 当汽车出现制动不良时，应当先区别是普通制动系统不良，还是 ABS 电子控制系统的故障。其方法是，关闭 ABS（拔出熔丝）比较制动效果，如果效果相同，则故障在普通制动系统；如果效果不同，则故障在 ABS。

② 当 ABS 工作不正常时，应当先检查导线的接头和接插件有无松脱，制动油路和制动总泵、分泵及制动控制阀等有无漏损，制动液面是否在规定的范围内。

③ 确定是 ABS 电子控制系统的故障后，读取故障码。

④ 拆检车速传感器时要小心，不要碰撞或敲击传感器头，也不要以传感器齿轮当撬面，以免损坏传感器。

⑤ 对于有储能器的 ABS，在需要拆检时，应先进行泄压，以避免高压油喷出伤人。

⑥ 利用 ABS 故障自诊断。

不同车型，甚至是同一系列不同年代生产的汽车，由于装用的 ABS 型号不一样，其具体诊断方法与步骤也不尽相同。ABS 故障诊断的一般程序如图 4-143 所示。

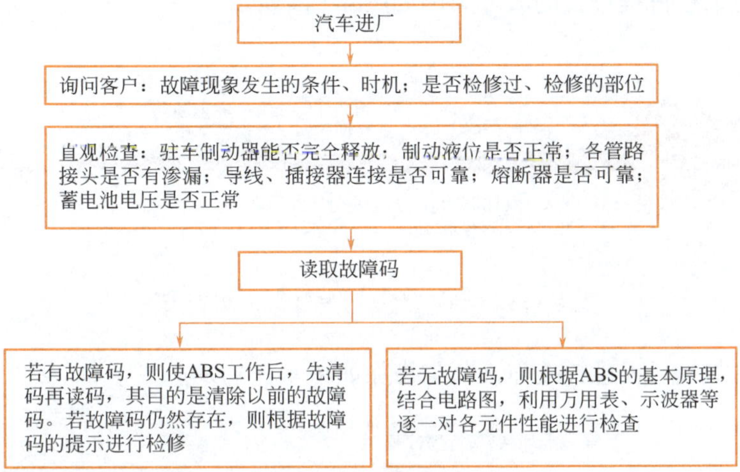

图 4-143　ABS 故障诊断的一般程序

4.5.3.2　ABS 检修注意事项

① 当点火开关处于点火位置时，不允许拆装系统中的电器元件及线束插头，以免损坏电子控制单元。

② 当车上用外接电源给蓄电池充电时，应当先断开蓄电池正（负）极柱上的电缆线，然后对蓄电池进行充电，以免损坏电子控制单元。

③ 由于电子控制单元对高温环境及静电都比较敏感，因此为了防止其损坏，在对汽车进行烤漆作业时，应当将电子控制单元从车上拆下；在对车体进行电焊前，应当拔下电子控制单元的插接器，并且应当戴好防静电器。

④ 在拆卸制动管路或者与其关联的部件前，应当首先释放 ABS 蓄能器内的压力，防止高压制动液喷射伤人。

⑤ 在更换 ABS 的制动管路或者橡胶件时，应当按照相关规定使用标准件（高压耐腐蚀件），以免管路破损而引起制动突然失灵。

⑥ 为了保证汽车的维修质量，应当保持维修场地和拆卸之器件的清洁干净，并防止尘埃物进入压力调节器或者制动管路中。

⑦ 制动液侵蚀油漆的能力较强，因此在维修液压部件和加注制动液的时候，应当防止制动液溅污油漆表面而使油漆失去光泽和变色。

⑧ 在维修车轮转速传感器时，应当防止碰伤齿圈的轮齿与传感头；也不可以将齿圈作为支点撬动，否则将会造成轮齿变形，会导致车轮转速传感器信号不正常，

从而影响 ABS 的正常工作。

4.5.3.3 制动时踏板行程过长

制动时踏板行程过长的故障现象主要有：制动踏板有下垂现象；无故障码显示。

制动时踏板行程过长的故障原因如图 4-144 所示。

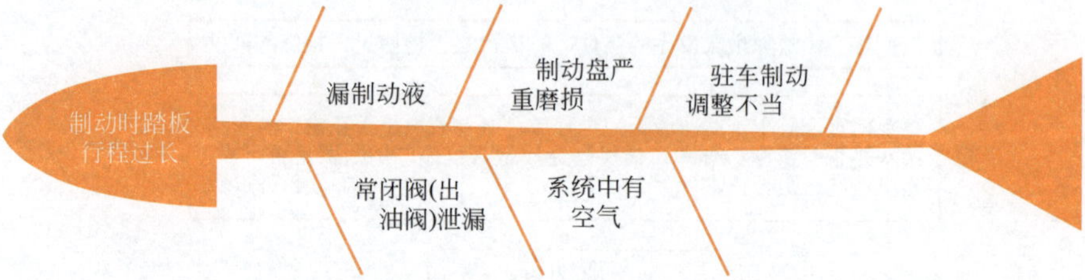

图 4-144 制动时踏板行程过长的故障原因

制动时踏板行程过长故障诊断与排除如图 4-145 所示。

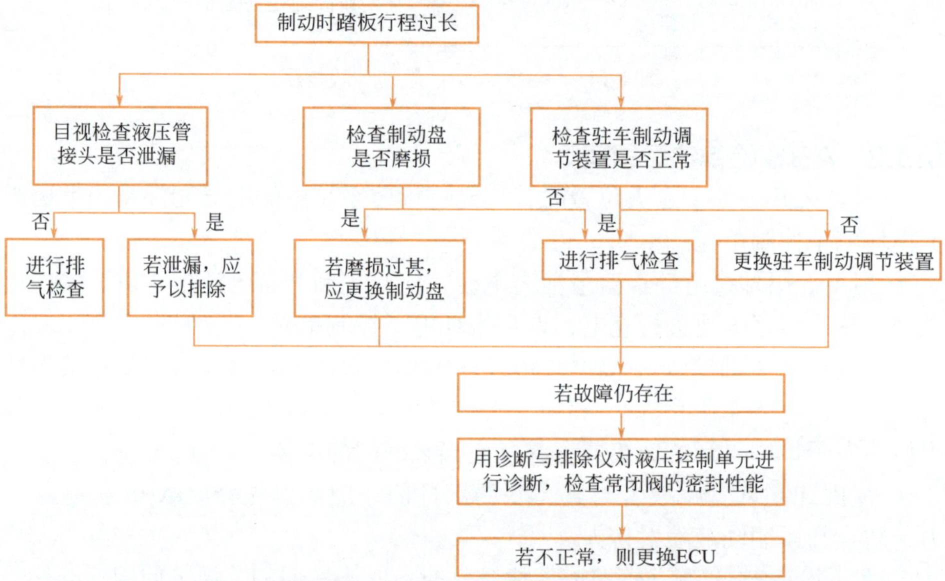

图 4-145 制动时踏板行程过长故障诊断与排除

4.5.3.4 ABS 工作异常

ABS 工作异常的故障现象主要有：无故障码显示；制动力不足；制动力不均匀；ABS 不正常工作。

ABS 工作异常的故障原因如图 4-146 所示。

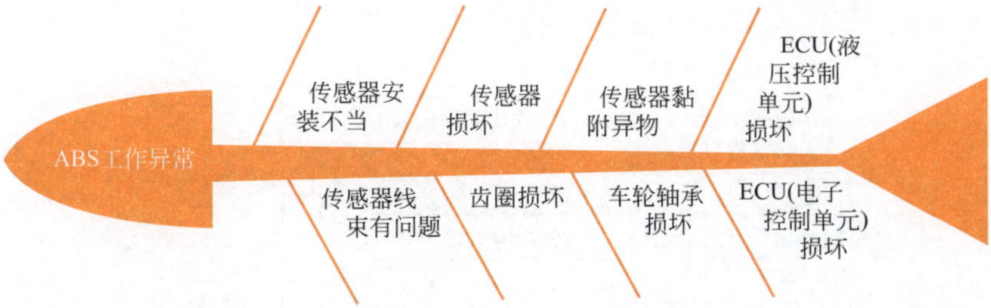

图 4-146　ABS 工作异常的故障原因

ABS 工作异常故障诊断与排除如图 4-147 所示。

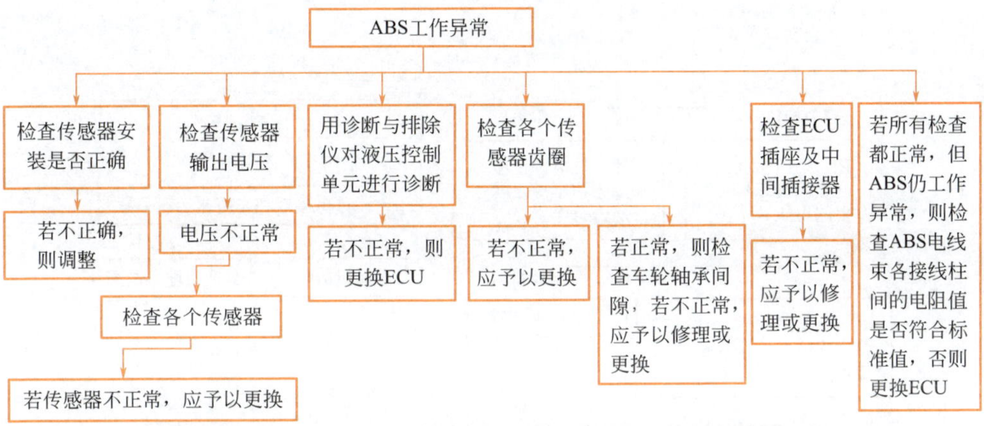

图 4-147　ABS 工作异常故障诊断与排除

4.5.3.5　ABS 失效

装有 ABS 的汽车在紧急制动时，车轮容易抱死，ABS 失效。

ABS 失效的故障原因如图 4-148 所示。

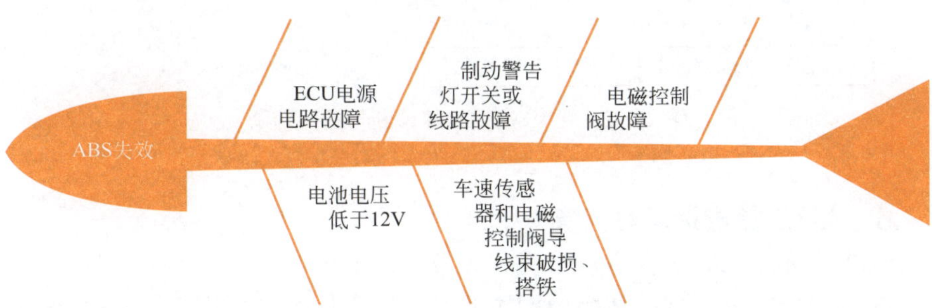

图 4-148　ABS 失效的故障原因

ABS 失效故障诊断与排除流程如图 4-149 所示。

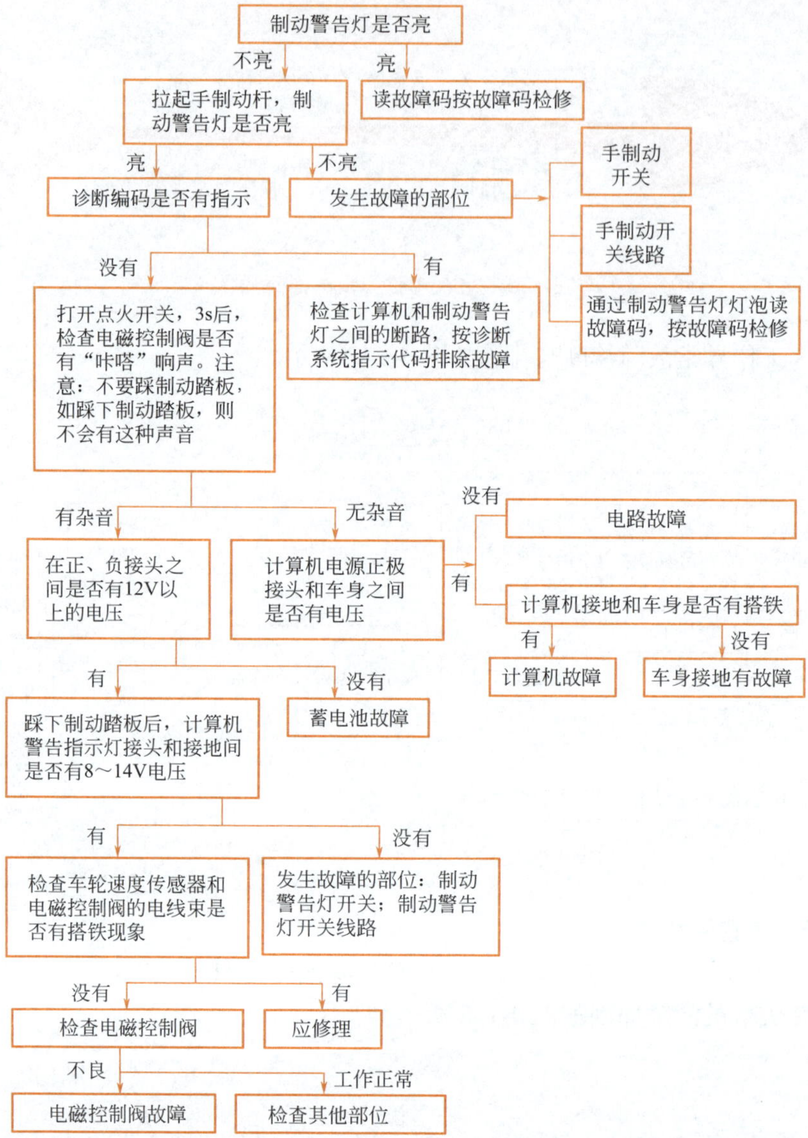

图 4-149 ABS 失效故障诊断与排除流程

4.5.3.6 ABS 警告指示灯常亮

发动机启动后，ABS 警告灯常亮，无故障码显示。

ABS 警告指示灯常亮的故障原因主要有：警告灯控制器损坏；ABS 警告灯控制器回路开路；ABS ECU 损坏。

ABS 警告指示灯常亮的故障诊断与排除如图 4-150 所示。

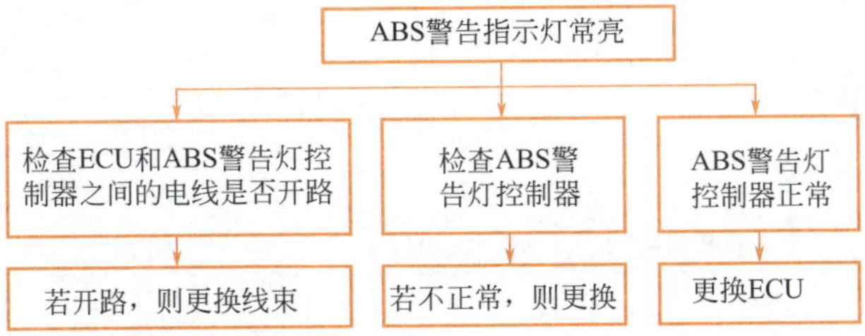

图 4-150　ABS 警告指示灯常亮故障诊断与排除

4.5.3.7　ABS 警告指示灯错亮

放开驻车制动器或行驶中制动警告指示灯亮。

ABS 警告指示灯错亮的故障原因如图 4-151 所示。

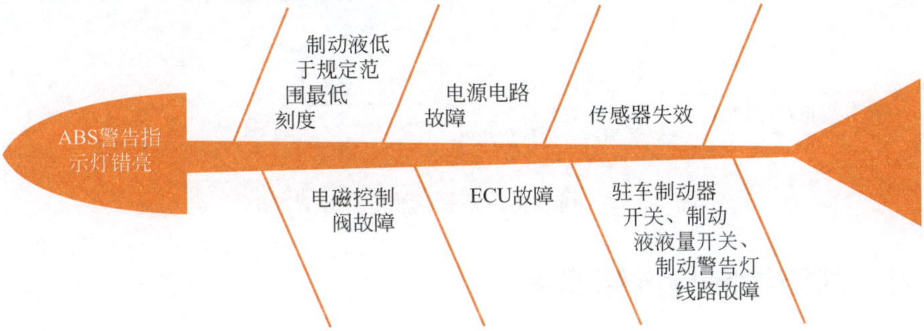

图 4-151　ABS 警告指示灯错亮的故障原因

制动指示灯错亮故障诊断与排除如图 4-152 所示。

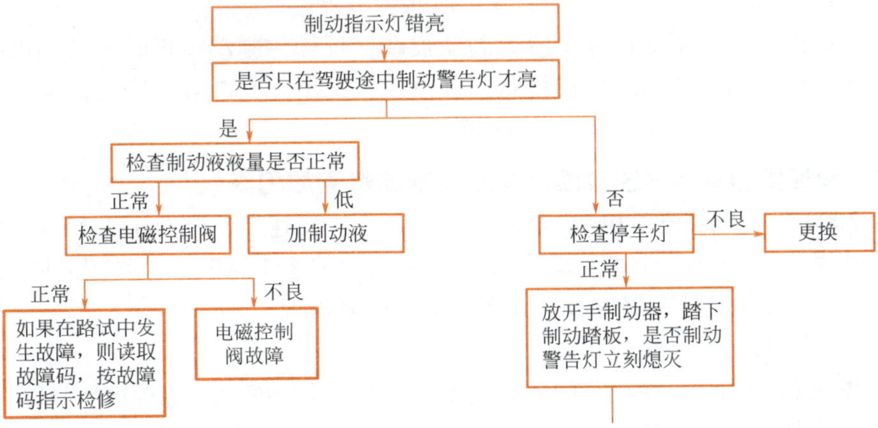

图 4-152

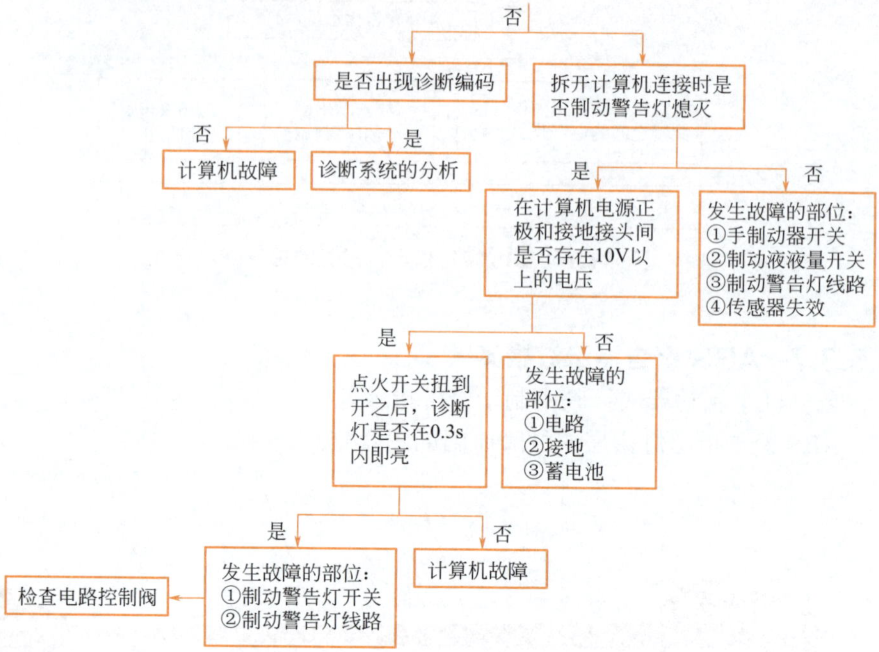

图 4-152　制动指示灯错亮故障诊断与排除

4.5.4　故障诊断与维修案例

4.5.4.1　2004 年款蒙迪欧轿车制动效果差

一辆 2004 年款蒙迪欧轿车，发动机排量为 2.0L，配置了自动变速器，行驶里程约 1.1 万千米，车辆制动效果差。

故障诊断与排除

启动发动机，踩下制动踏板，感觉制动很硬，且踩住制动踏板时，发动机明显怠速不稳，松开制动踏板时发动机怠速恢复正常，由此判断真空助力器漏气，于是维修技师更换了真空助力器，故障排除。

4.5.4.2　毕加索轿车 ABS 故障灯和驻车制动灯无故闪烁

一辆 2004 年款毕加索 2.0L 轿车，采用手自一体变速器，配置了 MM6LP 发动机，行驶里程约 11.4 万千米，车主反映该车在行驶途中 ABS 故障灯和驻车制动灯闪烁一下，熄火后伴有蜂鸣音，并且无规律反复出现。

故障诊断与排除

① 首先用 PROXIA 检测汽车的 ABS 系统，读取故障内容为“电池电压故障”。

② 检查座椅下的蓄电池电压，蓄电池电压正常，但负极电缆与蓄电池桩头接头处安装不到位，重新安装负极电缆，试车 10km，故障未出现。

③ 但车主第二天反映故障依旧。再次试车发现，在加速时该故障出现频率较高，停车后试着急踩加速踏板，组合仪表灯突然随之异常发亮，且上述故障同时出现。

④ 用 PROXIA 检测发电机充电电压，发现怠速时为 14.7V，急踩加速踏板时其电压最高可达 18.3V，这说明发电机电压过高。

⑤ 更换发电机总成后故障现象彻底排除。

4.5.4.3 别克君威轿车，踩制动踏板时 ABS 警告指示灯亮

一辆上海通用别克君威 3.0L 轿车，客户反映一踩制动踏板 ABS 故障警告灯立即点亮。

故障诊断与排除

① 维修技师经过试车，确认故障确实存在。

② 连接故障诊断仪对 ABS 进行检测，发现历史故障码 C1233（右前车轮轮速传感器电路开路或短路）。

③ 记录并且清除故障码后，在不同车速、路况反复踩下制动踏板，当 ABS 故障警告灯点亮时，查询故障码仍然为 C1233。

④ 从 ABS 数据清单的实时图形中，调出左前、右前车轮转速传感器的信号波形，对比 2 个前轮轮速传感器的信号波形变化情况。

⑤ 当右前车轮显示的信号波形陡然升高时，ABS 故障警告灯便会突然点亮。测量传感器电阻，正常；测量传感器相关线路，也未见异常。

⑥ 为了保险起见，维修技师决定重新对 ABS 至轮速传感器之间的线路进行仔细测量。

⑦ 维修技师断开 ABS 控制单元插头，并且用导线短接右前车轮轮速插头，同时用手反复拉动相关线束，然后从 ABS 控制单元插头处测量 ABS 控制单元到右前车轮轮速之间线束的断路、搭铁短路情况发现，这段线束在空调液气分离器右侧的低压管接头处与发动机线束相互摩擦，最终导致棕黄色的右前车轮转速信号线搭铁短路。

⑧ 在对损坏的线路进行维修并重新固定这段发动机线束后，故障排除。

4.5.4.4 上汽荣威 550 轿车 ABS 故障灯亮

一辆上汽荣威 550 轿车，装配了 1.8T 发动机，在行驶中出现仪表板上 ABS 故障灯常亮的现象。

故障诊断与排除

① 首先用 T5 检测，显示故障码为 C1051（右后轮速度传感器不稳定故障）和 C1578（ABS 控制单元关闭故障）。

② 根据故障码及其含义分析，造成此故障的原因可能有：右后轮速度传感器

或其线路故障；右后轮信号轮（靶轮）损坏或工作不良；ABS 控制单元不能接收右后轮速度信号。

③ 用 T5 先对 ABS 控制单元内的故障码进行清除，清除成功（能够清除故障码表示 ABS 控制单元到右后轮速度传感器的线路及传感器正常）。

④ 用T5读取ABS控制单元的4轮速度信号,发现车辆静止时数据正常,为“4”。

⑤ 用 T5 读取实时数据，当轿车行驶到 30km/h 左右时 T5 显示右后轮速度信号无效。

⑥ 当轿车行驶到 30km/h 的速度时，反复读取 4 轮速度信号数据，结果都是如此。

⑦ 故障点初步确定在右后轮速度传感器或右后轮信号轮上。

⑧ 对右后轮速度传感器进行拆检时，维修技师发现该传感器的头部有明显的磨损现象，拆检右后轮，检查右后轮信号轮，发现右后轮信号轮上吸附着一块铁屑。由于右后轮信号轮上的这块铁屑，在一定车速内，就会导致右后轮的速度信号与其他轮速度信号具有较大偏差，ABS 控制单元就对右后轮速度传感器信号进行屏蔽，并储存故障码。

⑨ 去除右后轮信号轮上的铁屑后清除故障码，上述故障现象消失。

4.5.4.5 东风本田制动灯开关故障

一辆 2010 年款东风本田 CR-V2.4L 轿车，配置 K2421 发动机，该车行驶约 1.4 万千米后在颠簸路面行驶或爬坡时偶尔出现无法加速的现象，松开加速踏板，重新踩下后，发动机又工作正常，但在平路和高速行驶时均正常。

故障诊断与排除

① 首先用诊断仪检测故障码和数据流，一切正常。然后仔细检查各连接线路，并没有出现接地或漏插的异常情况。

② 重新连接 HDS 诊断仪，并且在路试过程中观察加速踏板传感器和电子节气门数据，发现在出现故障时电子节气门开度信号从 96% 突然降为 8%，观察其他传感器数据时发现制动开关常闭信号间歇性断开，因此初步判断是由于车辆振动时制动信号偶尔断开，ECM/PCM 主观控制电子节气门关闭而出现的故障。

③ 更换制动灯开关后，故障现象排除。

4.5.4.6 奇瑞风云轿车 ABS 故障灯异常点亮

一辆2010年款奇瑞风云轿车,配置SQR480E发动机,该车行驶约2.6万千米后,在打开左转向灯时，ABS 故障灯异常点亮。

故障诊断与排除

① 根据维修经验分析，原因一般为防盗器接错；左转向灯线路破损与 ABS 线窜电。

于是将所有防盗器线路拆下后重新连接，但是故障现象依然存在，说明该故障与加装防盗器无关。

② 根据电路图从转向开关开始查看左转向灯线路，一切正常。检查左前转向灯到接地处时，发现左前纵梁接地线松动，故障点已经明确。

③ 将接地线紧固后重新检查，故障现象消除。

4.5.4.7　奇瑞轿车后轮制动器不能迅速或完全松脱，有拖滞现象

一辆奇瑞轿车，行驶里程为 16100km。车主介绍，该车在一次行驶途中，发现在松开制动踏板后，后轮制动器不能迅速或者完全松脱，而且有拖滞现象，且越来越明显，需进行检查处理。

故障诊断与排除

该车后轮制动器为鼓式制动器，此种制动器拖滞的现象比较普遍，其故障原因如图 4-153 所示。

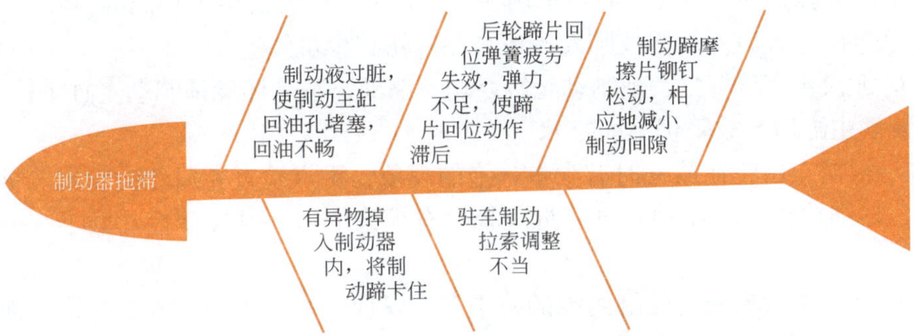

图 4-153　制动器拖滞的故障原因

根据上述几种故障产生的可能性，做下列检查。

① 首先检查制动液，打开储液罐，发现制动液比较浑浊。将制动液全部排净，然后换上干净的符合标准的制动液，排净制动系统的空气后，进行路试制动试验，结果发现故障依旧。

② 将后轮拆下，检查后轮制动器各部构件的技术状态，结果发现制动蹄摩擦片铆钉已经全部松动，当制动时蹄片顺着制动鼓的旋转方向转动，松开制动踏板时，摩擦片由于松动（铆钉孔变椭圆）不能同时与制动蹄离开制动鼓，导致出现制动器回位不及时而拖滞的现象发生。

③ 将制动蹄上的摩擦片铲掉，然后用沉头螺栓和螺母将摩擦片固定在制动蹄上，同时为了防止螺母松脱，在每个螺栓上加一个锁紧螺母，将其锁紧，防止出现不应有的故障。

④ 经过多次实验后，发现用沉头螺栓及螺母代替铆钉效果良好，省时而且不

易将摩擦片砸裂。

⑤ 经过上述处理后试车，制动器不再拖滞，故障排除。

4.5.4.8 速腾轿车制动不良，需要连续踩两脚制动踏板才能停住车

一辆速腾轿车，行驶里程约127000km。车主介绍，制动太软，将制动踏板急踏到底时才有制动效果，如果遇到紧急情况，需要连续踩两脚制动踏板时才能停住车。

故障诊断与排除

① 首先检查制动液的液面，正常。

② 然后检查制动管路，也没有漏油处。拆检4个车轮制动器，均工作正常。

③ 按照由远及近的顺序，对4个车轮制动轮缸进行放气，发现只有左后轮有少量气泡，其他车轮均无气泡。放气后试车，制动效果明显好转。

④ 根据客户介绍，制动液已经使用2年多没有更换过，于是更换了制动液并且排净制动系统内的空气。但是车辆在使用几天后，又发生了相同的故障。

⑤ 再次检查后，维修技师发现还是左后轮有少量气泡。

⑥ 拆检4个车轮，发现制动轮缸泵均不漏油，于是怀疑是制动主缸工作不良。更换制动主缸后，故障仍不能排除。

⑦ 根据左后轮在放气时有少量气泡的现象，重点检查左后轮的轮缸。拆开左后轮，仔细检查发现制动轮缸靠近底板处有少许油污，且被摩擦片磨下来的粉末盖住。

⑧ 拆下左后轮制动轮缸两端的防尘套，发现一侧防尘套的内部有油，而另一侧没有，说明制动轮缸密封不良。

⑨ 由于左后轮制动轮缸密封不良，当踩制动踏板时有少量制动液漏出，在放松制动踏板时，空气被吸入轮缸。由于空气有可压缩性，所以造成整个制动系统的压力降低，制动不良。

⑩ 在紧急制动时，踩第1脚制动时，左后轮分泵内的空气被排出轮缸；连续踩第2脚制动时，空气还未来得及进入轮缸，所以制动效果略有好转。

⑪ 由于只是轻微漏油，漏出的制动液储存在轮缸防尘套内，且从外表观察不能发现，造成类似制动主缸损坏的假象。

⑫ 更换左后轮制动轮缸后，经过试车，故障排除。

Chapter 5

第 5 章 汽车电气系统故障诊断、排除与维修

5.1 汽车电气系统基本知识

5.1.1 汽车电气设备基本组成

现代汽车的电气设备种类和数量很多，但一般来说，大概可分为三大部分，即电源、用电设备、全车电路及配电装置，见表 5-1。任何电气设备和电控装置若要获得电源供应，中间装置的连接必不可缺少。通常的连接装置有汽车线束、开关装置、继电器、保险装置、连接端子以及连接器，这些中间装置的选用及装配直接影响到用电设备的运行状况。

表 5-1 汽车电气设备基本组成

项目	内容
电源	汽车电源有两个，即蓄电池及发电机。在发动机启动时，由蓄电池供电；发动机达到某一转速后，由发电机供电。当发电机供电给用电设备的同时，也给蓄电池充电。发电机供电时要采用调节器来保持其输出电压的稳定

续表

项目		内容
用电设备	启动系统	启动系统包括起动机及其控制电路，其作用是启动发动机
	点火系统	点火系统用来产生电火花，点燃汽油机中的可燃混合气体。它主要包括点火线圈、点火器以及火花塞等
	照明系统	照明系统包括车外与车内的照明灯具，提供车辆安全行驶的必要照明
	信号装置	信号装置包括音响信号与灯光信号两类，提供行车所必需的信号
	仪表和报警装置	仪表和报警装置用于监测发动机及汽车的运行情况，使驾驶员能够及时监视发动机和汽车运行的各种参数与异常情况，确保汽车正常运行。它包括车速里程表、发动机转速表、燃油表、冷却液温度表、机油压力表和各种报警灯等
	辅助电气设备	辅助电气设备包括风窗电动刮水器、空调系统、风窗洗涤器、汽车视听设备、车窗玻璃电动升降器、电动座椅、电动天窗以及电动后视镜等。车用辅助电气设备有日益增多的趋势，主要向舒适、娱乐以及安全保障等方面发展
	汽车电子控制系统	汽车电子控制系统主要是指通过微机控制的各个系统。发动机的微机控制主要有汽油喷射发动机集中控制系统与电控柴油喷射系统。底盘电子控制系统用于提高汽车的舒适性、安全性以及动力性，主要有电控自动变速器、电控悬架、制动防抱死系统（ABS）、防滑控制系统（ASR）、电控动力转向、牵引力控制以及巡航控制等。车身电子控制系统包括汽车安全性、舒适性控制和信息通信系统，主要包括安全带、安全气囊、中央防盗门锁、全自动空调、多功能电动座椅、多媒体界面、电动车窗和满足多种用电设备需求的新型电源管理系统，还包括导航系统、车载网络系统、状态监测和故障诊断系统等
全车电路及配电装置		全车电路及配电装置有中央接线盒、继电器、保险装置、电气线束及插接件、电路开关等，它们使全车电路构成一个统一的整体

5.1.2 汽车电气系统故障分类

汽车电气系统故障总体上可分为两大类：电气设备故障和线路故障，见表 5-2。

表 5-2 汽车电气系统故障分类

类别	内容
电气设备故障	电气设备故障是指电气设备自身丧失其原有机能，主要包括电气设备的机械损坏、烧毁，以及电子元件的击穿、老化、性能减退等。在实际使用和维修中，时常因线路故障而导致电气设备故障。电气设备故障通常是能修复的，但相对于一些不可拆的电子设备，出现故障后只能更换
线路故障	线路故障包括断路、短路、接线松脱、接触不良或绝缘不良等。这类故障有时容易出现一些假象，给故障诊断带来困难。例如，某搭铁线和车身出现接触不良，即可能造成电气设备开关失控，电气设备工作出现混乱。这是由于有的搭铁线多为几个电气设备共用，如果该搭铁线出现接触不良，它就把多个电气设备的工作电路联系到一起，有可能通过其他线路找到搭线途径，造成一个或多个电气设备工作异常

5.1.3　汽车电气故障诊断方法

汽车电路发生故障主要包括断路、短路、电气设备的损坏等，汽车电气故障诊断方法见表 5-3。

表 5-3　汽车电气故障诊断方法

方法	内容
直观诊断法	汽车电路发生故障时，可能会出现冒烟、火花、异响、焦臭、发热等异常现象。这些现象可通过人的眼、耳、鼻、身感觉到，进而可以直接判断出故障所在部位 例如，汽车行驶中，突然发现转向灯与转向指示灯均不亮故障，用手去摸，发现闪光器发热烫手，表明闪光器已被烧坏
断路法	汽车电气设备发生搭铁（短路）故障时，可用断路法判断，即将怀疑有搭铁故障的电路段断路后，根据电气设备中搭铁故障是否还存在，判断电路搭铁的部位及原因 例如，汽车行驶时，听到电喇叭长鸣，则可以将继电器“按钮”接线柱上的导线拆开，这时若喇叭停鸣，则表明喇叭按钮至继电器这段电路中有搭铁现象
短路法	汽车电路中出现断路故障，也可以用短路法判断，就是用螺钉旋具或导线将被怀疑有断路故障的电路短接，观察仪表指针变化或电气设备工作状况，进而判断出此电路中是否存在断路故障 例如，怀疑汽车电路中的各种开关有故障，可用导线将开关短接来判断开关是好是坏 注意：该检测方法可用于电子系统控制较简单的车型，不可用于电子系统控制较复杂的高档车型，否则容易烧坏电控单元
试灯法	试灯法就是用一个汽车用灯泡作为试灯，查看电路中是否有断路故障 例如，用试灯的一端和交流发电机的“电枢”接线柱连接，另一端搭铁。若灯不亮，表明蓄电池至交流发电机“电枢”接线柱间有断路现象；如果灯亮，表明该段电路良好 该检测方法可用于电子系统控制较简单的车型，不可用于电子系统控制较复杂的高档车型。例如，大众 PQ35 平台以上车型，如果采用该方法检测，则容易烧坏电控单元 大众车系的部分电路是电控单元控制继电器，继电器线圈的电阻一般为 140Ω 左右，采用电压为 12V、功率为 3W 的试灯，如果继电器线圈断路，则通过试灯的电流为 0.25 A（冷态），但在灯泡处于热态时（电阻降至冷态时的 1/10），则通过灯泡和电控单元控制末级电流将达到 2.5A，超过了电控单元控制末级电路电流的要求，直接导致电控单元烧坏
仪表法	查看汽车仪表板上的电流表、冷却液温度表、燃油表、机油压力表等的指示情况，判断电路中有无故障 例如，发动机处于冷态，接通点火开关时，冷却液温度表指示满刻度位置不动，表明冷却液温度表传感器有故障或此线路有搭铁
高压试火法	对高压电路进行搭铁试火，查看电火花状况，判断点火系统的工作情况。具体方法如下：取下点火线圈或火花塞的高压导线，将其对准火花塞或缸盖等，距离约为 5 mm，随即接通启动开关，转动发动机，观察其跳火情况。若火花强烈，呈天蓝色，且跳火声较大，则说明点火系统工作基本正常；反之，则表明点火系统工作不正常
机件更换法	对于难以诊断且涉及面大的故障，可利用更换机件的方法来确定或缩小故障范围
仪器法	利用万用表（欧姆挡）、各种诊断仪对电路和元件进行故障诊断。仪器法是目前采用最多的一种故障诊断方法

5.2 汽车电源系统故障检修

汽车电源系统的主要作用是向汽车上各用电设备供电，满足汽车用电需要。汽车电源系统主要包括发电机、蓄电池、充电指示灯与点火开关等，如图 5-1 所示。

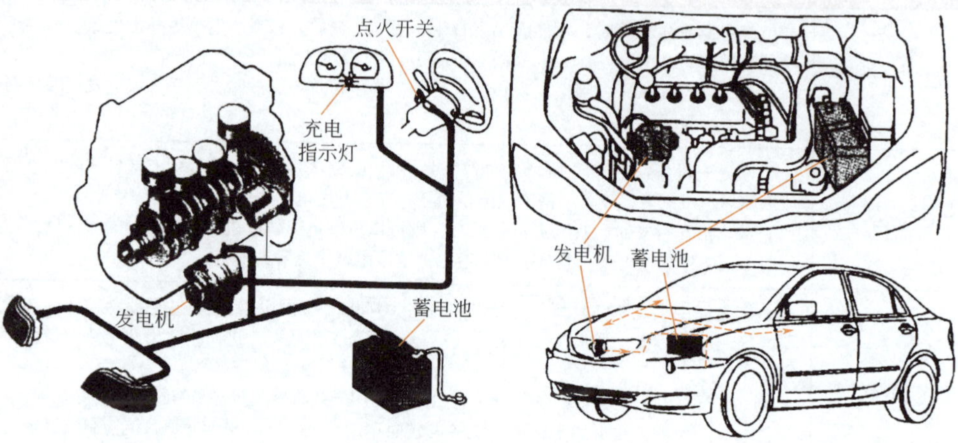

图 5-1　汽车电源系统的组成及位置

5.2.1 蓄电池典型故障

如图 5-2 所示，蓄电池主要由接线极柱、加液塞、极板组、电解液及外壳等部分组成。蓄电池的正极接线柱与起动机相连，负极接线柱与车身或车架相连，加液塞主要用于添加电解液，极板组和电解液主要用于产生电化学反应。如图 5-3 所示为蓄电池安装。

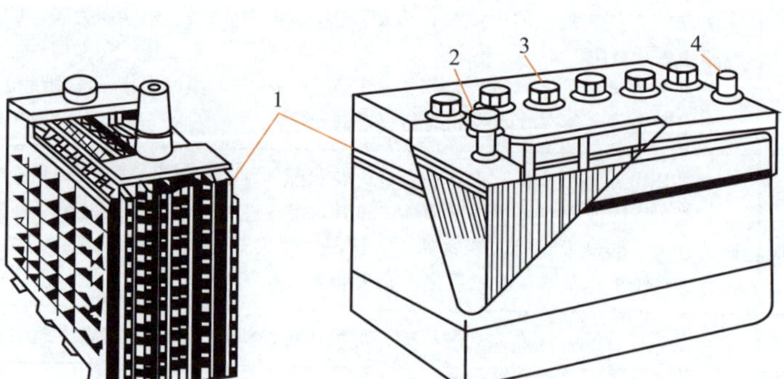

图 5-2　蓄电池的结构

1—极板组；2—负极接线柱；3—加液塞；4—正极接线柱

图 5-3　蓄电池安装

5.2.1.1　蓄电池极板硫化

蓄电池极板硫化的故障现象如图 5-4 所示。

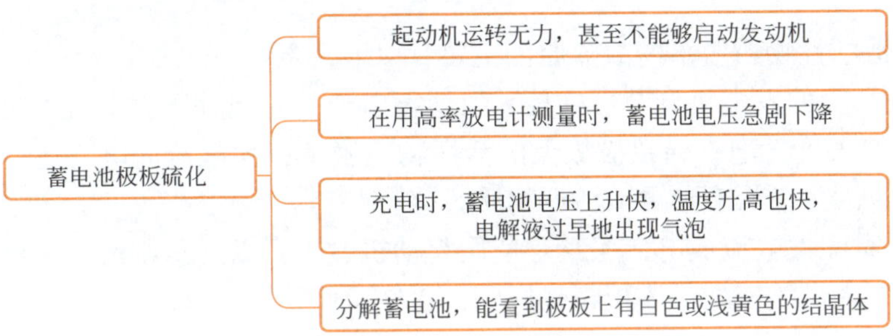

图 5-4　蓄电池极板硫化的故障现象

蓄电池极板硫化的故障原因主要有：蓄电池长期处于亏电状态，导致极板上的硫酸铅（$PbSO_4$）不能及时还原为活性物质；电解液液面过低或密度过高。

蓄电池极板硫化故障诊断与排除如图 5-5 所示。

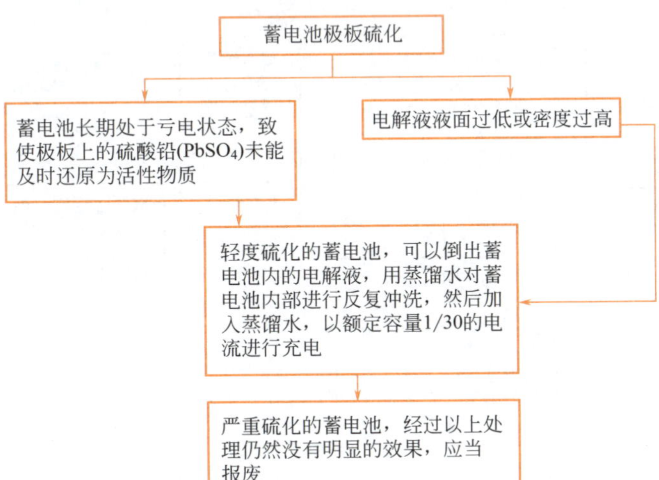

图 5-5　蓄电池极板硫化故障诊断与排除

5.2.1.2 蓄电池活性物质脱落

蓄电池活性物质脱落的故障现象如图 5-6 所示。

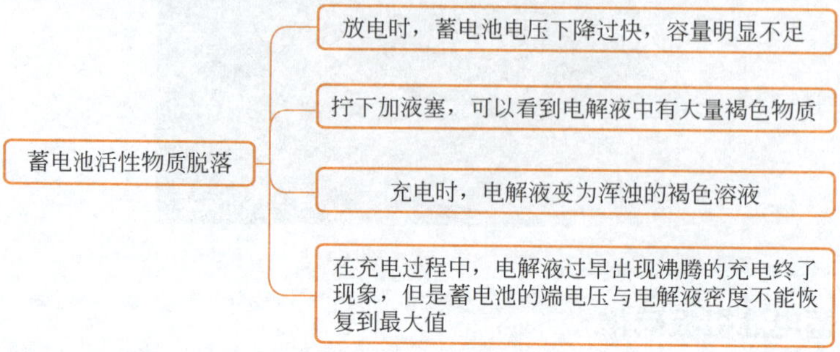

图 5-6　蓄电池活性物质脱落的故障现象

蓄电池活性物质脱落的故障原因主要有以下几点。

① 汽车上的发电机调节器失控，致使蓄电池长时间处于大电流的过充状态，因此产生的大量气泡，导致极板上的活性物质脱落；大电流充电时还会使电解液温度过高，因为极板变形导致活性物质脱落。

② 长时间大电流放电，尤其是使用起动机过于频繁，急剧地放电导致极板变形、极板上大量的硫酸铅体积膨胀挤压，致使活性物质脱落。

③ 蓄电池在车上固定不牢，因为颠簸振动加剧，进而导致极板活性物质脱落。

④ 蓄电池极板组存在质量问题。

蓄电池活性物质脱落故障诊断与排除如图 5-7 所示。

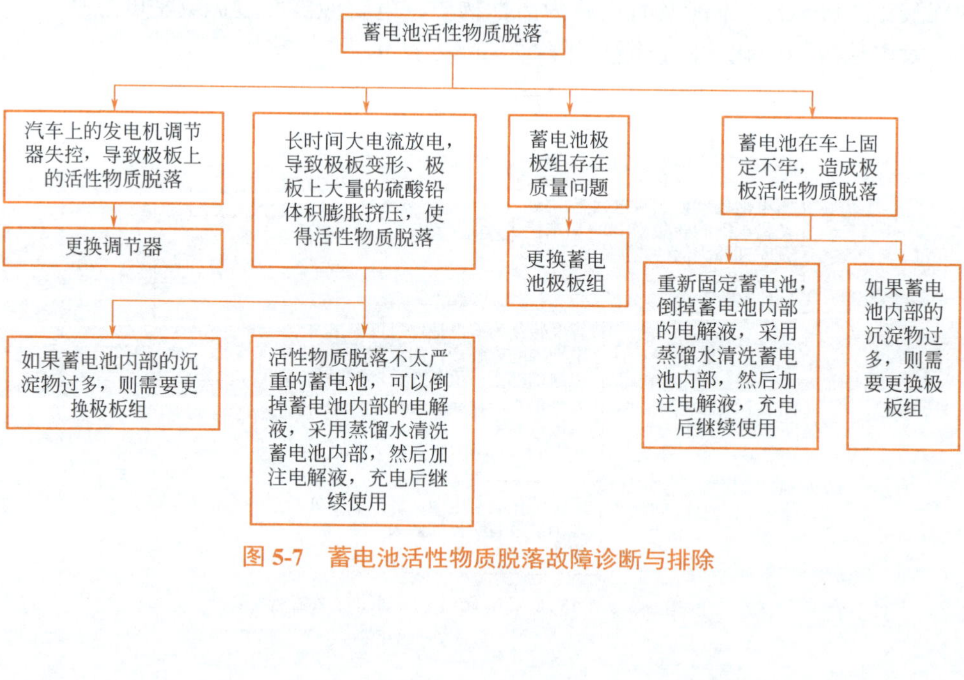

图 5-7　蓄电池活性物质脱落故障诊断与排除

5.2.1.3　蓄电池自行放电

蓄电池自行放电的故障现象主要有：充足电的蓄电池放置几天或者几小时后就呈现存电不足；充电时，蓄电池端电压和电解液密度上升缓慢。

蓄电池自行放电的故障原因主要有：蓄电池表面出现大量的电解液或者污垢；加注的电解液中含有金属杂质；因为极板上的活性物质沉积在蓄电池壳体底部，致使极板之间短路；隔板破损，导致极板之间短路。

蓄电池自行放电故障诊断与排除如图 5-8 所示。

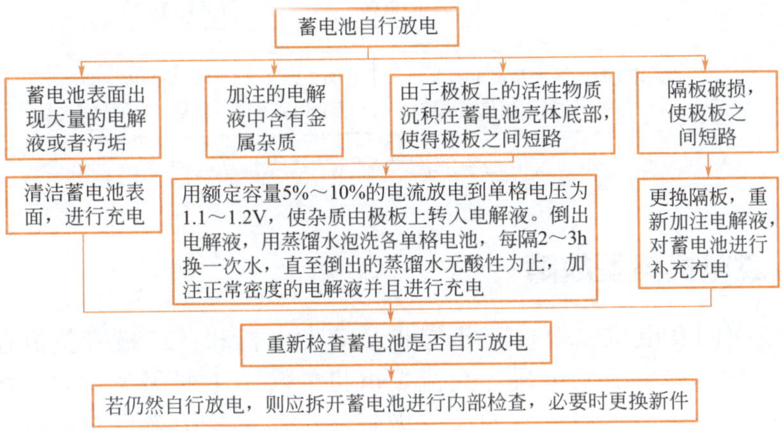

图 5-8　蓄电池自行放电故障诊断与排除

5.2.1.4　蓄电池电解液消耗过快

电解液的液位下降过快，补充之后很快又不足，致使电解液添加周期缩短，需要经常加注电解液。

蓄电池电解液消耗过快的故障原因如图 5-9 所示。

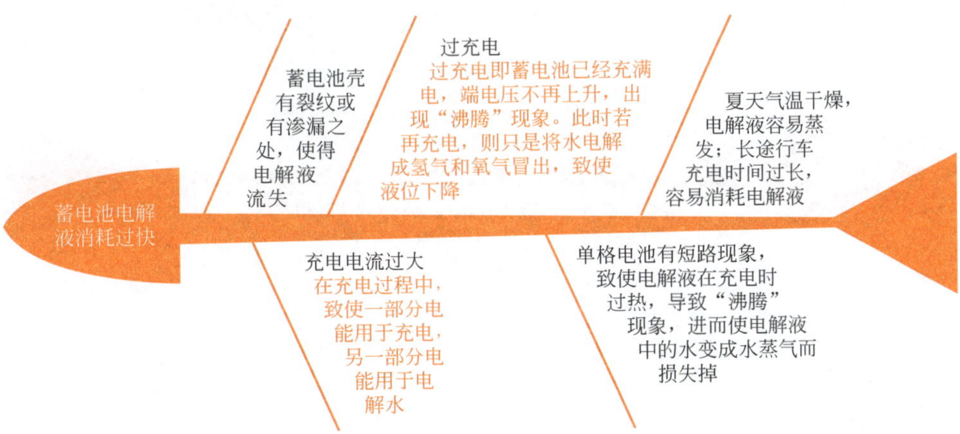

图 5-9　蓄电池电解液消耗过快的故障原因

蓄电池电解液消耗过快故障诊断与排除如图 5-10 所示。

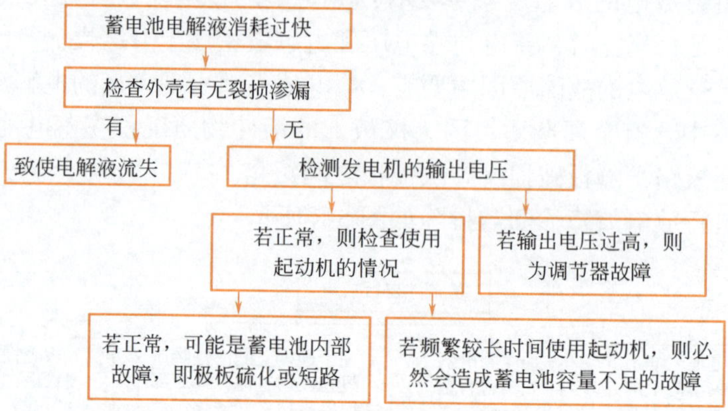

图 5-10　蓄电池电解液消耗过快故障诊断与排除

5.2.2 发电机典型故障

汽车使用的发电机主要由三相同步交流发电机和硅二极管整流器两部分组成，故又称为硅整流发电机。交流发电机的转子主要用来建立磁场，定子主要用来产生交流电，后端盖的硅二极管整流器主要用来将交流电整流成直流电。

5.2.2.1 发电机充电指示灯不亮

闭合点火开关和发动机正常运转时，充电指示灯一直不亮。

发电机充电指示灯不亮的故障原因如图 5-11 所示。

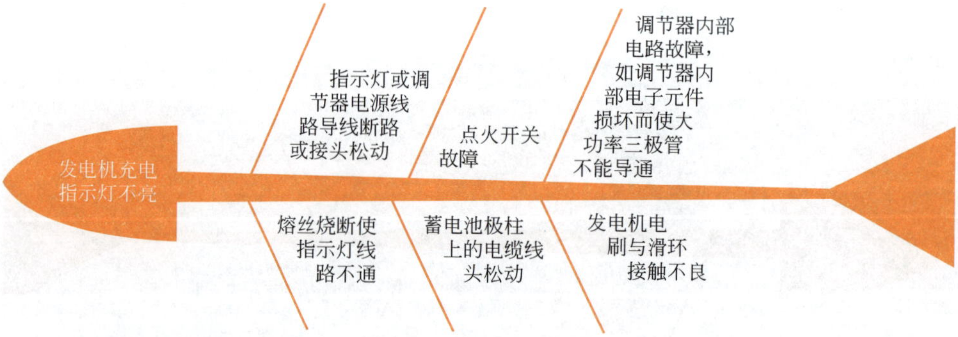

图 5-11　发电机充电指示灯不亮的故障原因

发电机充电指示灯不亮故障诊断与排除如图 5-12 所示。

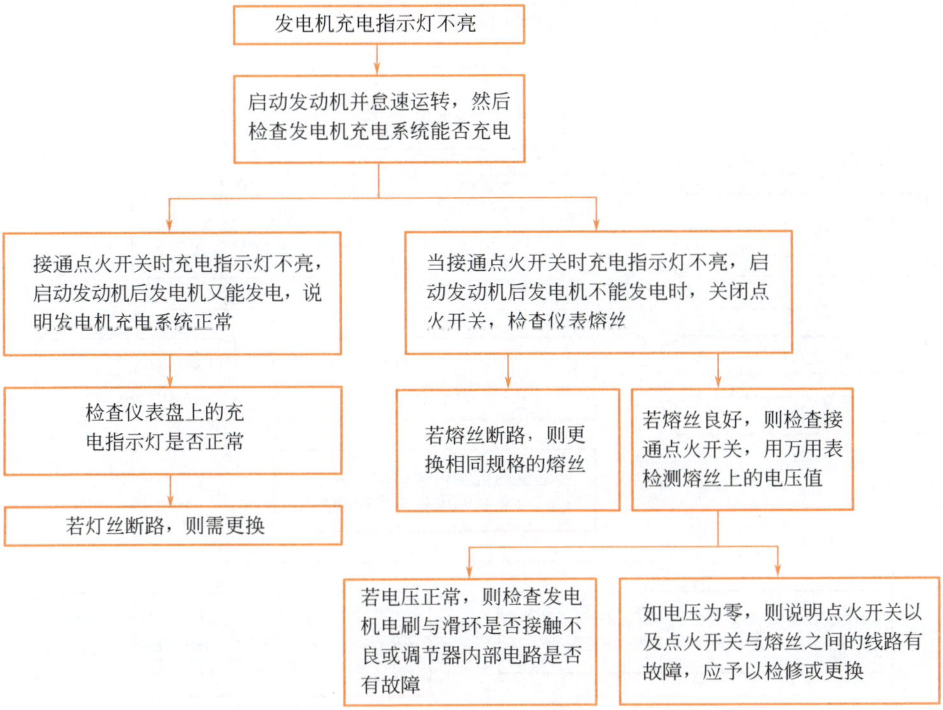

图 5-12　发电机充电指示灯不亮故障诊断与排除

5.2.2.2　发电机不充电

发动机在中速以上运转时，电流表指示“放电”，或充电指示灯亮，或电压表无充电电压指示。

发电机不充电的故障原因主要有：电流表、电压表有故障；调节器损坏；连接线路有故障；发电机部分有故障。与发电机有关的原因主要包括以下几方面：定子三相绕组的相与相之间短路或搭铁；电刷与集电环之间污垢过多或电刷架变形，造成电刷在电刷架上卡住，导致励磁电路不通，不能产生电动势；励磁绕组有短路或断路现象；整流器中有二极管被击穿，导致短路或断路；发电机风扇传动带打滑或断开；抑制干扰用的电容器损坏。

有电流表的充电电路不充电故障诊断与排除如图 5-13 所示。

有充电指示灯的充电电路不充电故障诊断与排除如图 5-14 所示。

5.2.2.3　发电机充电量过小

发电机充电量过小的故障主要表现为：在发动机高于怠速以上的转速运转时，充电指示灯仍不熄灭；当蓄电池在大电流放电之后，发动机在中速以上运转时，电流表指示充电量小于 5A。

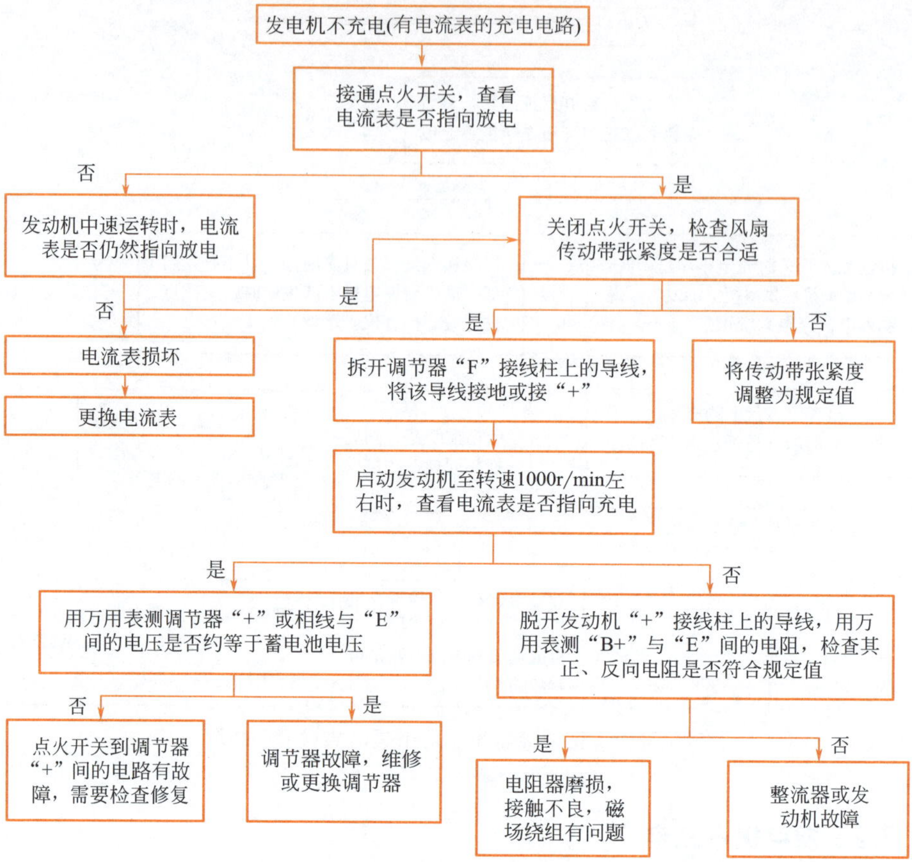

图 5-13　有电流表的充电电路不充电故障诊断与排除

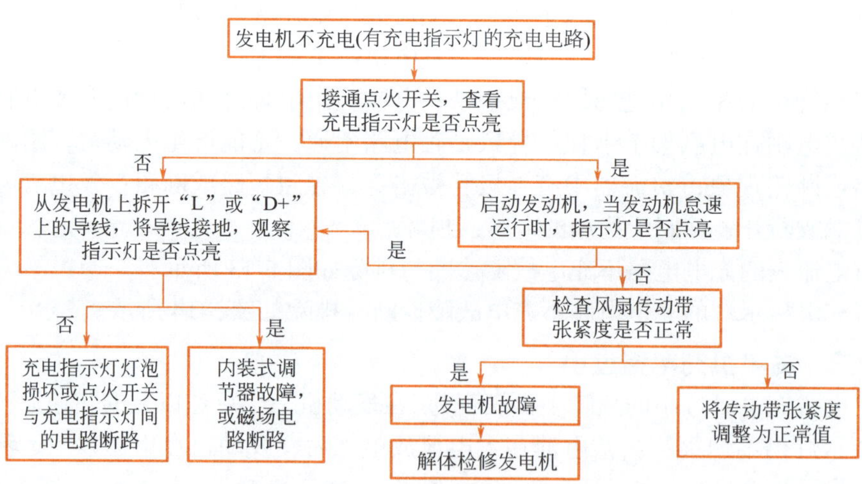

图 5-14　有充电指示灯的充电电路不充电故障诊断与排除

发电机充电量过小的故障原因如图 5-15 所示。

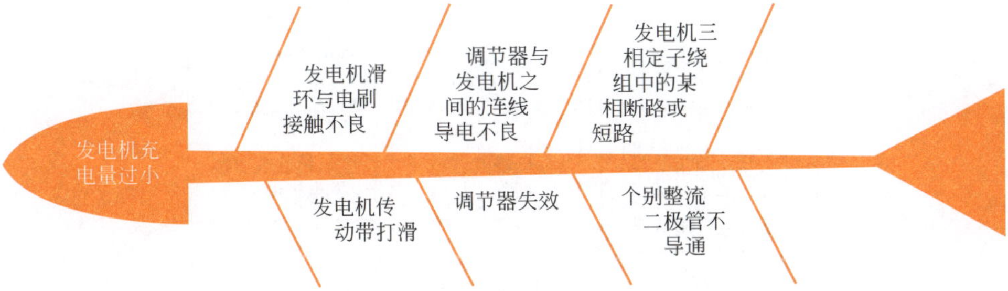

图 5-15　发电机充电量过小的故障原因

发电机充电量过小故障诊断与排除如图 5-16 所示。

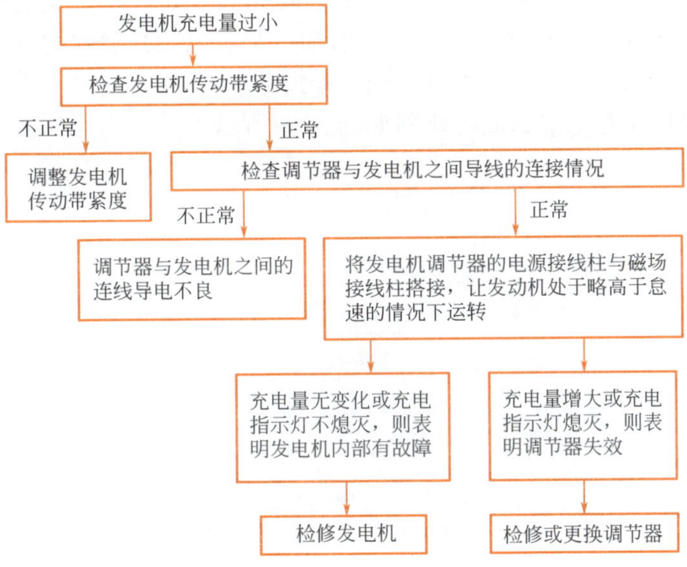

图 5-16　发电机充电量过小故障诊断与排除

5.2.2.4　发电机充电量过大

发电机充电量过大的故障现象主要有：汽车在连续行驶 1 ～ 2h 后，充电电流仍大于 5A；发动机在中速以上运转时，发电机的输出电压超过 14.8V；汽车上的灯泡、熔丝经常烧毁；蓄电池电解液消耗过快。

发电机充电量过大的故障原因主要有：调节器限制电压调整过高；调节器失去调压作用；选用的调节器与发电机不匹配。

发电机充电量过大故障诊断与排除如图 5-17 所示。

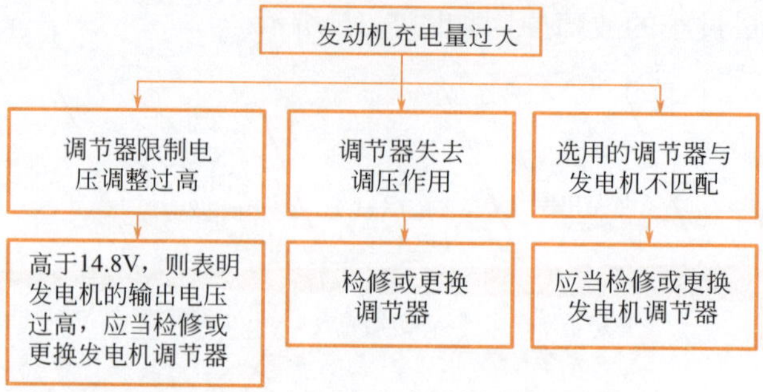

图 5-17　发电机充电量过大故障诊断与排除

5.2.2.5　发电机充电不稳

发动机在怠速以上转速运转时，充电指示灯闪烁或间断点亮。

发电机充电不稳的故障原因主要有：发电机传动带过松；发电机与调节器或者充电指示灯连接导线接触不良；电刷磨损过甚、电刷弹簧弹力过弱、滑环脏污或磨损，使得电刷与滑环接触不良；调节器损坏。

发电机充电不稳故障诊断与排除如图 5-18 所示。

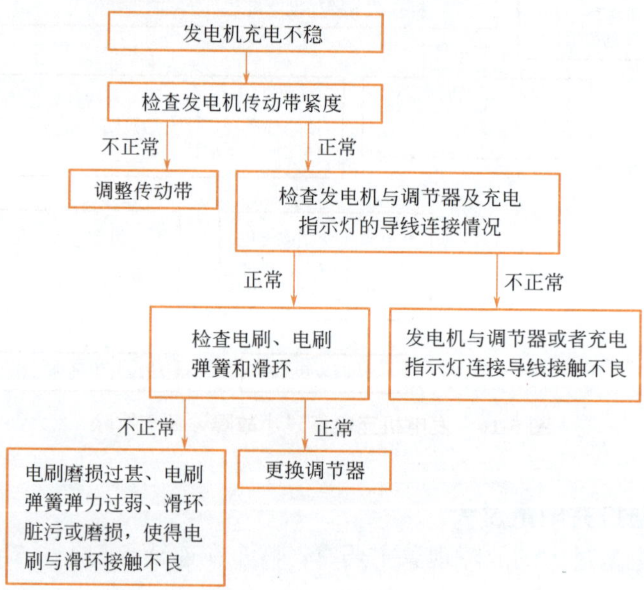

图 5-18　发电机充电不稳故障诊断与排除

5.2.2.6　发电机异响

发电机异响的故障原因如图 5-19 所示。

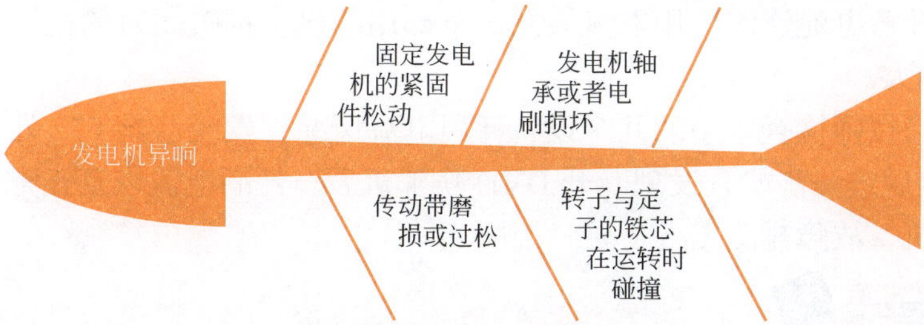

图 5-19　发电机异响的故障原因

发电机异响故障诊断与排除如图 5-20 所示。

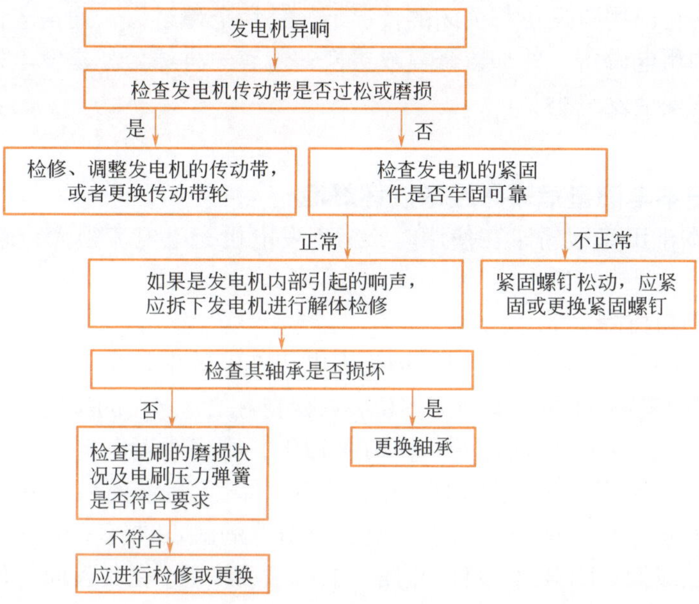

图 5-20　发电机异响故障诊断与排除

5.2.3　故障诊断与维修案例

5.2.3.1　2004 年款蒙迪欧轿车蓄电池电压过低，发动机无法启动

某 2004 年款蒙迪欧轿车，排量为 2.5L，配置自动变速器，行驶里程约 1.2 万千米。蓄电池电压过低，发动机无法启动，充电后车辆恢复正常，一个月内又出现同样故障。

故障诊断与排除

① 维修技师对蓄电池进行充电，蓄电池恢复正常，可以判断不是蓄电池自身导致的，而是过度用电导致的。

② 断开蓄电池连线，用电流表测试全部用电设备都关闭时的耗用电流，发现耗用电流偏大。

③ 维修技师检查常用的几个设备耗用电流情况，发现熔丝 F72 处耗用电流明显偏大，然后进一步检查发现断开 DVD 换碟机后，耗用电流恢复正常，随即更换 DVD 换碟机，故障排除。

维修提示

蒙迪欧轿车全部用电设备关闭后正常耗用电流约为 35mA。若经常出现蓄电池电压过低现象，一种原因是蓄电池自身故障，通常需要更换蓄电池；另一种原因是在全部用电设备都关闭的情况下，耗用电量过大，通常应该查出耗用电流过大的用电设备，并加以修复或更换；还有一种原因就是发电机的发电量不足，应该更换发电机。

5.2.3.2 日本丰田皇冠轿车经常烧坏灯泡

一辆日本丰田皇冠轿车在使用时，出现发电机充电电流很大，时常烧坏灯泡的故障现象。

故障诊断与排除

① 此型轿车采用交流发电机，因为发电机充电效率较高，启动后经过较短时间的充电，电流表指针即会退回至零位，或保持在 2 ～ 4A 的位置。

② 如果运行期间充电电流总是在 10A 以上，则表明发电机输出电压过高。

③ 若此时观察蓄电池，会发现蓄电池发热、冒气，且液面高度下降很快。因此，维修技师先对该车使用的双级触点式电压调节器的触点进行了检查。这是由于该调节器的第二级触点闭合时，可以短路发电机磁场线圈。在其表面氧化或沾污后，会使得接触电阻增加，达不到短路磁场线圈的目的。而在闭合时仍有励磁电流通过，就会致使电压升高。但该车经过对触点修磨平整后，故障仍然未排除。

④ 维修技师通过多次查找，终于发现故障的真正原因在于发电机电枢接线柱到调节器电枢接线柱之间的导线断路。该车的调节器由两部分组成，除了双级触点式电压调节器外，还有一个电压继电器。

⑤ 当发电机电枢接线柱到调节器电枢接线柱之间的导线断路时，在发电机电压升高的情况下，将因电压继电器功能不正常，使得充电指示灯不能被短路，而是经过节压器的磁化线圈搭铁形成回路。

⑥ 由于充电指示灯的电路中增加了节压器磁化线圈的电阻，所以一定会使充电指示灯的灯光较暗。同时因为节压器磁化线圈，必须经过充电指示灯而得到电流，进而使电流减小，节压器控制的电压升高，所以极易导致汽车灯泡烧坏。

⑦ 在修复线路的断路后使用 3 个月，没再发生烧灯泡的故障现象，即故障排除。

5.2.3.3　丰田乘用小客车充电指示灯闪烁

某丰田乘用小客车，在使用中出现当闭合点火开关时，充电指示灯发亮；启动后，充电指示灯微红；提高发动机转速，充电指示灯亮度反增强的现象。

故障诊断与排除

① 该车采用双组双级振动式调节器，一组为发电机电压调节器；另一组为充电指示灯继电器。

② 在闭合点火开关时，蓄电池电流经充电指示灯、充电指示灯继电器常闭触点而搭铁，指示灯发亮。启动后，充电指示灯微红，表明该继电器常闭触点断开，则说明此时发电机已发电，其中性线电压所控制的充电指示灯继电器线圈得电而吸下动臂触点。这时发电机输出电流经指示灯、节压器线圈而搭铁。

③ 在指示灯电路中由于串入线圈，增加了回路电阻，所以指示灯呈微红状，属于正常状态。

④ 在提高发动机转速后，发电机电压升高，断电器常开触点闭合，发电机输出电流经指示灯、继电器已闭合的常开触点，又回到发电机输出端，两端同电位，无电压，所以指示灯应熄灭。但该车指示灯不但不熄灭，反而亮度增加；用万用表直流电压挡测发电机电压，结果电压高达 14.5V。这表明发电机工作正常，故障原因主要是充电指示灯继电器的常开触点在闭合状态下导电不良，或常闭触点至发电机输出端的连线断脱。通过检查，该连线接头完好；检查充电指示灯继电器常开触点时，发现该触点氧化严重，导电不良。

⑤ 在对该触点进行打磨后，充电指示灯熄灭，故障被排除。

5.3　启动系统故障检修

5.3.1　启动系统故障诊断注意事项

① 查看起动机各导线连接牢固与否。分解起动机后，须清理干净各部件的油污，对花键、拨叉各支点也要加入少量的润滑油。

② 保持电刷同换向器的接触紧密，电刷的磨损要均匀，接触面积要在 75% 以上，电刷高度应不低于 5mm，电刷弹簧的弹力应满足要求。

③ 换向器应无沟槽、无烧蚀。若有烧蚀和失圆现象，需用细砂纸打磨使之恢复正常。

④ 查看起动机齿轮的磨损，减振弹簧的弹力，单向离合器工作正常与否，以及轴承的磨损、润滑情况。

⑤ 查看磁场、电枢线圈有无短路、断路、搭铁以及绝缘电刷的绝缘良好与否。

⑥ 查看铜套与轴的磨损情况，若配合间隙过松，应进行修理。

⑦ 查看驱动齿轮与止推垫圈之间的间隙是否合适，起动机空转时运转正常与否。

5.3.2 启动系统故障快速诊断流程

启动系统故障快速诊断流程如图 5-21 所示。

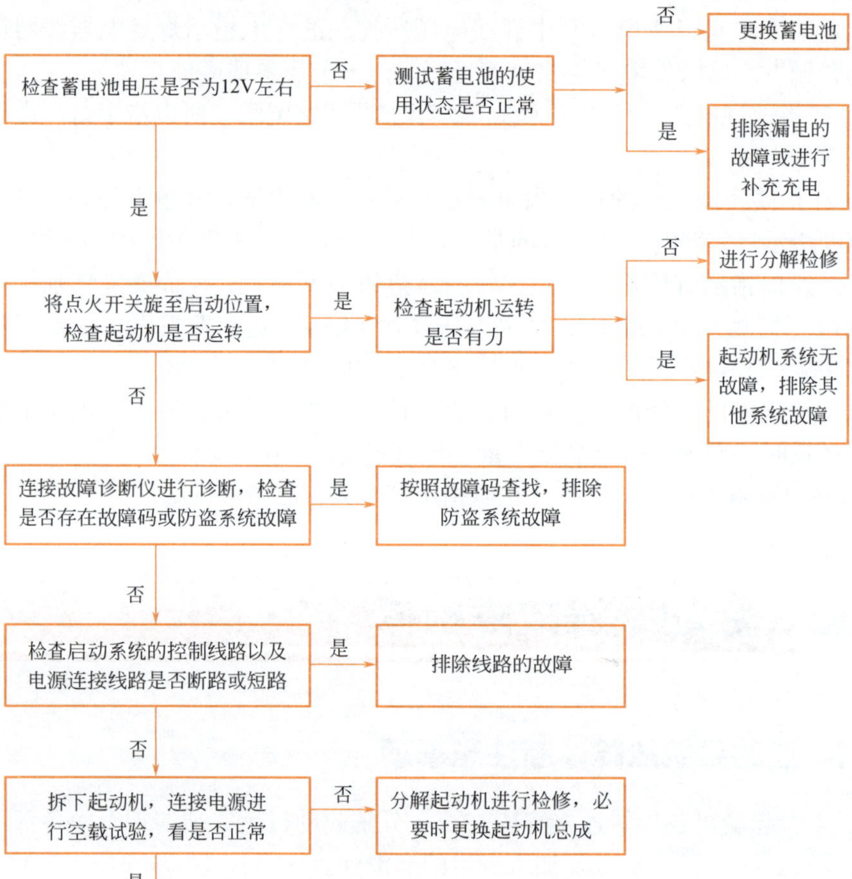

图 5-21 启动系统故障快速诊断流程

5.3.3　启动系统典型故障

5.3.3.1　起动机不转

启动时，起动机不转动。

起动机不转的故障原因如图 5-22 所示。

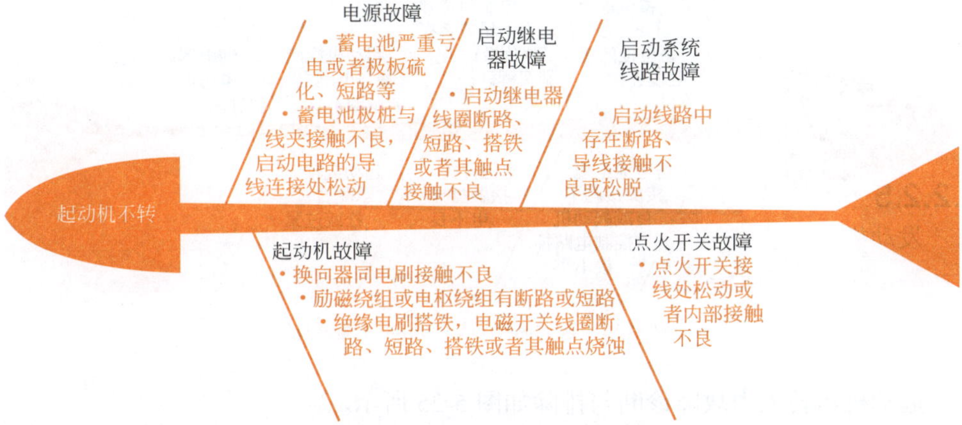

图 5-22　起动机不转的故障原因

起动机不转故障诊断与排除如图 5-23 所示。

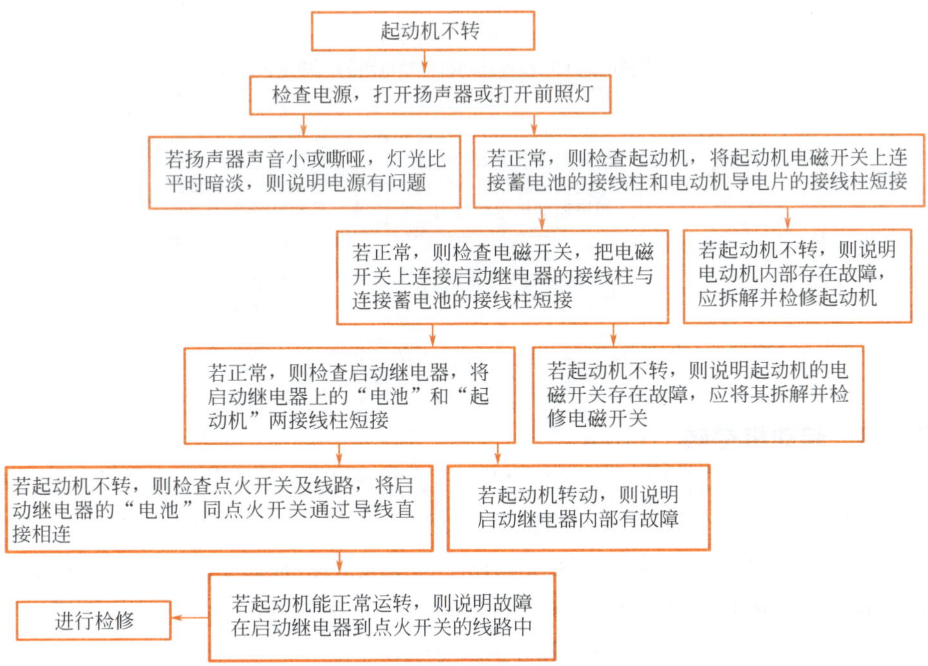

图 5-23　起动机不转故障诊断与排除

5.3.3.2 起动机运转无力

起动机运转缓慢，或不能使发动机连续运转；启动继电器或起动机电磁开关有断续的响声发出。

起动机运转无力的故障原因如图 5-24 所示。

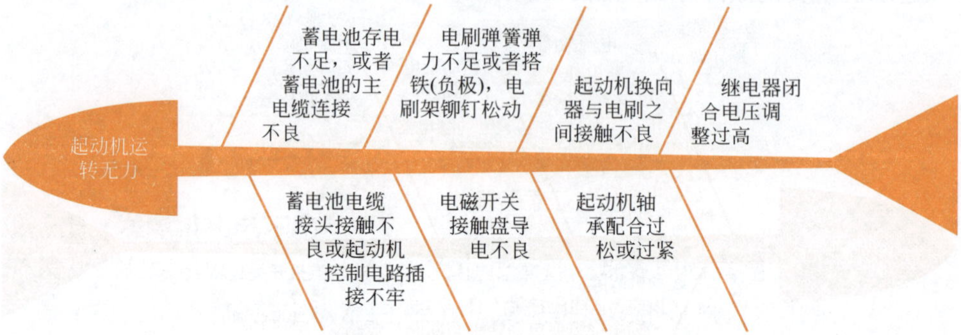

图 5-24 起动机运转无力的故障原因

起动机运转无力故障诊断与排除如图 5-25 所示。

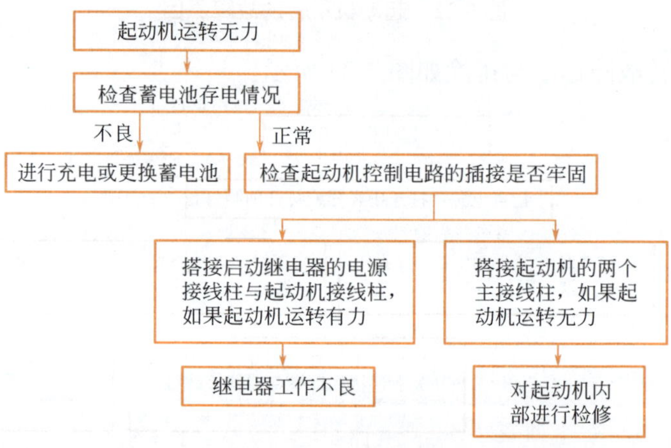

图 5-25 起动机运转无力故障诊断与排除

5.3.3.3 起动机空转

将点火开关拧至启动挡时，起动机空转，起动机驱动齿轮不能带动曲轴旋转；启动发动机时伴有齿轮撞击声，曲轴不转。

起动机空转的故障原因主要有：起动机驱动齿轮的行程过小；飞轮齿圈轮齿缺损；起动机电磁开关损坏；起动机单向离合器打滑；蓄电池亏电。

起动机空转故障诊断与排除如图 5-26 所示。

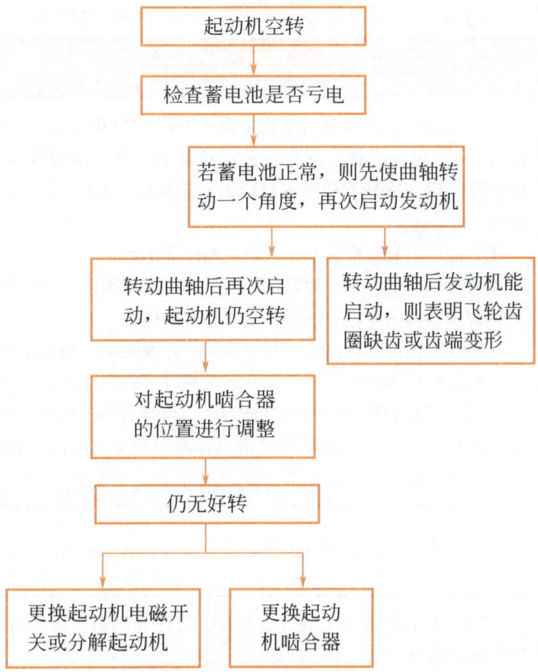

图 5-26　起动机空转故障诊断与排除

5.4 汽车空调系统故障检修

汽车空调系统作为影响汽车舒适性的主要总成之一，为汽车提供制冷、取暖、除霜、除雾、空气过滤和湿度控制功能。其中，采暖系统可使乘员避免过量着装，为车窗提供除雾和除霜功能，提供舒适性和安全服务。冷气系统则通过制冷、除湿的方式来提供舒适性，通过使驾驶员保持清醒、允许关窗等措施来提供安全服务；采暖和冷气系统还可提供除尘、除臭的功能。这些功能已成为车辆必不可少的要求。

5.4.1 汽车空调系统故障经验诊断方法

在汽车空调维修过程中，维修技师通常可以借助眼、耳、鼻、身等感觉器官所产生的视觉、听觉、嗅觉、触觉（冷热感和振动感）及维修经验来诊断汽车空调制冷系统的常见故障。

① “看”——用眼观察制冷系统运转时是否有异常（表 5-4）。

表 5-4 用眼观察制冷系统运转时是否有异常

项目	内容
看视液镜内制冷剂的流动状态	启动发动机，并且将转速稳定在 1500 ～ 1700r/min，打开 A/C 开关，让制冷系统运行 5 ～ 10min。擦干净视液镜的玻璃后，将调温键置于 MAX 的最大制冷位置，使得鼓风机和冷凝器散热风机以最高速运转。此时可以通过视液镜观察到以下几种情况 ①视液镜内有气泡或泡沫，说明制冷剂不足 ②向冷凝器上溅水，如果视液镜内无气泡出现，说明制冷剂过多 ③视液镜内污浊，有油花，说明润滑油过多 ④视液镜内清晰且出风口制冷效果差，说明制冷剂泄漏殆尽 ⑤视液镜内布满油斑，说明冷冻机油过多或制冷剂泄漏殆尽 通过视液镜观察到的情况如图 5-27 所示。若在开启冷气时可以从视液镜看到气泡并迅速减少，3 ～ 5min 后可见液流，偶尔可见气泡，视液镜清洁，则说明管道系统制冷剂量正常
看管路连接处和各部件是否泄漏	若制冷系统各连接部位或冷凝器表面有油渍，说明该处有制冷剂泄漏
看冷凝器外表是否清洁和完好	若冷凝器表面被灰尘或杂物封住，散热片倾斜变形，则会影响冷凝器散热和气态制冷剂的液化
看各软管外表是否清洁和完好	因为汽车行驶的颠振、发动机室的高温和化学腐蚀，制冷系统大量采用的橡胶管容易出现磨损、老化或裂纹等，进而致使制冷剂和冷冻机油泄漏
看蒸发器出气管表面是否结霜	若结霜，则是因为膨胀阀开度过大或蒸发器堵塞引起的。一般情况是结露不结霜

图 5-27 通过视液镜观察到的情况

②“听”——用耳听诊制冷系统运转时有无异响（表 5-5）。

表 5-5 用耳听诊制冷系统运转时有无异响

项目	内容
听有无较大的振动声	这种声音主要来源于压缩机支架和压缩机。若支架松动或压缩机内缺油，就会有振动声。在检查时，应先看支架有无松动。若无松动，接着看压缩机轴密封处是否有油迹。如果有油迹，表明压缩机密封件损坏，润滑油渗漏，从而引起润滑油的不足，产生噪声

续表

项目	内容
听有无刺耳的尖叫声	这种声音主要来自驱动带和压缩机。驱动带过松或两侧被磨光，以及压缩机轴上密封件损坏，都会出现尖叫声。检查时，应先检查驱动带是否过松。如果正常，接着检查压缩机轴的密封件，并根据情况决定是否更换。但有另一种情况须注意：空调制冷系统长时间不开或刚换上新的密封件后，当开机初期有尖叫声，这是正常的，工作一段时间后，尖叫声会自动消失
听有无液击声	如果有此声，多为系统内制冷剂过多或膨胀阀开度过大，节流作用变差，致使制冷剂在未被完全气化的情况下吸入压缩机，这种现象对压缩机有损害

③ “嗅”——用鼻闻诊制冷系统运转时有无异味。通常在下雨时或一段时间未使用冷气后，开启 A/C 开关，从仪表台出风口可闻到一种异味，该情况可能是送风系统内的空气湿度太大，蒸发箱排水不良或积水，以及防火隔热层漏风所致。

④ “摸”——用手触摸感觉制冷系统各部件、管路温升情况（表 5-6）

表 5-6　用手触摸感觉制冷系统各部件、管路温升情况

项目	内容
摸低压侧	从膨胀阀出口到蒸发器，再到压缩机吸气口的一段管路为低压侧。当制冷系统正常工作时，低压侧部件的表面温度应该是由低到高（即冷到凉），蒸发器出气管到压缩机吸气口的低压管的温度约为 10℃，用手触摸的冷热感是“凉手”，但不应有结霜现象
摸高压侧	从压缩机出口到冷凝器，再到膨胀阀进液口处的一段管路为高压侧。当制冷系统正常工作时，高压侧部件的表面温度应该是由高到低（即先热后暖），压缩机排气管的温度为 70 ～ 80℃，用手触摸的冷热感是“烫手”（手摸时应特别小心，避免被烫伤）。冷凝器上部的进气口的冷热感仍是“烫手”，下部的出液口的冷热感是“温手”（约 50℃），冷凝器出液口到膨胀阀进口管道的冷热感还是“温手”。若制冷系统管道的冷热出现与上述不同的情况，说明系统有故障。例如用手触摸干燥瓶特别凉，甚至结霜，或其进口暖出口凉，温差明显，则说明干燥瓶有堵塞。又如用手触摸压缩机吸气管和排气管，应该有明显的温差，否则说明系统内制冷剂严重不足，或压缩机因磨损而导致内部泄漏

5.4.2　汽车空调系统典型故障

5.4.2.1　空调系统异响或振动

打开空调，发动机舱出现不正常的异响或振动。

空调系统异响或振动故障诊断与排除如图 5-28 所示。

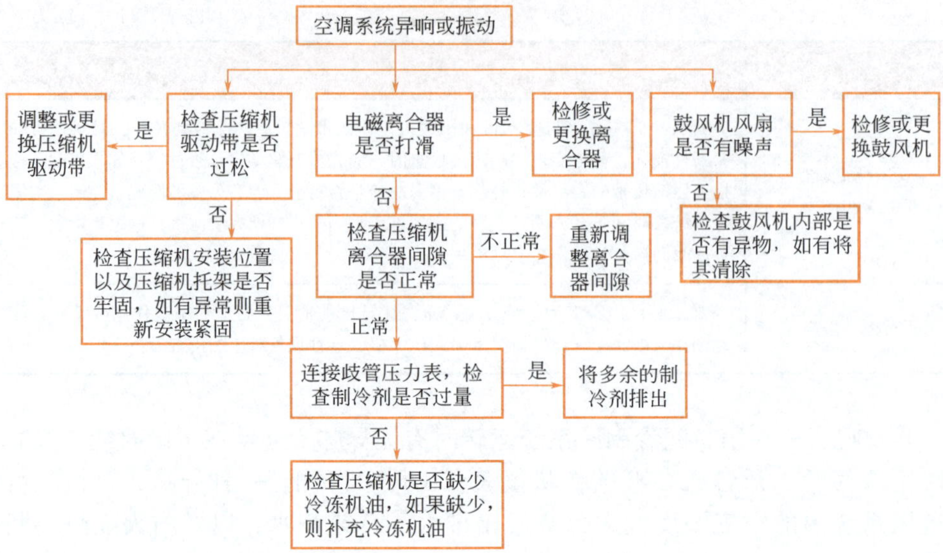

图 5-28 空调系统异响或振动故障诊断与排除

5.4.2.2 空调系统不制冷

打开空调，出风口的风是热风，无冷风吹出。

空调系统不制冷故障诊断与排除如图 5-29 所示。

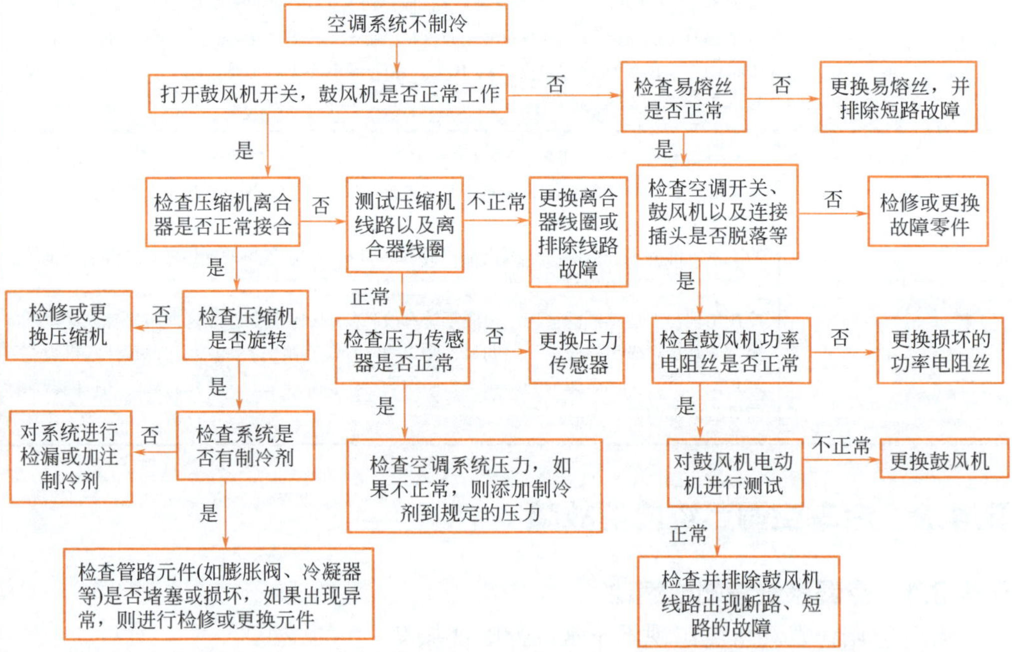

图 5-29 空调系统不制冷故障诊断与排除

5.4.2.3　空调系统制冷效果变差

打开空调，吹出的风不是很冷，达不到调控温度，有时甚至吹出常温的风。空调系统制冷效果变差故障诊断与排除如图 5-30 所示。

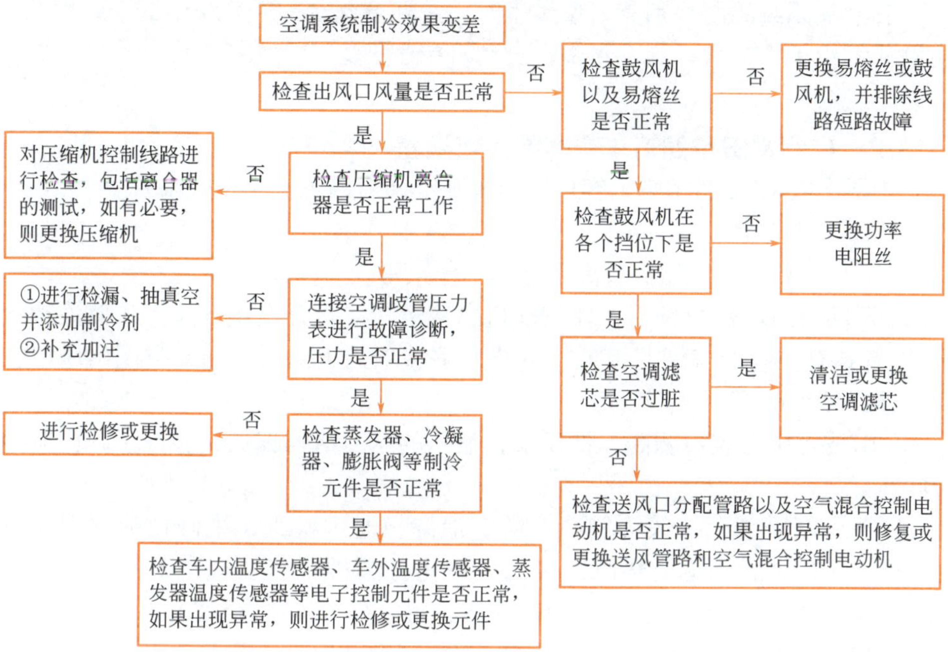

图 5-30　空调系统制冷效果变差故障诊断与排除

5.4.3　故障诊断与维修案例

5.4.3.1　本田雅阁轿车空调异响

一辆本田雅阁轿车，送修理厂前，刚充完制冷剂。打开空调时，压缩机有异响，电磁离合器时吸时不吸，怠速忽高忽低（850 ～ 1100r/min），风扇旋转正常，制冷不良。

故障诊断与排除

① 检测压缩机电磁离合器线路，电压正常。

② 维修技师确定不是电路故障后，用多用测量表（歧管压力计）接入空调系统的高、低压端口测量。结果高、低压端压力都不正常，随着怠速的变化，压力忽高忽低，并在储液罐视液镜中看不到气泡。

③ 维修技师经过询问客户，在充制冷剂前无此现象，所以怀疑可能是充入制冷剂过多。随即吸出一部分制冷剂后，发动机转速变化时在视液镜中能看到少量

气泡，加速至1700r/min左右时气泡消失，故障排除。

维修提示

在空调系统的制冷剂充入量过多时，会降低制冷剂在系统中的流动性能，导致压缩机工作失常，制冷不良，发动机怠速不稳。

5.4.3.2 广州本田雅阁轿车空调制冷效果差

一辆广州本田雅阁轿车，客户反映打开空调后，感觉制冷效果差。

故障诊断与排除

① 维修技师检查压缩机及离合器，工作正常。

② 发动机运转数分钟后，使发动机怠速运转，打开空调开关，从储液罐视液窗可以看到有连续的气泡，摸低压管路，不够冷且表面无水珠，空调出风口空气不冷，初步判断是缺少制冷剂。

③ 用歧管压力表检测高、低压端，显示的压力值均偏低，验证了缺少制冷剂的判断。

④ 缺少制冷剂，一般为制冷系统有泄漏。通过检查，维修技师发现储液罐的接头部位有泄漏，更换垫圈，按规定力矩拧紧螺母。在气态下，注入制冷剂R134a直至高压表上压力指到1.6MPa，接着再进行气体泄漏检测。

⑤ 在发动机运转过程中，从视液窗观察制冷剂中无气泡，并且出风口空气是冷的，说明制冷剂量适当，故障彻底排除。

维修提示

如果在整个空调系统中，制冷剂和冷冻机油内脏物过多，一定使过滤器的滤网出现堵塞，造成制冷剂通过能力下降，阻力加大，流向膨胀阀的制冷剂也会相对减少，所以引起制冷能力降低。

通过摸管路的温度来判断，除了膨胀节流装置两端和空调压缩机两端有明显的温差之外，其他管路或元件两端都不应该有明显的温差。若管路与除膨胀节流装置和空调压缩机之外的元件两端有明显温差，则有可能是出现了堵塞。

5.4.3.3 一汽大众宝来1.6L轿车打开空调时，鼓风机异响

某一汽大众宝来1.6L轿车，当打开空调时，鼓风机出现一种“扑啦、扑啦”的异响，鼓风机的转速越高，异响的频率也越快。

故障诊断与排除

按异响的特点分析，应该有两种故障原因：一种应该是鼓风机叶片拍打杂物

产生异响；另一种，由于异响很像是旗帜在风中飘动的声音，故怀疑可能是鼓风机工作时产生的气流吹动某种柔软轻薄的物体产生的。

① 维修技师先拆下流水槽盖板上的灰尘滤清器盖，拆下灰尘滤清器，可以看到鼓风机的叶片轮，打开鼓风机开关使其转动，发现鼓风机叶片轮周围无杂物，表明异响不是第一种原因产生的。

② 继续进行下一步拆检，拆下中央出风口后，维修技师感觉异响是从内部发出的，拆下整个仪表台，接着拆下空调风道的中间连接件，发现调整温度翻板上贴有一层海绵，海绵上粘着一层黑色的塑料膜，而这层塑料膜已有一半与海绵脱开，当鼓风机工作时，这层黑色塑料膜在气流中飘荡产生异响。

③ 在扯下这层已脱开的塑料膜后，启动发动机，打开空调试验，异响声消失，故障排除。

5.4.3.4 捷达都市先锋轿车，空调制冷时好时坏

某捷达都市先锋轿车，空调运行时，车内送风一阵凉，一阵不凉。

故障诊断与排除

① 该空调制冷效果时好时坏的故障，很有可能是电路方面导致的，也可能是空调管路系统相关部件导致的。维修技师仔细查看该车故障现象，发现车内送风凉与不凉，与压缩机离合器的工作与否没有直接关系，或许该车制冷系统内部有水分。

② 水分在管路循环系统中冻结形成冰塞，将会阻塞制冷剂在管路中的循环流动，一旦冰塞融化，又恢复正常工作状态。堵塞现象一般发生在制冷系统内部通道截面较小的位置，易堵塞的部件绝大部分处于制冷系统的高压侧，如干燥过滤器、膨胀阀滤网等。

③ 为了进一步确认故障，维修技师将压力表分别接在管路中的高、低压侧。让发动机运行，空调运转之后，高压表显示基本正常，低压表指示接近零。压力表的指针产生不规则的剧烈摆动，无法读取具体数值。

④ 仔细观察高压管路后，维修技师发现膨胀阀附近有轻微结霜现象。在制冷系统内部存在水分或干燥剂吸湿能力达到饱和后，通常会出现空调制冷效果时好时坏的现象。

⑤ 根据客户反映，该车曾发生过撞车事故，更换过冷凝器和部分空调管路，可能在安装检修、更换制冷系统部件时，空气进入系统中。由于空气中含有微量水分，这会对制冷系统产生腐蚀，损害制冷系统。水分还会在膨胀阀处结冰，阻止制冷剂的流动，降低制冷效果。严重时，可造成冷凝器压力急剧上升，导致系统管路爆裂事故，若拆检制冷系统部件时未对管路系统进行密封，通常会产生不良后果。

⑥ 更换干燥过滤器。用压力表反复抽真空，排出系统内的水分，充注适量的制冷剂。一切就绪，空调运行正常，故障排除。

5.4.3.5 上海大众帕萨特轿车空调有时停止运行，有时自动恢复正常运行状态

某上海大众帕萨特轿车，在行驶过程中有时空调系统突然停止运行，但有时又自动恢复正常工作（运行）状态。

故障诊断与排除

① 维修技师按客户反映的故障特征进行了试车，初步诊断或许是空调压力过高导致压缩机不工作。

② 先检修空调系统的管路，发现空调压力在正常范围内，同时对冷凝器和蒸发箱进行了清洗，确认散热系统良好。

③ 维修技师再次试车，发现该车冷气突然消失，压缩机不工作。经过分析确认，压缩机通常在下列几种情况时不工作：发动机急加速工况；冷却液温度高于125℃，空调的高压系统压力大于320kPa。由于这些情况都不存在，所以只剩下电路的问题。

④ 检修空调系统的熔丝，全部正常。

⑤ 在该空调电路里，空调系统压力开关F129在系统压力过低（大约小于200kPa）时调控压缩机，压力太高（大约大于3000kPa）时保护压缩机；在制冷剂循环压力升高时提高散热风扇转速，优化冷凝器性能。

⑥ 拔下空调压力开关F129，A/C接通时，测量2端棕/白线的电压，应为12V，实际测量结果为0。查找电压异常的原因，顺着连接线路，维修技师发现在发动机左侧转向助力泵罐饰罩下有一个过渡四转换插头，拔下后发现插头不知由于何种原因被浸水，已被氧化造成空调线路不良。

⑦ 清洁插头后试车，故障排除。

5.4.3.6 丰田巡游者BB10汽车空调不制冷

某丰田巡游者（COASTER）BB10汽车，发动机运转时打开空调开关，制冷系统不工作。通过检查，压缩机不运行。

故障诊断与排除

① 压缩机不运行，一般表明电磁离合器不工作。因此，应该检查指示灯是否亮；如果指示灯亮而电磁离合器不工作，应当重点检查电磁离合器电磁线圈两接线柱是否有工作电源。

② 由于该指示灯电路并联于电磁离合器、怠速电磁阀，指示灯亮，因此表明这部分电路电源正常，即空调放大器端子7有输出电压。

③ 用万用表电压挡测量电磁离合器线圈两端时，发现无电压。所以，维修技师断定空调放大器至电磁离合器的连接线路有故障。

④ 维修技师查看插接头处，发现焊接处断脱。

⑤ 重新焊接后，电磁离合器恢复工作，压缩机运行，制冷正常。

5.4.3.7 2005 年款长安铃木雨燕轿车空调不制冷

某 2005 年款长安铃木雨燕轿车，由于空调制冷效果不佳来报修。该车装配日本铃木原装 1.3L 全铝 16 气门电控汽油发动机，已行驶约 43000km。

故障诊断与排除

① 维修技师首先对故障现象进行了验证。当发动机启动着车后，打开鼓风机开关与 A/C 开关，鼓风机运转正常，空调压缩机能够正常吸合，冷凝器风扇也能够正常工作。但发动机运行了几分钟后，用手触摸空调出风口，没有凉风。

② 按上述故障现象，维修技师分析导致该车空调不制冷的可能因素如图 5-31 所示。

图 5-31 空调不制冷的可能因素

③ 首先按着由简单到复杂的维修思路，对该车故障进行诊断排除。用空调歧管压力表对空调系统管路内高、低压两侧的压力进行了测量(在发动机怠速运转时，打开 A/C 开关，低压侧显示 414kPa，高压侧显示 1724kPa)。

④ 所测量的数值可以表明，空调系统管路内制冷剂压力偏高。导致压力偏高的可能因素有：制冷剂加注过多；冷凝器散热不良等。但是，维修技师经过仔细检查，发现冷凝器风扇不仅正常运转且此时是以高速挡运转。

⑤ 维修技师分析认为，该车是新车且车身无任何碰撞，空调系统不太可能加注过多制冷剂。

⑥ 维修技师向客户了解此车近段时间的使用情况。通过了解得知，该车前段时间因鼓风机开关工作不良在其他维修厂更换了前鼓风机开关总成，然后感觉到空调制冷效果不佳的故障现象。

⑦ 按客户所描述，维修技师对前鼓风机开关总成系统进行了全面检查。

⑧ 通过检查发现，该车冷暖水阀拉索在旋转加热状态时不能旋至极限位置，但向相反方向旋转正常，最终发现冷暖水阀拉索定位点不在正常位置。

⑨ 经过调整拉索固定定位点，冷暖水阀旋钮能够旋转正常，再次启动发动机，

并且打开 A/C 开关，空调系统制冷正常（这时歧管压力表低压侧显示 207kPa，高压侧显示 1138kPa，属于正常压力），故障排除。

5.5 汽车安全防护系统故障检修

5.5.1 安全气囊典型故障

安全气囊系统（SRS）是轿车上的一种辅助保护系统，可为乘员提供十分有效的防撞保护，如图 5-32 所示。目前安全气囊系统通常为方向盘单气囊系统或者双气囊系统。安全气囊系统主要由碰撞传感器、电子控制单元、警告灯、气体发生器和气囊等组成。

图 5-32 安全气囊系统

5.5.1.1 安全气囊检修注意事项

① 安全气囊的检修应当由专门的技术人员操作。

② 检修安全气囊时，应当先进行故障自诊断，按故障码确定故障部位，随即再实施检修作业。

③ 当检测故障时，不可用指针式欧姆表，须使用高阻抗数字式测试仪表，不允许测量点火器的电阻。

④ 检修安全气囊时，须关闭点火开关，并拆下蓄电池搭铁线 2min 以上，防止安全气囊在检修中误爆。

⑤ 为了防止由车体焊修引爆安全气囊，应当在焊修之前将气囊组件导线插接

器脱开。

⑥安全气囊只能工作一次，安全气囊在事故中引爆后，应该更换气囊总成。

⑦报废的安全气囊应该拆下在车外引爆。

5.5.1.2　安全气囊故障诊断流程

（1）清楚 SRS 类型（表 5-7）

表 5-7　SRS 类型

项目	内容	
按点火方式分	机械式	红旗轿车及 1993 年前生产的丰田 CORONA 轿车等
	电信号式	由 SRS 电脑控制触发点火信号 目前，绝大多数轿车的 SRS 都采用此种类型
按气囊布置分	①单安全气囊（只装在驾驶员侧） ②双安全气囊（驾驶员侧和乘客侧各有 1 个安全气囊） ③后排安全气囊（装在前排座椅上） ④侧面安全气囊（装在车门上或座椅扶手上，防止乘员受侧面撞击）	

不同类型的安全气囊其结构、性能都不相同，维修方法也不尽相同。另外，应认真仔细地查看警示灯（SRS 灯、SIR 灯、AIRBAG 灯）的工况，部分车型 SRS 的故障从警示灯就可以进行判断。

（2）调故障码　一经确定是 SRS 有故障，调取 SRS 故障码是简便、快捷诊断故障的方法，但部分车型调取 SRS 故障码需要专用仪器，而且需要故障码表，所以就需要借助于专业的维修手册。

（3）解除 SRS 工作　为了安全地对 SRS 系统进行检查和进行必要的电压、电阻等测试，必须对安全气囊进行解除，即解除处于工作状态下的安全气囊。

SRS 一般的解除工作步骤如图 5-33 所示。

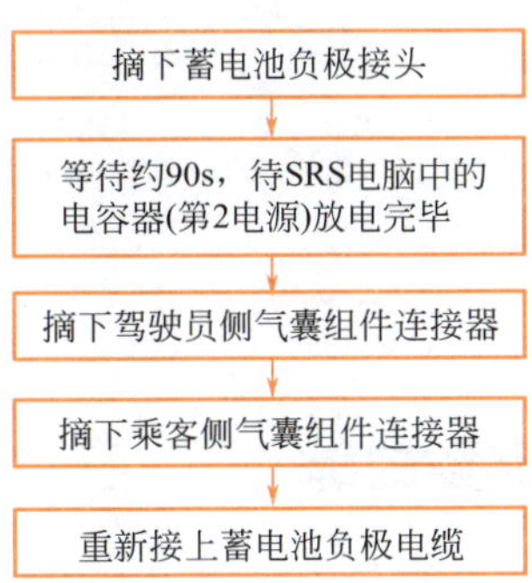

图 5-33　SRS 一般的解除工作步骤

（4）检查与参数测试（表 5-8）

表 5-8 检查与参数测试

项目	内容
检查	①查看传感器外壳、托架有无变形、裂纹及安装松动等缺陷 ②查看 SRS 电脑线路连接、传感器连接及连接检查机构、过电检测机构是否可靠 ③检查各线路连接器和安全带收紧机构是否有损坏等
测试	①测试碰撞传感器的电阻、电压值和时钟弹簧电阻值 ②测试 SRS 电脑输入、输出电压值 ③测试各线路是否断路、短路等 按维修经验，SRS 的时钟弹簧故障率较高，应注意检测；部分车型 SRS 灯一直亮，没有故障码显示，通常是因为电源电压过低或备用电源电压过低，SRS 电脑未将故障码存入存储器中所导致的。另外，在 SRS 的故障诊断过程中，可以参照同类型（不同牌号）SRS 来分析故障原因和位置，也可更换某个零件做对比试验

（5）检查 SRS 工况　维修好的 SRS 系统，须进行以下检测：接通点火开关，SRS 警示灯应亮约 6s 后熄灭，这表示 SRS 故障排除，工作正常，否则应重新检修。

5.5.1.3　安全气囊报废处理

汽车报废时，应当将 SRS 引爆。有的要求在车上进行，有的要求在从车上拆下进行。安全气囊报废处理流程如图 5-34 所示。

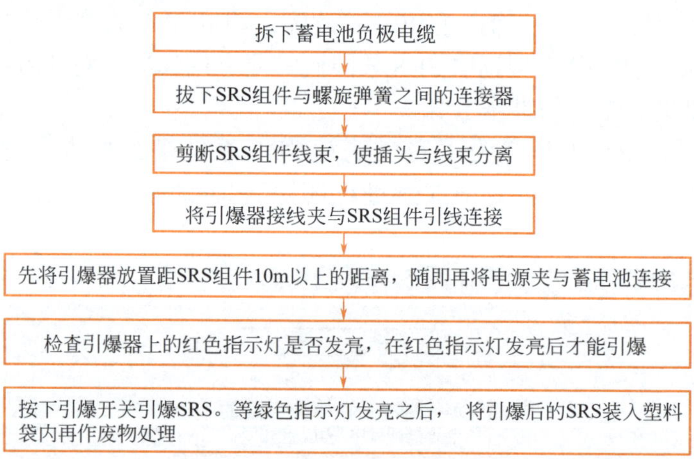

图 5-34　安全气囊报废处理流程

5.5.2　汽车中控门锁典型故障

不同车型的中控门锁电路区别较大，所以在进行检修和排查故障时要结合具体的维修手册进行。典型的中控门锁故障见表 5-9。

表 5-9　典型的中控门锁故障

故障现象	故障原因	故障诊断与排除
一个门锁不工作	①锁门或连杆障碍 ②电路开路或短路 ③执行器故障	①将润滑剂注入开启的锁闩，反复手动操作 10 次，检查弹簧锁及所有的连杆周围有无干涉 ②检查执行器插接器、操纵开关各挡上的电压，按要求维修电路 ③检查执行器，按要求予以更换
所有门锁都不工作	①电路断电器故障 ②电路开路或短路 ③继电器没搭铁 ④开关故障 ⑤搭铁电路开路	①检查电路断电器，按要求更换 ②检查电路断电器与门锁开关之间的导线和连接点，按要求维修 ③检查继电器和支架连接螺钉，按要求紧固 ④检测开关，按要求更换 ⑤检查左侧开关的搭铁电路，按要求维修
门锁只以一种方式工作	①电路开路或短路 ②继电器故障 ③搭铁电路开路	①检查断电器与门锁开关之间的导线和连接点，按要求维修 ②检查继电器，按要求更换 ③检查左侧开关的搭铁电路，按要求维修
所有门锁只通过一个开关工作	①电路开路或短路 ②开关故障	①检查电路断电器与不工作开关之间的导线及插接器，按要求修理 ②检测开关，按要求更换
门锁间歇性工作	①连接点松动 ②继电器搭铁不良 ③左侧开关搭铁不良 ④开关故障	①检查插接器，按要求紧固 ②检查继电器和支架连接螺钉，按要求紧固 ③检查左侧开关的搭铁电路，按要求维修 ④检测开关，按要求更换
门锁只在发动机运转时工作，在冰冻天气里不工作	①蓄电池电压低 ②连接点松动或被腐蚀 ③锁闩或连杆障碍 ④锁闩或连杆被冻住	①检测蓄电池，按要求更换 ②检查导线和连接点，按要求维修 ③将润滑剂注入开启的锁闩并反复手动操纵 10 次，检查弹簧锁及所有的连杆有无干涉 ④把车开入采暖的车库，在门锁系统的冰雪融化后，再验证所有的门锁是否工作。将润滑剂注入开启的锁闩并反复手动操纵 10 次。有时有必要拆下车门装饰板来润滑整个锁闩及连杆系统

5.5.3　故障诊断与维修案例

5.5.3.1　宝来 1.8L 轿车安全气囊报警灯报警

宝来 1.8L 轿车安全气囊故障灯常亮。

故障诊断与排除

① 安全气囊故障灯常亮，表明气囊控制单元存储有故障码。

② 维修技师用专用诊断仪 VAG1551 进入安全气囊控制单元，查询故障码为“00595”，即碰撞数据已存储，通过反复清除，该故障码依然存在。

③ 故障码表明安全气囊控制单元已经存储了一个碰撞数据，经检查该车无碰撞痕迹，客户也表明未发生过碰撞事故，因此可见，故障原因应在控制单元内部。

④ 更换安全气囊控制单元，并进行编码，警告灯熄灭，故障排除。

5.5.3.2 科鲁兹轿车安全气囊故障灯亮

一辆科鲁兹轿车仅行驶了 380km 后，安全气囊故障灯亮。

故障诊断与排除

① 维修技师用 GDS+MDI 检查安全气囊系统传感和诊断模块（SDM）有一个故障码 B101D 00（电子控制模块硬件故障，并且无法清除）。

② 查看维修手册，该故障码设置的条件是在点火开关置于 ON 位置时。对 SDM 进行测试，以诊断系统内的关键故障，在检测到内部电气故障时就设置此故障码。

③ 对 SDM 进行电路测试，发现 SDM 电源和搭铁线正常，插接器插头也没有间歇性故障及接触不良现象，进行断电处理并无效果，尝试进行 SDM 的重新编程，结果提示已是最新程序，分析很可能是安全气囊系统传感和 SDM 内部已损坏。

④ 维修技师更换安全气囊系统传感和诊断模块（K85）后，在线进行维修编程（SPS）和系统配置与设定，故障排除。

5.5.3.3 凯越轿车中控门锁失效

某行驶约 2100km 的凯越轿车，用户对车辆进行贴膜装饰后出现中控门锁失效故障，即遥控和手动开关都无法锁止车门。

故障诊断与排除

① 检查中控门锁的电源和搭铁，都正常；输入开锁信号，不工作时搭铁断路，对电源电压断路，工作时搭铁导通。

② 闭锁信号不工作时搭铁断路，对电源电压断路，工作时搭铁导通，由此判断门锁开关和线路正常。

③ 对左前门锁和防盗开关进行检查，结果表明开关和线路正常，更换新的中控模块后进行测试，故障依然存在。

④ 更换新的遥控模块后，故障依旧。

⑤ 对门锁输出控制电路和各执行器采用直接供电法测试，即用蓄电池电源连接中控模块插头的 2 号脚，接着把 3 号脚搭铁，上锁正常，3 号脚连接电源，2 号

脚搭铁，开锁正常，这说明输出电路及各门锁执行器正常。

⑥ 各系统分开测试正常。

⑦ 在反复测试中，维修技师发现中控模块中的继电器有“啪、啪”的动作声音传出，但模块并不能输出控制电压。

⑧ 开锁时开锁信号线搭铁，同时闭锁信号线也搭铁；闭锁时，开锁和闭锁两信号线依然同时搭铁。

⑨ 直接测量两信号线的电阻，两信号线是短路的。

⑩ 维修技师依次断开两信号线上的门锁开关，左前门锁和防盗开关、遥控模块两信号线依然短路。当拆开线束时发现实际的分线比电路图上的分线多出两根。

⑪ 拆开整个线束，维修技师发现，多出的两根线通往 205 插头，而插头的另一端并没有连线，是两根悬空的线。车辆在贴膜过程中，贴膜的水进入了 205 插头，使两根悬空线的插件生锈短路，从而导致整个中控门锁无法工作。

⑫ 经过除锈处理后，中控门锁工作正常。

5.6 汽车照明与信号系统故障检修

5.6.1 照明灯不亮

引起照明灯不亮的原因主要有灯泡灯丝烧坏、保护用的熔断器熔丝烧断、开关或灯光继电器损坏、线路断路或短路、导线接头脱落或者接触不良等。

在故障检修时，应当按故障现象，根据电路图进行故障的分析及判断，确定故障范围，并且找出故障部位，接着用万用表或测试灯及直观检查的方法检修，将故障排除，如图 5-35 所示。

5.6.2 前照灯亮度不够

接通开关后，前照灯灯光暗淡，亮度不够，照射距离很近。

前照灯亮度不够的故障原因主要有：蓄电池充电不足，交流发电机输出电压过低；插接器接触不良；变光开关接触不良；灯泡使用时间过久，灯丝已经老化；反射镜积有灰尘或者被氧化。

前照灯亮度不够故障诊断与排除如图 5-36 所示。

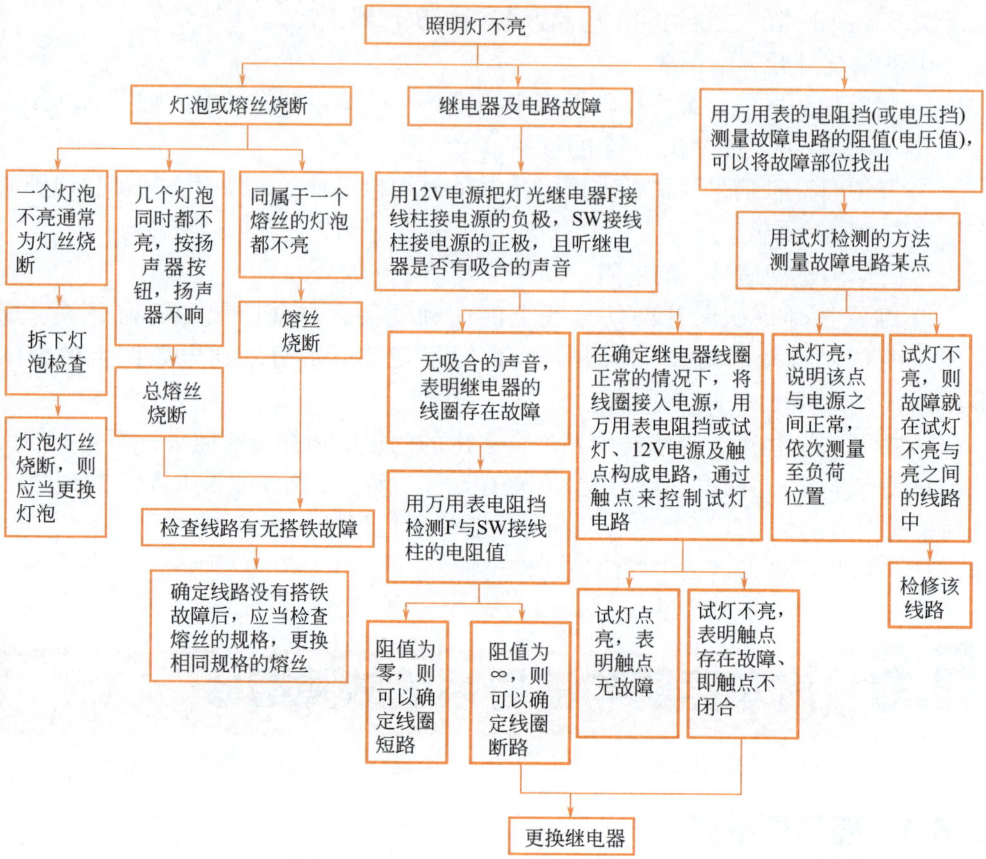

图 5-35 照明灯不亮故障诊断与排除

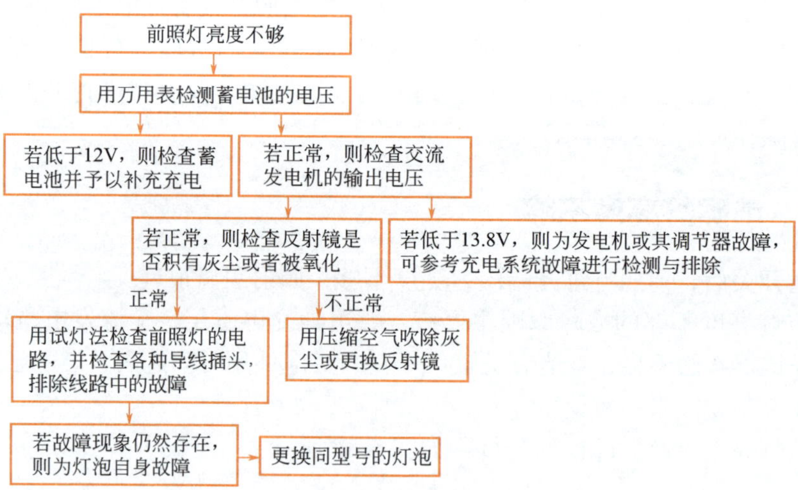

图 5-36 前照灯亮度不够故障诊断与排除

5.6.3　远近光灯都不亮

接通开关，远近光灯都不亮。

远近光灯都不亮的故障原因主要有：前照灯灯丝烧断；前照灯电源电路中熔丝烧断；前照灯电路断路或搭铁。

远近光灯都不亮故障诊断与排除如图 5-37 所示。

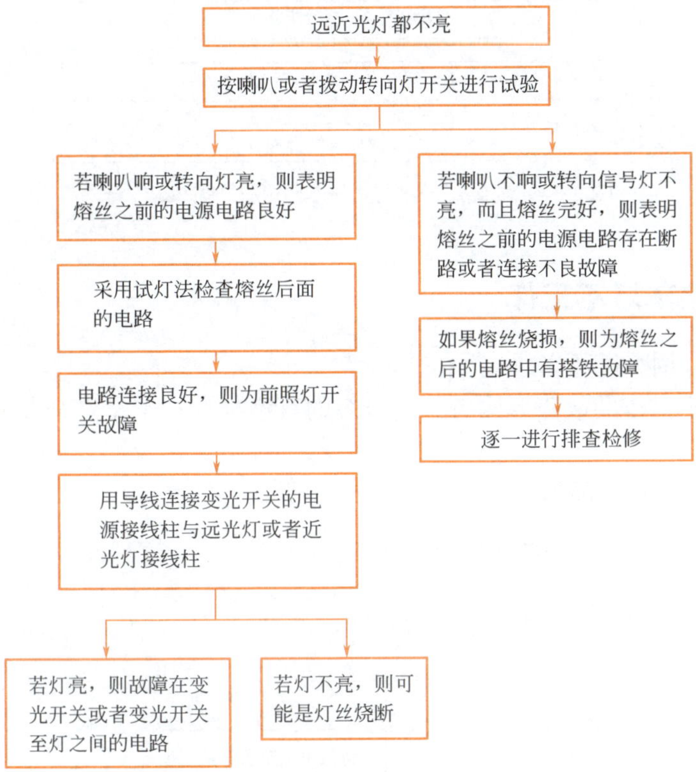

图 5-37　远近光灯都不亮故障诊断与排除

5.6.4　前照灯一侧亮、一侧不亮

前照灯开关接通后，一侧前照灯亮度正常，而另一侧不亮。

前照灯一侧亮、一侧不亮的故障原因可能是不亮一侧的前照灯插接器或者搭铁线松脱、导线断路或搭铁、灯泡烧坏等。

前照灯一侧亮、一侧不亮故障诊断与排除如图 5-38 所示。

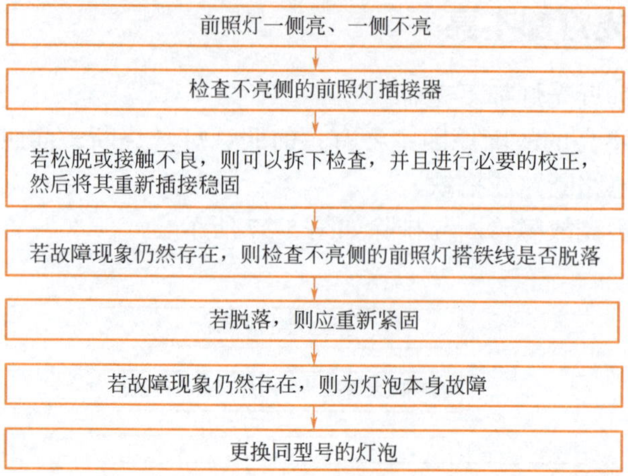

图 5-38　前照灯一侧亮、一侧不亮故障诊断与排除

5.6.5 倒车灯不工作

倒车时，倒车灯不亮。

倒车灯不工作的故障原因有：倒车灯的灯泡损坏；倒车灯开关损坏；线路有断路。

倒车灯不工作故障诊断与排除如图 5-39 所示。

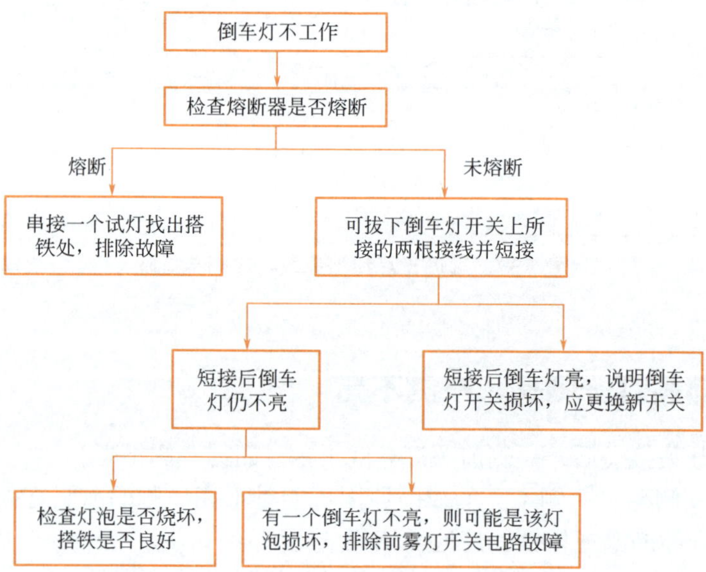

图 5-39　倒车灯不工作故障诊断与排除

5.6.6　转向信号灯不亮

打开点火开关（转向信号灯工作受点火开关控制的车辆），接通转向信号灯开关，转向信号灯不亮。

转向信号灯不亮的故障原因主要有：熔断器熔断、电源线路断路或灯光系统中有短路处；闪光继电器损坏；转向信号灯开关损坏。

转向信号灯不亮故障诊断与排除如图 5-40 所示。

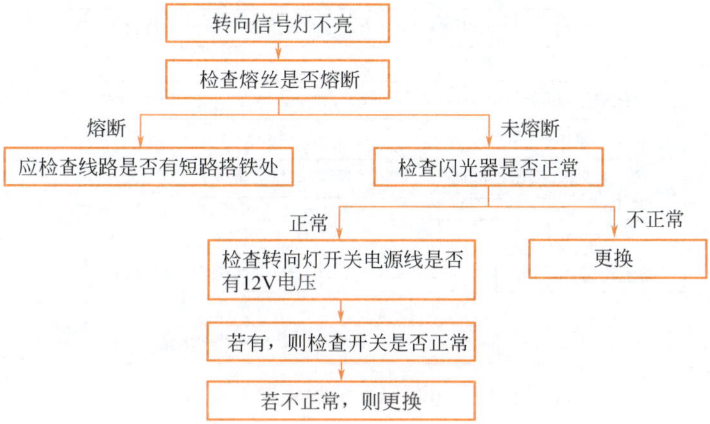

图 5-40　转向信号灯不亮故障诊断与排除

5.6.7　转向信号灯左右闪烁频率不一致

左侧和右侧转向信号灯闪烁频率不一致。

转向信号灯左右闪烁频率不一致的故障原因如图 5-41 所示。

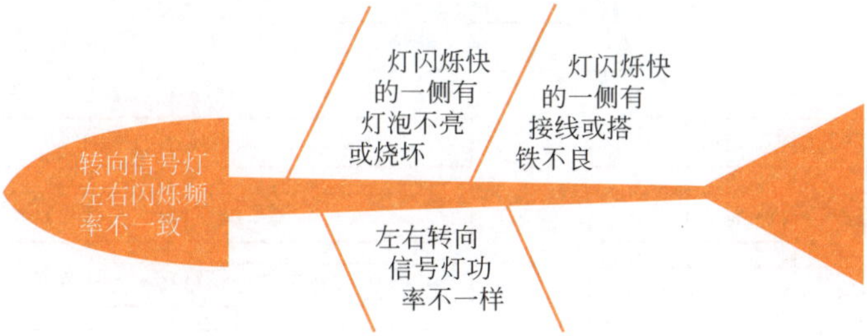

图 5-41　转向信号灯左右闪烁频率不一致的故障原因

转向信号灯左右闪烁频率不一致故障诊断与排除：检查所有转向信号灯是否都亮；检查左右转向信号灯灯泡的功率是否一致；检查灯光暗的转向信号灯的线路和搭铁是否良好。

5.6.8 电喇叭不响

按下电喇叭没有声音。

电喇叭不响的故障原因可能有：熔丝熔断、喇叭插头松脱、喇叭线束断路、喇叭继电器损坏和喇叭触点烧蚀。

电喇叭不响故障诊断与排除如图 5-42 所示。

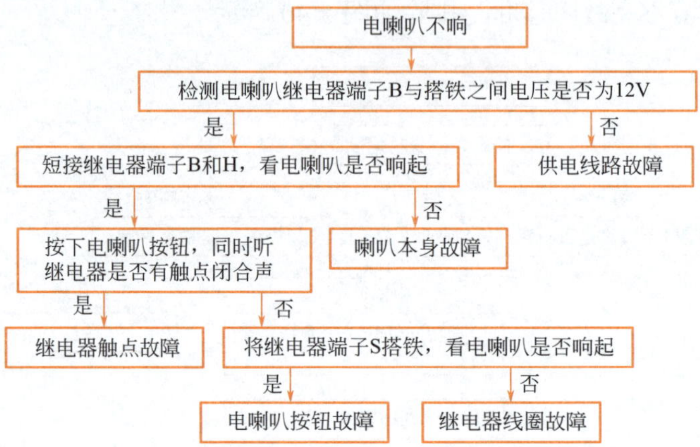

图 5-42 电喇叭不响故障诊断与排除

5.6.9 电喇叭声音沙哑

按电喇叭时声音很小或声音沙哑。

电喇叭声音沙哑的故障原因主要有：铁芯间隙不当，触点预压力不当，前者可调整喇叭的音调，后者可调整喇叭的音量；电喇叭响片破裂。

电喇叭声音沙哑故障诊断与排除如图 5-43 所示。

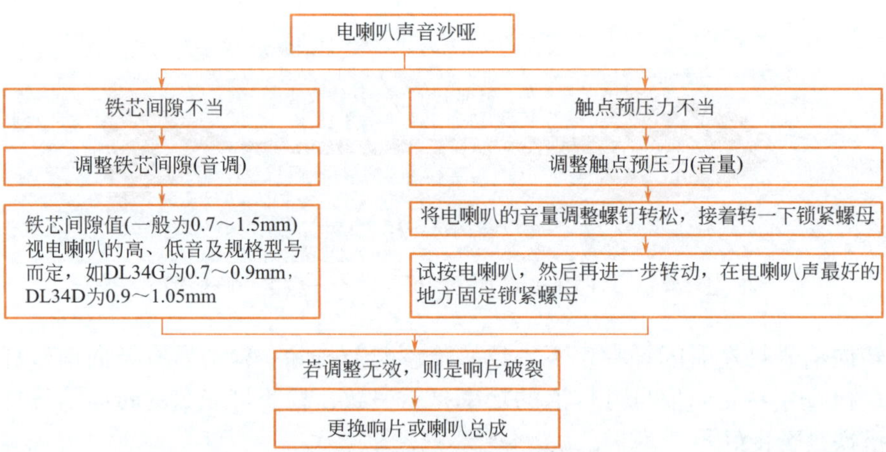

图 5-43 电喇叭声音沙哑故障诊断与排除

5.6.10　燃油表不工作

燃油表不工作故障诊断与排除如图 5-44 所示。

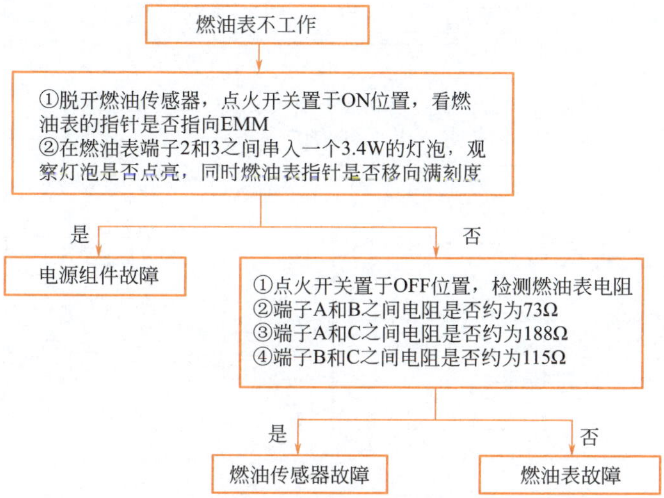

图 5-44　燃油表不工作故障诊断与排除

燃油表装置如图 5-45 所示。

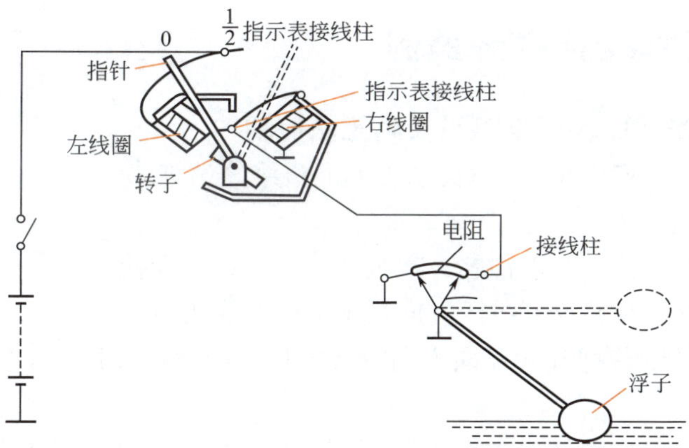

图 5-45　燃油表装置

燃油传感器的检测：先将 3 节 1.5V 的干电池串联，然后将正极通过一个 3.4W 的灯泡接至端子 3，负极接至端子 2，将电压表的表笔“+”接端子 3，表笔“−”接传感器外壳，当油箱内浮标从顶部移到底部时，电压表的指示值应当连续上升，否则为传感器损坏。

5.6.11 发动机机油压力警告灯不亮

发动机机油压力警告灯不亮故障诊断与排除如图 5-46 所示。

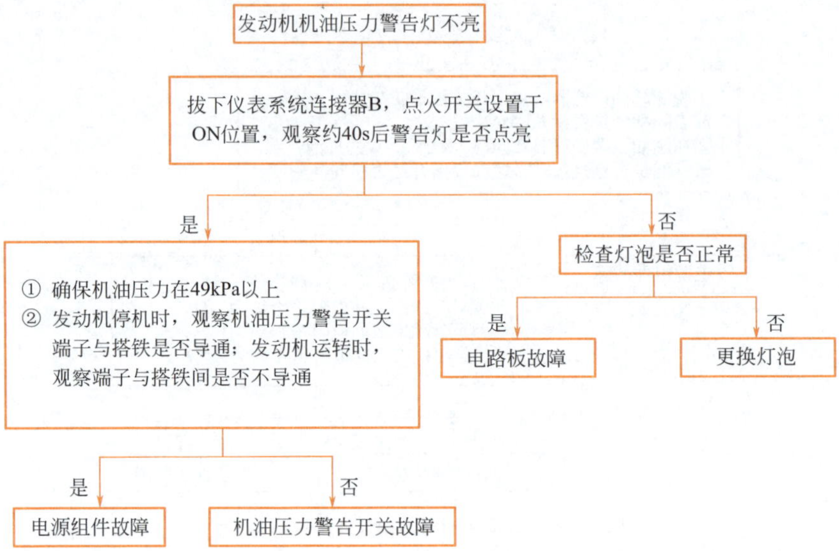

图 5-46 发动机机油压力警告灯不亮故障诊断与排除

5.6.12 故障诊断与维修案例

5.6.12.1 中华尊驰轿车电喇叭长鸣无法控制

某中华尊驰轿车因喇叭长鸣无法控制而进维修站维修。

故障诊断与排除

① 关闭点火开关，取下钥匙，喇叭依然长鸣，不受控制。

② 左右转方向盘并反复按压方向盘中央的气囊盖也无效。

③ 维修技师试着把气囊盖向方向盘上方提，依然不管用，只能先断开蓄电池负极连接线。

④ 从发动机舱左侧继电器盒中找到喇叭继电器，怀疑是继电器烧蚀粘连造成喇叭长鸣。

⑤ 维修技师取下继电器后，接上蓄电池负极连接线后喇叭不响了，表明喇叭受继电器控制。

⑥ 通过检查测试继电器是正常的。

⑦ 在继电器插座处用短线直接给喇叭供电，喇叭响且受手动控制，表明继电器到喇叭间的线路正常。问题出在继电器到喇叭开关之间，可能是喇叭继电器控

制电路有问题，也可能是喇叭开关烧蚀粘连。

⑧ 按从简到繁的原则，先拆下方向盘上的主气囊。注意小心拆卸螺旋导线与气囊的连接插头。

⑨ 打开插头保险卡后，用两把微型一字螺钉旋具同时相对向里推插头，使弹性卡扣变形收缩并向外撬插头，提取出来。

⑩ 此时，发现喇叭开关是设在气囊里面的，断开气囊导线后，将新的喇叭继电器插回原位，喇叭不响，用导线使气囊导线的喇叭控制线搭铁，喇叭响了并受手动控制，说明从方向盘到继电器间的线路没问题。维修技师考虑应该是气囊内喇叭开关触点有问题。

⑪ 因为不可拆解，只能更换新气囊，更换后一切正常。

5.6.12.2 别克君越轿车转向信号灯工作不正常

某 2006 年产上海通用别克君越 2.4L 轿车，行驶里程约 31800km。据用户反映，该车转向信号灯工作不正常，有时左侧外后视镜上的转向信号灯和左后转向信号灯不亮，只有仪表上的转向指示灯和左前转向信号灯亮，但是闪烁频率快，右侧转向信号灯正常。

故障诊断与排除

① 维修技师验证故障现象时发现，左右两侧转向信号灯的闪烁频率均正常，各灯泡和仪表上的转向指示灯也工作正常，但是用力开关左前门或晃动左前门时，用户反映的故障现象会出现。

② 维修技师查阅维修手册，君越轿车的转向信号灯操作是由转向灯开关向车身控制单元（BCM）提供左 / 右转向信号的，BCM 根据此信号单独向左 / 右转向信号灯提供电源。

③ 参阅转向信号灯电路图，BCM 通过 J2-43 脚同时向左后转向信号灯和左侧外后视镜上的转向信号灯供电，由于开关和晃动左前门时可以产生故障现象，故应该重点检查车身至左前门的线路。

④ 拆卸左前门内饰板检查，未发现有线路磨破搭铁现象。

⑤ 把车身线束至左前门线束 P301 插头从左前 A 柱内取出检查，发现连接插头靠近车身侧的 D1 脚（黄色线，BCM 向左侧车外后视镜供电）与左前 A 柱内侧铁皮有磨破搭铁现象，开关和晃动左前门时会导致此线路间歇性搭铁，导致 BCM 保护功能启动，从而无供电输出，这时只有左前转向信号灯点亮且闪烁频率快。A 柱内侧车身钢板未做处理，边缘较锋利，线束部位也安置不当，两者有接触。

⑥ 修理破损线束，调整线束安置位置后，反复试车，再无故障出现。

5.7 汽车辅助电器故障检修

5.7.1 电动车窗检修

5.7.1.1 电动车窗故障修理顺序

电动车窗故障修理顺序见表 5-10。

表 5-10 电动车窗故障修理顺序

症状	修理顺序
使用任何开关都无法操作电动车窗	①电动车窗继电器电源和接地检查 ②电动车窗主开关电源和接地电路检查
驾驶员侧电动车窗不工作	电动车窗电动机（驾驶员侧）电路检查
乘客侧电动车窗不工作	①电动车窗电动机电路检查 ②电动车窗开关检查 ③电动车窗（乘客侧）电路检查
左后电动车窗不工作	①电动车窗电动机电路检查 ②电动车窗开关检查 ③电动车窗（左后）电路检查
右后电动车窗不工作	①电动车窗电动机电路检查 ②电动车窗开关检查 ③电动车窗（右后）电路检查
防夹系统工作不正常（驾驶员侧）	①车门车窗滑动零件故障：异物附着在车窗玻璃或玻璃橡胶条上；玻璃橡胶条磨损或变形；窗框倾斜过多或不足 ②限位开关调整 ③限位开关电路检查 ④编码器电路检查
自动操作不工作，但是手动操作正常	编码器电路检查
电动车窗保持电动操作不正常	车门开关检查

5.7.1.2 电动车窗不能升降

① 首先检查电动车窗熔丝是否烧断，如果是熔丝故障，应更换并排除线路短路故障。

② 检查电动车窗的电源线路是否有断路、插头松脱的现象，如果有应将其故

障排除。

③ 检查电动车窗开关、继电器以及电动升降机正常与否。

5.7.1.3　车窗玻璃升降器只能向一个方向运动

先操纵相应的组合开关（或分开关），如果车窗两个方向都能运动，则表明分开关（或组合开关）接触不良；如果车窗仍只能向一个方向运动，则可能是分开关至组合开关之间的控制导线断路或车窗玻璃升降器有故障，故障诊断与排除如图 5-47 所示。

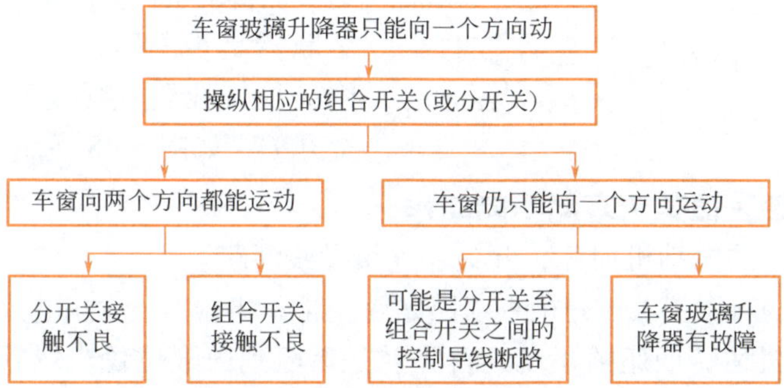

图 5-47　车窗玻璃升降器故障诊断与排除

5.7.1.4　车窗玻璃升降器工作时有异常响声

安装时没有调整好，卷丝筒内钢丝绳跳槽，滑动支架内的传动钢丝夹转动，电动机盖板或固定架与玻璃碰擦。

重新调整升降器的安装螺钉，重新调整卷丝筒内的钢丝绳位置，检查安装支架弧度是否正确。

5.7.2　电动座椅检修

电动座椅是指以电动机为动力，通过传动装置和执行机构来调节座椅的各种位置，为驾驶人提供便于操作、舒适、安全的驾驶位置，为乘客提供不易疲劳、舒适、安全的乘坐位置。电动座椅主要由座椅开关和位置传感器、执行机构的驱动电动机、电子控制器 ECU 三大部分组成。

① 开关和位置传感器包括座椅各位置（头枕、靠背、滑动、腰部、前垂直、后垂直）的电动开关、座椅各位置传感器及方向盘倾斜传感器等。

② ECU 主要包括转向柱倾斜与伸缩 ECU 和电动座椅 ECU。

③ 执行机构包括座椅调整、安全带扣环及方向盘倾斜调整的驱动电动机等，而且这些电动机均可以灵活地进行正反转，以执行各种装置的调整功能。

电动座椅的工作原理是采用永磁式电动机驱动，并利用装在座位侧板上的控制开关来控制电路通路和电流方向，使某一电动机按所需的方向运转，以达到调整座椅的目的。

5.7.2.1 电动座椅完全不动作

电动座椅完全不动作的故障原因主要有：熔断器断路；线路断路；座椅开关有故障等。

故障诊断与排除方法：首先检查熔断器是否断路；如果熔断器良好，则应检查线路连接是否正常，最后检查开关，如图 5-48 所示。

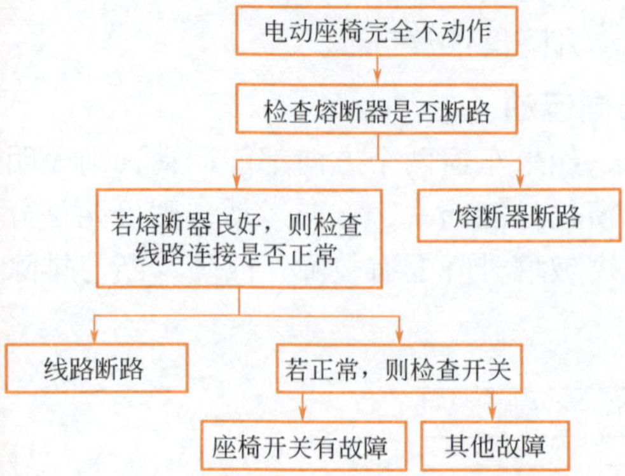

图 5-48 电动座椅完全不动作故障诊断与排除

5.7.2.2 电动座椅某个方向不能动作

该方向对应的电动机损坏，开关、连接导线断路。

故障诊断与排除方法：先检查线路是否正常，再检查开关和电动机。

如果电动机运转而座椅不动，首先看是否已到极限位置，然后检查电动机与变速器之间的相关轴器是否磨损过大或损坏，必要时应更换，如图 5-49 所示。

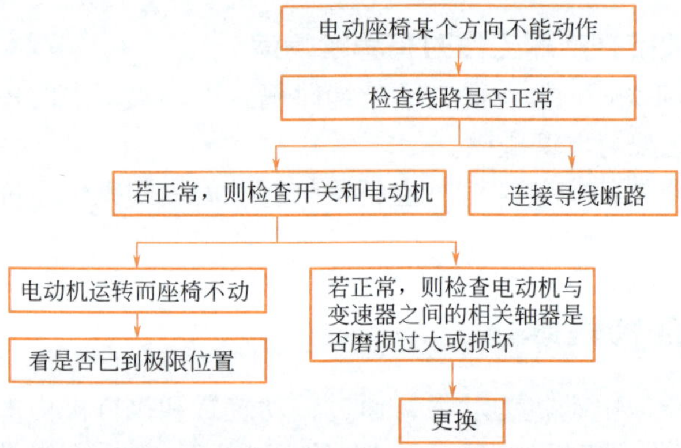

图 5-49 电动座椅某个方向不能动作故障诊断与排除

5.7.3 电动刮水器、洗涤器检修

5.7.3.1 刮水器电动机不转

刮水器开关设在慢、快及间歇挡时，刮水器电动机均不转。

刮水器电动机不转的故障原因主要有：刮水器电动机电源线路断路；卸荷继电器、点火开关及刮水器开关接触不好刮水器电动机失效。

故障诊断与排除方法：检查刮水器电动机电源线路是否断路；检查电动机绕组是否内部断路；检查刮水器开关及卸荷继电器是否工作正常。

5.7.3.2　刮水器无间歇挡

接通点火开关及刮水器间歇挡，刮水器不工作。

刮水器无间歇挡的故障原因如图 5-50 所示。

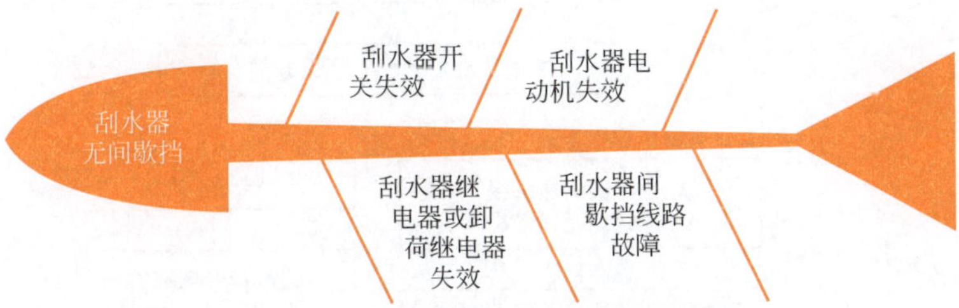

图 5-50　刮水器无间歇挡的故障原因

刮水器无间歇挡故障诊断与排除方法：检查熔丝、刮水器继电器及卸荷继电器是否工作正常；检查刮水器间歇挡线路是否有断路或接触不良处；检查刮水器电动机；检查刮水器开关。

5.7.3.3　刮水器无自动停位功能

在刮水器电动机慢速、快速、间歇、短时工作时，将刮水器开关扳到停位，刮水器雨刮片不能自动停位在原来位置。

刮水器无自动停位功能的故障原因：刮水器开关的停位触点损坏；减速器蜗轮输出轴背面的自动停位导电片和减速器盖板上的导电触点损坏。

刮水器无自动停位功能故障诊断与排除如图 5-51 所示。

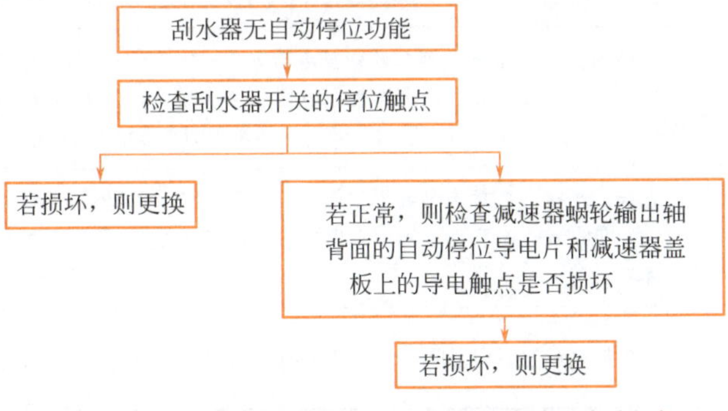

图 5-51　刮水器无自动停位功能故障诊断与排除

5.7.3.4　洗涤器电动机不转

洗涤器电动机不转故障诊断与排除如图 5-52 所示。

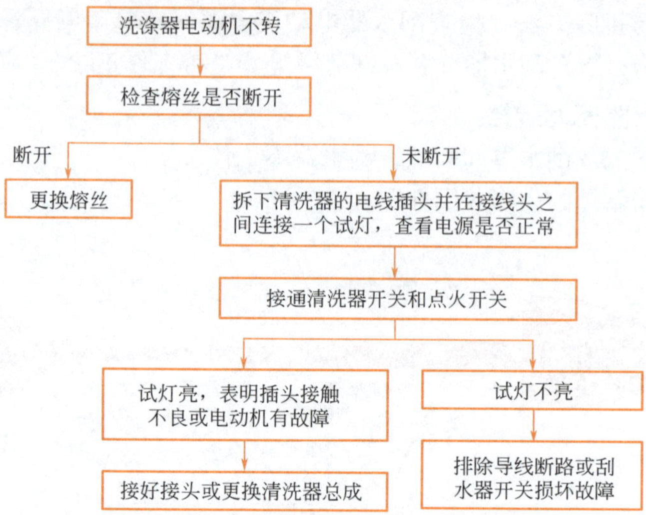

图 5-52　洗涤器电动机不转故障诊断与排除

5.7.4　汽车音响系统检修

汽车音响与导航系统主要项目和内容见表 5-11。

表 5-11　汽车音响与导航系统主要项目和内容

项目	内容
主机	主机（信号源）包括汽车收音机（调谐器）、CD 唱机、磁带放音机、车用 VCD 影碟机或 DVD 影碟机以及导航 ECV 等 普通中低档车用视听系统的信号源主要是车用收放音机、VCD 影碟机，高档汽车视听系统的信号源主要是收音机及车用 DVD 影碟机，还可以选择 MP3 等
扬声器	扬声器主要指主扬声器与环绕扬声器等，主扬声器一般由低音扬声器、中音扬声器以及高音扬声器组成。扬声器是把电信号转换成声音的电声转换器件，是汽车音响的终端元件。汽车音响通常采用电动式、外磁式圆形或椭圆形扬声器，一般电阻为 4Ω
天线	天线用于接收广播电台或卫星信号的发射电波，并把接收到的信号经过电子放大及过滤，使收音机声音更清晰，频道更多。汽车天线主要有三种：杆式天线、玻璃天线和自动天线
多功能显示器总成及附件	多功能显示器总成及附件主要用于视频的显示或者控制面板的操作

5.7.4.1　汽车音响检修方法

汽车音响的故障形式多种多样，其检修方法见表 5-12。

表 5-12　汽车音响的检修方法

诊断方法		操作
询问法		询问用户汽车音响的使用情况、故障现象等，认真分析
直观检测法		利用人的感觉器官，眼（看）、耳（听）、鼻（闻）、手（拨和摸）等，对汽车音响进行外表检查
具体位置定位法		确定收音、放音线路和功放电路的具体位置
清洁检查法		清洁各部位（或用小毛刷清扫）的灰尘或用无水乙醇将机内有污垢处清洗干净
顺线跟踪查找法		对机器线路能够分辨出具体作用后，从不同故障线路位置跟踪查找故障点
信号注入（干扰）法		所谓信号注入法就是用信号发生器（高频和低频）的信号或干扰信号注入到待修机各级放大电路的输入端，观察扬声器的发声情况，以判断故障部位
万用表检测法	直流电压检查法	利用万用表测量集成电路各端子对搭铁的直流电压，与标称电压进行对照
	电流检查法	通过测量整机或某一部分的电流数值，并与正常值比较进行故障诊断
	电阻检查法	用万用表测量音响元器件、连接导线、接插件等的直流电阻，判断元器件是否断路、短路、漏电、放大性能失效等，以及导线、印制板、插接件等的通断情况
割断法		将怀疑部件焊开或将电路供电断开。若割断某处后测量电路阻值明显变大或电流变小恢复正常，说明该处存在故障
短路检查法		用短路线将电路的某一部分短路，从扬声器声音变化的情况判断故障
温度检测法		用加热或冷却的手段使怀疑部件温度发生变化，从而判断故障的部位
重焊排除故障法		若无法看清虚焊点，可在怀疑的故障部位，用电烙铁重焊，直至故障消失
元件替代法		在汽车音响维修中，使用一个好的或一部分好的电路替换怀疑存在故障的元件或电路，直至故障消失

5.7.4.2　汽车音响整机不工作

汽车音响整机不工作的故障现象为：按下控制面板上的电源开关键后，液晶屏不亮或功能键失效，大部分故障为电源断路、机内线路断路以及开关触点烧坏等。

汽车音响整机不工作故障诊断与排除如图 5-53 所示。

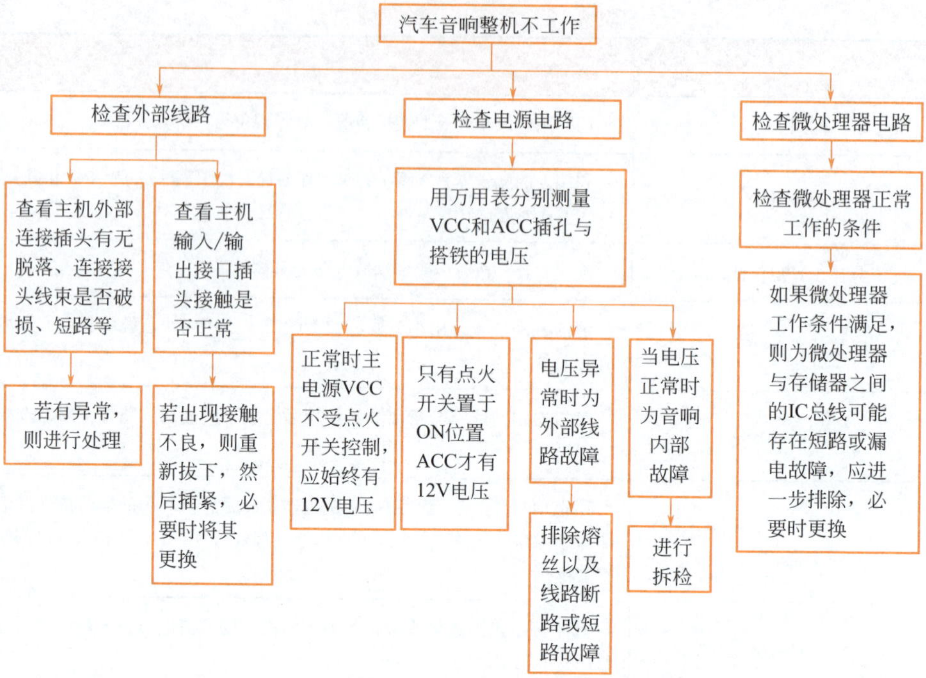

图 5-53　汽车音响整机不工作故障诊断与排除

5.7.4.3　汽车音响系统锁止

现代高档轿车音响大多都设置了防盗功能，以防止高档音响被偷而造成损坏。如果在说明书、主机、电路原理图、音响面板上或后车门三角窗等处发现如下标志：ANTI-THEFT、CODE、SECU-RITY、ANTI-THEFT-SYSTEM，则说明该车音响具有防盗功能。轿车在使用和维修过程中，若发生以下情况，具有防盗功能的汽车音响就会锁止。

① 违反操作规则，输入错误信息。

② 蓄电池严重亏电，不能维持汽车音响的存储保持电源电压。

③ 拆下蓄电池的电缆线，主机断电后未能及时提供存储保持电源。

④ 音响电源线路有断线处，使音响无存储保持电压。

⑤ 拔下了音响电源插头、熔断器等。

若音响面板上的液晶显示屏上显示“CODE”或者“……”等符号，则表示音响已经被锁住，需要解码，即需要输入正确的密码进行解码，才可恢复正常的使用。

汽车音响系统锁止故障诊断与排除如图 5-54 所示。

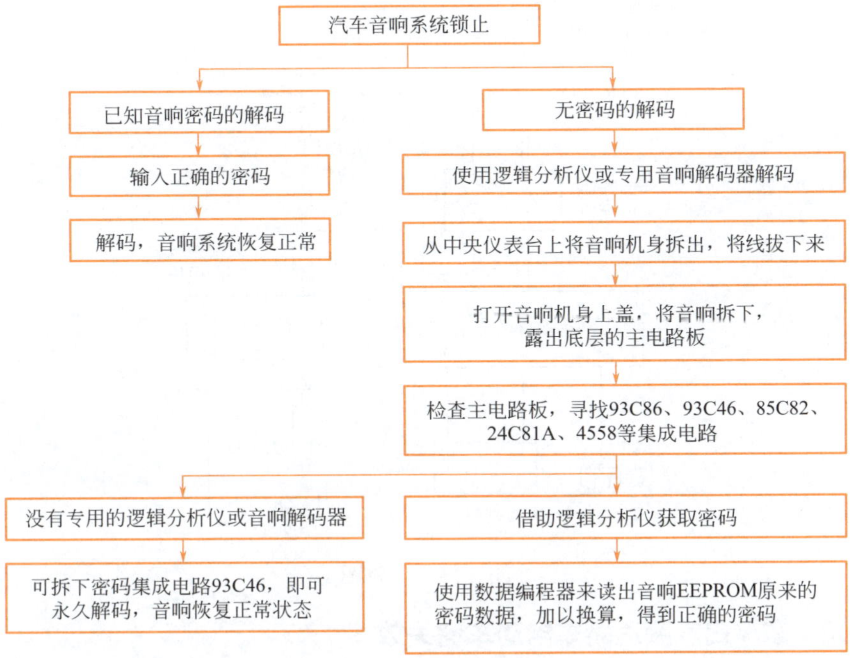

图 5-54　汽车音响系统锁止故障诊断与排除

5.7.5 故障诊断与维修案例

5.7.5.1 奇瑞东方之子 2.4L 轿车天窗突然不能动作

某奇瑞东方之子 2.4L 轿车，用户描述天窗突然不能动作。

故障诊断与排除

① 维修技师通过试车，故障确实存在。

② 按维修技师对维修该车的经验，通常引起该故障的主要原因包括天窗熔丝熔断、天窗控制模块损坏、天窗电动机损坏、相关线路短路或断路及钥匙行程开关卡住。

③ 经过检查维修技师发现，该车天窗系统熔丝熔断。先更换熔丝，然后试车，结果熔丝又熔断。经查阅电路图（图 5-55）得知，天窗主熔丝和电动遮阳帘共用 1 个熔丝。

④ 逐一断开天窗系统相关线路的插接器进行检查，结果故障依旧。

⑤ 这时，维修技师考虑，可能是电动遮阳帘引发的故障，随即继续断开电动遮阳帘线路插接器，这时故障消失。

⑥ 经过观察发现，用户在电动遮阳帘处堆放的东西过多，已经致使电动遮阳帘支架受力卡死。

⑦ 在取掉这些物品并重新调整支架位置后，试车正常，故障排除。

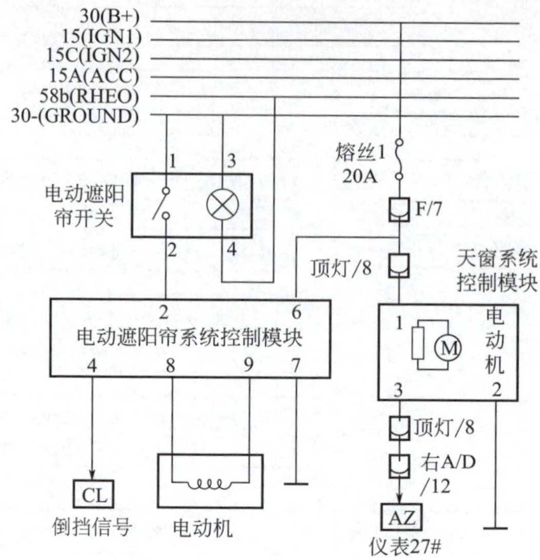

图 5-55　电路图

5.7.5.2　东风日产颐达轿车电动车窗失效

某东风日产颐达轿车在行驶约 5.2 万千米时出现所有电动车窗均失效的故障现象。该车故障是因为加装防盗器而造成车身左侧线路和地板部分被烧毁，通过更换线束后便出现上述故障。

故障诊断与排除

① 首先，维修技师根据常规思路检查熔丝及电源，无异常。

② 测量电动机处，无电源，初步判断为电动车窗开关故障，更换后故障依旧。维修技师分析，熔丝有电而电动车窗开关不正常，是否可能是熔丝到电动车窗开关的线路断路。由于是刚换的新线束，所以可能性不大，怀疑别的问题所致。

③ 随即维修技师按维修手册查找相关电路图，发现此线路特点，原来电源是先给 BCM（也就是车身电脑）供电，再输出给电动车窗开关，因此判断 BCM 有故障。

④ 随即更换 BCM，并且重新配置后试车，一切正常，故障排除。

此处需要注意的是，东风日产车系更换 BCM 后必须重新配置，否则会引起其他各种故障。

5.7.5.3　蒙迪欧轿车音响不工作

某 2004 年款蒙迪欧轿车，发动机排量为 2.0L，配置自动变速器，行驶里程约为 2100km，音响不工作。

故障诊断与排除

① 按压音响的电源键，音响没有反应。

② 维修技师用专用工具拆出音响主机，断开音响主机的线束插接器，用测试

灯检查音响主机的供电电路以及搭铁电路，均正常。

③ 维修技师随即更换音响主机，更换后恢复正常。

④ 正常情况下，一般不对音响主机的内部电路进行修理，如果其外部的供电电路和搭铁电路正常，一般采取更换音响主机的方法。

5.7.5.4　1.8L 自动挡福特福克斯轿车车门锁好后不定时自动开启

某 1.8L 自动挡福特福克斯轿车，累计行驶约 4100km，故障现象是当车门锁好后，门锁不定时自动开启。

故障诊断与排除

① 根据用户反映，由于车门锁好后门锁会自动弹开，所以车内从不敢放物品，维修技师接车后试车，故障确实如用户所说，门锁有时工作正常，有时会自动开启。

② 维修技师用 IDS（福特专用检测仪）进行检测，无任何故障码。

③ 用 IDS 查看车身模块（GEM）及四门门锁模块的数据流，也都正常。通过检查，车身模块及门锁的供电熔丝和搭铁情况均正常。

④ 通过和用户详细交流，维修技师得知该车刚购买时在外面加装过声光报警防盗系统（国产福克斯车中除 2.0L 的福克斯车外，其他车在遇到非法开门时只有双闪灯闪烁，没有“嘀、嘀、嘀”声音报警，所以有部分用户刚购车时加装声光报警装置）。在出现故障后，用户让加装该装置的那家装潢店把防盗系统拆除了，但是上述故障还是存在。

⑤ 验证故障现象时，维修技师还发现，每次出现故障时 4 个门锁都是同时开启。

⑥“4 个门锁同时打开”这一提示，让目标缩小到两个前车门模块及门锁上面，因为按福特福克斯轿车的性能及工作原理，单独打开轿车的后车门时，前门是不会同时打开的，只有在开启前门门锁时 4 个车门锁才会同时开启。因此初步判断故障点位于两前门模块、门锁。

⑦ 按维修技师的维修经验，遥控器控制门锁的整体开启和闭锁信号来自于左前门锁的开启和闭锁信号，这时，判断故障点可能位于左前门模块或控制线路。

⑧ 通过查看电路图，维修技师发现，福克斯车门模块（A351）通过端子 13 接收到车门锁单元（A172）内部开关 2 闭合（搭铁）的信号后，控制电动机工作，开启门锁。由于左前门是主模块，左前门开启的信号经 CAN 网络传递到左后门、右前门、右后门，4 个门的电动机几乎同时工作、同时开启门锁。车门模块通过其端子 14 接收到车门锁单元内部开关 1 闭合（搭铁）的信号后，控制电动机工作，从而关闭门锁。

⑨ 因左前门是主模块，左前门关闭的信号经 CAN 网络传递到左后门、右前门、右后门。4 个门的电动机几乎同时工作，同时关闭门锁。

⑩ 若加装的线路被磨破或包扎不当导致间歇性搭铁，A351 在收到门锁开启信号时 4 个门锁就同时开启，收到闭锁信号时 4 个门锁同时关闭。

参考文献

[1] 阎连新，孟金法．汽车维修技术 [M]．北京：北京理工大学出版社，2009.

[2] 汤定国．汽车发动机构造与维修 [M]．北京：人民交通出版社，2011.

[3] 黎亚洲．汽车电气系统维修技术 [M]．北京：机械工业出版社，2009.

[4] 于春鹏．汽车电器设备维修 [M]．北京：中国电力出版社，2007.

[5] 黄伟，肖文光．汽车底盘维修 [M]．北京：化学工业出版社，2010.

[6] 谭本忠．汽车故障排解思路与实例［M］．北京：机械工业出版社，2008.